KB191262

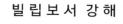

빌립보서 강해

# 복음에
## 합당하게
## 생활하라

빌립보서 강해

# 복음에
# 합당하게 생활하라

| | |
|---|---|
| 초판 1쇄 발행 | 2023년 9월 22일 |

| | |
|---|---|
| 지은이 | 오광만 |
| 펴낸이 | 김진우 |
| 펴낸곳 | 생명나무 |
| 전화 | 02) 977-2780 |
| 팩스 | 02) 977-2780 |
| 등록일 | 2016. 10. 20. |
| 등록번호 | 318-93-00280 |
| 주소 | 서울특별시 노원구 수락산로(상계동) 258, 502호 |
| 홈페이지 | www.rcw.kr |
| | |
| 총판 | (주)비전북출판유통 |
| | 경기도 고양시 일산서구 덕이동 1347-7 |
| | 전화: 031) 907-3927 |
| | 팩스: 031) 905-3297 |
| 디자인 | 토라디자인(010-9492-3951) |
| | |
| ISBN | 979-1-19593-069-2    03230 |
| 가격 | 20,000원 |

**생명나무** 출판사는

위대한 종교개혁의 정신을 계승하고, 개혁신앙의 유산을 이 시대에 적용하고 확산시키며 후손들에게 상속하기 위해 설립되었습니다. 이러한 거룩한 도전과 모험을 통해서 주께서 영광을 받으시고 주의 백성들이 새롭게 되며, 교회가 참된 권능을 회복하도록 최선을 다하겠습니다.

※ 이 책은 참빛교회의 출판비 후원으로 만들어졌습니다.

빌립보서 강해

# 복음에
# 합당하게
# 생활하라

# 저자 서문

빌립보서는 많은 그리스도인들이 사랑하는 성경 중 하나입니다. 그리스도의 성품 닮기의 전형인 본문(빌 2:5-11), 그리스도인의 삶의 목적을 제시하는 본문(3:14), 그리고 주 안에서 기뻐함의 중요성과 염려 중에도 하나님을 의뢰하는 기도를 권하는 본문(4:6-7) 등 그리스도인들의 삶의 방향을 제시하고 격려하는 본문들이 있기 때문입니다.

그저 이런 서너 본문을 중심으로 빌립보서를 단편적으로 읽어왔던 제가 빌립보서를 빌립보서답게 읽게 된 것은 유학 시절에서였습니다. 목회학석사(M. Div.) 3학년 2학기 선택과목으로 모세 실바 교수의 지도아래 [빌립보서]를 공부하던 1984년에, 저는 빌립보서의 이 유명한 본문들을 빌립보 교회의 상황과 연결해서 읽어야 본래의 의미가 드러난다는 것을 알게 되었습니다. 그 학기는 빌립보서를 그리스어로 자세히 읽으며 빌립보서의 상황, 신학적 문제, 문학적 구조, 해석학상의 문제 등을 염두에 두면서 본문을 연구했는데, 한 마디로 석의 방법론을 온몸으로 체험하는 기간이었습니다. 그 당시 빌립보서를 공부하면서 당시 가장 최신의 빌립보서 주석으로 정평이 나 있던 제

럴드 호돈(Gerald F. Hawthorne) 교수의 주석(WBC 시리즈, 1983)을 꼼꼼히 읽었습니다. 실바 교수는 그 당시 빌립보서를 연구하고 계셨는데, 그 후로 그 과목은 한 번 더 진행되었고, 그 결과물이 무디출판사에서 책으로 출판되었습니다(Moisés Silva, *Philippians*, The Wycliffe Exegetical Commentary, Chicago: Moody Press, 1988). 이 책은 나중에 약간의 수정을 거쳐 베이커 신약석의주석(BECNT) 시리즈의 최초의 주석으로 출판되었고 그 주석 시리즈의 형식과 주석의 표준이 되었습니다(1992, 2005. 이 책은 부흥과개혁 사에서 우리말로 번역 출간되었습니다〈2020년〉).

그 후에 피터 오브라이언(Peter T. O'Brien, 1991), 하워드 마셜(I. Howard Marshall, 1992), 벤 위더링턴 3세(Ben Witherington III, 1994), 브루스(F. F. Bruce, 1995), 고든 피(Gordon D. Fee, 1995), 프랭크 틸먼(Frank Thielman, 1995), 마커스 보크뮤얼(Markus Bockmuehl, 1998), 모나 후커(Morna D. Hooker, 2000), 월터 핸슨(G. Walter Hansen, 2009) 등 걸출한 빌립보서 주석이 계속해서 우리 앞에 등장했습니다.

제가 빌립보서를 석의 방법론에 의거해 공부하면서 받았던 가장 큰 충격은 으레 이런 뜻일 거라고 생각한 본문들이 바울의 목소리를 제대로 전달하지 않고 왜곡된 채 일반적인 도덕적 교훈이나 신앙의 열심을 부추기는 메시지로 전달되고 있다는 사실이었습니다. 대표적인 예가 헌신 예배에 단골 본문으로 사용되던 빌립보서 3:14일 것입니다. 대개 설교의 제목으로 **"푯대를 향하여 달려가노라"**라고 삼는 이 본문은 개인의 허황된 야망을 성취하는 본문으로 설명되고 있는 실정입니다. 하지만 이 본문은 바울이 그리스도에게 사로잡힌 과거 사실과 현재 그가 그리스도를 닮아가려고 그분의 고난에 참여한 것에 이어, 장차 얻게 될 그리스도의 부활에 참여하고 부활의 몸을 입고 싶어 하는 바울의 애타는 삶의 자세를 천명합니다. 그리스도 안에 있는 사람이 그리스도를 본받음의 절정으로 그리스도처럼 부활의 몸을 입는 데 모든 초점을 맞춘다는 바울의 태도를 알려주는 본문이 신자 개인의 삶의 야망을 이루기를 부추기고 격려하는 본문으로 둔갑해버린 것입니다. 이 본문을 잘못 이해하고 있다면 위에 열거한 다른 본문들도 원래의 맥락에서 벗어나 설교자의 개인 생각을 담는 것으로 잘못 전달될 것이 분명합니다.

빌립보서를 공부하면서 두 번째로 새롭게 알게 된 사실은 빌립보서가 기쁨이란 용어가 많이 등장하는 책이지만 감상적인 의미에서 기쁨을 가르치는 것이 아니라는 사실입니다. 실제로 빌립보서에는 다른 성경에 비해 동사 **"기뻐하라,"** 명사 **"기쁨"**이라는 단어가 많이 등장합니다. 하지만 어휘의 등장 회수로 따지자면, **"모든," "매임," "죄수," "생각하다"** 등의 단어도 다른 성경에 비해 빌립보서에 많은 회수가 등장한다는 것도 기억할 필요가 있습니다. 단어 연구나 특정 단어에 너무 집착하지 말라는 교훈을 얻습니다.

대부분의 설교자들이 으레 짐작하면서 본문을 피상적으로 읽고 설교하려고 하는 태도는 빌립보서를 기쁨과 기뻐하라는 명령에만 초점을 맞추는 것에서 나타납니다. 모든 성경을 읽을 때 반드시 적용해야 할 바른 성경 읽기는 그 성경이 다른 성경과 다르게 어떤 문제를 다루는지, 어떤 방법으로 독자들을 위로하고 의로 교육하며 바르게 지도하는지 살피는 것입니다. 그것은 저자가 그 성경을 쓴 상황과 목적, 그리고 수신자와의 관계를 이해하는 것에서 얻습니다. 바른 성경 읽기에서 바른 설교가 나오기 때문입니다. 이 점을 고려한다면, 빌립보서 역시 당대 상황을 고려하지 않으면 그 메시지를 놓치기 쉬운 책입니다. 빌립보서에 자주 등장하는 단어 중 하나인 **"기쁨"**과 그 관련어에 근거하여 그리스도인은 어떤 상황에서든지 기뻐해야 하고 그렇게 살라고 설교하는 것에서 우리는 어느 정도 교훈을 얻을 수는 있습니다. 하지만 빌립보서 그 기쁨이 그저 무슨 처지에서든지 기뻐해야 한다는 보편적인 교훈을 얻는다면 빌립보서 말하는 바울의 목소리를 거의, 아니 전혀 알아들을 수 없을 것입니다. 제가 이 책의 부제목을 [그리스도 안에서 의를 발견하라. 그리스도 안에서 기뻐하라]라고 붙인 것은 빌립보서의 실제적인 주제가 기독교의 복음의 특성과 관련이 있고, 그리스도인의 진정한 기쁨이 일반적인 기쁨이 아니라 그리스도를 기뻐하는 것, 즉 율법이 아니라 그리스도 안에서 발견하는 것이라는 바울 사상의 저변에 깔린 신학을 일깨우기 위해서입니다. 이 모든 주제는 빌립보 교회의 특수한 문제와 맞닿아 있습니다. 그 기쁨은 그리스도의 **"복음"**에서 나오고, 그 복음과 어울리는 기쁨입니다.

빌립보서를 학문적으로 연구하고 객관적으로 본문을 정독하고 나니, 빌립보서의 주제 중 하나처럼, 저의 기쁨은 이루 말할 수 없었습니다. 이 책은 그 깨달음을 교회에서 설교한 것입니다.

빌립보서를 공부한지는 오래되었지만, 이제야 빌립보서에 대한 책을 내게 된 데에는 곡절이 있습니다. 유학생활을 마치고 귀국하여, 신학교에서 교수 생활을 하는 중에 빌립보서를 공식적으로 가르치는 일이 제게 주어지지 않았기 때문입니다. 신학교의 교과과정이 이처럼 세부적인 성경을 석의할 수 있게 구성되지 않았기 때문이지요. 그저 학교 경건회 시간에 한두 번, 교회 헌신 예배 때 두어 번 설교할 기회가 있었을 뿐입니다. 그러다가 교직생활 거의 끝 무렵에 저는 강남에 있는 한 교회에서 협동목사로 4년간 사역하게 되었습니다. 그 사역의 마지막 해였던 2016년 1월 첫 주, 담임목사님으로부터 새해 첫 주 말씀사경회 인도를 부탁받았습니다. 제가 정한 책은 빌립보서였습니다. 제게는 감격적인 순간이 다시 온 것이고, 빌립보서의 진의를 전달할 기회가 주어진 것입니다. 그 한 주간 저는 새벽마다 한 시간씩 다섯 번에 걸쳐 빌립보서를 설교했습니다. 제가 깨달은, 어쩌면 통상적인 이해와 조금은 다른 성경읽기의 관점으로 빌립보서 본래의 의미를 전하려고 노력했습니다.

오랫동안 전하고 싶었던 메시지와 마음속에 간직했던 감동을 전하는 저의 벅찬 마음이 한 주간 교인들에게 그대로 전해진 것 같습니다. 여느 해보다 그해에 많은 성도들이 감동을 받으셨고, 심지어 제게 "빌립보서 설교를 하시는 동안 목사님이 성령에 사로잡힌 것을 느꼈어요."라고 말하는 성도님도 계셨습니다. 설교자에게 이보다 더 큰 격려와 칭찬이 어디 있겠습니까? 하지만 이 풍성한 성경을 다섯 번으로 설교한다는 것은 너무 개략적으로밖에 설교하지 못했다는 아쉬움은 떨쳐낼 수가 없었습니다.

그러다가 지금 봉사하고 있는 참빛교회에서 2022년 3월부터

2023년 3월까지 1년 간 격주로 빌립보서를 설교했습니다. 총 23회 분량입니다. 여느 설교자들에 비해 설교하는 시간이 무척 긴 제 설교이기에(평균 60~70분), 1년간 일반 교회에서는 52주 분량에 해당되는 내용을 설교한 셈입니다. 그 결과 우리 교회 교인들은 빌립보서의 내용을 더욱 충실하고 당대의 문제를 최대한 사실적으로 정확하게 이해할 수 있었습니다. 이전에 5회 설교한 빌립보서 전체 내용이 다섯 배 이상 확장되었으니, 이 설교에서는 바울 사도가 빌립보 교회를 교훈하고 격려한 내용을 더욱 충분히 읽을 수 있을 것입니다.

　늘 그러하듯이, 설교자는 설교를 마치고 나면 자신의 설교에 늘 부족함이 있음을 발견하게 됩니다. 저 역시 그러합니다. 설교 후에 보완을 했다고 해도, 책을 내려고 할 때쯤에는 부족한 부분이 더 많이 발견되는 것은 어쩔 수가 없는 것 같습니다. 독자들 중에서는 설교 중간 중간에 제가 강조하는 부분에 생각을 너무 집중하느라 그 순간에 제가 미처 다뤄야 할 부분을 일부러 다루지 않았을 것이라는 점을 눈치 챌 분도 있을 것입니다. 이 모든 것은 인간의 연약함과 저의 생각의 짧음에서 비롯한 것이니 저의 한계로 이해해주시기 바랍니다.

　이 책은 두 부분으로 구성되었습니다. 제1부는 빌립보서를 이해하기 위한 서론적인 문제를 다룹니다. 통상 신약개론과 주석의 서론에서 다루는 한 책의 저자, 수신자, 기록 시기, 상황, 신학적인 주제들이 다뤄졌습니다. 저는 바울이 빌립보서를 쓰게 된 빌립보 교회의 역사적 상황과 바울이 빌립보서를 쓰게 된 교회 내부와 외적인 문제들, 그리고 여기서 내린 결론에 의거한 빌립보서의 주제들을 설명하는 데 집중했습니다. 학문적인 논쟁은 피하고 가급적이면 보편적으로 인정되거나 제가 강해하면서 취한 입장을 간략하게 설명했습니다.

제2부는 한 주에 1시간 정도 강설할 수 있는 분량의 본문을 가지고, 가급적 바울이 빌립보 교회에게 소통하는 방식으로 설명했습니다. 본문에 대한 강해 설교라는 특성을 유지하려고 노력했습니다. 이것이 예배 시간에 설교(또는 강설)로 전해지는 것이었으므로, 저는 바울이 1세기에 빌립보 교회에게 전하는 내용을 21세기 한국교회의 상황과 우리 교회(참빛교회)의 상황에 적용하려고 노력했습니다.

이 책을 출간하면서 감사해야 할 분들이 있습니다. 1년간 설교하는 도중에 (워낙 집요하게 한 문제를 다루고 더러는 1시간이 넘게 설교하는 바람에) 가끔씩 설교가 길고 어려우니 쉽고 짧게 하라는 불평을 쏟아내는 교인들이 있었지만, 그럼에도 제 설교에 감동을 받고 본문을 바르게 이해했다고 고마워하면서 저를 격려해주신 참빛교회 교우들 모두에게 감사의 마음을 전합니다. 저는 이 교우들과 함께 빌립보서의 주제인 주 예수 그리스도의 고난과 그분이 주시는 복음의 은혜를 경험했습니다.

개인적으로 특히 감사해야 할 분들이 있습니다. 한국교회의 개혁은 강단 개혁에서 비롯되어야 한다면서 성경주해아카데미를 열렬히 후원하시고 제 강의와 설교를 책으로 내라고 늘 부추기시는 이후철 장로님께 제일 먼저 감사를 표합니다. 매 주일 제 설교를 녹음하고 현장감 넘치는 설교를 기록하고 주변의 여러 사람들에게 반포하신 서진상 담임목사님의 노고에 감사합니다. 제 책 출판을 격려하고 지원하신 노천상 목사님께 다시 고마움을 전합니다.

마지막으로 감사를 전하고 싶은 대상은 우리 가족입니다. 신앙으로 잘 자라 교회의 여러 분야에서 헌신하고 눈에 띄게 신앙의 성장을 보이는 아들 승빈에게 고마움을 전합니다. 아내 윤지완에게 감사합니다. 아내는 제가 설교를 길게 한다거나 설교이 내용이 어렵다는 불평의 소리를 들어 종종 낙담해 있을 때마다 오히려 본인은 제 설교가 깊이가 있으며 은혜와 깨달음을 받는다면서 저를 격려해주었습니다. 아내 덕에 빌립보서 강해를 중단되지 않고 무사히 마칠 수 있었다고 할 말 수 있습니다.

제가 이 책을 모든 사람들이 읽을 수 있도록 출판하면서 소망하는 바는 한 가지입니다. 바울이 주 예수 그리스도를 발견하고 그에게만 헌신했고, 주 안에서 기뻐하고 주님만을 자랑했던 그것을 독자들도 누리시는 것입니다. 이 책이 한 교회 안에서만 선포되고 마는 것이 아니라, 그리스도의 향기처럼(고후 2:14-16) 누구에게나 널리 전파되기를 바랍니다.

2023년 7월 31일

수지의 서재에서

저자 오광만 씀

# 빌립보 교회의
# 상황과 문제 이해하기

# 빌립보 교회의 상황과
# 문제 이해하기

## 1. 빌립보 교회가 세워진 과정

빌립보서는 바울이 빌립보 교회에 쓴 편지입니다. 주후 51년에 바울은 2차 전도여행에 빌립보 시를 방문했고, 그곳에 머무는 얼마 안 되는 기간에 빌립보 교회가 세워졌습니다. 그 상황과 과정을 간략히 설명하겠습니다.

바울이 두 번째 선교여행을 떠나면서 처음에 가졌던 계획은 1차 전도여행 때 세운 교회들을 돌아보는 것이었습니다. 오늘날 튀르키예 중앙부와 서쪽에 자리 잡은 지역들이 그 곳입니다. 그런데 예수님의 영이 바울의 전진과 복음 전파를 막았습니다. 그렇게 하여 바울은 선교의 열매를 내지 못할 채 방향을 돌려 드로아까지 이르게 되었습니다. 바울은 드로아에서 마케도니아 사람들이 건너와 자기들을 도우라는 환상을 보고 유럽으로 건너갔습니다(행 16:6-10). 그래서 바울은 마케도시아의 신(新) 항구도시인 네압볼리("새로운"이라는 뜻의 neo와 "도시"라는 뜻의 polis가 결합된 단어임)에 첫 발을 내디뎠습니다. 그의 첫 사역은 네압볼리에서 멀지 않고 그 지방에서 제일 크고 전형적인 로마 도시인 빌립보에서 시작되었습니다.

바울은 유대인의 랍비 교육을 받은 당대 유대교를 대표할 만한 자질을 갖춘 유대인, 그리고 빌립보 도시를 지배하던 로마의 표준에 호응할 만한 로마 시민권을 가진 로마인이었습니다. 그러나 바울은 이처럼 자신을 표현하는 두 가지 방식으로 빌립보 사람들에게 자신을 알린 것이 아니라 하나님의 노예로서(행 16:17), 그리고 그리스도 예수의 노예로서(빌 1:1) 자신을 소개했습니다.

빌립보 시는 주전 356년에 알렉산드로스 대왕의 아버지인 마케도니아의 왕 필리포스 2세의 이름을 따서 세워진 헬라 도시였습니다. 2,3백 년 가까이 헬라 문화 속에 있던 빌립보 시는 로마가 헬라 지역을 점령하면서 자연스럽게 로마의 도시로 발전했습니다. 마르코스 안토니우스와 옥타비아누스가 정적들을 물리치고(주전 42년) 팍스 로마나(로마의 평화)를 구축할 기반을 다지고 나서부터, 빌립보는 로마의 식민지가 되어 로마의 퇴역 군인들이 머물 수 있는 본거지로 자리 잡기 시작했습니다. 바울이 그곳을 찾은 주후 51년에 빌립보 시는 그리스어 이외에 라틴어가 공식어로 사용될 정도로 마케도니아에서 제일가는 로마의 식민도시로 명성을 얻게 되었습니다.

빌립보 시는 로마의 식민도시답게 로마의 시민권을 가진 사람들이 대우를 받았습니다. 황제숭배는 당연히 요구되거나 상시 거행되었지요. 동서를 연결하는 도로(에그나티아로, Via Egnatia)가 빌립보 시를 관통했으니, 빌립보는 교통의 요충지로서 무역과 상업이 발달했을 것이며 여러 민족과 인종이 그리로 모여 드는 가위 메트로폴리탄이라고 할만했습니다. 이렇게 몰려든 사람들 중에 유대인들도 있었습니다. 그들은 모이면 그들의 전통을 보존하고 잇기 위해 회당을 세우고 신앙생활과 교육을 행했습니다.

이런 유대인들의 기질을 잘 아는 바울로서는 빌립보 시에 도착하자마자 유대인 회당을 찾았을 것입니다. 바울이 생각하기에, 이런 도시라면 틀림없이 유대인들이 살았고 그들의 삶의 중심인 회당이 있을 거라고 짐작했을 것입니다. 유대인이었던 바울로서는 아무런 이질감 없이 유대인들과 접촉할 좋은 기회를 잡은 것이지요. 하지만 바울은 도시 바깥을 흐르는 강가에 유대인들의 기도처가 있을 뿐이라는 소식을 들었습니다. 그들의 주거지와 모임의 장소가 성 밖에 있었다는 것에서 우리는 그곳에 사는 유대인들이 경제적으로 넉넉지 않은 사람들이었다는 것을 알 수 있습니다. 더군다나 그 도시에 회당은 없고 기도처만 있을 뿐인데, 그나마 그 기도처도 주로 유대인 여자들만 모였다는 것을 보니(행 16:13), 빌립보에는 성년이 된 남자 유대인들의 수도 그리 많지 않았다는 것을 알 수 있습니다.

바울은 유대인 여자들에게 복음을 전했습니다. 바울이 전한 것은 아마도 유대인들이 기다렸던 메시아가 오셨으며, 나사렛 예수가 바로 그분이라는 내용이었을 겁니다. 그들 중에서 바울이 전하는 복음을 경청하고 받아들인 루디아라는 여성이 있었습니다. 유일하게 이름이 언급된 루디아는 소아시아의 두아디라에서 이곳으로 이민 온 여성인 듯합니다(행 16:14a). 누가가 당시에 무척 비싸고 고급스러운 붉은색의 옷감을 장사하는 사람이라고 루디아를 소개한 것으로 미루어, 루디아는 무역을 하던 상인이었을 것입니다. 그가 **"하나님을 섬기는"** 사람이라고 표현된 것(16:14b)에서, 우리는 루디아가 유대인이 아니라 유대교에 관심을 가지고 있던 이방인 여성이라고 판단할 수 있습니다. **"하나님을 섬기는 사람"**이란 표현은 사도행전에 자주 등장하는 **"하나님을 경외하는 사람"**과 같은 의미인데, 그 대표적인 사람으로 고넬료를 꼽을 수 있습니다(10:1-2). 이 어구는 이방인으로서 유대교로 개종하지는 않았지만, 유대교에 관심을 갖거나 유대교의 일부 풍습을 따르는 사람을 일컫는 말입니다.

주님은 루디아의 마음을 열어 복음을 받아들이게 하셨습니다. 루디아는 그 집 모든 사람들과 함께 세례를 받았습니다(행 16:15). 그 후부터 루디아는 바울을 그의 집으로 모셨는데, 이것은 루디아의 집이 바울의 생활 거처로 사용되었을 뿐만 아니라 틀림없이 복음을 받아들인 사람들이 교회로 모이는 장소로 사용되었다는 뜻이기도 합니다. 우리는 빌립보의 첫 교회(가정교회)가 루디아의 집에서 시작되었다고 말할 수 있습니다. 빌립보 교회의 구성원이 누구였는지에 대한 추측이지만 매우 개연성이 높은 이야기는 누가가 소개하는 기도처 이야기 이외에 그 후 빌립보 시에서 벌어진 일화 두어 개에서 알 수 있습니다.

어느 날 바울은 그 일행과 함께 다시 유대인들의 기도처로 가는 도중에 귀신들려 점을 치는 여자 노예를 고쳐주었습니다. 그 일이 화를 불렀습니다. 그 여자 노예는 신통력을 잃게 되어 더 이상 점을 치지 못하게 되었습니다. 그로 인해 경제적 손실을 본 그 여자를 이용하여 돈벌이하던 주인들이 바울을 고발하는 사태가 벌어졌습니다. 바울의 죄목은 로마 사람이었던 그 도시 사람들이 받지도 못하고 행하지도 못할 풍습을 전한다는 것이었습니다(행 16:21). 그 일로 바울 일행은 흥분한 군중들에 의해 옷이 찢기고 벗겨졌고, 매를 맞았으며, 빌립보 옥에 갇히게 되었습니다(16:22-24). 여자는 구원을 받았고, 바울 일행은 박해를 받았습니다.

옥에 갇힌 바울 일행은 슬퍼하는 대신에 찬송을 불렀습니다. 밤에 지진이 일어나 감옥의 문이 열리고 죄수들의 차꼬가 풀어지는 기적이 일어났습니다. 간수는 죄수들이 다 도망한 것으로 생각하고 자결하려고 했습니다. 그러나 여전히 옥에 남아 있던 바울 일행은 간수가 극단적인 행위를 하지 못하게 막았습니다. 감동한 간수는 바울 일행을 그의 집으로 데려다가 매 맞은 자리를 씻겼습니다. 그 날 밤 간수와 그의 온 가족은 세례를 받았습니다. 간수와 온 집이 하나님을 믿고 모두가 기뻐했습니다(행 16:29-34).

이튿날 상관들이 부하를 보내어 바울 일행을 석방하라는 명을 전했습니다. 그러자 바울은 자신이 로마 시민인데 자신의 변명 한 마디 듣지 않고 공중 앞에서 때리고 옥에 가둔 것을 따졌습니다. 그는 자신의 로마 시민권을 매를 맞기 전이 아니라 모든 일이 마무리 되고서야 비로소 알렸던 것입니다. 어찌 되었든지 간에 바울은 빌립보에서 공식적으로 고발을 당한 터였기에 그곳에 더 이상 머물 수가 없어서 누가에게 빌립보 교회를 맡기고 디모데만 데리고 데살로니가로 떠났습니다(행 16:40; 17:1).

사도행전 16장에 기록된 이 일화들에 근거하여 우리는 이 이야기에 등장하는 사람들이 당시 빌립보 교회의 첫 구성원들이었을 것이라고 조심스럽게 추정할 수 있습니다. 이방인 사업가이자 하나님을 경외하는 이방인 여자 루디아와 그의 가정에 속한 사람들, 귀신들렸던 여자 노예, 로마의 간수와 그의 가족들이 처음 신자들이었을 것이라는 말입니다. 그리고 특히 주목해야 할 것은 빌립보 교회의 이 개척 멤버들의 공통점은 이들이 모두 이방인들이었다는 사실입니다. 이들 이외에 빌립보 교회의 교인이 된 사람들은 더 있었을 것입니다. 이들이 어떤 과정으로 교회에 들어오게 되었는지는 성경에 기록되지 않았지만, 바울이 빌립보를 떠난 후 지금 옥에서 빌립보서를 쓰고 있는 사이(아마도 10년여 어간)에 몇 사람이 더 빌립보 교인이 되었다는 것이 분명합니다. 빌립보서에 언급된 두 여자 지도자들인 유오디아와 순두게(빌 4:2)와 빌립보 교회의 선물을 바울에게 전하기 위해 목숨을 걸고 바울이 있는 곳까지 찾아간 에바브로디도(2:25-30; 4:18)가 그 대표적인 사람들입니다.

## 2. 빌립보서를 쓰게 된 계기와 현안 문제들

바울은 빌립보 교회를 떠난 후 다시는 그곳으로 돌아가지 못했습니다. 그곳으로 가고 싶은 마음은 있었겠지만 틀림없이 사탄이 바울 일행을 막았을 것입니다. 데살로니가 교회를 다시 방문하지 못한 것과 똑같은 이유(살전 3:18)가 빌립보 교회에 대해서도 적용될 수 있습니다. 바울 사도는 난처한 상황에서 빌립보 시를 급하게 떠났습니다. 빌립보 교회는 복음 사역을 하는 바울에게 비용이 필요하다는 것을 알았기에 처음부터 직간접으로 지원하려고 했습니다(빌 4:15). 한두 번 성공을 거두었으나 그 이후에는 바울과 연락이 닿지 않아 더 이상 그들의 실질적인 후원이 바울에게 전달되지 못했습니다(4:10, 16).

그 사이에 거의 10여년의 세월이 흘렀습니다. 바울은 산전수전을 다 겪고 지금 옥에 갇혀 있습니다. 빌립보 교회는 바울이 옥에 갇히고 얼마 되지 않아 그에 대한 소식을 들었을 것입니다. 다시 바울을 돕고 생활비를 보충해주고 싶은 마음에 어떻게 해서든지 바울과 연락하려고 노력했습니다(참조. 빌 4:10).

당시 바울의 최대의 관심사 중 하나는 가난한 예루살렘 교회를 지원하기 위해 마케도니아, 갈라디아, 아가야 지방의 교회들로부터 연보를 모아 전달하는 것이었습니다(역사적인 순서대로. 행 19:21-21:26; 고전 16:1-4; 고후 8-9장; 롬 15:25-29). 바울이 이 일을 성공적으로 수행했는지 그러지를 못했는지에 대해서는 누가가 그의 기록에 남기지 않았기에 우리로서는 그 결말을 알 수는 없습니다(참고. 행 20:1-21:26). 하지만 우리는 이야기가 진행되는 과정에서 의외의 결과를 마주합니다. 바울이 연보를 예루살렘 교회에 전하려고 선교지를 떠나 예루살렘으로 갔지만, 바울을 마주하고 있던 것은 유대인들의 오해와 박해였다는 사실입니다(21:27-36). 그 일로 바울은 더 이상 자유인으로서 행동을 할 수가 없고 매인 사람의 처지가 되었습니다. 예루살렘에서 로마 총독부가 있던 가이사랴 해안 도시로 이송되었습니다.

지금 바울은 옥에 갇혀 있습니다. 그것이 가이사랴의 옥이었다고 주장하는 사람들도 있고(행 24:23-27에 근거하여), 일반적으로 알려졌듯이 로마 옥에 갇혔다고 주장하는 사람이 있습니다(28:16-31에 근거하여). 저는 로마 옥에 갇힌 상황에 더 마음이 기우는 사람들 중 한 사람입니다. 어찌 되었든지 간에 바울은 옥에 갇혀 적어도 2년을 보냈습니다. 이 소식을 빌립보 교회도 들었을 것입니다. 다른 교회에 대해서도 마찬가지였겠지만, 바울은 특히 빌립보 교회를 많이 걱정했습니다. 그래서 그 교회를 위해 오랜 세월 그리고 많이 기도했습니다(빌 1:3-4). 드디어 빌립보 교회로부터 사람이 왔습니다. 바울의 생활을 조금은 넉넉하게 해주는 선물도 가져왔고, 무엇보다 궁금해 하던 빌립보 교회의 소식을 가지고 왔습니다. 하지만 이 편지를 쓰기 직전 그가 옥에서 들은 빌립보에 대한 소식은 썩 유쾌한 내용이 아니었습니다. 바울은 옥에서 자신을 그처럼 아끼고 사랑하는 빌립보 교회 안에 두어 가지 큰 문제가 있다는 것을 알게 된 것입니다. 첫째는 내부 분열입니다. 복음 전파를 둘러싸고 벌어진 두 집단 간의 입장 차이(1:12-30), 교인들 서로 간의 시기와 다툼(2:1-4), 두 여성 지도자들 사이의 갈등(빌 4:2) 등이 그것입니다.

둘째는 외부에서 들어온 유대인들이 이방인 출신의 순진한 빌립보 교인들에게 유대교를 강요하고 있다는 사실입니다. 이 유대인들이 유대인 출신의 그리스도인들인지 그리스도를 믿지 않는 열렬 유대주의자들인지 아니면 이방인들인지는 분명치 않습니다. 그들은 빌립보 교회에게 무언가 강요하기도 하고(빌 1:28; 3:19 내용이 이방인들의 행동이라고 믿는 사람들의 견해에 근거하여), 바울의 복음을 들어 신앙생활을 잘 하고 있던 빌립보 교회에게 조직적으로 할례를 강요했고 율법을 삶의 표준으로 삼아 그대로 행할 것을 요구하기도 했습니다(빌 3장의 전반적인 분위기가 유대교의 입장을 반영한다고 믿는 사람들의 견해에 근거하여). 빌립보 교인들이 바울에게서 받은 그리스도의 복음이 흔들리기 시작했다는 것을 바울은 직감했습니다. 바울은 자신이 포기한 유대교 유산을 그가 부재한 상황에서 다시 강요함으로써 그의 피붙이나 다름없는 교회를 유대인들이 유린하고 있는 이 상황을 가만히 지켜 볼 수만은 없었을 것입니다. 그러나 어찌 할 수 없는 처지에 놓인 바울로서는 속이 타들어갔을 것이 분명합니다.

그러는 사이에 그가 기다리고 고대했던 선물이 빌립보에서 바울에게 도착했습니다(빌 4:10). 에바브로디도가 가져온 재물이 그것입니다. 그 재물에는 예루살렘 교회를 위한 연보도 포함되었겠지만, 틀림없이 옥에 있는 바울의 생활비 지원도 많은 분량을 차지했을 것입니다. 바울은 그들의 헌신을 그의 괴로움에 참여한 것으로 평가했고, 그의 생활이 조금은 풍부해진 것에 기뻐했습니다(4:14). 하지만 바울이 이 일로 기뻐하는 순간도 잠시였고, 그에게 온 에바브로디도는 거의 죽다 살아날 정도로 그의 건강이 좋지 않았으며(2:26-27), 그가 전해온 빌립보 교회의 상황은 더 좋지 않았습니다.

에바브로디도는 빌립보 교회의 헌금을 바울에게 전달하는 것 이외에 그들의 요구사항을 바울에게 전했습니다. 그것은 바울에게 디모데를 자기들에게 보내달라는 것이었습니다. 바울은 교회를 위해서라면 이 요청을 수락하는 것이 옳다는 것을 알았을 것입니다. 하지만 그가 옥에서 사도로서 해야 할 일이 많이 있는 반면에, 그의 주변에 있던 사람들은 하나 둘 떠나가기 시작했고, 이제 디모데만 남아 바울을 보살펴주고 있는 형편이었습니다(빌 2:19-22). 바울은 디모데를 보내는 대신에 에바브로디도를 보내는 것이 좋다고 결정했습니다. 바울은 이 문제를 이렇게 정리합니다. 디모데를 보내기를 바라고 심지어 자신이 직접 빌립보에 가기를 원하지만, 오히려 에바브로디도를 보내어 그들의 요구에 적당히 타협하는 것이 바울에게나 빌립보 교회에게나 유익이 될 것이라고 말입니다. 빌립보 교회도 에바브로디도가 위독하다는 말을 듣고 걱정하고 있었는데, 건강을 회복한 그를 보면 빌립보 교회의 근심이 줄어들 것이라고 생각한 것입니다(2:25-30).

바울은 에바브로디도 편에 빌립보 교회에게 편지를 써서 보냈습니다. 우리가 읽고 있는 바로 이 빌립보서를 말이지요. 그렇다면 그 편지 안에는 어떤 내용이 담겨 있을까요? 지금 제가 간략히 설명한 이 내용들에 근거한 교훈이 들어있겠지요. 그 내용을 정확히 그리고 가급적 풍성하게 파악하는 것이 빌립보서를 바르게 읽고 이해하는 열쇠입니다.


### 3. 빌립보서에서 다루는 주요 주제들

선입견은 무섭습니다. 객관적인 정보에 근거하여 어떤 판단을 내리지 않고 자신이 부분적으로 알고 있는 것에 근거하여 일방적인 판단을 내리게 되기 때문입니다. 빌립보서에 대한 이해에도 신자들의 선입견이 많이 작용합니다.

앞에서도 언급했듯이, 많은 신자들에게 빌립보서는 **"기쁨의 책"**으로 알려져 있습니다. 바울이 옥에 있으면서도 **"기뻐한다"**고 했고(빌 1:18), 빌립보 교회에게도 **"항상 기뻐하라"**(4:4)고 권한 것에서 그 근거를 찾습니다. 그래서 빌립보서의 주제를 기쁨이라고 단정하고, 빌립보서를 읽거나 설교할 때에도 그 점에 주로 초점을 맞추는 경향이 있습니다.

사실 빌립보서에는 바울의 다른 서신들에서는 자주 발견되지 않는 **"기쁨"**이라는 단어가 많이 등장합니다. 이것에 근거하여 설교자들은 바울이 옥에 있으면서 그럼에도 불구하고 기뻐했다고 가르치는 것입니다. 그러하다면, 바울이 다른 옥중서신(엡. 골. 몬. 딤후)에서는 왜 **"기쁨"**이라는 용어를 사용하지 않았을까요? 똑같은 옥중서신들인데 말이지요. 기쁨이 빌립보서의 주된 주제도 아니고 어떤 형편에서든지 기뻐하라고 가르치는 것이 바울의 관심사가 아니라는 것을 알 수 있습니다. 피상적인 성경 읽기가 빌립보서를 이해하는 잘못된 선입견으로 작용한 실례입니다. 많은 사람들이 생각하는 것과 다르게, 빌립보서에서 **"기쁨"**은 주요 주제가 아닙니다.

단어의 빈도수에 근거해서 판단하자면, 빌립보에서 **"기쁨"**이라는 명사는 다섯 번, **"기뻐하라"**는 동사는 아홉 번 등장합니다. 바울이 알고 있는 교회들 중에서 빌립보 교회는 바울과 인간적인 관계가 비교적 돈독했던 교회입니다. 그럼에도 **"기쁨"**이 빌립보서의 주요 주제는 아닙니다. 우리는 바울의 가르침에서 그리스도의 복음에 충성하고, 바울이 다양한 상황에서 하나님의 은혜와 그리스도의 위대하심을 생각하면서 그의 처지를 기쁨으로 받아들였다는 것을 알 수는 있지만, 바울이 기쁨을 가르치려고 이 편지를 쓴 것이 아니라는 것을 알 필요가 있습니다. 바울에게서 진정한 기쁨은 그리스도의 복음 안에 있는 것이라는 사실을 간접적으로 배울 수 있을 뿐입니다. 앞 단락에서 소개했던 빌립보서의 문제 두 가지가 바울이 빌립보서를 쓰면서 특히 집중적으로 다룬 주제들입니다.

빌립보 교회는 내부에 문제와 갈등이 많이 있던 교회였습니다. 그래서 그 문제에 연루된 사람들에게는 따끔하게 질책하지만, (**"모두"** 또는 **"무리"**들로 표현된) 교회의 구성원 전체에 대해서는 바울이 따뜻한 마음을 표현합니다. 이것을 강조하려고 바울은 교회의 문제가 있음에도 불구하고 교회가 한 사람도 예외 없이 **"모두"** 바울이 바라는 목표에 도달하기를 바라면서 **"모두"**라는 단어를 사용한 것입니다. 그래서 빌립보서에는 사실 **"기쁨"**("카라," χαρα) 관련어가 14회 사용된 반면에, **"모두"**(그리스어로 "파스" πας, "판타" παντα)라는 단어가 거의 서른 번 가깝게(26회) 사용되었습니다. 바울은 빌립보 교회의 어떤 사람들을 책망하는 중에서도 그 교회 전체에 대해서는 감사하고 소망스러운 미래를 기대하면서 교훈합니다. 그럴 때 바울이 사용하는 용어가 **"모두"**와 개역개정 성경에 **"무리"**라고 번역된 단어입니다. (사실 "무리"는 "모두"와 같은 그리스어 "파스" 또는 "판타"를 번역한 단어입니다.) 그래서 빈도수로 비중 있는 주제를 택하라고 한다면 **"기쁨"**보다는 **"모두"**일 것입니다. 이 사실은 우리에게 바울의 관심사가 바로 빌립보 교회 교우들 **"모두"**라는 것을 알려줍니다. 바울은 교회 안팎의 문제로부터 모든 교우들을 보호하고 그리스도의 날까지 모두가 똑같이 성장하도록 하는 데 관심이 있었습니다.

바울의 여느 편지와 마찬가지로 빌립보서는 바울이 교훈했던 관련이 없는 글들을 모아 놓은 책이 아닙니다. 그렇지 않다는 것은 빌립보서를 처음부터 끝까지 찬찬히 읽기만 해도 드러납니다. 빌립보서는 글의 흐름이 유려한 매우 잘 짜인 편지이며, 무엇보다 바울의 말이 구체적인 상황에서 구체적인 문제들을 거론하고 설명한 매우 개인적인 느낌을 풍기는 편지입니다. 빌립보서는 빌립보 도시의 한 특수한 공동체(빌립보 교회)가 마주하고 있는 구체적인 상황에서 그 상황에 맞게 교훈한 바울의 메시지를 담고 있습니다. 그래서 우리는 바울과 빌립보 교회 사이의 관계, 현재 빌립보 교회 안에서 벌어지고 있는 현실적인 문제들이 편지의 글감으로 사용되었다는 것을 알아야 합니다. 그들의 문제가 빌립보서의 주제들로 거론된 것입니다.

바울이 빌립보서에서 다루는 주요 주제는 세 가지입니다. 교회안의 무리들(너희 모두) 간의 갈등과 불화, 교회를 위협하는 대적자들, 그리고 바울과 교회가 마주하고 있는 박해와 고난이 그것입니다. 하나씩 살펴보겠습니다.


**첫째는 교회 내부의 갈등과 불화 문제입니다.**

편지를 시작하면서 바울이 빌립보 교회를 칭찬하고 빌립보 교회를 하나님께 부탁하며 감사하고 기쁨으로 기도하는 것을 보면(빌 1:4) 빌립보 내부에 어떤 문제가 없는 듯이 보입니다. 하지만 이런 식으로 편지를 시작하는 것은 극단적인 한 예외(갈라디아서)를 제외하고는 바울이 평상시 편지를 시작하는 습관으로서, 흔히 편지의 서론의 기본적인 형식에 속합니다. 아무 생각 없이 편지의 앞부분을 읽고 해당 편지의 특성이나 그 편지에 담긴 문제를 예단하면 편지의 중요한 문제를 놓칠 수 있습니다. 편지는 처음부터 끝까지 찬찬히 읽어야 합니다. 종종 편지 서론에 본문에서 다룰 주제들이 언급되는 경우가 있으니, 서론도 가볍게 읽고 넘어갈 만한 부분이 아닌 것입니다.

편지 중간쯤에서 바울은 느닷없이 교회에게 **"너희가 한마음으로 서서 한 뜻으로 복음의 신앙을 위하여 협력하라"**고 권합니다(빌 1:27). 바울은 이런 일들이 대적하는 사람들 때문에 발생한 것이라고 애써 그들의 마음을 누그러뜨리기는 했지만(1:28-29), 다시 그들 안에 있는 불화의 내용을 언급하면서 서로 화해할 것을 권합니다. **"마음을 같이하라." "같은 사랑을 가지고 뜻을 합하여 한마음을 품으라." "아무 일에든지 다툼이나 허영으로 하지 말라." "너희는 이렇게 생각하라"**(개역개정 성경에 "너희 안에 이 마음을 품으라"라고 번역됨)고 말입니다(2:1-3).

빌립보 교인들 사이에 서로간의 불신과 원망과 문제를 일으키려는 사람들이 있었던 것 같습니다. 바울은 앞에서 지적했던 내용을 또 언급합니다. **"모든 일을 원망과 시비가 없이 하라"**(빌 2:14). 그러다가 4장을 시작하면서 바울은 빌립보 교회 안에 있는 유오디아와 순두게 두 여성을 지목하면서, **"주 안에서 같은 생각을 하라"**고 명령합니다(4:2).

우리로서는 빌립보 교회 안에 벌어진 일이 구체적으로 무엇인지 정확히 알 수는 없습니다. 두 여성 지도자들인 유오디아와 순두게 사이에서 벌어진 교회 내부의 주도권 다툼에 모든 교인들이 연루된 것인지, 아니면 바울의 복음에 대한 입장 차이로 바울을 옹호하는 집단과 바울의 교훈의 약간 부족한 부분이 있다는 유대적 성향을 지닌 사람들 집단 사이에 벌어진 논쟁 때문인지 우리로서는 알 도리가 없습니다. 이것을 설명하기 위해 여러 학자들이 제안했지만, 기껏해야 바울이 말해주는 말만 듣고 빌립보 교회의 상황을 판단하는 **"거울 읽기"**(mirror-reading)에 불과할 뿐입니다. 마치 우리가 자기 옆에서 전화하는 사람의 말만 듣고서 전화 저쪽 편에 있는 사람이 하는 말을 자기 멋대로 추측하는 것처럼 말입니다.

일단 우리는 빌립보 교회 안에 신자들 사이에 원망이나 시비, 또는 다툼이나 경쟁이 실제로 발생했고 바울이 이 문제를 해결하면서 교훈하고 있다는 사실을 알고 있는 것이 좋습니다. 바울이 판단하기에, 이러한 현상은 교회의 존립에 악영향을 줄 뿐만 아니라 복음의 진전에도 악영향을 주는 위험 요인들입니다. 바울에게는 교회를 아끼는 마음이 많이 있었습니다(빌 1:7). 바울은 교회가 허물없이 그리스도의 날까지 이르고, 삶에서 의의 열매를 많이 맺어 하나님께 영광과 찬송이 되기를 기도합니다(1:10-11). **"의"**가 서로 간의 관계의 바름과 공정함을 의미한다는 것을 생각한다면, 독자는 바울이 왜 빌립보 교회에게 다른 것보다 **"의의 열매"**를 맺으라고 권하는지 이해할 수 있을 것입니다. 이 내용은 2:15-16에 더 발전된 교훈으로 등장합니다. **"이는 너희가 흠이 없고 순전하여 어그러지고 거스르는 세대 가운데서 하나님의 흠 없는 자녀로 세상에서 그들 가운데 빛들로 나타내며, 생명의 말씀을 밝혀 나의 달음질이 헛되지 아니하고 수고도 헛되지 아니함으로 그리스도의 날에 내가 자랑할 것이 있게 하려 함이라."**

그러기 위해서 바울은 **"복음에 합당한 시민 노릇을 해야 한다"**(개역개정 성경에 "복음에 합당하게 생활하라"고 번역됨)고 권합니다. 복음은 단지 한 개인의 구원의 방법을 알려주는 것이 아니라, 하나님과 사람, 사람과 사람 사이의 화목/화해를 이루며 살아가는 것을 알려주는 메시지이기 때문입니다. 바울은 지금 그가 갇힌 옥에서 복음의 진전이 이루어지고 있음을 알림으로써(빌 1:12-13), 자유 시민인 그들에게도 복음의 진전이 나타나 서로 화해하며, 하늘에 시민권을 둔 사람처럼(3:20) 복음에 합당하게 생활하는 데 힘써야 한다고 권하는 것입니다. 그것은 그들 안에 원망과 시비와 다툼을 없애는 것입니다. 복음에 대해 한 마음을 가지며, 같은 생각을 하고, 교회가 나아가는 데 있어 서로 뜻을 같이 하는 것입니다.

**둘째는 교회를 위협하는 대적자들의 문제입니다.**

바울은 빌립보서에서 신자들의 믿음을 위협하고 무너뜨리려는 사람들을 언급합니다. **"무슨 일에든지 대적하는 자들 때문에 두려워하지 아니"**하기를 기대한다는(빌 1:28) 표현이 그들에 대한 구체적인 첫 언급일 것입니다. 이보다 먼저 바울은 그가 빌립보를 떠난 이후 하나님의 말씀을 전하는 사람들 중에, 주 안에서 하나님의 말씀을 담대히 전하는 사람들이 있는 반면에(1:14), 투기와 분쟁으로 전함으로써 바울의 매임에 괴로움을 더하게 할 것을 기대하면서 순수하지 못하게 경쟁하며 그리스도를 전파하는 사람들도 있다고(1:15a, 17) 간접적으로 적대자들을 언급했습니다. 바울은 이들을 **"어그러지고 거스르는 세대들"**이라고 특징짓습니다. 이런 사람들이 주위에 도사리고 있는 상황에서 바울은 빌립보 교회가 흠이 없고 순전하게 자신을 보존하기를 기대합니다

(2:15).

　빌립보서 3장에서 바울은 이들의 성향을 매우 구체적으로 표현합니다. 한 마디로 이들은 유대교의 우월성을 중시하며, 유대교의 전통을 고수하는 사람들입니다. 바울은 빌립보 교회가 들으라고, 이들이 **"행악하는 자들"**이며, **"몸을 상해하는 사람들"**이고, **"그리스도를 자랑하지 않고 육체를 신뢰하고 육체를 자랑하는 사람들"**이라고 평가합니다(빌 3:2-4). 그들의 **"신은 배요, 그들의 영광은 부끄러움에 있으며, 땅의 일을 생각하는 사람들"**입니다. 바울은 한 마디로 그들을 **"십자가의 원수"**로 행하는 사람들이라고 가치매김하고 있습니다(3:18-19).

　이처럼 빌립보 교회를 넘어뜨리려고 위협을 가하는 사람들의 정체는 무엇일까요? 사실 한 마디로 규명하기 어려울 정도로 바울이 묘사하는 대적자들에게는 복합적인 요소가 내재되어 있습니다. 우리가 이들이 누구인지를 알 수 있는 분명한 단서는 그들의 주장과 이에 대한 바울의 답변에서 볼 수 있는 3:1-16에서 다뤄진 사람들이 유대인들이라는 것을 제외하면, 다른 본문들에 묘사된 대적자들이 구체적으로 어떤 사람들인지를 밝히는 것은 쉽지 않습니다. 하지만 이들을 언급하는 본문을 찬찬이 살펴보면서 최대한 가깝게 이들이 어떤 사람들인지 확인해보겠습니다.

　빌립보서 1:15-17에 언급된 사람들의 경우 그들은 투기와 분쟁으로 그리스도를 전파하면서 바울에게 개인적으로 심리적인 고통을 주려고 하고, 겉치레로 그리스도를 전파하는 사람들입니다. 그런데 이것만으로는 그들이 유대교를 옹호하는 사람들로서 유대교에 속한 유대화주의자들인지, 아니면 그리스도인이 된 유대교인들인지, 아니면 유대교에 속하여 신비적이고 영적인 것을 추구하는 사람들인지 모호합니다. 공통적인 것은 유대교 사상을 가지고 바울의 복음을 평가하면서, 바울이 전한 복음에 유대교에서 강조하는 중요한 요소가 빠져 있다고 불만을 터뜨리고 있던 사람들인 것만은 분명합니다.

빌립보서 1:28에 묘사된 사람들은 물리적으로 빌립보 교인들을 괴롭게 한 사람들로 보입니다. 바울은 그들에게서 받는 고난을 염두에 두면서 교회가 물리적인 고난을 받는 것이 지극히 자연스러운 것이라고 위로하면서(빌 1:29-30), 교회에게 대적자들로 인해 두려워하지 말라고 힘을 북돋아줍니다. 우리는 바울이 대적자들이 교회에 가하는 고난을 염두에 두고 이런 말을 했을 것이라고 추측할 수 있습니다. 적대자들은 아마도 그러한 물리적인 힘을 발휘할 수 있는 빌립보 시의 로마인들이었을 것입니다.

빌립보서 3:2-16에서 다뤄지고 있는 대적자들은 틀림없이 유대인 출신의 그리스도인 또는 유대교에 속한 자들로서 교회에 잠입하여 교회가 가진 복음을 엎어버리려고 하는 유대화주의자들일 것입니다. 그들은 자신들이 가진 유산이 기독교의 복음보다 우월하다고 믿었기에, 복음을 완전히 무시하지 않았다면, 바울이 전한 복음에는 중요하고 핵심적인 요소가 빠져 있다고, 그것을 유대교의 요소로 채우라고 강요했을 것이 분명합니다. 그들은 할례를 신뢰했고 자랑했습니다(빌 3:3). 또 바울이 이들을 견제하기 위해 소개한 태생적인 유대적 요소(3:5a)와 그가 성년이 되어 자발적으로 추구한 유대교적 열심들(3:5b-6)을 그가 그리스도를 발견하고 그 안에서 하나님의 의를 얻었다고 선언한 것(3:7-9)과 대조해보면, 여기서 바울이 논쟁의 대상으로 삼은 대적자들은 유대화주의라고 단정할 수 있습니다.

마지막으로 빌립보서 3:18-19는 삶의 방종을 중심으로 대적자들의 행위를 언급합니다. 그들은 배를 신으로 삼고 살고 있는 사람들이라는 겁니다. 현재 그들은 나중에 멸망에 이를 것이 뻔한 삶을 살고 있습니다. 그들이 얻게 되리라고 기대하는 영광은 명예가 아니라 수치라고 바울은 판단합니다. 바울은 이런 사람들을 대조하면서 **"그러나 우리의 시민권을 하늘에 있다"**고 선언합니다(빌 3:20). 이 두 내용을 비교해 볼 때, 본문에 언급된 대적자들은 땅에 속한 사람이고 세상의 시민으로 사는 것에 만족하는 사람들인 게 분명합니다. 바울이 앞에서 **"어그러지고 거스르는 세대"**(2:15)라고 칭한 사람들 중에는 본문에서 다루고 있는 대적자들이 포함되었을 것입니다. 바울이 이들을 **"십자가의 원수"**라고 했으니, 이들은 유대교에 속한 자일 수도 있지만, 이방인 출신의 그리스도인들일 가능성도 배제할 수 없습니다(비교. 고전 1:18).

**셋째는 바울과 교회가 마주하고 있는 박해와 고난입니다.**

빌립보서를 피상적으로 읽는 사람들 중에는 빌립보서에서 고난이 중요한 주제로 다뤄지고 있다는 사실을 아는 사람이 많지 않습니다. 빌립보서는 그저 기쁨의 책으로 낙인 찍혀 있으니까요. 하지만 바울은 빌립보서 처음부터 그리스도인의 삶에서 경험하고 있는 고난을 언급합니다. 바울은 옥에 매어 있으면서 처형되기를 기다리고 있는 자신의 처지를 언급합니다(빌 1:12-26). 바울이 마주하고 있는 이러한 상황은 그가 빌립보 교회를 위해 자신이 포도주를 쏟아 붓는 제사(전제)

처럼 자신의 생명 전체를 드릴 준비가 된 것이라고 의미 부여합니다 (2:17). 자신이 당하는 고난, 그리고 모든 그리스도인이 그리스도를 위해 은혜를 받는 것은 그들이 그리스도를 믿는 것만 아니라 그분을 위해 고난을 받기 위해 부름을 받은 것이라는 점을 상기시킵니다(1:29).

바울은 빌립보 교회 안에서 벌어지는 불화를 다루는 중에, 모든 그리스도인들이 자신이 어떤 존재이며, 다른 그리스도인들에 대해 어떤 태도를 취해야 하는지 설명하려고 그리스도의 고난을 예로 듭니다. 그리스도는 하나님과 본체이시지만 스스로 낮아지셨고 낮아진 신분으로 계시는 동안 죽음에 이르도록 복종하시는 고난을 체험하셨습니다(빌 2:8).

바울은 그리스도인의 고난과 관련하여 구체적으로 에바브로디도가 병든 것을 언급하면서 그가 그리스도의 일을 위해 죽기에 이르렀다고 묘사합니다. 에바브로디도는 복음을 위해 고난을 받은 대표적인 사람이며, 한편 자신을 낮추고 죽기까지 복종하신 그리스도를 본받은 대표적인 사람입니다(빌 2:27-30).

다시 바울은 그리스도를 얻기 위해 자신이 과거에 가지고 있었던 것을 버렸다고 말합니다(빌 3:8). 과거에 자랑하던 것을 해로운 것으로 여겼기 때문입니다. 그 대신에 바울은 그리스도의 부활과 그리스도의 고난에 참여하기를 갈망합니다. 그러기 위해 그는 그리스도의 죽으심을 본받기를 원했습니다(3:10). 그래서 그는 그리스도의 사람, 즉 그리스도의 노예(종)가 되었습니다. 그리스도의 노예로 사는 바울의 삶은 비천에 처하는 삶이었습니다. 그는 배고픔과 궁핍에 처했습니다(4:12). 그는 물리적인 고난을 몸소 체험했습니다.

바울은 자신에게서 일어나고 있는 일이 그의 개인적인 문제에 국한되는 것만 아니라 복음을 받아들이고 그리스도에 참여하기를 바라는 모든 그리스도인의 현실이라는 것을 알리고 싶어 합니다. 바울이 빌립보서에서 고난을 강조한 이유는 이것입니다. 구원자가 하늘로부터 오시면 우리의 낮은 몸은 궁극적으로 그분의 영광스러운 몸의 형체와 같이 변하게 될 것이지만, 이 땅에서 살아가는 동안에는 고난을 경험하는 삶을 살아야 한다는 것입니다(빌 3:21). 그리스도인의 고난은 낮아지고 복종하신 그리스도를 본받는 구체적인 행위입니다.

바울이 이 모든 문제들을 해결하고 교회를 바르게 가르치는 근본이 되는 사상은 그리스도의 복음이며, 그가 교회에 가르친 교훈입니다. 바울 복음의 핵심은 **"그리스도"**입니다. 그것이 **"주"**라고도 표현되었고, **"주 안에서"**라는 어구로 등장하기도 합니다. 하나님의 의를 얻는 것이 **"그리스도 안에서"** 이루어지고, 하나님의 백성의 삶도 **"그리스도 안에서"** 행해지며, 그리스도인의 경건 역시 **"그리스도의 본을 따르는 것에서"** 나타납니다. 빌립보서에 자주 등장하는 **"주 안에서 기뻐하라"**는 어구 역시 바울 복음의 핵심인 그리스도의 중요성을 강조하는 말입니다.

바울은 편지를 쓰는 첫 머리에 빌립보 교회에게 자신이 하나님의 뜻으로 말미암아 그리스도 예수의 노예가 된 사람으로서 주인의 뜻을 전하는 사람임을 선언합니다(빌 1:1). 그래서 그가 일찍이 빌립보에서 전했고, 지금 편지에서 그 교회에게 쓰고 있는 말들은 바울의 사적인 의견이 아니라 주님의 뜻이며 주님의 말씀입니다. 이것은 어느 누구도 흔들거나 다른 것으로 대체할 수 없는 하나님의 말씀입니다. 바울의 복음은 뭐든 부족한 것이 있어서 다른 것으로 보충해야 하는 교훈이 아닙니다. 빌립보 교회의 내부 사람들이든지 그리스도를 믿지 않는 로마인들이든지, 심지어 종교적인 유산을 많이 보유한 유대인들이라도 그들의 종교를 표준으로 바울의 복음을 뒤엎을 수 없습니다. 바울이 전한 복음은 마지막 날에 하나님의 모든 약속과 뜻을 성취하여 세상을 변화시키러 오셨고 또 장차 오실 우리 주님 예수 그리스도의 복음이기 때문입니다.

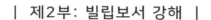

# 1강

# 복음을 위한 일에
# 참여한 교회

(빌립보서 1:1-8)

## 빌립보서 1:1-8

[1]그리스도 예수의 종 바울과 디모데는 그리스도 예수 안에서 빌립보에 사는 모든 성도와 또한 감독들과 집사들에게 편지하노니 [2]하나님 우리 아버지와 주 예수 그리스도로부터 은혜와 평강이 너희에게 있을지어다 빌립보 성도들을 생각하며 간구하다 [3]내가 너희를 생각할 때마다 나의 하나님께 감사하며 [4]간구할 때마다 너희 무리를 위하여 기쁨으로 항상 간구함은 [5]너희가 첫날부터 이제까지 복음을 위한 일에 참여하고 있기 때문이라 [6]너희 안에서 착한 일을 시작하신 이가 그리스도 예수의 날까지 이루실 줄을 우리는 확신하노라 [7]내가 너희 무리를 위하여 이와 같이 생각하는 것이 마땅하니 이는 너희가 내 마음에 있음이며 나의 매임과 복음을 변명함과 확정함에 너희가 다 나와 함께 은혜에 참여한 자가 됨이라 [8]내가 예수 그리스도의 심장으로 너희 무리를 얼마나 사모하는지 하나님이 내 증인이시니라

# 1강

# 복음을 위한 일에
# 참여한 교회

(빌립보서 1:1-8)

우리는 연설을 하거나 대면하여 누구를 훈계할 일이 있을 때, 처음부터 잘못한 것을 거론하면서 혼내지 않고, 그가 이전에 잘한 것을 먼저 언급합니다. 바울도 빌립보 교회에게 이 작전을 씁니다. 하나님 아버지와 예수 그리스도에게서 오는 은혜와 평강을 구하고, 빌립보 교회를 생각하면 하나님께 감사할 것밖에 없다는 내용, 그리고 바울이 빌립보에서 복음을 전한 이후 그 교회가 줄곧 복음을 위하는 일에 참여해왔다는 것, 그래서 빌립보 교회는 늘 바울의 마음에 있다는 내용입니다.

바울은 그리스도 예수의 노예의 자격으로 빌립보 교회에게 편지합니다. 제가 **"노예"**라는 말을 하니 어감이 조금은 강하다는 느낌을 받는 분들이 계실 겁니다. 우리가 흔히 말하는 **"예수님의 종"** 바울이라고 하면 일반 성도들에 비해 높은 위치에 있는 것 같기도 하고, 그에게 뭔가 권위가 있어서 상대방에게 얼마든지 꾸짖고 자신의 의견을 강요할 수 있는 사람이라는 생각을 하게 됩니다. 그러나 우리가 생각하는 것과 다르게, **"종"**은 어느 누구와 관련해서든지 권세를 가지고 있는 사람이 아닙니다. 우리말 성경에 **"종"**이라고 번역된 단어는 그리스어로 **"둘로스(δουλος)"**인데, 이것은 우리가 1세기 로마 사회에서 주인에 대한 노예의 신분을 가리킬 때 사용하는 단어입니다. 주인의 의중을 알아 실천하는 사람, 주인의 눈빛 그리고 주인의 손동작을 보고 주인이 원하는 것을 알아 즉각 행동으로 옮기는 사람 말입니다. 신분적으로 노예는 주인에 매어 있는, 주인의 소유입니다. 바울은 그리스도의 소유된 노예라는 의식을 가졌습니다.

바울은 **"노예"**가 주인에 대해 어떤 위치에 있는지 잘 알았습니다. 그래서 그가 그리스도의 사람이 되고, 그리스도가 그분의 **"이름을 이방인과 임금들과 이스라엘 자손들에게 전하기 위하여 택한"** 그의 그릇(행 9:15)이라고 말씀하시자 자신이 그리스도의 노예가 되었다는 것을 알아차렸습니다. 바울은 이러한 자신의 신분을 흔쾌히 받아들여, 그가 그리스도의 교회에 편지를 쓸 때마다 주인님의 뜻을 전하는 노예로서 자신을 소개했던 것입니다.

바울이 교회 앞에서 자신을 **"그리스도 예수의 노예"**라는 말로 글을 시작하는 것은 그리스도의 심정을 대신 전하는 사람으로 글을 쓰고 있다는 점을 알리는 것입니다. 바울 개인은 빌립보 교회를 꾸짖고 자신의 생각을 강요하는 위치에 있는 사람이 아닙니다. 자연인으로서 바울에게는 그런 권한이 전혀 없습니다. 바울이 지금 편지를 쓰면서 빌립보 교회에게 말하려고 하는 것은 그리스도 예수께서 교회를 진단하고 교정하며 그들을 바로 잡으려고 말씀하시는 것을 바울이 대신 글로 쓰고 있다는 뜻입니다. 바울은 **"예수 그리스도의"** 노예입니다.

바울이 지금부터 하는 말은 빌립보 교회 안에 있는 모든 교우들이 들어야 합니다. 누구 하나 예외가 없습니다. 교인들을 돌보는 지도자 위치에 있는 사람들(감독들)이나 섬김을 실천하는 사람들(집사들)이나 그 밖에 교회의 구성원 모두("모든 성도")가 바울의 교훈을 듣고 잘못된 것을 바로 잡고, 그리스도의 복음이 지향하는 목표를 향해 매진해야 합니다.


바울은 이 시점에서 빌립보 교회의 신자들이 현재까지 오게 된 것에 은혜를 주시고 보호하신 하나님께 감사합니다. 서론에 해당하는 1-11절에서 바울은 그간 알아왔던 빌립보 교회를 두고 하나님께 감사하고, 현재 빌립보 교회의 형편을 생각하면서 하나님께 드리는 감사로 편지를 시작합니다. 바울의 기도는 매우 구체적이었습니다. 빌립보 교회가 그간 바울에게 보였던 사랑과 복음에 대한 헌신을 거론하면서 그들을 칭찬하며, 빌립보 교회의 약점을 염두에 두면서 그들을 염려하는 마음에 하나님께서 그들을 그리스도의 날까지 튼튼하게 세워주시기를 기도합니다(빌 1:10). 기도는 모호하거나 추상적이어서는 안 되고, 구체적인 대상의 구체적인 문제를 거론해야 합니다.

서론 중에서 오늘은 바울과 빌립보 교회의 관계에 대한 바울의 평가를 다룬 1:3-8을 중점적으로 말씀 드리겠습니다.

## 바울의 감사기도(1:3-5)

바울은 최근에 빌립보 교회 내부에 문제가 있다는 소식을 들었습니다. 그가 사랑했고, 그를 사랑했던 빌립보 교회에 말입니다. 그런데 우리 생각에 의외라고 생각이 드는 부분은 문제가 있고 갈등이 있는 교회를 권면하면서 바울이 하나님께 감사하는 말로 편지를 시작한다는 점입니다. 바울은 빌립보 교회를 생각할 **"때마다"** 하나님께 감사한다고 말합니다. 이 말은 그가 기도할 때마다 그들을 잊지 않았다는 뜻입니다. 그것도 기쁨으로 항상 간구하면서 하나님께 감사했습니다. 이러한 바울의 가슴 벅찬 표현은 바울의 마음에 빌립보 교회가 한 일이 하나님의 도우심과 감동으로 행한 것으로 인식되었음을 내비칩니다. 바울은 빌립보 교회를 하나님께 감사할 내용과 연결합니다. 그것도 한두 번이 아니라 그런 생각이 들 때면 언제든지 그렇게 했다고 말입니다. 쉽지 않은 일입니다. 바울이 빌립보 교회를 떠난 지 10년이 지났고, 바울 입장에서도 빌립보 교회 안에 몇 가지 중대한 문제가 있다는 것을 알게 된 상황에서도 빌립보 교회를 두고 하나님께 감사합니다. 빌립보 교회가 한 일이 무엇이기에 바울이 그 교회를 두고 하나님께 감사했을까요? 5절에 그 내용이 구체적으로 서술되었습니다.

빌립보 교회가 복음에 참여했다는 것이 그것입니다. 빌립보 교회가 여러 가지 문제에 연루되어 있는 것이 현실이겠지만 그들은 복음을 전해 받은 첫날부터 지속적으로 바울의 복음 전파 사역을 재정으로 후원했습니다. 특별히 빌립보서 4:15-17에 이런 사실이 잘 나타나 있습니다. **"빌립보 사람들아 너희도 알거니와 복음의 시초에 내가 마케도**

니아를 떠날 때에 주고받는 일에 참여한 교회가 너희 외에 아무도 없었느니라. 데살로니가에 있을 때에도 너희가 한 번뿐 아니라 두 번이나 나의 쓸 것을 보내었도다."

이것은 어느 성도나 교회가 다른 사람에게, 또 다른 지역에 가서 직접 복음을 전하지 않더라도, 복음을 전하는 사역자를 경제적으로 지원하는 일이 사역자가 그의 일에 매진할 수 있도록 돕는 것과 같다는 뜻입니다. 바울은 이것을 복음에 참여하는 것이라고 가치매김 합니다. 교회는 예배 공동체일뿐더러 복음을 전하는 공동체입니다. 교회가 복음을 전하는 일에 헌신하고 앞장 선 사람(목사나 선교사, 또는 말씀의 교사)의 사역이나 그런 일을 하는 단체를 재정적으로 후원하는 것이나 똑같이 복음에 참여하는 일입니다.

사실 빌립보 교회가 에바브로디도 편에 바울의 생활비를 보내준 것과 그를 통해 빌립보 교회의 소식을 알게 된 것이 바울이 빌립보서를 쓰게 된 직접적인 이유였습니다. 바울은 빌립보서 4:15에서 바울과 빌립보 교회 사이에 복음과 물질을 주고받는 일에 참여한 교회가 그 교회밖에 없다고 밝힙니다. 다시 말해서 빌립보 교회는 바울이 그들 가운데서 사역할 때만 아니라 다른 곳으로 갔을 때에도 자신들의 사역자라고 생각하여 헌금을 보내주었습니다. 이것은 고린도 교회가 바울에게 했던 행동과 너무도 대조가 되는 행동입니다. 고린도 교회는 바울을 재정적으로 지원하는 문제로 바울의 사도성을 의심했습니다. 말이 나왔으니까 말이지만, 빌립보 교회는 10년간 심지어 바울이 사례금 없이 1년 반 동안 고린도에서 사역을 하고 있을 때에도 사도에게 물질을 보냈으며, 그 후 바울이 로마에 죄수로 옥에 있을 때에도 물질적으로 후원했습니다. 이것을 종합해서 바울은 빌립보 교회가 복음을 받은 시초부터 지금까지 복음에 참여하고 있다고 말합니다.

4절에서 바울은 그가 하나님께 무언가 간구할 일이 있을 때마다 빌립보 교회 모든 성도들을 위하여 **"기쁨으로 항상 간구한다"**고 밝힙니다. 바울이 기쁨에 가득 차서 간구한다는 말은 그에게 물질적인 후원을 한 것에 대한 흡족함에서 비롯된 기쁨을 표현하는 것은 아닙니다. 12절을 설명할 때 자세히 말씀드리겠지만, 바울은 빌립보 교회가 처음부터 지금까지 시종일관 같은 마음으로 복음에 참여한 것에서 나온 대견함과 복음 안에서 잘 성장하는 것에 감격하고 복음에 참여한 것에서 오는 흐뭇함으로 기뻐합니다.

바울이 로마 옥에 갇혀 있는 상황에서도 빌립보 교회의 몇몇 사람들은 바울을 대신해서 복음을 전했습니다. 그들 간에 저의는 다르고 복음을 전하는 동기가 달랐지만 물질로 후원하든지 실제로 그리스도를 널리 더 많은 사람에게 전하는 일에 빌립보 교회가 앞장서고 있다는 것이 바울의 기쁨의 원인이 되었을 것입니다. 사람들 사이에 각기 다른 동기로 복음을 전하는 상황을 바라보는 바울의 관점은 남달랐습니다. 바울이 했던 사역을 대신함으로써 바울을 괴롭히려는 사람들의 행동을 바울은 기분 나빠하거나 그들을 경쟁자로 생각하지 않고, 그저 복음이 확장되어 널리 전해지는 결과가 나타난 것을 오히려 기뻐하는 것입니다. 이 시점에서 그들은 복음에 참여하는 열매를 내놓았습니다.

이쯤에서 바울이 빌립보 교회를 독특하게 표현한, **"복음을 위한 일**

**에 참여한다**"는 뜻이 무엇인지 생각해보면 좋을 듯합니다. **"복음을 위한 일에 참여함"**은 복음의 열매를 맺는 일에 코이노니아로 협력한다는 뜻입니다. 그리스어 **"코이노니아"**(κοινωνια)는 교제, 친교, 나눔 등 다양한 상황을 가리킬 수 있지만, 여기서는 **"파트너십"**(partnership)이라고 이해하는 것이 가장 좋습니다. 비즈니스의 파트너십처럼 말입니다. 코이노니아는 관계성, 상호성을 표현하는 단어입니다. 바울은 이 단어를 빌립보 교회에 사용합니다. 그들과 바울 사이에 밀접한 교제와 협력이 행해지고 있다는 뜻을 전하려는 것이 분명합니다.

사업은 혼자 하는 것이 아니라 뜻을 같이 하는 사람들이 협력해서 해야 하듯이 복음을 전하는 일도 그러해야 합니다. 바울은 복음을 전하는 일에 빌립보 교회가 협력자로 참여하고 있음을 인정합니다. 사업을 하면서 서로 사기치고 사기 당하는 일이 발생하기도 하지만, 사업이란 워낙 규모가 크고 혼자서 할 수 있는 것이 아니라서 그 일에 연루된 사람들은 협력하고 하나의 목적을 위해 마음을 써야 합니다.

복음 전하는 일 역시 그러합니다. 바울은 사도이기에 복음 전하는 일에 앞장서서 하고는 있지만, 그는 교회와 협력하여 그 일을 했다고 고백합니다. 재정적인 후원, 복음 전하는 일이 선하고 꼭 필요한 일이라고 인정하는 일, 다른 사람들과의 관계 형성을 위해 노력하는 일 등 다양한 방면에서 협동이 필요합니다. 그래서 심지어 빌립보 교회 안에 복음 전하는 동기로 인해 갈등이 벌어지고 있는 상황에서도 바울은 그것마저 복음이 전파되는 일에 기여하고 있다고 생각합니다.

복음 사역은 공동의 일이며, 협력해서 해야 하는 사역입니다. 협력이란 글자 그대로 누군가 다른 사람과 함께 일하는 것입니다. 서로의 장점으로 단점을 보안해서 각자 맡은 일을 성실히 하는 것입니다. 사실 빌립보 교회는 복음을 전하는 일에 직접적으로 나서지 않고 단지 바울에게 후원금을 보낸 것이 전부였습니다. 그들은 바울이 복음을 전하는 동안 직접 일하여 생계를 꾸려 나가는 것을 보면서 바울이 복음을 전하는 일에 전념할 수 있도록 바울을 재정적으로 후원했습니다. 바울은 시간을 절약할 수 있었으며, 더 많은 시간을 더 많은 사람들에게 복음을 전하는 데 사용할 수 있게 되었습니다. 이 점에서 앞장서서 복음을 전하는 사도와 그를 재정적으로 후원하는 빌립보 교회는 적어도 복음을 전하는 일에 하나가 된 것입니다.

빌립보서 1:12-26에서 바울이 언급한 상황도 복음에 참여하는 일이라고 할 수 있습니다. 로마 옥에 감금되어 적극적으로 복음을 전하지 못하는 바울을 대신하여 빌립보 교회가 적극적으로 복음을 전하는 일을 한 것 말입니다. 빌립보 교회는 바울만큼 전문성은 없었지만 옥에 있는 바울을 위해서 대신 복음을 전하였으니 진정 바울의 복음의 파트너였습니다.

복음을 전하는 사람에게 생계비를 주는 것이 어떻게 복음에 참여하는 일이 될 수 있을지 의아해할 사람이 있을 것입니다. 실제로 일어났던 상황을 들어 설명하겠습니다. 1998년 우리나라는 국가부도사태를 맞았습니다. 정부는 IMF에서 달러를 빌려와서 국가의 위기를 극복하는 데 총력을 기울였습니다. 그때 국민들은 IMF라는 국제기구를 알게 되었고, 그 기구가 하는 일을 실감하게 되었습니다. 당시 달러에 대한 원화의 가치가 속절없이 떨어지는 바람에 개인이든 회사든 돈이 없어서 아우성이었습니다. 삶의 질은 떨어지고, 생활하기에 힘든 상황을 피부로 느꼈습니다. 제 기억에, IMF 이전에는 달러에 대한 원화의 가치가 1달러당 약 900원이었는데, IMF를 맞이하면서 1달러 당 원화 가치가 약 2,000원까지 떨어지게 되었습니다. 두 배 이상이 된 것입니다.

상황이 이렇다보니 사회 모든 부분에서 타격을 입었는데, 복음 전하는 일과 관련해서도 그 충격이 나타났습니다. 교회의 헌금이 줄어들었고 교회가 선교지의 선교사에게 보내는 선교비 역시 이전 대비 선교비를 보내는 데 두 배 이상의 재정이 소요되었습니다. 보통 한 선교사에게 매달 2,000불을 보낸다고 한다면, 원화의 가치가 떨어져서 1,000불에서 500불밖에 보낼 수 없게 되었고, 게다가 교회의 헌금 수입이 적어지다보니 그나마 줄어든 선교비를 보내는 것도 힘들어 하는 처지가 되었습니다. 그 당시 선교비 지원을 중단하게 된 교회가 많이 생겼습니다. 본국의 선교비 지원에 의해 선교지에서 생활하고 선교 활동하던 선교사들이 마침내 대거 귀국하는 일이 발생했습니다. 그 시절에 많은 그리스도인들은 경제적인 형편, 재정적인 어려움 때문에 복음을 전하지 못하는 현실을 보면서 경제적인 지원이 복음전도에 얼마나 중요한지 알게 되었습니다.

빌립보 교회가 복음을 전하는 시초부터 복음에 참여했다는 것은 그 교회가 참으로 칭찬을 받을만한 일을 했다는 것을 알 수 있습니다. 그리고 복음을 전하는 일은 목사나 전도사, 선교사나 신학을 전공한 사람들이 해야 하는 일이라고만 생각했는데, 이것은 교회 안에 있는 신자들이라면 누구나 하는 일이고, 또 마땅히 해야 하는 일이라는 것을 배웠습니다. 다양한 직업을 가진 성도들이 모인 교회는 다양하게 복음에 참여할 수 있습니다. 이것이 바울이 말한 **"복음에 참여하는 자가 되었다"**는 말의 의미입니다. 또한 복음을 전하는 일은 복음을 받은 사람답게 사는 것으로 나타나는 것이므로, 모든 사람이 신학교에 가서 목사가 되어야만 복음에 참여하는 것이 아니라는 것을 기억해야 합니다.

## 바울이 하나님께 감사한 이유(1:6)

바울은 빌립보서 1:6-8에서 하나님께 간구하면서 하나님께 감사하는 이유를 밝힙니다. 본문은 슬쩍 보면 단지 바울의 마음에 있는 빌립보 교회의 미래에 대한 확신을 표하는 듯이 보일 것입니다. 그러나 찬찬히 살펴보면 본문에 하나님에 대한 감사의 이유가 담겨 있다는 것을 발견할 수 있습니다. 먼저 빌립보서 1:6을 살펴봅시다. **"너희 안에 착한 일을 행하신 이가 그리스도 예수의 날까지 이루실 줄 확신하노라."** 착한 일은 구체적으로 빌립보 교회가 재정적인 후원으로 복음에 참여한 것을 뜻합니다. 바울이 방금 전에 교회를 칭찬했던 복음에 참여한 일은 하나님이 하신 것이 밝혀졌습니다. 바울은 지금 그 일을 주도하셨고 완성하시는 분이 하나님이라는 사실을 빌립보 교회에게 상기시킵니다. 만약에 하나님이 그 일을 시작하셨다면 온전히 마치실 분도 하나님이십니다. 바울은 하나님께서 그리스도의 재림 날까지 하나님이 시작하신 일을 이루실 것을 확신합니다. 빌립보 교회가 지금 하고 있는 일을 꾸준히 할 수 있는 것은 그들 스스로의 힘과 결심에서 나오는 것이 아니라 하나님이 하기에 가능하다고 바울은 믿었습니다.

6절은 하나님에 대한 감사(빌 1:3)의 연장입니다. 빌립보 교회가 선교에 동참한 것이 빌립보 교회 성도들이 시작한 것이 아니라 처음부터 이 일을 하나님이 시작하신 것이라는 사실은 바울이 빌립보에서 복음을 전할 때의 상황을 묘사한 누가의 글에서 쉽게 찾을 수 있습니다. 실제로 바울 일행이 빌립보 시에서 기도처를 찾다가 강가에 모인 여인들에게 복음을 전했을 때, 루디아라는 여자가 바울의 말을 청종하고 바울의 말을 따르게 하신 분은 주님이셨습니다. 주께서 그 마음을 여셨기 때문입니다. **"루디아라는 한 여자가** (바울의) **말을 듣고 있을 때 주께서 그 마음을 열어 바울의 말을 따르게 하시니"**(행 16:14). 그때 감동을 받은 루디아가 바울을 자신의 집에 유하게 했습니다. 그 집이 빌립보의 (가정)교회로 사용되었을 것이 분명합니다. 빌립보 교회가 복음을 받아들인 것은 분명히 주님이 하신 일입니다. 이 일이 사람에게서 시작된 일이라고 하면 처음에는 동정심에서 시작은 했을지 몰라도 환경이 어려워지면 그 교회를 떠난 바울은 쉽게 잊혀지고, 바울을 지원하던 일도 중단될 수 있습니다. 그러나 바울은 빌립보 교회가 복음에 파트너십을 발휘하여 처음부터 끝까지 바울을 지원한 것을 보면서, 사람이 이 일을 한 일이 아니라 하나님이 하신 일이라고 확신했습니다. 그러한 까닭에 바울은 빌립보 교회가 아니라 하나님께 감사합니다.

이렇게 비유할 수 있습니다. 식당에서 음식을 먹을 때, 손님의 주문을 받고 주문한 음식을 배달해주는 사람이 있습니다. 손님은 식사를 마치고 나오면서 그의 주문을 받고 주방에서 식탁까지 음식을 배달해 준 사람에게 "음식이 맛있었다. 감사하다. 다시 오겠다."는 인사를 합니다. 그러나 사실 그 음식은 손님들 눈에는 잘 보이지 않는 공간인 주방에서 주방장이나 요리사가 만든 것입니다. 그래서 그 음식점에 자주 들르는 단골손님 중에는 음식점을 나가기 전에 주방 쪽으로 가서 주방장이나 요리사에게 "잘 먹었다. 오늘 음식 최고였다. 고맙다."고 인사하는 사람도 있는 것입니다. 바울이 지금 빌립보 교회에게 그들이 한 일을 언급하면서 그 일을 **"시작하신 이가 그리스도 예수의 날까지 이루실 것"**이라고 말한 것은 빌립보 교회가 세워지고 그들이 복음을 위해 수고한 배후에 하나님이 계셨고, 사실상 하나님이 모든 것을 주도하셨다는 의미로 그렇게 말한 것입니다.

## "착한 일"이 가리키는 것

여기서 바울이 빌립보 교회가 복음에 참여한 것을 **"착한 일"**이라고 평가한 것을 생각해봅시다. **"착한"**이라는 단어는 일반적으로 **"선한"**이라고 번역되는 단어(αγαθος, 아가또스)입니다. **"착한 일"**은 하나님께서 태초에 매일 창조의 **"일"**을 마치시고 보시기에 **"좋았더라"**라고 선언하신 창조의 일을 떠올립니다(창 1:31). 아마도 바울은 복음 사역으로 사람들을 구원하는 일과 그 복음 사역에 교회가 참여하는 것을 하나님의 창조 사역으로 이해한 것 같습니다. 메시아를 보내어 세상을 구원하는 일은 타락한 세상을 새롭게 창조하시겠다는 그분의 약속을 실현하는 하나님의 새 창조의 일입니다. 복음이 널리 전해질 때마다 하나님은 보시기에 **"좋았다"**고 하실 것입니다. 새 창조의 일을 내다보시면서, 복음을 전하는 일에 파트너로서 협력하는 교회 안에서 하나님은 새 창조의 **"좋은 일,"** 즉 **"착한 일"**을 시작하신 것입니다. 바울의 확신은 이것입니다. 이 사역은 하나님이 시작하신 것이기에 그분은 우리 주님이 재림하실 때까지 신실한 교회 안에서 그 **"좋은 일"**을 계속하실 것이라고 말입니다. 빌립보 교회는 새 창조가 시작할 무렵에 하나님의 사역의 대상이 되었습니다. 그리고 나서 그 교회는 그 새 창조 사역에 능동적으로 참여했습니다.

바울은 빌립보서를 쓰고 있던 거의 같은 시기에 에베소에 있는 교회에게도 편지했습니다. 그는 에베소서 2:8-10에서 구원을 받은 교회를 향하여 **"너희는 그 은혜에 의하여 믿음으로 말미암아 구원을 받았으니, 이는 너희에게서 난 것이 아니요 하나님의 선물이라"**(8-9절)고 선언합니다. 그리고 나서 바울은 10절에서 **"우리는 그가 만드신 바라. 그리스도 예수 안에서 선한 일을 위하여 지으심을 받은 자"**라고 선언합니다. 그리스도인들은 **"선한 일,"** 즉 **"착한 일"**을 위해 새롭게 창조되었다는 말입니다. 바울이 에베소서에서 말하는 **"선한 일"**은 우리의 삶 전반에서 행하는 착한 일을 말하는 것이지만, 새롭게 지음을 받은 것과 선한 일을 연결한 것은 처음 창조와 그 창조에 대한 하나님의 평가인 **"좋았더라"**를 반영한 것이 분명합니다. 빌립보서에서 바울은 이것을 복음에 참여하는 것으로 조금은 범위를 좁혀서 말한 것뿐입니다. 구원받은 자로서 복음에 참여하면서 하는 일은 하나님의 창조의 일을 세상에 나타내는 일입니다. 빌립보 교회가 참여한 이 일에 대해 바울이 **"너희 안에서 좋은 일을 시작하신 이가 그리스도 예수의 날까지 이루실 줄을 확신"**한다고 말한 것은 복음 사역이 하나님의 새 창조 사역이라는 이해가 깔려 있습니다.

## 바울이 하나님께 감사한 내용(1:7)

바울이 하나님께 감사하는 구체적인 내용이 7절에 표현되었습니다. **"너희가 내 마음에 있음이며, 나의 매임과 복음을 변명함과 확정함에 너희가 다 나와 함께 은혜에 참여한 자가 됨이라."** 한 마디로 말해서 빌립보 교회는 모든 사람이 바울과 함께 **"은혜"**에 참여했다는 내용입니다. 그래서 하나님께 감사합니다.

우리는 흔히 전인을 표현할 때 지정의를 갖춘 사람이라고 말합니다. 바울은 그 중에서 지성적인 측면과 정서적인 측면을 언급함으로써 모든 부분에서 빌립보 교회에 대해 하나님께 감사함을 표현합니다. **"내 마음에 있음이며"**라는 표현이 이에 해당합니다. 이 말을 하면서 바울은 빌립보 교회에서 재정 후원으로 복음에 참여한 교인들 몇 사람만 생각하는 것이 아니라 그들 **"모두"**를 늘 생각하고 마음에 품고 있다고 밝힙니다. 서론에서 언급했듯이 빌립보서에는 **"모두"**라는 단어가 많이 사용되었습니다. 바울은 여기서 내부의 갈등이 있는 교회에서 선한 사람이나 재정 후원에 적극 가담한 부유한 사람 일부만 생각하고 마음에 두고 있는 것이 아니었습니다. 그는 **"너희가 다 나와 함께 있다"**는 말로 교인들 전체를 마음에 담아두고 있음을 강조합니다. 1:1에서 바울은 그의 편지의 대상을 **"모든 성도"**라고 표명했습니다. 그리고 1:7-8에서도 **"무리," "다"**라는 단어를 사용하여 교회 전체가 이 일에 참여하고 있다는 사실을 강조합니다. 이런 귀한 일을 하는 빌립보 교회는 바울의 마음과 생각에 늘 자리하고 있었습니다. 바울은 교회를 개인별로 이해하지 않고 공동체로 이해합니다. 교회의 문제는 한 개인만의 문제가 아니라 교회공동체 전체에 속한 문제입니다. 그리고 한 개인은 그 교회 전체를 대표합니다. 모든 신자는 자신을 교회와 관련하여 가치매김 하는 것을 배워야 합니다.

바울은 빌립보 교회가 은혜에 참여한 자가 되었다는 것을 칭찬하고 하나님께 감사하면서 **"은혜"**를 언급합니다. 대부분의 사람은 **"은혜"**라는 말을 듣는 순간 **"너희는 그 은혜에 의하여 믿음으로 말미암아 구원을 받았으니"**(엡 2:8)에 표현된 구원의 은혜를 가리킨다고 지레 짐작할 것입니다. 하지만 바울은 **"은혜"**라는 말을 이처럼 구원과 관련한 의미로만 사용하지 않습니다. 그는 이것을 다른 사람과 달리 그가 독특하게 받은 사도 임명과 사도로서 임무를 수행한다는 의미로 사용하기도 합니다. 로마서 1:5에 표현된 것이 그 대표적인 예일 것입니다. **"그**(그리스도 예수)**로 말미암아 우리**(내)**가 은혜와 사도의 직분을 받아 그의 이름을 위하여 모든 이방인 중에서 믿어 순종하게 하나니."** 여기서 바울은 자신이 받은 사도의 직분을 하나님이 **"내게 주신 은혜"**라고 말합니다. 바울은 고린도전서 3:10에서 당시 복음을 전하는 다른 사람들과 다르게 바울이 받은 독특한 사도로서의 사역을 언급하면서 은혜라는 단어를 사용합니다. **"내게 주신 하나님의 은혜를 따라 내가 건축가로서 터를 놓았다"**고 말입니다. 바울이 받은 **"은혜"**는 다른 사역자는 할 수 없는 바울만이 하는 일을 의미합니다. 바울이 독특하게 한 일은 예수 그리스도를 교회의 기초로 놓는 일이었습니다. 이런 의미에서 바울에게 은혜는 사도로서의 소명과 사도의 권한을 뜻합니다.

바울이 사도로서 책임을 가지고 복음을 전하는 당사자로 일했다고 해도, 그가 빌립보 교회에게 은혜에 참여함으로 감사한다고 한 것은 빌립보 교회가 사도의 사역에 참여하여 복음의 파트너로 참여한 것을 귀하게 여기고 있다고 알리는 것입니다. 교회가 복음 전하는 사람을 후원하는 것은 복음에 참여하는 것이고, 그것은 곧 주님의 일에 참여하고 주님을 지원하는 것과 같습니다. 복음 전하는 자를 지원하는 것과 주님을 지원하는 것이 얼마나 긴밀하게 연결되어 있는지 우리 주님이 비유로 하신 말씀에서 배울 수 있습니다.

양과 염소의 비유로 알려진 마태복음 25:31-46은 양과 염소를 나누듯이 모든 인류를 둘로 나누는 비유입니다. 주님은 한쪽 편에 있는 사람들에게는 영생을, 다른 쪽 편에 있는 사람들에게는 영벌에 들어가게 판결하셨습니다. 각각 자신들에게 내려진 주님의 판결을 듣고 양쪽 사람들 모두 적이 놀라서 어찌 이런 판결을 내리는지 주님께 묻습니다. 주님은 창세로부터 예비 된 나라를 상속하라고 선언한 사람들에게 **"너희가 여기 내 형제 중에 지극히 작은 자 하나에게 한 것이 곧 내게 한 것"**이라고 말씀하십니다(마 25:40). 반대로 영벌을 선언한 사람들에게 **"이 지극히 작은 자 하나에게 하지 아니한 것이 곧 내게 하지 아니한 것이니라"**고 말씀하셨습니다(25:45). 예수님이 말씀하신 **"여기 내 형제 중에 지극히 작은 자"**를 어떻게 해석하는지가 주님의 판결을 이해하는 열쇠입니다. 마태복음을 연구하고 주석하는 대부분의 학자들은 예수님이 말씀하시는 **"내 형제"**는 가난한 자가 아니라 복음을 전하는 사람들을 가리킨다고 해석합니다. 예수님의 교훈의 핵심은 인류애를 발휘하여 구제하는 것과 하지 않는 것이 영생과 영벌 받는 데 작용한다는 것이 아닙니다. 이 비유에서 가르치는 바는 생계에 대한 아무런 대책도 없이 하나님 나라 복음을 전하러 떠난 전도자들을 어떻게 대우하는지의 문제입니다. 전도자들은 다른 사람들이 아니라 **"이스라엘의 잃어버린 양"**에게 보냄을 받았습니다. 그들을 영접하는 사람은 하나님의 백성 이스라엘 사람으로서 평안을 받기에 합당하겠지만, 그들을 영접하지 않는 사람은 그들이 이스라엘 혈통에서 태어났다고 해도 하나님으로부터 오는 평안을 받을 만하지 않기에 발의 먼지를 떨어버려야 할 사람들이 될 것입니다(마 10:13-14). 이방인으로 취급하라는 말입니다.

예수님의 비유에 등장하는 형제들처럼, 바울이 아무런 보장도 없이 떠돌아다니면서 복음을 전하는 자로 빌립보에 갔을 때 빌립보의 교인들은 바울을 영접했고 먹을 것을 주었습니다. 예수님은 그들이 바울을 보내신 주님을 영접하고 먹을 것을 주었다고 판단하실 것입니다. **"너희를 영접하는 자는 나를 영접하는 것이요 나를 영접하는 자는 나를 보내신 이를 영접하는 것이니라"**는 말씀대로입니다(마 10:40). 복음에 참여했다는 것은 주님의 복음을 전하는 사람을 영접한다는 뜻입니다. 이렇게 해서 빌립보 교회가 한 일은 단순한 구제가 아니라 복음 전하는 일에 참여한 것임을 알 수 있습니다.

우리는 빌립보서를 통해서 교회가 해야 할 일이 무엇인지 배울 수 있습니다. 교회 안에 있는 사람은 예수 믿고 구원받는 것으로 끝날 것이 아니라 복음에 합당하게 사는 것이 평생의 사명이라는 것을 알아야합니다. 그들이 복음에 합당하게 사는 것에는 복음을 전하는 일에 참여하는 것이 포함됩니다. 복음 전하는 일은 새 창조의 일입니다. 그들은 복음의 일에 파트너로 참여하는 것입니다. 이 일을 시작하신 하나님은 마지막까지 그 일을 이루실 것입니다. 하나님이 교회 안에서 그 일을 시작하셨기 때문입니다.

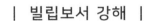

# 2강

# 교회를 위한
# 사도의 기도

(빌립보서 1:9-11)

## 빌립보서 1:9–11

⁹내가 기도하노라 너희 사랑을 지식과 모든 총명으로 점점 더 풍성하게 하사 ¹⁰너희로 지극히 선한

것을 분별하며 또 진실하여 허물 없이 그리스도의 날까지 이르고 ¹¹예수 그리스도로 말미암아 의의

열매가 가득하여 하나님의 영광과 찬송이 되기를 원하노라

# 2강

# 교회를 위한
# 사도의 기도

(빌립보서 1:9-11)

대부분의 교회는 복음 전함의 중요성을 가르칩니다. 지극히 당연한 일입니다. 그렇게 하는 것이 교회의 사명이기도 하고, 교회가 존재하는 중요한 이유 중 하나이기 때문입니다. 그런데 신자나 교회가 복음을 전하는 일에 힘써야한다는 말을 들은 사람들 중에는 이 말을 자신이 지금 하고 있는 일을 그만두고 복음 전하는 일에 돌입하라는 말로 이해하는 사람들이 있습니다. 그리스도인들이 택할 직업 중에 목사나 선교사가 가장 고상한 직업이라고 생각하는 사람들도 더러 있습니다. 그렇지 않습니다. 모든 사람이 목사가 될 수 없고 또 그렇게 해서도 안 됩니다. 모든 직업은 귀하고 하나님의 일에 얼마든지 적극 참여할 수 있습니다. 복음을 전하는 일에 물질을 후원하는 것도 복음에 직접 참여하는 일임을 알아야 합니다. 복음을 위해 물질로 지원하는 것은 선교지에 나가 복음을 전하는 선교사 못지않게 복음 사역에 참여하는 구체적인 행위입니다. 그리스도인들이나 교회가 돈을 낭비하거나 사치스러운 일에 쓰지 않고, 복음 전도 사역을 하는 데 재정을 지출하도록 권하고 그런 일을 더 많이 하려는 것은 실제로 복음에 참여하는 것이고 은혜의 일에 참여하는 것입니다. 바울은 이 일에 앞장선 빌립보 교회의 행위를 **"너희 사랑"**이라고 평가했습니다(빌 1:9).

바울은 고린도전서를 쓰면서 사랑의 중요성을 일깨웠습니다. 그리스도인들에게 하나님에 대한 믿음도 중요하고, 장래 그리스도의 재림을 바라는 소망도 귀하지만, 현재 그리스도인의 삶에서 서로에게 하나님의 자비와 베풂을 실천하는 사랑은 셋 중에서 제일 중요하다고 말입니다(고전 13:13). 바울은 마치 사랑이 교회의 모든 덕성의 완성인 것처럼 말합니다. 바울의 평가에 의하면 빌립보 교회는 최고의 덕성을 가진 교회였습니다. 자신의 재물을 자기 이외에 다른 사람을 위해 드렸으니까요.

그런데 겉으로 보이는 것과 속사정은 달랐습니다. 바울은 이 둘을 다 알고 있습니다. 빌립보 교회는 외부적으로는 사랑을 실천하는 교회였지만 교회 내부에는 다툼이 있었습니다. 다른 교인들을 향한 우월의식이 있었고, 경쟁의식과 다툼도 존재했습니다. 공동체 전체는 외부에서 들어온 사람들로 인해 복음에서 떨어질 위기를 겪었습니다. 다른 사람을 경계하지 않은 것 때문이든지, 그들이 내건 우월의식을 구별할 능력이 없어서든지 빌립보 교회는 유대교의 우월성에 압도당했습니다. 유대교의 일부를 실천하라는 강요를 받고 있었던 것입니다.

바울은 빌립보 교회가 유대화가 될 것을 염려하여 빌립보 교회의 부족한 측면을 두고 하나님께 기도합니다. 빌립보서 1:9-11은 이런 상황에서 바울이 드리는 기도의 내용을 담고 있습니다. 우리가 다른 사람을 위해 기도할 때, 통상 상대방에게 어떤 내용으로 기도할지를 묻고 그 내용에 따라 기도하는데, 바울은 그렇지 않았습니다. 바울은 빌립보 교회에 무엇이 필요한지 알았습니다. 바울이 교회를 위해 기도하는 것은 그 교회의 현실적인 문제를 언급하고 그 문제를 해결하려는 것이 대부분입니다. 바울이 교회에 보낸 편지 앞부분에 **"내가 기도하노라"**로 시작하는 부분이 많은데, 이것은 편지를 받는 해당 교회의 상황을 염려하면서 편지를 쓴 그 편지의 주제를 반영합니다. 그래서 서론의 **"감사"**를 담고 있는 부분이나 **"기도"**를 담고 있는 부분은 그 편지의 주제를 표현하는 것이 대부분이니 주목할 필요가 있습니다. 바울서신을 읽을 때 이 점을 염두에 두면 편지의 주제와 줄거리를 파악하는 데 많은 도움을 얻을 수 있습니다.

바울은 사도로서 빌립보 교회가 기도부탁도 하지 않았는데도 빌립보 교회에서 일어난 현상을 보고 그들에게 부족한 것이 무엇인지 알고 기도하는 것입니다. 사도로서 빌립보 교회의 소식을 듣고 그 교회가 처한 현안 문제만 아니라 그것보다 더 중요하게 기도할 것이 있다는 사실을 파악한 것입니다.

## 지식 주시기를 기도함

바울은 이런 내용으로 기도합니다. **"(하나님께서) 너희 사랑을 모든 지식과 함께 총명으로 점점 더 풍성하게 하"**시기를 원한다고 말입니다. 바울은 빌립보 교회에 사랑이 있다는 것을 알고 있습니다. 사랑은 기독교의 최고의 덕성입니다. 하지만 그것을 뒷받침해주는 것이 부족하면 위기에 처할 가능성이 있습니다. 사랑에 더하여 빌립보 교회에 필요한 것은 지식과 총명입니다. 지식과 총명이 더해져 그 사랑이 점점 더 풍성해지는 것이 사도의 바람입니다.

빌립보 교회에 어떤 문제가 있기에 바울이 이런 내용으로 기도한 것일까요? 바울 사도가 빌립보 교회를 향해 기도한 것은 고린도 교회를 위해 기도한 것과 정반대입니다. 고린도 교회는 지식은 많았지만 사랑이 부족했습니다. 그래서 바울은 그 교회에게 지식은 사람을 교만하게 하지만 사랑은 교회를 세운다고, 사랑의 중요성을 일깨웠습니다(고전 8:1). 사랑의 중요성을 말하면서 지식은 없어지지만 사랑은 영원하다는 사실을 상기시켰습니다(13:8).

고린도 교회에게 교훈한 것과 다르게, 바울은 빌립보 교회를 두고는 정반대되는 내용을 기도합니다. 사랑에 지식과 총명을 더하라고 말입니다. 여기서 **"지식"**은 일반적인 상식이나 정보를 많이 가진 학식을 가리키는 말이 아닙니다. 실체에 대해 정확히 아는 것과 사랑을 잘 실천하는 방법과 같은 실천적인 앎입니다. 빌립보 교회에게 자기들 것을 강요하는 유대교의 실체가 무엇인지, 왜 바울 복음이 중요하고 더 이상 유대교의 가르침을 따르지 말아야 하는지를 아는 것이 그 구체적인 지식입니다. 이보다 한 걸음 더 나아간 지식은 사랑을 어떻게 바르게 실천할지 아는 것입니다. 사랑은 그저 감정적인 것이고 그냥 감정에서 우러나오는 대로 행하면 된다고 믿는 사람들이 있다면, 바울의 말에 귀를 기울여야 합니다. 사랑에는 감정만 필요한 것이 아니라 지적인 것도 필요하다는 것은 진리입니다.

방금 전에 제가 지식을 방법론과 관련이 있다고 하니까 개중에는 우리 주위에서 보거나 듣는 몇 가지 사례에 나타나는 사랑의 방법 문제를 생각할 사람이 있을지 모르겠습니다. 몇 가지 예를 들어보겠습니다. 부부나 연인, 부모와 자식 사이에서 행해지는 사랑 표현이 대표적인 사랑의 실천일 것입니다. 우리는 매스컴에서 데이트폭력을 보도하는 뉴스를 종종 듣습니다. 데이트하다가 남자로부터 여자가 폭력을 당했다고 경찰에 신고했는데, 경찰이 조사해보니 남자는 여자를 사랑해서 폭력을 행사했다고 대답했다고 합니다. 가만히 들어보면, 사랑의 방식이 문제라는 것이 드러납니다. 이기적인 사랑 때문에, 자기만의 일방적인 사랑 방식 때문에 그런 폭력을 행사하는 것입니다. 부부간의 사랑도 마찬가지입니다. 부부간의 갈등은 서로가 자신이 상대방에게 쏟은 사랑만큼 사랑을 받지 못했기 때문에 벌어지는 경우가 허다합니다. 기대와 요구는 많고 받은 것은 적다고 생각하는 것에서 오는 이기적인 사랑인 것이지요. 부모와 자녀 간에 폭력이 발생하는 것은 부모가 자녀에 대한 소유권, 자기가 마음대로 할 수 있다는 생각에서 빚어집니다. 이 모든 것이 사랑을 어떻게 행사할지 모르는, 실천적인 지식의 부족 때문에 발생하는 것이 대부분입니다.

이것이 우리가 사랑과 지식의 관계에 대해 알 수 있는 주변의 상황이니, 바울도 빌립보 교회에 대해 사랑에 지식을 더하기를 기도한 것을 이런 차원에서 언급했으리라고 속단을 내릴 수 있을 것입니다. 하지만 바울이 나중에 빌립보 교회에게 자신을 예로 들면서, **"내 주 그리스도 예수를 아는 지식이 가장 고상"**한 것 때문에 과거의 유산을 버렸다(빌 3:8)고 주장한 것에 비춰 본다면, 그가 말하는 지식은 교회가 주인으로 섬기는 예수 그리스도와 밀접한 관련이 있다는 것을 알 수 있습니다. 즉, 바울이 여기서 말하는 지식은 실체에 대한 정확한 인식, 구체적으로 복음을 알고 예수 그리스도가 누구이신지를 아는 지식인 것이 분명합니다.

빌립보 교회가 실천한 사랑은 복음에 참여하는 것이었습니다. 복음을 위해서 물질을 드리는 그들의 모든 행위가 사랑입니다. 어떤 감정적인 것이 아니라 복음에 헌신하고 복음의 요체이신 예수 그리스도에게 헌신하는 것입니다. 그런데 바울은 그 헌신에 그리스도가 누구이신지를 정확히 또 풍성히 아는 지식이 더해져야 한다고 굳게 믿었습니다. 빌립보 교회가 마주하는 문제가 바로 이 그리스도가 어떤 분이신지 모르는 데 있다고 판단했기 때문입니다.

바울은 자신이 주 그리스도 예수를 아는 지식이 가장 고상하기 때문에 이전의 종교 행위에 속한 모든 것을 배설물로 여긴다고 말한 것을 빌립보 교회에도 그대로 적용하기를 바라면서 그들에게 지식이 더하여지기를 기도한 것입니다. 이 점에서 이 지식은 구약 지혜문헌에서 말하는 지식과 연관이 있습니다.

## 구약에서 강조하는 지식

그렇다면 구약에서 강조하는 지식은 무엇일까요? 그 대부분은 하나님을 아는 지식이고, **"하나님을 경외하는 것"**과 같은 하나님에 대한 우리의 태도와 관련한 지식입니다. 호세아는 이스라엘 백성을 향하여 **"이스라엘 자손들아, 여호와의 말씀을 들으라. 여호와께서 이 땅 주민과 논쟁하시나니 '이 땅에는 진실도 없고 인애도 없고 하나님을 아는 지식도 없'"**다고 외쳤습니다(호 4:1). 그들은 하나님을 아는 지식이 없어서 망했습니다. 구체적으로 그들이 어떻게 망하게 되었는지 호세아 4:6에 기록되었습니다. **"내 백성이 지식이 없으므로 망하는 도다. 네가 지식을 버렸으니 나도 너를 버려 내 제사장이 되지 못하게 할 것이요, 네가 네 하나님의 율법을 잊었으니 나도 네 자녀들을 잊어버리리라."** 이스라엘 백성이 지식이 없다는 것을 하나님을 아는 지식이 없는 것이라고 구체적으로 설명합니다. 그들이 지식이 없었던 것은 하나님의 말씀인 율법을 잊었기 때문입니다. 하나님이 누구이신지 모르고, 하나님의 말씀을 알지 못하면 하나님의 백성으로서의 삶은 흔들리기 쉽습니다. 그들은 주변 국가의 삶을 본받았고, 하나님을 버리고 우상을 그들의 실제적인 신으로 택했습니다.

## 그리스도를 아는 지식

이러한 예들에 근거하여, 우리는 바울이 빌립보서 3:8에서 말하는 지식 역시 단순히 유식, 무식의 문제가 아니라 신앙의 대상으로 삼고 있는 하나님에 대한 지식, 교회의 주님이신 그리스도 예수에 대한 지식을 가리킨다고 단정할 수 있습니다. 그리스도를 아는 지식의 핵심은 예수님이 주와 그리스도가 되신다는 이해입니다. 예수가 주님이시라는 것은 그분이 우리의 주인이 되신다는 뜻입니다. 그분이 그리스도시라는 것은 그분이 오심으로 이전 시대와 다른 새로운 시대가 시작되었고, 이전에 행하던 종교와 생활습관을 버리고 새 시대에 맞는 신앙생활로 변화해야 한다는 뜻입니다. 예수가 그리스도라는 이해가 없었을 때는 율법에 충실했던 바울이 그리스도에 대한 바른 지식을 갖자 율법조문을 엄격히 지켰던 것에서 그리스도 안에서 하나님의 의를 얻는 것으로 돌아섰습니다. 바울은 이전 삶을 잃어버리는 대신에 그리스도의 고난과 부활에 참여하는 삶을 택했습니다.

지금 빌립보 교회에 들어와 교회를 혼잡하게 하는 유대화주의자의 영향을 받지 않으려면 그리스도에 대한 바른 지식이 필요합니다. 바울은 예수가 그리스도라는 사실을 알고 나서 자신이 행한 하나님에 대한 열심이 하나님을 대적하는 것임을 알게 되었습니다. 바른 지식은 참과 거짓을 분별합니다. 이전의 열심은 하나님을 아는 바른 지식도 아니었고, 그리스도(즉, 메시아)에 대한 바른 지식도 아니었습니다. 바울은 이제까지 신앙생활 해 온 것에서 지금부터 메시아가 오신 상황에 맞는 신앙생활로 바뀌어야 한다는 것을 알았습니다. 빌립보 교회가 갖추어야 할 지식이 바로 이것입니다. 예수님을 주님이시고 메시아라고 고백하는 것은 로마의 황제가 아니라 예수님만이 신자들의 삶에 주인이시라는 것과 예수님이 옛 시대를 끝내고 새 시대를 가져오신 종말의 인물(즉, 메시아)이심을 아는 것입니다. 예수님을 주님이라고 부르는 사람은 노예가 소유하고 있는 모든 것이 주인의 것임과 마찬가지로 우리 소유의 주인이 예수 그리스도이심을 인정합니다. 이 점에 있어서는 빌립보 교회에게 문제가 없었던 것 같습니다. 그래서 자신의 재물을 자기 것이라고 주장하면서 다른 사람을 쓰지 않는 그런 행위를 하지 않았으니까요. 그들은 바울을 기꺼이 그리고 즐겁게 후원함으로써 복음을 전하는 일에 협력했습니다.

그러나 빌립보 교회는 예수가 그리스도라고 고백하는 것과 관련해서는 지식이 부족했던 것 같습니다. 예수를 그리스도라고 고백하면 신앙생활에 어떤 변화가 일어나는지 알지 못해서 유대화주의의 강요에 설득당한 것이 그 증거입니다. 교회에 들어온 유대화주의자들은 이제 갓 신앙생활을 시작한 거의 대부분의 이방인 출신 교인들에게 유대교의 우수성을 자랑하고, 구약성경에 기록되었고 오랜 전통을 가진 종교행위라고 하면서 할례와 정결례, 음식물 섭취 규정, 날을 지키는 것 등을 강요했던 것이 분명합니다. 교회는 유대교로 넘어갈 위기에 처했고, 율법주의자들처럼 율법을 잘 지켜 하나님 앞에 인정받으려는 유혹을 받았을 것입니다. 율법 행위를 중요하게 여긴다면 다른 사람보다 율법을 더 잘 지키려 노력하기 마련입니다. 결과는 불 보듯 뻔합니다. 자신의 종교적 열심을 보이려는 이 행위는 다른 신자들을 신앙의 동반자로 여기지 않고 오히려 경쟁자로 여기게 되고, 교회 안에는 우열을 가리려고 경쟁하는 일이 발생하게 됩니다. 바울이 빌립보서에서 이런 상관관계를 장황하게 언급하지 않았지만, 제가 서론에서 간략히 서술했던 빌립보 교회의 문제들을 종합하면 결국 빌립보 교회는 이런 과정 속에서 두 가지 문제로 어려움을 겪고 있었습니다.

바울은 3장에서 다룰 이 문제를 염두에 두면서 편지 앞머리에서 이 문제를 거론했습니다. 이런 복잡한 상황에 비춰 바울은 빌립보 교회에 이런 취약점이 있다는 것을 간파했습니다. 사랑 실천은 잘하는데, 그리스도에 대한 지식이 부족하여 교회 안팎으로 문제를 안고 있다는 것 말입니다. 그래서 교회에 매우 필요한 하나 됨을 잃어버렸다고 진단합니다. 이런 교회에 필요한 것이 무엇이겠습니까? 예수 그리스도가 마지막 때를 가져오신 메시아임을 아는 지식입니다. 이 지식은 하나님이 주십니다. 그래서 바울은 빌립보 교회에 사랑에 더하여 **"지식"**이 있기를, 그것도 점점 더 풍성하게 해주시기를 기도하고 있는 것입니다.

## 총명 주시기를 기도함

두 번째 바울이 하나님께 기도한 내용은 지식과 아울러 총명을 주시는 것입니다. **"총명"**은 깨달음입니다. **"총기"**와는 좀 다른 뜻으로서 분별력을 의미합니다. 의로운 것과 불의한 것, 선한 것과 악한 것을 구별하는 능력입니다. 총명은 어떤 상황에서 바른 판단을 내리는 기준을 가리킵니다.

대부분의 교회에서 헌금, 교회 출석, 전도 업적 등을 그래프로 그려놓고 서로 잘하기를 부추기고 연말에 가서 시상을 하는 일이 많습니다. 전도를 많이 한 사람을 전도왕이라고 부르면서 연말에 상을 주는 일도 있습니다. 오래 전에 제가 살았던 동네의 제법 큰 교회에서는 전도 잘한 사람에게 최고 상품으로 경차 한 대를 주겠다고 광고하고, 그 상품인 자동차를 실제로 교회당 입구에 가져다 놓은 것을 본 적이 있는데, 저는 정말 놀랐습니다. 교인들이 낸 헌금을 가지고 차를 구입한 것이겠지요. 이런 방식으로 교인들에게 전도를 권장하는 것을 보면 전도를 이렇게까지 해야 하나 하는 거룩한 분노가 솟아올라야 정상입니다. 이것은 차치하고라도, 상품까지 내걸고 전도 경쟁을 벌이는 것은 로또 당첨을 바라는 것과 무엇이 다른가 생각이 듭니다. 아무튼지 이런 식의 업적 부추김은 공동체 내에 경쟁을 유발하는 것만은 분명합니다. 그 상을 얻으려고 교인들이 전도는 많이 하는 결과를 달성할지는 모르겠지만, 틀림없이 교인들 서로 간에 경쟁심이 발생할 것입니다. 이것을 선한 경쟁이라고 할 수 있을까요? 교회는 서로 선한 일이든 악한 일이든 서로를 경쟁 삼아 무슨 목적을 달성하는 공동체가 아닙니다. 더군다나 전도를 상품을 걸고 조장하다니요. 교회가 사업체인가요? 큰 일이든 작은 일이든 교인들이 협력해서 이루어나가는 구조여야하고, 결과에 초점을 맞춰 과정을 도외시하면 안 됩니다.

좋은 예로서 2인 3각 경기를 생각해봅시다. 한 사람의 왼발과 다른 사람의 오른발을 묶습니다. 사람은 둘인데 발은 세 개가 되는 셈입니다. 그리고 나서 둘이 뛰게 하는 것입니다. 이것 은 경기이기는 마찬가지이지만, 이 경기는 서로 호흡을 맞추어야 하는 협동심의 중요성을 알려줍니다.

바울이 빌립보 교회에게 필요하다고 기도한 총명(분별력)은 잘못된 교훈이 왔을 때 잘 분별하는 것과 내가 가지고 있는 것을 상대방에게 강요하지 않는 것, 즉 배려입니다. 총명은 무엇이 중요한지, 무엇이 참된 것인지 분별하는 능력입니다. 외부의 잘못된 것을 공동으로 대처해나가는 분별력과 협동심을 갖게 하는 소양입니다. 그렇게 해서 교인들 사이에 다툼이 없이 마음을 같이 하는 것을 배울 수 있습니다. 빌립보 교회 내부에서 벌어지고 있는 것을 주목하면 바울이 왜 그들에게 총명이 있기를 하나님께 기도하는지 이해가 갈 것입니다.


## 지식과 총명에서 나오는 열매들

빌립보 교회에 지식과 총명이 더하여짐으로써 의도한 결과가 있습니다. 일종의 시너지 효과입니다. 바울은 세 가지로 표현했습니다.

첫째 매우 중요한 것을 분별하는 것입니다. 한글개역개정 번역에 **"지극히 선한 것"**이라고 번역한 본문은 원어에는 **"선한"**이라는 단어가 사용되지 않았습니다. 오히려 그 단어는 **"비중이 있는,"** **"활력 있고 중요한"**이라는 뜻으로 사용되는 단어(그리스어로 $\delta\iota\alpha\phi\epsilon\rho o\nu\tau\alpha$, 디아페론타)입니다. 그래서 여기서 바울이 말하는 것은 (개역성경과 다르게) **"매우 중요한 것이 무엇인지를 분별하고"**라고 번역해야 합니다. 바울의 말은 사랑에 지식과 총명이 더하여질 때 매우 중요한 것이 무엇인지를 분별할 수 있다는 뜻입니다.

대부분의 사람은 눈앞에 보이는 현실만 보고 마음이 그것에 쏠려 있어서 눈앞의 일을 근심하고 걱정하고 그것이 없어지고 해결되기를 기도합니다. 대부분의 한국교회에서 가르치고 실제로 행하는 기도가 대부분 이렇습니다. 여기서 기도에 대해 짚고 넘어가야할 것이 있는데, 그것은 모든 종교에 경건행위로 기도를 강조한다는 점입니다. 그러나 기독교의 기도와 다른 종교의 기도에는 큰 차이가 있습니다. 둘 사이의 결정적인 차이는 공동체성을 부여하는지 그렇지 않으면 개인 경건을 강조하는지에 있습니다. 이에 따라 공동체에 속한 모든 일원이 기도로 성숙해지는 것을 추구할 수도 있고, 개인만의 경건의 함양을 추구할 수도 있습니다.

이 문제에서 대부분의 한국교회가 기도를 개인적인 소원성취를 달성하기 위한 수단으로 권장하고 가르치는 현실을 보면 안타깝기 그지없습니다. 이것은 한국교회의 심각한 문제입니다. 개인적으로는 경건하고 하나님이 원하시는 종교행위를 한다고 생각하지만, 사실은 교회의 공동체성을 와해하는 기도와 개인 경건 쌓는 일에 집중하고 있기 때문입니다. 이런 경우에는 기도를 아무리 많이 한다고 해도 하나님이 보실 때는 그냥 종교성을 가지고 있는 한 개인의 잘난 척하는 것으로밖에 보이지 않습니다. 그런 기도는 기도하는 사람이 다른 사람들보다 기도를 더 많이 해서 자신을 돋보이게 하는 그런 행위에 불과합니다. 그 사람은 기도를 많이 한 것을 자신의 의로 여기게 됩니다. 예수님이 **"사람에게 보이려고 그들 앞에서 너희 의를 행하지 않도록 주의하라"**(마 6:1)고 경고하신 것이 이런 경향을 두고 하신 말씀입니다. 그리고 하나님이 자신의 기도에 응답하여 그의 소원을 들어주셔야 하는 분으로 인식하게 되는 것입니다. 공동체를 무시한 개인기도는 자기공로, 자기 의로 발전할 가능성이 많습니다.

예수님이나 바울이 가르친 기도의 핵심은 공동체성에 있습니다.

바울이 빌립보 교회를 위해 기도한 것에서도 강조점은 그 교회가 서로 간에 협력하고, 같은 생각을 하고 하나의 뜻을 이루는 공동체성을 유지하는 것입니다. 빌립보 교회 전체가 하나님 앞에 흠 없이 성장하여 좋은 열매를 맺는 것이 바울의 관심사입니다. 제가 기도를 예로 들었지만, 빌립보 교회에서는 서로 다투고 경쟁하는 것을 보면서 바울이 교회가 비중을 두어야 할 일이 무엇인지 분별하여 알고 그것을 추구하기를 권한 것입니다.

예수님은 우리가 더 중요한 것을 추구해야 할 것을 일상생활의 예를 들어 설명하셨습니다. **"목숨을 위하여 무엇을 먹을까 무엇을 마실까 몸을 위하여 무엇을 입을까 염려하지 말라. 목숨이 음식보다 중하지 아니하며 몸이 의복보다 중하지 아니하냐?"**(마 6:25-26). 예수님은 제자들에게 왜 염려하지 말라고 하셨을까요? 그들은 하나님에 대해 외인이 아니라 하나님을 아버지라고 부르는 그분의 자녀들이기 때문입니다. 하나님의 아들과 딸들에게 중요한 것은 목숨이지 음식이 아니며, 몸이 중요하지 의복이 아닙니다. 예수님이 **"중하지 아니 하냐?"**라고 말씀하신 것을 빌립보에는 **"매우 중요한 것"**이라고 표현되었습니다. 예수님은 더 중요한 것을 구하라고 말씀하셨지만, 우리는 하나님의 자녀라고 말은 하면서도 몸이나 목숨보다 입는 것과 먹는 것을 중요하다고 생각합니다.

애석한 것은 교회 안에 있는 사람들 중에서도 진짜 중요한 것이 무엇인지 분별하지 못하는 사람이 더러 있다는 사실입니다. 전부는 아니라고 해도 많은 사람들이 그러합니다. 그래서 성경에서 가르치는 중요한 것에는 마음을 쓰지 않고, 세상 사람들이 추구하는 것을 중요하다고 생각하고, 거기에 목숨을 걸고 종교 생활하는 사람들이 많이 있습니다. 전후 사정을 살핀 바울은 빌립보 교회가 이런 일을 하고 있다고 판단해서 하나님께 그들이 비중이 있는 것이 무엇인지 분별하는 교회가 되기를 기도하는 것입니다. 바른 분별력을 가지려면 지식과 총명이 있어야하고, 그것은 하나님이 주시는 것이기에 바울은 하나님께 이것을 주시기를 기도합니다.

둘째로 지식과 총명에서 나오는 결과인 교회가 진실하고 허물없이 그리스도가 재림하실 때까지 이르는 것입니다. 이것 역시 하나님이 하시는 일입니다. 바울이 앞에서 빌립보 교회 안에 사랑이 점점 더 풍성하길 기도한 까닭은 교회가 그렇게 되는 일이 하나님이 하시는 일이기 때문입니다. **"진실함"**은 순결하다는 뜻인데 외부의 것이 가미되지 않은 순수함 그 자체이며, 순결 그 자체를 가리킵니다. 교회가 진정 복음을 받은 사람들로 구성되었다면, 구성원들은 복음 이외에 다른 어떤 교훈이나 특질이 가미되지 않도록 주의해야 합니다.

**"허물없이"**는 바울이 그리스도를 아는 지식에만 착념하게 되었을 때 주변 사람들로부터 오해를 받은 것을 생각하면서 한 말인 것 같습니다. 빌립보서 3:12에서 바울은 이렇게 말합니다. **"내가 이미 얻었다함도 아니요 온전히 이루었다함도 아니라"**고 말입니다. 이 말은 많은 사람들이 바울의 입장에 퍼붓는 비난을 염두에 두면서 오해를 받고 있는 그의 입장을 변호하면서 한 말이 분명합니다. 유대인 출신의 그리스도인들이 중요하게 여기고 추종했던 것을 바울이 배설물로 여기자, 그들은 바울에게 허물이 있다고 판단했을 것입니다. 그들은 바울을 완전주의자라고 비아냥거렸을 것이며, 오랜 세월 내려온 경건의 모습을 갖추지 않은 바울을 허물이 있는 사람으로 단정했을 것입니다. 이 사람들에게 바울은 자신이 완전함을 주장해본 적이 없다고 말합니다. 자신이 이전의 종교행위를 배설물로 여긴 것이 그가 추구하는 목표에 이미 도달했다고 주장하는 것 아니냐는 비난을 염두에 둔 말입니다. 이런 상황을 고려하면, 바울이 빌립보 교회의 구성원들에게 **"허물없이 그리스도의 날까지 이르기를 원한다"**고 한 것은 그들이 지금 허물이 없는 사람들이라거나 완전함에 도달했다는 것을 암시하는 것이 아닙니다. **"허물없이"**(απροσκοποι, 아프로스코포이)라는 단어를 주의 깊게 살펴보면, 바울은 허물과 없음이라는 부정적인 어구 두 개를 사용하고 있다는 것이 금세 눈에 들어올 것입니다. 바울은 허물이 있을 것이라는 주장을 강력히 부정하고 있습니다. 이런 상황에서 바울은 빌립보 교회도 복음으로 하나님의 거룩한 백성이 된 상태로 예수님의 재림 때까지 계속 진행해가기를 기도하는 것입니다.

김형석 선생님은 우리나라 많은 지성인들에게 적지 않은 영향을 끼친 철학자요 수필가입니다. 그분이 99세에 [남아 있는 시간을 위하여](김영사, 2018)라는 책을 출간했습니다. 그 책의 "교만의 유혹"이란 에세이에서 김 선생님은 교회가 신자들을 성도라고 부르는 것을 두고 사색한 그의 고민과 생각을 피력했습니다. 하루는 김 선생님의 교구 목사님이 오랫동안 병석에 있어서 교회에 출석하지 못한 김 선생님께 심방편지를 써서 보냈다고 합니다. 그런데 그 편지의 첫 줄에 "김형석 성도님께"라고 쓴 것을 보고 그분은 적지 않은 충격을 받았다는 겁니다. 그래서 쓴 글이 "교만의 유혹"입니다. 자신은 한 번도 성도, 즉 글자 그대로 거룩한 사람이라고 생각해본 적이 없는데 자신을 "성도"라고 부른 것이 어색했다고 합니다. 그러면서 그리스도인들이 자신들을 성도라고 생각한다면 그런 존재도 아닌데 거룩한 사람이라고 또는 거룩하게 되었다고 생각하는 교만해진 것은 아닌가라고 생각한 것입니다. 철학자다운 사색인 것이지요.

성도는 세상에서 구별된 택함 받은 사람을 지칭하는 말입니다. 하나님의 거룩하심을 본받는 것을 목표로 살아가는 사람들인 것이지요. 그런데 여기서 강조하는 바는 세상 사람들과 구별되었다는 것이고, 도덕적 측면에서 거룩함은 이 땅에서 살아가는 동안 절대로 이를 수 없는 경지입니다. 세상에 사는 성도는 도덕적, 성품적 측면에서 실제로 거룩해진 사람이 아닙니다. 성화는 세상과 구별되었다는 측면에서 성도들이 이루어가야 하는 것이지만, 하나님을 온전히 본받는 측면에서 성화는 그리스도의 재림 때에야 이루어지는 문제입니다. 이런 두 측면에서 어느 사람을 성도라고 칭하는 것이지 그 사람이 정말 거룩한 존재가 되었기에 그렇게 부르는 것은 아닙니다. 하나님 앞에서 자신의 온전함을 주장할 사람이 어디 있겠습니까?

바울이 빌립보 교회를 향해서 권면하는 것은 교회에게 예수 그리스도께서 가져온 변화된 지위를 마지막까지 잘 간직하라는 의미에서입니다. 빌립보서 본문에서는 3:20-21이 바울이 여기서 다루는 주제를 이해하는 핵심 본문이 될 것입니다. **"그러나 우리의 시민권은 하늘에 있는지라. 거기로부터 구원하는 자 곧 주 예수 그리스도를 기다리는데, (왜냐하면) 그는 만물을 자기에게 복종하게 하실 수 있는 자의 역사로 우리의 낮은 몸을 자기 영광의 몸의 형체와 같이 변하게 하실 것이기 때문이니라."** 이 본문에 의하면 신자들이 예수 그리스도를 기다리는 목적은 하나입니다. 그들은 현재 비록 죄와 허물이 많은 존재이지만, 장차 예수님의 모습처럼 변화된다는 것입니다. 바울이 빌립보 교회에게 이야기하는 재림의 목적은 예수님처럼 되는 것입니다. 예수님이 부활의 몸을 가지셨듯이, 그를 믿는 사람들도 영광스러운 부활의 몸을 얻기를 갈망합니다. 그런 사람이라면 세상 사람들처럼 살면서 자신을 방임하지 않을 것입니다. 거룩함을 추구하는 것이지요.

요한은 이렇게 말했습니다. **"사랑하는 자들아, 우리가 지금은 하나님의 자녀라. 장래에 어떻게 될지는 아직 나타나지 아니하였으나 그가 나타나시면 우리가 그와 같을 줄을 아는 것은 그의 참모습 그대로 볼 것이기 때문이니라"**(요일 3:2). 요한은 빌립보서에서 바울이 말하고 있는 것과 똑같은 내용을 말합니다. 예수님이 오시면 우리는 예수님처럼 된다는 것입니다. 예수님의 재림을 기다리는 사람은 지금 시작한 참되고 허물없는 상태를 예수 그리스도의 재림 때까지 유지해야 할 것입니다. 바울이 기도하면서 바라는 것은 이것입니다. 빌립보 교회 안에 내부 갈등이 있는 것은 세상의 어느 공동체에서나 볼 수 있는 현실이고 사람 사는 사회의 모습이기는 해도, 이것이 신자들의 참된 모습이 되어서는 안 됩니다. 그래서 바울은 하나님께 이렇게 기도합니다. 이런 사람들을 주님이 오시는 때에는 흠이 없고 온전한 사람으로 만들어 달라고 말입니다.

셋째로 바울이 기도한 내용은 **"예수 그리스도로 말미암아 의의 열매가 가득"**해지는 것입니다(빌 1:11). **"의의 열매"**는 하나님과 관계도 바르고 다른 사람을 대함에 있어서도 공정함을 유지함으로 내놓는 열매입니다. 마치 농부가 씨를 뿌리는 것이 추수 때 결실을 기대하면서 그렇게 하듯이, 바울은 빌립보 교회의 모든 성도들의 삶이 의의 열매를 맺는 것을 기대합니다. 의의 열매를 맺기 위해서는 사랑에 지식과 총명이 더하여져야 합니다. 씨를 뿌리고 거름을 주고 가꾸는 일이 있어야 결실을 얻듯이, 의의 열매를 결실하려면 사랑에 지식과 총명이 더해져야 합니다.

바울은 의의 열매 맺기를 기대하면서, 그 열매는 예수 그리스도로 말미암아 맺는 것이라고 밝힙니다. 의의 열매가 가득해진다는 것 자체만 놓고 보면 바울의 권면이 교회가 스스로의 힘으로 열매 맺을 수 있는 것처럼 보이지만, 바울이 **"예수 그리스도로 말미암아"**라는 어구를 넣은 것은 의의 열매가 우리 스스로의 힘으로 맺는 것이 아니라는 사실을 일깨웁니다. 9-11절의 내용을 이렇게 풀어 표현할 수 있습니다. **"예수 그리스도에 의하여, 그리고 예수 그리스도를 통하여 맺게 되는 의의 열매가 가득해지기 위하여, 너희의 사랑이 지식과 총명으로 더 풍성하게 하라."** 의는 다른 것에 의해 촉발되는 것이 아니라 예수 그리스도를 통하여 맺는 열매입니다.

의의 열매에 대해 좀 더 생각해보겠습니다. 먼저, **"의의 열매"**라는 표현에서 소유격 **"의의"**는 다양한 방식으로 해석될 수 있습니다. 첫째, 이것은 **"의"**와 **"열매"** 두 개가 같은 것을 표현한다고 이해할 수 있습니다. 그럴 경우, 이 어구는 **"의를 가득하게 하려고"**로 이해됩니다. 둘째, 이 어구를 바울이 기대하는 열매가 지니는 의라는 윤리적 특성을 표현하는 것이라고 이해할 수 있습니다. 그럴 경우 의의 열매는 교인들 서로 간의 관계가 올바르게 되는 것을 가리킵니다. 셋째, 이 어구를 의에서 나오는 열매라고 이해할 수 있습니다. 이것은 신자들에게 허물은 있지만 하나님께서 그들을 의인이라고 간주해준 것을 표현합니다. 문법적으로는 세 가지 모두 가능합니다. 그리고 세 해석은 강조하는 바가 조금씩 다르지만 결국 의와 열매의 상호관계를 밝혀준다는 점에서는 비슷비슷합니다. 모두 빌립보 교회에게 권하는 바울이 기대하는 바를 더욱 풍부하게 설명해준다고 말할 수 있겠습니다.

어찌되었든지 간에 분명한 것은 이것입니다. 바울이 말하는 **"의의 열매"**가 무엇인지 이해하기 위해서는 그것을 법정적인 의로만 이해해서는 안 되고, 관계적으로도 이해해야 한다는 사실입니다. 성경에서 **"의"**는 사실 둘 사이의 좋은 관계와 같은 관계적, 윤리적 특성을 지니는 용어입니다. 이 단어는 상대방과 바른 관계, 신뢰의 관계를 나타낼 때 사용됩니다. 의는 정지된 개념이 아니라 나무가 열매를 맺듯이 움직이고 서로 작용하고 성장하는 개념입니다. 그 후 의가 자라면 반드시 그 성장의 결과가 따라 옵니다. 우리가 의롭게 되었다면 반드시 의의 열매를 맺게 되어 있습니다. 우리가 하나님 앞에 의롭다고 인정함을 받는다는 개념도 중요하지만, 의롭게 된 사람이 삶에서 그리고 다른 사람과의 관계에서 의에 합당한 열매를 맺는다는 점도 기억해야 합니다.

이것은 바울이 로마 교회에 편지를 쓰면서 말한 내용과 일치합니다. 그는 로마 교회에게 그들이 하나님에게서 오는 영을 받았다는 사실을 상기시킵니다. 그러나 교회 구성원들이 받은 영은 이전에 그들에게 영향을 주었던 죄의 영이나 세상의 영, 또는 종의 영과 같이 예속시키는 영이 아닙니다. 바울은 그 영이 하나님을 아버지라고 부를 수 있는 영, 즉 **"양자의 영"**이라고 힘주어 말합니다(롬 8:15). 그 영은 성령이십니다. 이와 병행하여 바울은 윤리적인 교훈도 베풉니다. 의롭게 된 사람은 의를 행하는 사람으로 자신을 드려야 한다고 말입니다(6:22). 성령님은 우리에게 계속 작용하여 육의 열매가 아니라 성령의 열매를 맺게 하십니다. 갈라디아서 5:22-23에 언급된 성령의 열매는 **"사랑과 희락과 화평과 오래 참음과 자비와 양선과 충성과 온유와 절제"**입니다. 바울은 성령을 가진 공동체가 살아가는 것에 대해 이렇게 말합니다. **"만일 우리가 성령으로 살면 또한 성령으로 행할지니"**(갈 5::25). 성령으로 행하는 것은 성령의 열매를 맺습니다.

바울은 빌립보 교회에 대해서도 열매 맺기를 권합니다. 성령을 받은 자들이 성령의 열매를 맺듯이, 그리스도로 말미암아 새롭게 된 자들은 의의 열매를 맺는다고 말입니다. 빌립보서에 교회가 삶에서 어떻게 의로운 열매를 맺어야할지 가르친 부분이 몇 군데 더 있는데, 그 중에 빌립보서 2:12-15이 대표적입니다. 여기서 바울은 두렵고 떨림으로 구원을 이루라고 권합니다. 그런데 그 일은 그들 속에 소원을 두고 일하시는 하나님 때문에 가능하다고 알려줍니다. 구체적으로 이 세상에서 빛으로 나타나는 것입니다(빌 2:15). 그러므로 갈라디아서 5:22-23에 묘사된 **"성령의 열매"**나 빌립보서 2:12-15에 언급된 **"구원을 이루라"**는 것이나 본문(1:11)에서 가르치는 **"의의 열매가 가득한 것"**은 어떤 측면에서 다 같은 교훈을 가르친다고 할 수 있습니다. 그리스도인이 하나님 앞에서 의를 얻은 자로서 나타내 보일 실천적인 삶입니다.

마지막으로, 바울이 바라는 빌립보 교회의 성장의 궁극적인 목적입니다. 그것은 그들이 하나님의 영광과 찬송이 되는 것입니다(빌 1:11b). 이것은 바울이 앞에서 빌립보 교회를 위해 드린 기도가 지향하는 목적이기도 합니다. 교회가 지극히 중요한 것을 분별하며, 진실하여 허물없이 그리스도의 날까지 이르는 것입니다. 예수 그리스도로 말미암아 의의 열매가 가득한 것은 궁극적으로 하나님의 영광과 찬송이 되는 것입니다.

신자 개인이 칭찬받을 것이 아니라 이 모든 것이 하나님께 영광이 되고 찬송을 돌리게 되어야 합니다. 그렇게 되려면 이런 열매를 맺는 신자 개인이 드러나지 않아야 합니다. 교회가 온갖 수단을 다 써가면서 교회당을 짓고는 헌당예배 때 무슨 표어 같이 "모든 것을 하나님이 하셨습니다."라고 현수막에 글을 쓰는 것이 하나님께 영광을 돌리는 것이 아닙니다. 말이 아니라 마음과 생각에 진짜 하나님의 영광을 생각하고, 다른 사람들도 그 사람에게서 나오는 열매를 보면서 하나님이 그 열매를 맺게 하셨음을 고백할 수 있게 해야 합니다. 한국에 있는 대부분의 교회가 잘 알고 있듯이, 우리나라 강남 한 복판에 불법과 편법을 동원하고 요직에 앉은 사람들을 이용하여 거대 교회당을 지어놓고는 말로만 모든 걸 하나님이 하셨다고 한다고 해서 그 사업을 하나님이 하셨다고 믿을 사람이 과연 얼마나 되겠습니까? 그 교회에 출석하는 사람들은 그렇게 믿고 싶겠지요. 하지만 한국교인들 대부분은 압니다. 그 예배당을 건축하기 위해 얼마나 많은 다툼과 불법과 교회 이기주의가 작용했는지 말입니다. 한국교회가 불신자들에게 공개적으로 비난을 받을 만한 빌미를 제공한 회개해야 할 사건으로서, 21세기에 자행된 교회의 최악의 추악한 모습 중 하나일 것입니다. 그 표호는 자신들이 인간적으로 행한 행동을 감추려는 것으로밖에 보이지 않습니다.

"**영광**"이라는 단어는 하나님의 어떠하심을 표현하는 단어입니다. 구약 성경에서 "**영광**"(히브리어로 "**카보드**")은 글자 그대로 "**무겁다,**" "**비중이 있다**"는 뜻입니다. 빌립보서 2:3에서 바울은 빌립보 교회가 이 부분에서 결정적인 문제가 있음을 발견하고, 이 단어를 사용하여 교회를 훈계합니다. 그는 "**아무 일에든지 다툼이나 허영(虛榮)으로 하지 말고 오직 겸손한 마음으로**" 행동하라고 교훈합니다. 우리말에서도 허영은 비어있는 영광입니다. 그리스어 케노독사(κενοδοξα)가 사용되었는데, 앞의 말 "**케노**"(κενο)는 바울이 예수 그리스도가 하나님과 본체이시지만 자신을 "**비운**"(그리스어로 κενος, 케노스)이라고 할 때 사용한 단어입니다(빌 2:7). 교인들 간의 갈등에 반영된 빌립보 교회의 문제는 다투어 영광을 얻으려 한 것입니다. 이런 현상은 대개 남들보다 종교행위를 많이 하고 열심을 내어 하는 사람들에게서 나타납니다. 사람인 주제에 스스로 영광과 칭찬을 받으려 했다는 점입니다. 신자는 헌금이나 기도나 심지어 구제와 같은 종교행위를 아무리 많이 하고 그로 말미암아 공동체에서 중요한 영향력을 행사한다고 해도 "**영광**"은 하나님께 속한 것이고 사람들에게는 해당하지 않는다는 것을 알아야 합니다. 사람들이 영광을 얻으려고 애쓴다고 해도 그의 손에 쥐었다고 생각한 그 영광은 비어있는 영광, 즉 허영일 뿐입니다.

주기도문에는 기도한 사람의 고백이 추가되었습니다. 왜 주기도문으로 기도하는지를 고백하는 내용입니다. "**(왜냐하면) 나라와 권세와**

**영광이 아버지께 영원히 있**"기 때문입니다. 우리가 우리의 소원을 드릴 것이 많이 있지만 주기도의 내용을 기도하는 이유는 영광이 아버지이신 하나님에게만 속하여 있기 때문입니다. 기도는 단지 기도하는 사람 자신의 소원을 이루기 위하여 지극정성으로 드리는 소원 빌기가 아닙니다. 불완전한 우리를 통해 하나님의 능력과 보살핌과 돌보심이 드러나고, 하나님이 온 세상에 통치자이심과 그분의 뜻이 드러나게 하는 데 초점이 모아져야 합니다. 결국 기도에는 하나님의 하나님 되심이 드러나야 한다는 말입니다. 이것을 예수님은 주기도문의 내용에 넣으셨고, 그런 내용을 기도하고는 마무리하면서 **"다스림과 영광과 권세와 능력"**의 진정한 소유자와 주인이 되시는 분이 하나님이시라는 사실을 일깨우는 것입니다.

잠언 기자는 하나님의 백성에게 묵시(즉, 하나님의 말씀에 대한 깨달음과 실천)가 없는 백성은 제멋대로 행하지만, 율법을 지키는 자가 복이 있다고 선언합니다(잠 29:18). 종교행위로 자신의 덕성을 쌓는 것보다 하나님의 말씀을 듣고 행하는 것이 더 중요하다는 뜻입니다. 우리는 실천하는 존재이고, 영광은 하나님에게 돌려야 합니다.

빌립보서 서론은 바울이 이 편지를 쓰는 이유와 빌립보서의 주제를 제시합니다. 그것은 빌립보 교회 안에서 벌어지고 있는 문제와 관련이 있습니다. 그들의 문제는 비단 빌립보 교회만의 문제가 아니라 한국교회의 문제이기도 합니다. 바울은 신자들에게 사랑에 지식과 총명이 필요한 이유가 무엇인지를 알립니다. 그리고 신자로 살아가면서 내놓는 열매는 자신의 덕을 쌓는 것이 아니라 자신과 하나님, 자신과 다른 신자들과의 관계를 바르게 하고 공평하게 대하는 것입니다. 이런 삶으로써 우리가 궁극적으로 추구할 삶의 목적은 하나님께 영광과 찬송을 돌리는 것입니다.

이것은 예수께서 제자들에게 **"너희는 세상의 소금이다." "너희는 세상에 빛이다"**라고 말씀하신 것과 같은 뜻입니다(마 5:13, 14). 우리가 이 땅에서 살아가는 것은 세상 사람들에게 빛들로 나타내는 데 그 목적이 있습니다. **"너희 착한 행실을 보고 하늘에 계신 너희 아버지께 영광을 돌리게 하라"**(5:16)는 예수님의 말씀은 우리의 삶의 초점을 하나님에게 두라는 의도가 담긴 말씀입니다.

# 3강

# 역경에도 복음은
# 진전을 이룬다

(빌립보서 1:12-18)

**빌립보서 1:12-18**

¹²형제들아 내가 당한 일이 도리어 복음 전파에 진전이 된 줄을 너희가 알기를 원하노라 ¹³이러므로 나의 매임이 그리스도 안에서 모든 시위대 안과 그 밖의 모든 사람에게 나타났으니 ¹⁴형제 중 다수가 나의 매임으로 말미암아 주 안에서 신뢰함으로 겁 없이 하나님의 말씀을 더욱 담대히 전하게 되었느니라 ¹⁵어떤 이들은 투기와 분쟁으로, 어떤 이들은 착한 뜻으로 그리스도를 전파하나니 ¹⁶이들은 내가 복음을 변증하기 위하여 세우심을 받은 줄 알고 사랑으로 하나 ¹⁷그들은 나의 매임에 괴로움을 더하게 할 줄로 생각하여 순수하지 못하게 다툼으로 그리스도를 전파하느니라 ¹⁸그러면 무엇이냐 겉치레로 하나 참으로 하나 무슨 방도로 하든지 전파되는 것은 그리스도니 이로써 나는 기뻐하고 또한 기뻐하리라

# 3강

# 역경에도 복음은
# 진전을 이룬다

**(빌립보서 1:12-18)**

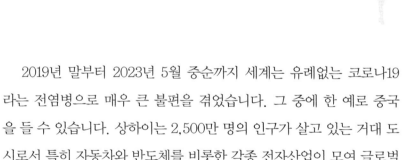

　　2019년 말부터 2023년 5월 중순까지 세계는 유례없는 코로나19 라는 전염병으로 매우 큰 불편을 겪었습니다. 그 중에 한 예로 중국을 들 수 있습니다. 상하이는 2,500만 명의 인구가 살고 있는 거대 도시로서 특히 자동차와 반도체를 비롯한 각종 전자산업이 모여 글로벌 공급 망을 담당하는 곳입니다. 코로나 기간에 상하이 도시 전체는 오랜 기간 봉쇄되고 주민들의 활동은 통제되었습니다. 그로 인해 조업과 물류대란이 일어나 전 세계가 큰 불편을 겪었습니다. 한국도 영향을 받았습니다. 상하이에 사는 시민들이 겪었을 대외적인 어려움은 말할 것도 없고 생활하는 데에도 불편함과 고통은 이루 말할 수 없었을 것입니다. 상하이 시민들은 생필품마저 구하기가 어려웠다고 합니다. 수요에 비해 공급이 절대적으로 부족한 상황이 3주 가까이 계속되면서, 통제선을 벗어나 장보러 가게에 가거나 가게를 약탈하는 사건이 발생했다는 소식도 전해졌습니다. 민심이 혼란하고 약탈이 자행되고 매점매석이 발생한 것입니다. 이런 때에 상하이에 선교사를 보내거나 주재원을 보낸 회사는 무사하기를 기도할 것입니다.

이와 마찬가지로 복음을 전하는 사람이 옥에 갇혀 몇 날 몇 달을 외부와 차단된 채 지낸다면 똑같은 어려움을 겪게 될 것입니다. 바울이 옥에 갇힘으로 복음을 전하는 일이 중단될 위기에 놓였습니다. 교회는 바울을 동정했을 뿐만 아니라 복음전하는 것이 멈추게 될지도 모른다는 생각에 걱정이 이만저만 아니었을 것입니다. 이 상황에서 오히려 바울이 에바브로디도를 보내어서 빌립보 교회를 위로했습니다. 이런 악조건에도 불구하고 복음의 진전이 이루지고 있다는 것을 알리고 싶었습니다.


**시위대에게 복음이 전해짐**


빌립보서 1:12에서 바울은 빌립보 교회에게 그에게 일어난 일이 **"도리어 복음 전파에 진전이 된 줄"**을 알기 원한다고 말합니다. 우리 주님이 바울과 함께 하셨기 때문입니다. 예수님은 단순히 인간이 아니라 인류의 모든 죄의 문제를 해결하는 메시아이십니다. 세상은 로마의 황제가 통치하는 것이 아니라 하나님의 아들이신 예수님이 다스리십니다. 그분은 왕의 왕이시며 만주의 주이십니다. 바울이 옥에 갇혔지만 우리 주님이 그 일을 주관하셨기에 하나님의 말씀은 널리 전파될 수 있었습니다. 황제를 신처럼 숭배하는 당대 상황에서 예수만이 유일한 주님이시고 통치자라는 복음이 전파되었습니다. 바울이 갇혀있다고 복음도 갇혔을 것이라고 생각하는 교회를 바울은 위로하고 복음의 진전을 알리고 싶었습니다. 그러고 나서 그 매임이 무엇 때문에 일어난 것인지를 13절에서 밝힙니다. **"그러므로 나의 매임이 그리스도 안에서 모든 시위대 안과 모든 사람에게 나타났"**다고 말입니다. 여기서 바울은 복음의 진전이 **"그리스도 안에서"** 일어난 일이고, 그 사실을 그곳에 있는 모든 사람들이 알게 되었다고 말합니다. 바울의 매임은 단순한 죄수로서 매인 것이 아니라 예수 그리스도와 관련되었다는 것을 알기에 이렇게 말하는 것입니다.

여기서 **"예수 그리스도 안에서"**라는 말은 바울과 그리스도의 유대감을 표현하는 것일 뿐만 아니라 예수 그리스도께서 구원하시는 행위를 요약하는 어구입니다. 바울이 그리스도 안에서 매였다고 말하는 것은 그리스의 구원 행위를 증명하고 나타냈다는 것, 그리스도께서 고난을 받으신 것처럼 바울도 그리스도의 고난에 참여하고 있다는 말입니다. 바울의 갇힘이 바울 개인의 잘못 때문이 아니라 그리스도와 연합했기 때문에 매이고 갇혔다는 사실은 제일 먼저 시위대 안에 있는 모든 사람들에게 알려졌습니다. 시위대는 그리스어로 브라이도리온이며, 황제의 최측근에서 황제를 호위하는 경비대입니다. 당연히 황제에게 충성심이 강한 사람들로 구성되었지요. 이들에게 복음이 접근하기가 무척 어려웠다는 것은 누구라도 생각할 수 있을 것입니다. 그런데 "호랑이를 잡으려면 호랑이 굴로 들어가라"는 한국 속담에 딱 들어맞는 일이 바울에게 일어났습니다.

바울은 예루살렘에서 일어난 폭동 때문에 예루살렘에서 가이사랴로 이송되었고, 거기서 황제에게 상소한 것 때문에 로마로 잡혀오게되었습니다. 바울은 적어도 2년 동안 옥에 갇혀있었습니다. 가택연금이라 바울의 활동은 제약받았습니다. 그런데 바로 이 상황에서 아무도 예측하지 못한 일이 발생했습니다. 그 상황이 오히려 시위대에 복음이 전해질 수 있는 기회였다는 사실입니다. 당시 로마 황제는 네로였습니다. 주후 54년에 약관 16살에 황제가 되어 주후 68년, 30세에스스로 목숨을 끊어 생을 마감했습니다. 그러니 바울이 옥에서 빌립보서를 쓸 당시 네로는 22~24세의 겁 없는 청년이었습니다. 네로는시위대로 9,000명의 정예부대를 거느리고 있었다고 합니다. 그들은황제를 주(퀴리오스)이며, 구원자라고 믿었습니다. 그들은 황제를 위해죄수를 매어두는 것이 황제의 뜻을 이루는 것이라고 확신했습니다. 백성들은 자신들이 직접 통치하는 눈에 보이는 권력자, 먹을 것을 공급하는 경제적 능력자를 사실상 보스(즉, 주님)로 생각하기 마련입니다.

바로 이런 위치에 있는 시위대의 사람들에게 복음이 전파되었다는 것은 복음이 로마 사람들에게 실제로 전해졌다는 뜻입니다. 그들에게 뭔가 변화가 일어났다는 것을 알 수 있습니다. 그들은 바울을 달리 보기 시작했습니다. 그가 갇힌 까닭이 예수를 주님(퀴리오스)이라고선포한 것 때문이라는 것을 알게 된 것입니다. 바울이 어떻게 시위대에게 그리스도를 전파했는지, 그래서 그들 중에서도 황제가 아니라그리스도가 주님이심을 믿게 되었는지 본문에 명확히 언급되지 않았지만, 그가 **"나의 매임이 그리스도 안에서"** 나타났다고 한 것에서 우리는 당시 상황을 다음과 같이 상상할 수 있습니다.

**시위대** 자넨 뭣 때문에 결박되어 옥에 들어왔는가?

**바울** 그리스도를 믿었기 때문이오. 내 생애에 그리스의 능력이 나타났고, 나는 그분이 메시아임을 믿고 그분을 주님으로 받아들였소. 나는 그분의 노예인 셈이요.

**시위대** 그리스도가 대체 누군가? 그를 믿다니. 로마의 열두 신 이외에 로마에서 믿음을 줘야 할 분은 황제님뿐이라는 것을 모르나?

**바울** 그리스도 그분은 하나님이시지만 하나님의 뜻에 순종하여 우리 죄를 위해 죽으셨소. 그것도 로마인들이 끔찍하다고 생각하는 십자가 위에서 말이오.

**시위대** 잠깐. 헛소리 하지 말라. 그건 말도 안 되는 소리야. 십자가에 죽은 이가 어떻게 주님이 될 수 있는가? 자넨 그 말이 타당하다고 생각하는가? 그는 극악한 죄수에 불과해. 설령 그가 너희 민족에게는 영웅으로 비춰질지 모르지만, 생각해보라. 자기 목숨하나 구하지 못하는 이가 어떻게 구원자가 되고 주님이 된다는 말인가. 말 같지 않은 소리를 하고 있구먼.

**바울** 모르시는 말씀. 그리스도는 죽으셨을 뿐만 아니라 부활하여 높이 되셨고, 모든 권세 위에 계신 분이오. 누구든지 그분을 주님으로 인정하고 예배한다

면 구원을 받을 것이오. 나는 그분의 사람이 되었
소. 노예 말이요. 예수 그리스도만이 유일한 큐리오
스요.

**시위대** 부활이라니, 죽은 자가 살아난다는 그런 부활 말인
가? 자넨 그 사람이 부활한 것을 보았는가? 구원이
란 어떤 의미로 한 말인가? 좀 자세히 말해줄 수 있
겠나?

**바울** 그러지요. 내, 그리스도에 대해 자세히 말해주리다.
그분은…

뭐, 이런 식으로 예수 그리스도를 전하지 않았을까 생각해봅니다.
우리가 추측하는 것과 크게 다르지 않았을 것입니다. 바울의 말대로
라면, 시위대 중에 많은 사람이 예수가 그리스도이시고 주님이심을
믿었습니다. 그들은 신우회를 만들어 몰래 예배하고, 틈이 나는 대로
바울에게서 복음을 들었을지도 모릅니다. 이런 면에서 볼 때 바울의
열악한 상황은 오히려 로마에 있는 시위대를 비롯하여 많은 사람들에
게 복음을 전할 기회가 되었으며 실제로 열매를 맺었습니다. 어쩌면
바울이 빌립보 옥에서 경험했던 것처럼 여느 죄수와 다르게 행동하는
것을 보고 사람들이 감동을 받았을 것입니다. 바울은 귀신 들린 여자
노예를 정신이 온전하게 해준 일로 옥에 갇히게 된 적이 있었는데, 오
히려 그 일로 인해 빌립보 옥의 간수장과 그 가족이 구원을 받는 일이
일어나지 않았습니까(행 16:31).

지금 바울이 로마 옥에 갇혀 있는 중에서도 비슷한 일이 발생했습

니다. 네로 황제의 시위대 중에서 예수를 믿고 구원을 받은 사람이 생긴 것입니다. 이후에 바울은 로마 옥에서 놓임을 받았습니다. 그러고 나서 얼마 후 다시 투옥되었습니다(2차 투옥). 이 기간에 쓴 편지가 디모데후서입니다. 디모데후서 2:9에서 바울은 이렇게 말합니다. **"복음으로 말미암아 내가 죄인과 같이 매이는 데까지 고난을 받았으나 하나님의 말씀은 매이지 아니하니라."** 네 그렇습니다. 복음을 전하는 사람은 매이고 갇혀도, 복음 자체는 절대로 매이거나 갇혀 있지 않습니다. 어떤 결과를 가져왔을까요? 디모데후서 4:17에서 바울은 이렇게 말합니다. **"주께서 내 곁에 서서 나에게 힘을 주심은 나로 말미암아 선포된 말씀이 온전히 전파되어 모든 이방인이 듣게 하려 하심이니."** 바울은 이것을 사자의 입에서 구원 받은 것이라고 표현합니다. 로마에 1차로 옥에 갇혔을 때와 똑같은 일이 2차로 옥에 갇혔을 때도 발생한 것입니다. 바울의 매임은 복음 전파의 진전을 가져왔습니다.

역경은 복음을 반대하는 사람에게 복음을 전할 수 있는 좋은 기회였습니다. 이런 상황에서 사람들이 복음을 받아들이는 것은 주님이 하시는 일이 분명합니다. 복음은 사람이 막거나 중단시키거나 가둘 수 있는 것이 아닙니다. 비근한 예로 일제 강점기에도 대한민국에서 복음이 진전을 이룩한 예를 우리 부모님, 조부모님에게서 듣지 않았습니까. 박해는 신자들의 믿음을 더욱 강하게 하고, 박해자의 마음을 그리스도에게로 돌리는 일을 하는 데 적극 작용합니다. 이런 일이 벌어지는 것을 대부분의 사람들은 알지도 이해하지도 못합니다. 이 일은 주님과 성령님이 하시는 일이기 때문입니다. 복음을 전하는 사람이 세상 통치자에게 불려가거나 옥에 갇히게 되는 것은 그들에게 복음을 전할 기회가 됩니다.

예수님은 제자들이 보냄을 받아 하나님의 나라가 가까이 왔다는 것을 전할 때 이방인과 총독들 앞에 끌고 가는 일이 벌어질 것을 아시고 이렇게 말씀하셨습니다. **"너희를 넘겨 줄 때에 어떻게 또는 무엇을 말할까 염려하지 말라. 그 때에 너희에게 할 말을 주시리니, 말하는 이는 너희가 아니라 너희 속에서 말씀하시는 이 곧 너희 아버지의 성령이시니라"**(마 10:19-20). 복음을 전하는 일은 결국 주님이 하시는 일입니다. 주님은 사람들의 생각을 뛰어넘어 복음이 널리 전하는 일에 적극 관여하십니다. 하나님은 모든 사람이 구원을 받으며 진리를 아는 데에 이르기를 원하시기 때문입니다(참조. 딤전 2:4). 이 방법을 사용해서라도 이방인들이 진리에 접촉하게 하십니다. 빌립보 사람이 복음을 받아들이도록 마음을 열어주신 분은 주님이지 않았습니까.

## 바울을 대신하여 복음을 전하는 사람들

바울이 갇힌 것이 복음의 진전을 가져온 두 번째 증거는 로마에 사는 다른 그리스도인들이 바울을 대신하여 복음을 전하는 일이 생겨났다는 데 있습니다(빌 1:14-18). 그들은 이전보다 주님을 더 신뢰하고 담대하게 하나님의 말씀을 전하기 시작했습니다. 사람들은 바울이 하던 일을 대신했습니다. 바울이 로마에 도착하기 전에 로마에는 이미 교회가 서 있었습니다. 바울이 로마에 오기 전에 누군가 로마에 복음을 전했을 것이고, 그 복음을 들은 사람들 중에 믿는 사람들이 생겼습니다. 바울이 죄수의 신분으로 로마에 왔을 때 그를 만난 사람이 몇 명 있었겠지만(참조. 행 28:15). 대부분의 사람들은 바울에 대해 소문으로만 들어 알고 있었습니다.

바울이 갇혀 있는 로마에는 성도들 중에 복음을 전하는 사람이 구속되고 옥에 갇힌 것으로 의기소침해지고 믿음이 약해지고 드러내놓고 예수님을 믿는다고 말하지 못하는 사람들이 있었습니다. "복음을 전하면 저렇게 되는 구나"라며 절망하든지 자기들이 믿은 주님의 권세보다 로마 황제의 권세가 더 크다는 생각에 믿음을 포기할 수도 있었습니다. 게다가 주후 49년에 클라우디우스 황제가 로마에 사는 유대인들을 추방하는 명령을 내려, 신앙을 갖는 것이 참 위험하다는 생각을 누구나 했을 것입니다. 로마를 떠나 고린도로 갔던 브리스길라와 아굴라 부부가 그 대표적인 예입니다. 이런 일로 인해서 그리스도인들은 드러내놓고 자신이 주님을 믿는다고 고백할 수 없었습니다.

바울이 압송되어온 것을 본 사람들은 처음에 실망했을 것입니다. 하지만 시간이 지나면서 그들은 바울의 행동이 주님이신 예수님을 그대로 따라가는 행동이라는 것을 알게 되었을 것입니다. 복음을 믿는 사람들은 바울의 행동에서 예수 그리스도와 하나가 된 것을 보았습니다. 이것은 그들에게 용기와 자신감을 주었을 것입니다. 이러 할 때 예수 그리스도를 신뢰하는 마음이 더 강하게 나타나는 것입니다. 복음에 대한 이해가 달라지면 너나 할 것 없이 두려움 없이 복음을 전하게 됩니다. 당대 로마제국에서는 예수가 십자가에서 죽었다는 사실로 예수님에 대해서든지 그리스도인에 대해서든지 사람들의 평판이 좋지 않았습니다. 힘과 권력, 부유함과 명성을 추구하는 세상 사람들에게 그리스도는 실패한 자로 비춰졌을 뿐입니다. 이런 상황에서 믿지 않는 자에게 복음을 담대하게 전하는 일이 일어났다면, 이것은 복음의 능력입니다.

현대의 그리스도인들은 자신이 그리스도와 관련이 있는 사람임을 나타내지 못하고 그냥 살아가는 것이 현실입니다. 그런 사람들에게 복음의 위력을 나타낼 수 있는 것은 세상 사람들의 것과 똑같은 가치관에서 부유하게 되고 성공하게 되는 것이 아닙니다. 복음의 위력은 이런 것에서 나오지 않습니다. 복음의 능력은 역경 속에서 나타납니다. 이것이야말로 복음이 가진 역설적인 능력입니다. 이전에 복음 전파에 적극적으로 참여하지 않던 사람들도 그들의 선생을 본받아 겁 없이 담대히 그리스도를 전파했습니다.

그런데 이들이 전하는 동기는 서로 상반되게 나타났습니다. 15절에서 바울은 첫 번째 부류로서 주 안에서 신뢰하고(또는 주님을 믿고) 하나님의 말씀을 담대히 전하는 긍정적인 동기로 전하는 사람들이 있었고, 또 하나는 부정적인 동기를 가지고 그렇게 하는 사람들도 있다고 전합니다. 모두 그리스도를 전했고(빌 1:15, 17, 18) 모두 동일한 메시지를 전했지만, 동기는 전혀 달랐습니다. 어떤 사람들은 시기심과 경쟁심으로 복음을 전했습니다. 또 다른 부류의 사람들은 바울이 복음을 변증하기 위해 사도로 세움을 받은 것을 알고 사랑으로 전했습니다.

선한 뜻으로 복음을 전한 사람들은 착한 마음과 바울을 돕는 마음으로 복음을 전했습니다. 그들은 바울이 그리스도를 선포함으로써 자신들이 바울과 하나가 된다고 생각했습니다. 교인이 하나가 되는 것은 기독교 복음의 핵심이며 참된 기독교 사랑의 증거입니다. 기독교의 정신을 한 단어로 표현하면 **"사랑"**으로 요약할 수 있습니다. 이들이 그리스도와 복음을 전파한 것은 바울을 돕고자 하는 마음에서 비롯되었습니다. 이 또한 복음에 참여하는 일입니다. 그들은 바울이 옥에 갇혀 더 이상 복음을 전하지 못하게 되자 바울의 사명을 자신들이 대신 수행함으로써 다른 사람들이 복음을 들을 수 있게 했습니다. 그 결과 복음의 진전을 가져왔습니다.

이들과 다르게 시기와 경쟁(개역개정에는 투기와 분쟁이라고 번역됨)으로 복음을 전한 사람은 사랑에 바탕을 둔 것이 아닙니다. 시기와 경쟁은 대표적인 육체의 일에 속합니다(갈 5:20-21). 이것은 타락한 사람들의 표시입니다(롬 1:28-29). 복음을 전하면서 죄악 된 성품이 발휘했고 죄의 노예로서 그렇게 한 것입니다. **"시기"**는 성령으로 거듭나지 않은 사람들이 가지고 있는 갖가지 격정에 노예가 된 증거입니다(딛 3:3). **"경쟁**(분쟁)**"**은 남을 이겨먹으려는 마음을 가지고 있어서 공동체의 화목을 깨뜨리고 서로 원수가 되게 합니다. 이런 마음을 가진 사람들은 바울에게 시기심을 불러일으키려고, 또 그를 경쟁상대로 생각하면서 복음을 전했습니다. 바울은 이런 사람들이 복음을 전한 것은 바울의 매임에 괴로움을 더하려는 데 목적이 있다고 밝힙니다(빌 1:17).

대부분의 현대인들은 의아해할 것입니다. '바울에게 괴로움을 더하려고 복음을 전하다니. 그게 도대체 무슨 뜻일까?' 시기심과 질투심을 가지고 복음을 전했다는 것은 사리사욕이나 이기적인 목적으로, 또는 분열을 목적으로 복음을 전했다는 의미입니다(고후 12:20; 갈 5:20). 실제로 그들은 바울이 사슬에 매어 옥에 갇혀 있는 동안 바울을 괴롭힐 목적으로 복음을 전했습니다. 이기적인 야망이 발동한 것입니다. 바울을 괴롭히는 것은 고난을 야기하는 외적인 환경입니다. 박해(살전 1:6; 3:3), 매 맞음과 옥에 갇힘, 수고와 밤에 잠을 자지 못하거나 굶주림을 비롯한 외적인 고난(고후 6:4-5)은 물론이고 바울을 괴롭히는 **"마음에 큰 눌림과 걱정"**과 같은 내적인 고난도 포함할 것입니다(고후 11:28).

도대체 바울을 안팎으로 괴롭히면서 복음을 전한 사람들은 누구였을까요? 바울이 여기서 그를 시기하고 경쟁의 대상으로 자처한 사람들이 누군지 분명하게 밝히지 않아 그들의 실체를 정확히 알 수는 없지만 몇몇 학자들은 몇 가지 견해들을 제안했습니다.

크리소스토무스와 칼뱅은 이것을 복음의 확산이 이루어지면서 증가한 황제의 진노로 이해했습니다. 이 견해에 따르면, 주후 49년의 클라우디우스 황체 때처럼 네로 황제의 분노가 더 커져서 바울의 머리에 그 분노가 내리게 될 것입니다. 여기서 말하는 시기를 로마 황제의 진노로 이해하는 것은 바울과 직접 연관되지 않으니, 이 제안은 고려할 만하지 않습니다.

둘째는 이 어구를 단지 삽입어로 이해하여 이것이 로마와 관련된 것이 아니라 빌립보 교회 내부에서 자신들이 바울과 경쟁하여 그를 이기고 자신들의 제자들을 이끌려는 사람들의 시기심이라고 설명합니다. 슈미탈스라는 독일 학자가 그렇게 생각했어요. 그들의 행위가 옥에 있는 바울에게 시기와 경쟁을 유발할 거라고 생각한 것이지요.

셋째는 시기와 질투를 하는 사람들을 유대인 출신의 그리스도인들로 이해하는 견해입니다. 유대인들은 그들의 전통인 할례와 정결례를 지키고 안식일을 잘 지키는 일을 중요시했습니다.. 그런데 바울은 이방인들에게 복음을 전하면서 이것을 요구하지 않았지요. 유대인 출신의 그리스도인들은 바울의 행위를 이방인 추종자를 많이 만들려고 복음의 특성을 약화시킨 것이라고 판단했어요. 그래서 그들은 유대교의 전통을 부각시켜 바울이 이방인들에게 전한 복음에 문제가 있다는 것을 드러내려고 했다는 것입니다. 모세 실바, 피터 오브라이언, 고든 피 교수들이 이 견해를 피력합니다. 나중에 3장에서 더 분명하게 볼 수 있는데, 저는 이 세 교수들이 본문에 언급된 시기와 경쟁심을 정확히 이해했다고 생각해요.

바울이 전한 복음의 특성은 이것입니다. 그리스도는 마지막 때에 오신 분이시라는 것, 그분이 오심으로 이전에 추구하고 실천하던 모든 종교 행위가 끝났다는 것 말이지요. 이전 시대에 하나님의 백성의 삶을 규정하던 모든 규범은 이제 끝났어요. 이방인만 아니라 유대인들도 이 원칙의 적용을 받는 거예요. 당시 유대인들은 바울이 전하는 복음을 듣고 많이 놀랐을 거예요. 하지만 그들도 메시아가 오시면 이런 급격한 시대변화가 발생할 거라는 사실쯤은 어느 정도 짐작하고 있었어요. 이방인들은 받아들였고 유대인들은 여전히 받아들이기를 꺼려했지요(참조. 행 13:46). 갈라디아서에서처럼 유대화주의와 극렬한 논쟁을 벌인 것은 아니지만, 빌립보서에서도 바울은 유대적 습관을 가르치는 사람들을 겨냥하여 빌립보 교회를 보호하고 복음에 충실하게 하려고 편지를 쓰고 있습니다.

그러므로 본문에 언급된 **"시기와 경쟁심으로"** 복음을 전하는 사람들은 아마도 설교를 통해 자기 사람을 모으는 데 관심을 갖는 집단이었을 것입니다. 유대인들은 바울이 옥에 갇히기 전에 설교를 정말 잘해서 자기들보다 바울을 따르는 사람이 많다는 것을 알고 시기심이 생겼을 거예요. 이것을 못마땅하게 여긴 사람들은 바울의 활동이 제한받은 것을 보면서 자기들에게 기회가 왔다고 속으로 쾌재를 불렀을 겁니다. 지금까지는 경쟁에서 자기들의 입장이 도외시되었고 바울이 전한 새로운 복음이 승리한 것처럼 보였지만, 바울이 활동을 하지 못하는 틈을 타서 (어찌되었든지 일부 유대인들은 예수를 그리스도로 받아들인 상황이니까) 그리스도를 전하면서 그들이 조상 때부터 유지해온 전통과 유대교의 중요한 요소를 전했을 것입니다. 자신들이 주장하는 교훈이 성경에 근거를 두었다고 주장하면서 말이에요. 아마도 그들의 생각에 동조하는 사람들이 있었을 겁니다. 요즘 구약시대에 행하던 종교 행위들이 구약 성경에 기록되었다는 사실에 의거하여 자신들이 성경대로 행한다고 믿는 사람들처럼 말이죠. 유대인 출신의 신자들은 더 많은 추종자를 확보하려는 순전히 개인적인 야망에 불타 복음을 전했을 것입니다. 이렇게 하면 그들은 틀림없이 옥에 있는 바울이 몹시 속상해할 것이라고 생각했을 거예요.

이렇게 결론을 내릴 수 있는 것은 바울이 빌립보서 2:3에서 **"아무 일에든지 다툼이나 허영으로 하지 말라"**고 권한 것에서 당대 분위기를 엿볼 수 있기 때문이에요. **"허영"**은 거짓되고 비어 있는 영광입니다. 허영을 좇다보면 교회는 분열될 수 있습니다. 빌립보 교회의 위기도 이런 분열 문제에 있었습니다. 이 교훈에 이어서 바울은 **"모든 일에 원망과 시비가 없이 하라"**고 권합니다(2:4). 그 후 그는 몇 마디를 더하고 나서 **"주안에서 같은 생각을 하라"**(4:2)는 말을 합니다. 이 과정을 추적하다보면, 바울이 시기와 경쟁심을 가진 사람들을 겨냥하여 빌립보서를 쓰고 있다는 것을 알 수 있습니다.

로마에서 벌어지고 있는 현실 상황에서 바울은 교외 안에도 이처럼 경쟁하면서 서로가 서로에 대해 시기심을 갖고 행동하는 사람들이 많이 있다는 것을 알았을 것입니다. (사도행전 28:23-28에서 누가는 유대인들이 바울이 전하는 그리스도와 하나님의 나라를 거부한 반면에 이방인들이 그것을 받았다고 합니다. 이것은 바울이 옥에 갇혔을 때 주변에서 일어났던 상황을 요약적으로 서술한 내용입니다.) 특히 바울과 경쟁하여 심리적인 압박을 주려는 사람들이 그 당시 활개치고 다녔을 거예요.


## "전파되는 것은 그리스도니"

이에 대해 바울은 이렇게 반응합니다. "그게 무슨 상관이냐?" 그리스도와 그분이 어떤 분이신지만 전파된다면, 전하는 사람이 바울 자신에 대해 좋은 감정을 가졌든지 나쁜 감정을 가졌든지 복음을 전하는 동기가 좋든지 나쁘든지 자신은 전혀 문제가 되지 않는다고 말입니다. 바울은 복음을 전하는 사람들 중에 그들의 동기가 분명히 잘못되었다는 것을 알았으면서도 그 동기를 비난하거나 교정할 마음이 없었습니다. 바울의 관심은 오로지 빌립보 교회에게 복음을 전한 결과에 집중하도록 하는 데 있었습니다. "봐라. 내가 갇혔어도 복음은 진전을 이루지 않았느냐. 복음은 갇히는 법이 없다. 그리스도가 전파되지 않느냐. 너무 걱정하지 말아라." 바울에 대해 시기와 경쟁심을 가진 사람들이 적어도 그리스도의 죽음과 부활을 믿는 사람들이므로 그 복음을 전했을 거라고 바울은 생각했습니다.

　바울이 갇혔어도 사람들이 복음을 전하는 일로 인해 복음 전파에 진전을 이루고 그리스도가 전파된다면, 바울은 자기를 괴롭히는 것에 신경을 쓰지 않겠다는 겁니다. 다른 사람이 자신을 무시해도, 바울이 한 행동을 질투하면서 그의 사역을 대신하는 것에 대해, 바울은 그들의 행위가 자신에게 큰 영향을 주지 않는 것으로 여깁니다. 자기들 수준에서 그들의 행동이 바울에게 괴로움을 줄 것으로 생각한 사람들은 착각이라는 것을 알게 되었을 것입니다. 어찌되었든지 간에 바울의 입장은 분명합니다. 그들로 인해 그리스도가 전파되었다면, "나는 기뻐하고 또 기뻐하리라." 바울은 시기심을 너그러움으로 갚았습니다. "악을 악으로 갚지 말고 선으로 악을 이기라"는 주님의 말씀을 실천한 것입니다. 요즈음 사역자들 중에서 이런 마음으로 복음을 전하고 목회하는 사람이 얼마나 되겠습니까.

　바울의 관심은 단 하나입니다. 그리스도가 전파되는 것입니다. 교파 경쟁이 아니었습니다. 주님이 새 시대를 가져온 분이시라는 것을 어서 속히, 한 사람에게라도 더 알려 옛 시대의 종교행위로부터 돌이키고 그리스도에게 헌신하게 하는 데 있었습니다. 바울은 자신이 사람들 사이에 유명해지고 인기를 누리는 것에는 전혀 관심이 없었습니다. 바울은 자신을 추종하는 교인들이 많은 것에도 관심이 없었습니다. 오직 그리스도의 복음이 진전을 이루는 것만이 중요했습니다. 이것이 바울의 진정한 기쁨입니다. 이 순간 바울은 자신이 옥에 있다는 것도 잊었을 것입니다. 옥에서 활동이 자유롭지 못하게 되어 자신의 업적은 정체되었을지 몰라도, 복음이 진전을 이룬다면 그는 기뻐할 수 있습니다. 그의 기쁨은 외적인 환경의 좋음에도, 그의 성공에도 있지 않고, 복음의 진전에만 있었습니다. 사역자나 교회는 자신들의 진정한 기쁨을 복음의 진전에 두고 있는지 확인해 보아야 할 것입니다.

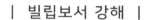

| 빌립보서 강해 |

# 4강

# 역경 중에
# 소망하는 구원

(빌립보서 1:18-21)

## 빌립보서 1:18-21

**18**그러면 무엇이냐 겉치레로 하나 참으로 하나 무슨 방도로 하든지 전파되는 것은 그리스도니 이로써 나는 기뻐하고 또한 기뻐하리라 **19**이것이 너희의 간구와 예수 그리스도의 성령의 도우심으로 나를 구원에 이르게 할 줄 아는 고로 **20**나의 간절한 기대와 소망을 따라 아무 일에든지 부끄러워하지 아니하고 지금도 전과 같이 온전히 담대하여 살든지 죽든지 내 몸에서 그리스도가 존귀하게 되게 하려 하나니 **21**이는 내게 사는 것이 그리스도니 죽는 것도 유익함이라

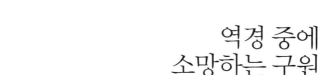

# 4강

# 역경 중에
# 소망하는 구원

## (빌립보서 1:18-21)

　　복음 전파와 기독교에 대한 광신도적 이해는 과거나 현재, 동양이나 서양을 막론하고, 거의 똑같은 것 같습니다. 플래너리 오코너의 [현명한 피](IVP 역간)는 1930년대 미국 남부에서 스스로 신앙생활을 잘하고 있으며, 경건하다고 생각하는 사람들의 신앙과 잘못된 경건을 고발하는 소설입니다. 저자는 이 책에서 극단적인 두 부류의 사람을 소개합니다. 마을을 돌며 사람들에게 전도지를 나눠주면서 복음의 핵심적인 내용을 전파하는 사람들(순진한 열성파 부류)과 복음을 복음답게 살아내지 못하는 사람들을 보면서 교회에 회의를 느끼는 주인공의 모습 등 상반된 두 모습입니다. 이 소설에서 두 번째 부류에 속하는 한 사람이 한 마을에 가서 자신이 예수 그리스도가 없는 교회를 세우기 위해서 그곳에 왔다고 말합니다. 그는 유일한 진리를 전파하려고 이곳에 왔으며, 그가 전하는 진리는 그런 진리가 없다는 진리라고 주장합니다.

주인공이 생각하기에, 대부분의 신앙인들은 진리가 없는 것도 모른 채 진리를 믿고 있는 무지몽매한 사람에 불과합니다. 마치 계몽운동을 하듯이, 그는 교회가 가르치는 진리라는 것은 아예 존재하지도 않는다고 믿으면서 기독교의 진리를 전파하는 사람들의 무지를 깨우치려고 합니다. 주인공이 이런 내용을 설교하는 까닭은 잘못된 거짓 선지자들에 대한 반동에서 비롯되었습니다. 그 책 221쪽에서 저자는 이렇게 말합니다. "어느 사기꾼 선지자는 그리스도가 없는 그리스도의 교회를 이용해서 15달러 35센터의 돈을 벌어들였다." 복음을 돈 받고 팔고 있다는 말입니다.

이 소설의 배경이 되는 상황은 미국의 대공황 시기입니다. 그 당시 저자는 목회자와 교회가 돈벌이의 수단으로 전락한 것을 통탄하면서 이 소설을 썼습니다. 말하자면 [현명한 피]는 당대의 교회와 사역자들을 복음이 아닌 것을 전하는 종교 행위를 꼬집는 비판적 소설인 셈입니다. 저자 플래너리 오코너의 지적처럼, 복음을 피상적으로 받아들이면 교회는 외적인 형편에 따라서 신앙의 진위여부를 판단하게 됩니다. 시대를 초월하여 발생하는 이 사실을 우리 심각하게 생각해야 합니다. 현대의 몇몇 영향력 있는 교회들의 모습을 보는 듯합니다.

한국에 기독교가 전파된 지 150년 가까이 되었습니다. 여전히 그리스도인을 삶의 외적인 형편에 근거하여 평가하는 경우가 대부분입니다. 어느 사람이 부자이고 그 가정에 문제가 없다면 믿음이 좋고 하나님을 잘 믿고 있다고 판단합니다. 반대로 삶에 어려움이 닥치면 신앙에 문제가 있다고 판단합니다. 욥기에 등장하는 인물들과 같은 고민을 하게 되는 것이지요. 이것이 얼마나 잘못된 판단 기준인지는 바울의 생애를 보면 대번에 드러납니다. 이런 가치 기준에서 본다면 바울 사도는 세상에서 가장 비참한 사람에 해당할 것입니다. 신앙도 없는 사람, 하나님께 저버림을 받은 사람으로 낙인찍힌 사람으로 보일 것입니다. 사람들이 살면서 겪는 온갖 역경을 다 겪었으니까요. 그것도 어쩌다 한 번이 아니라 거의 이런 몸을 지니고 다녔습니다(참조. 고후 4:10-11). 이 점에서 예수 그리스도는 바울보다도 더 비참하게 생을 마감한 최고의 루저(loser, 인생 낙오자)로 기억될 것입니다. 교회의 기초가 되신다고 믿는 그분은 오히려 사람들의 손가락질과 조롱의 대상이 되었으며 가장 비참한 죽음으로 생을 마감한 사람으로 인식되었으니까요.

외모로 판단하는 기준이 과연 옳을까요? 절대로 그렇지 않습니다. 교회는 세상의 판단이 아니라 하나님의 판단을 가지고 세상의 것들을 판단해야 합니다. 예수 그리스도의 모습은 사람들이 그분을 주님으로 믿는 일에 걸림돌이 되겠지만, 이 문제에 대해 심각히 고민하고 자신의 입장을 버리고 주님의 모습에 대한 참된 이해가 없다면 절대로 기독교 진리에 접근할 수 없습니다.

저자 플래너리 오코너는 현대 교회가 교회의 본질에서 멀리 떨어진 것을 정확하게 보았습니다. 소설에 등장하는 주인공이 말한 것처럼, "예수 그리스도가 없는 교회를 세우려 하고 진리를 전하기는 하는데 유일한 진리가 없다는 진리를 전하는 것"을 요즘 교회에서도 많이 볼 수 있습니다. 그의 소설에 전개되는 미국 대공황 시기의 교회의 모습은 한국에서도 낯설지 않은 풍경입니다.

## 나는 "기뻐하고" 또 "기뻐할 것이라"

세상의 기준대로 교회를 판단하지 않는다면, 기독교 복음을 어떻게 이해해야 할까요? 바울은 지금 옥에 갇혔습니다. 겉모습을 보고 판단하면 아마도 바울의 믿음은 잘못된 것이라고 생각했을 것입니다. 그러나 빌립보 교회는 세상이 바울에 대해 판단하는 것과 다르게 바울을 판단했습니다. 바울이 옥에 갇힌 것은 복음을 전하는 사람에게 따라오는 자연스러운 결과라고 말입니다. 그래서 바울을 위해 기도했습니다. 바울 역시 옥에 갇힌 것이 오히려 복음에 진보가 왔다고 말합니다. 바울을 대신하여 순수한 마음으로 복음을 전하여 복음의 진보를 가져온 사람도 있고 바울이 없는 틈을 이용해서 바울의 마음을 괴롭게 하려는 목적으로 복음을 전하는 사람이 있었지만, 선한 목적이든지 불의한 목적이든지 간에 예수 그리스도가 전파되어 복음의 진전이 된 것으로 바울은 기뻐했습니다.

바울은 빌립보서 1:18에서 이렇게 말합니다. **"그러면 무엇이냐? 겉치레로 하나 참으로 하나 무슨 방도로 하든지 전파되는 것은 그리스도니 이로써 나는 기뻐하고 또한 기뻐하리라."** 한글개역개정 성경에 따르면, 바울은 마치 **"기뻐하다"**라는 동사를 연거푸 두 번 사용하여, 곱빼기로 기뻐한다고 말하는 듯이 들립니다. 그런데 앞에 쓴 **"기뻐하다"**는 현재형(χαιρω, 카이로)이고 뒤의 기뻐하리라는 것은 미래형(χαρησομαι, 카레소마이)

입니다. 미래형 동사 앞에 **"그리고,"** **"또한"**이라고 번역할 수 있는 접속사(καί, 카이)가 등장합니다. 이 '카이'를 어떻게 번역하느냐에 따라서 해석이 달라집니다. 바울이 현재형을 사용하여 표현한 기뻐한다는 것은 복음이 진전하고 있기에 자신의 외적 상황과 형편이 어떠한지와 상관없이 기뻐한다는 것을 표현합니다. 이에 더하여, 미래형을 사용하여 기뻐한다고 표현한 것은 19절에서 서술할 내용과 관련이 있습니다. **"이것,"** 즉 그가 마주하고 있는 역경이 자신을 구원에 이르게 할 줄을 알기 때문에 기뻐한다는 것입니다. 바울은 자신이 겪고 있는 옥에 갇힌 것이 결국 그를 구원으로 이끄는 데 협조하고 있다고 확신합니다. 그래서 이 역경 속에서도 그는 최종적으로 구원을 받을 것을 조금도 의심하지 않았습니다. 개역개정 성경을 읽을 때 오해할 수 있는 내용을, 로마 가톨릭 성경은 본문의 흐름을 잘 파악하여 번역하여 오해를 많이 해소했습니다. 그 번역성경은 18절을 이렇게 번역합니다. **"아무려면 어떻습니까? 가식으로 하든 진실로 하든지 그리스도를 전하는 것이니, 나는 그 일로 기뻐합니다. 사실 나는 앞으로도 기뻐할 것입니다. 너희의 기도와 예수 그리스도의 영의 도움으로 이 일이 나에게는 구원으로 끝나리라는 것을 알기 때문입니다."**

이런 면에서 19절의 **"이것이 … 나를 구원에 이르게 할 줄 아는 고로"**는 바울이 옥에서 풀려나는 것을 가리키는 것으로 이해해서는 안 됩니다. 마치 베드로가 옥에 있을 때 주의 천사가 그를 탈옥시킨 것처럼(행 12:1-19), 바울은 무죄판결을 받아 석방될 것을 확신하고 있듯이 말입니다. 이것은 바울의 말을 피상적으로 읽은 결과입니다. 오히려 **"구원에 이른다"**는 것은 우리가 **"믿음으로 구원을 받는다"**고 말할 때 사용하는 바로 그 구원에 이른다는 뜻입니다. **"환난"**과 **"역경"**이 능동적으로 신자를 구원에 이르게 한다는 뜻으로서 우리 구원의 종착에 이르도록 작용한다는 말입니다. 이해가 되시나요? 아니 상상이 가는 말인가요?

하지만 이것은 바울이 사역 중에 늘 사용했던 개념입니다. 로마서 5:3-5서 말한 것을 예로 들어 살펴봅시다. 바울은 믿음으로 의롭다 함을 얻은 사람은 하나님과 화평을 누리고 있다고 선언합니다. 하지만 신자들의 입장에서는 의아해할 만한 상황이 그들에게 벌어지고 있습니다. 세상에서 당하는 박해와 삶에서 경험하는 환난과 역경이 그것입니다. 대부분의 신자들은 그들의 현재 상태가 미래의 구원을 보장해주지 못할 것이라고 생각합니다. 바울은 이들에게 알아듣기 쉽게 교훈합니다. 신자들이 겪고 있는 역경은 적극적으로 그들의 미래 구원을 이루는 데 능동적으로 작용한다고 말입니다. **"우리가 환난 중에도 즐거워하나니 이는 환난은 인내를, 인내는 연단을, 연단은 소망을 이루는 줄 앎이로다."** 그 소망은 미래에 얻게 되는 구원을 가리킵니다. 성령은 현재 신자들의 악조건에도 불구하고 미래의 구원을 이끄는 원동력입니다(롬 5:5). 신자들이 미래의 구원을 확신할 수 있는 것은 성령님에게 있다는 말입니다. 그러므로 바울은 옥에서 무엇을 겪든지, 그가 마주할 결과가 어떤 것이든지 상관하지 않고 확신에 차서 구원을 말합니다. 그러므로 본문에서 바울이 기뻐하는 구원은 옥에서 놓이는 것에 한정해서는 안 됩니다. 바울이 기뻐할 구원은 미래의 구원입니다.

## 미래에 얻게 될 "구원"에 대한 확신

이처럼 바울이 빌립보 교회가 간구하고 있는 내용으로 구원에 이르게 한다고 할 때 빌립보 교회가 기도하는 내용이 무엇인지를 생각하게 합니다. 어떤 사람들에게 역경이 발생하면 기도를 부탁하거나 그 역경을 들은 사람을 위해서 기도한다면 어떤 내용으로 기도할까요? 아마도 거의 대부분이 그 역경을 없애달라고 구할 것입니다. 그래서 독자들 중에는 빌립보 교회도 옥에 갇힌 바울을 옥에서 구해달라고 하나님께 기도했을 거라고 추측하는 사람들이 더러 있을 것입니다.

베드로가 옥에 갇혔을 때 온 교회는 베드로를 위해 간절히 기도했습니다(행 12:5). 그들이 기도한 내용이 무엇일까요? 거의 모든 사람들은 베드로가 옥에서 놓임을 받기를 기도했다고 말할 것입니다. 그런데 한 번 생각해보세요. 베드로가 옥에서 놓임을 받아 제자들이 있는 곳을 왔을 때, 그가 문을 두드리는 소리를 듣고 문을 열어준 여자 아이가 베드로의 목소리를 듣고 너무나도 놀라 안으로 들어가서 베드로가 문 앞에 와 있다고 전했을 때 사람들이 어떤 반응을 했는지 말입니다. 집안에 있던 사람들은 그 여자에게 헛것을 보았다고 하면서 핀잔을 줬습니다. 사도행전의 이 본문을 설교하는 사람들이 많은데, 대부분의 신자는 그 집안에 모인 성도들이 기도한 것이 이루어진 것을 믿지 못했다고들 생각할 거예요. 정말 그럴까요? 이 부분을 설명하면서 기도는 해놓고 기도의 응답을 받은 것을 믿지 못한 사람들이라고 비난하는 설교를 저는 많이 들었어요.

많은 사람들이 베드로나 바울처럼 이런 일을 겪은 사람을 위해 교회가 기도한다면, 그들은 틀림없이 현안 문제를 해결해달라고 기도했을 거라고 추측합니다. 그러나 초대교회는 우리가 생각하는 것 이상으로 성숙했어요. 이를테면, 베드로가 옥에 갇혔고 그들이 기도한 것은 석방이 아니라 베드로가 옥에서, 특히 박해를 받는 상황에서 예수를 부인하지 않고 믿음을 지킬 수 있도록 그에게 힘을 주시라고 기도하지 않았을까요? 누가가 사도행전을 기록한 목적은 무엇일까요? 현안 문제를 해결하시는 하나님, 기도하면 이런 기적이 일어난다는 알려주려는 데 목적이 있었을까요? 그렇지 않습니다. 사도행전 4:13-22에 따르면, 베드로는 당국자들로부터 예수의 이름으로 아무에게 말하지도 가르치지도 말라는 위협을 받았습니다. 이 일에 대해 교회는 **"주여 이제도 그들의 위협함을 굽어보시옵고 또 종들로 하여금 담대히 하나님의 말씀을 전하게 하여 주시"**기를 기도합니다(4:29). 그러다가 얼마 안 있어서 그들이 우려했던 일이 현실로 나타났습니다. 사도들이 대제사장과 사두개파 사람들에게 붙잡혀 옥에 갇히게 된 것입니다(5:18). 그날 밤 주의 사자가 밤에 옥문을 열고 사도들을 끌어내었습니다. 사도들은 나오자마자 생명의 말씀과 예수님의 주님 되심을 전했습니다(5:20-31). 베드로는 자신이 예수님의 부활의 증인인 것과 하나님께서 그를 주님이 되게 하신 것의 증인이라고 주장합니다(5:31-32). 당국자들은 다시 그들을 놓아주면서 다시 예수의 이름으로 말하지 말라고 위협했습니다(5:40).

이런 상황에서 베드로가 옥게 갇혔으니, 교회는 베드로가 옥에서 나오게 되기를 기도한 것이 아니라는 것은 분명합니다. 사도행전을 쓴 누가의 관점에서는 그런 지엽적인 문제를 교훈하려고 사도행전을 쓴 것이 아니라는 것은 방금 전에 제가 설명한 사도들의 행적을 추적하면 쉽게 알 수 있습니다. 사도행전 12장에 기록된 베드로의 감옥 탈출 이야기(행 12:1-19)는 베드로가 옥에서 나오리라고는 상상도 할 수 없었던 상황에서, 그리고 사도들의 주된 사명이 임금들과 총독들 앞에서 인자를 증언하는 것이라는 관점에서 이해해야 합니다(마 10:18-19). 누가는 주께서는 베드로를 옥에서 나오게 하여 예수님의 증인이 되게 하시며, 그를 지키신다는 것을 알려 주기 위해 기록된 일화입니다. 교회는 틀림없이 베드로의 석방이 아니라 예수를 잘 증언하게 해 달라고 기도했을 것입니다.

베드로에게 발생했던 것과 똑같이. 옥에서 바울이 기뻐하며 기다린 구원(빌 1:19)은 옥에서 나오는 것이 아니라 신자로서 그가 받게 될 미래의 구원을 가리킨다고 이해하는 것이 바릅니다. 그 구원은 영적인 구원입니다. 구원에 이르게 된다는 말은 지금 구원을 받지 않아서 미래에 구원을 받는다는 것이 아닙니다. 바울이 생각하는 미래의 구원은 모든 신자들이 받을 최종적인 구원입니다. 신자들은 구원받은 사람들로서 이 땅에서 사는 동안 이런 저런 일을 겪게 되지만, 하나님은 그들을 궁극적으로 의롭다고 하시며, 그분의 자녀로 인정해주실 것입니다. 우리는 지금 하나님의 자녀입니다. 하지만 이 땅에서는 하나님의 아들의 형상을 결코 이루지 못합니다. 그렇게 되는 것은 우리 주 예수 그리스도가 다실 오실 때 이루어집니다(참고. 요일 3:2). 이것이 바울이 바랐던 미래의 구원입니다. 그 때 우리는 거룩해지고, 영화롭게 될 것입니다. 바울은 지금 옥에 갇혀 있지만 미래의 구원에 이르게 될 줄 알고 현재의 형편이 어떠한 것과는 상관없이 기뻐하고, 또 앞으로도 기뻐할 것입니다. 그러므로 바울이 19절에서 말하는 것은 빌립보 기도의 간구와 예수 그리스도의 성령의 도움을 받아 그가 마침내 구원에 이르게 된다는 그의 확신입니다. 심지어 역경조차 바울을 구원에 이르게 하는 데 적극적인 역할을 다할 것입니다. 그래서 기뻐하는 것입니다.


## "성령의 도우심으로"

그 다음에 바울이 열거한 **"성령의 도우심으로"** 구원에 이른다는 말에 우리가 내린 결론이 정확하다는 사실이 훨씬 더 확실하게 나타납니다. 성령님이 우리의 삶을 도우시는데 성령님이 예수 그리스도를 믿은 후부터 우리를 한순간도 놓치지 않고 인도하신다는 뜻입니다. 성령은 도우시는 자로서 바울 곁에서 그를 보호하시며 하나님 나라에 이르기까지 인도하실 것입니다. 우리는 절대로 혼자 걷는 법이 없습니다. 우리의 믿음 생활은 처음부터 끝까지 하나님이 함께하시고 성령이 작용해서 하는 것입니다.

바울은 로마서 8:18-30에서 성령이 어떻게 도우시는지를 설명합니다. 이 본문에서 바울은 현재 그리스도인의 삶에서 시작하여 최종적인 구원에 이르기까지 성령님이 피조물과 하나님 편에서 어떻게 도우시는지를 기록합니다. 바울은 하나님의 자녀들이 현재 겪는 고난은 그들이 마침내 상속할 영광에 족히 비교되지 않는다고 선언합니다. 그런데 모든 피조물들은 썩어짐에 종노릇하는 중에 하나님의 아들들이 나타나 그들이 영광의 자유에 이르게 될 것을 고대합니다. 반면에, 성령님은 하나님의 아들들이 하나님의 형상임에도 불구하고 현재의 고난에서 무엇을 구할지 알지 못하는 것을 안타까워합니다. 신자들조차 마땅히 기도해야 할 것이 무엇인지 알지 못하는 상황에서 말입니다.

바울은 이런 상황에서 성령의 역할을 다음과 같이 말합니다. **"이와같이 성령도 우리의 연약함을 도우시나니, 우리는 마땅히 기도할 바를 알지 못하나 오직 성령이 말할 수 없는 탄식으로 우리를 위하여 친히 간구하시느니라."** 우리가 현실적인 문제만을 위해 기도하기에 바울은 이렇게 말하는 것입니다. 성령님이 우리를 도우셔서 말할 수 없는 탄식으로 우리를 위해 간구하신다고 말입니다.


## 아무 일에든지 부끄러워하지 아니함

이런 까닭에 바울은 **"아무 일에든지 부끄러워하지 아니 한다"**라고 선언합니다(20절). 그가 마침내 최종적인 구원에 이를 것을 확신하기에, 자신이 옥에 갇힌 것을 별로 개의치 않는다는 것입니다. 그는 살든지 죽든지 오로지 그의 몸에서 그리스도가 존귀하게 되시는 것에만 관심이 있습니다. 바울이 이 말을 하던 당시 상황을 예로 든다면 고린도전서 1:18–28이 이에 해당할 것입니다. 바울은 십자가의 말씀을 어리석다고 생각하는 사람들을 멸망하는 사람들이라고 지칭합니다. 하나님은 이런 기준을 가진 사람들 속에서 십자가를 하나님의 지혜라고 믿는 구원받는 사람들을 택하셔서 이 세상의 지혜를 어리석게 하십니다 (고전 1:27).

로마서 1:16-17에서 바울은 복음을 부끄러워하지 않는다고 선언합니다. 복음이 구원에 이르게 하는 하나님의 능력이라는 것이 그 이유입니다. 이사야 28:16에는 이런 말씀이 있습니다. **"그러므로 주 여호와께서 이같이 이르시되, 보라 내가 한 돌을 시온에 두어 기초를 삼았노니 곧 시험한 돌이요 귀하고 견고한 기초돌이라. 그것을 믿는 이는 다급하게 되지 아니 하리로다."** 여기서 **"다급하게 되다"**라는 말은 창피를 당하다"라는 뜻입니다. 그러니, 이 말은 "그것을 믿는 이는 부끄러움을 당하지 않는다"라는 뜻입니다. 이사야 28:16은 고린도전서 1:27에도 인용되어 서로 각 본문의 뜻을 더욱 밝혀줍니다.

부끄러움을 당하지 않는다는 것은 개인의 심리 상황을 표현하는 것이 아니라 하나님과 관계를 설명하는 표현입니다. 복음과 십자가를 믿는다고 하면서도 그것을 부끄러워하는 것은 그 사람과 복음과 십자가의 관계가 점점 멀어져 있다는 뜻입니다. 예수님은 매우 실제적인 예를 드셨습니다. **"누구든지 이 음란하고 죄 많은 세대에서 나와 내 말을 부끄러워하면 인자도 천사들과 같이 올 때 그 사람을 부끄러워하리라"**(막 8:38). 세상의 표준을 가진 사람들 앞에서 자신과 십자가와 복음의 관계를 부끄러워하는 것입니다. 자신을 구원하실 자에 대해 부끄러워하지 않으면, 주님도 그를 부끄러워하지 않을 것입니다. 바울은 부끄러움을 당하게 하지 않을 주님의 구원을 바라며 기뻐하고 기뻐할 것이라고 말하는 것입니다.

## 우리가 여기서 얻을 수 있는 교훈은 무엇입니까?

첫째로 그리스도인들은 그들이 마주하는 역경에 대한 이해를 달리해야 합니다. 그것은 믿음이 좋지 않은 것에 내린 하나님의 진노와 심판이 아닙니다. 저는 목회자들 중에 신자들에게 닥친 고난과 어려움을 신앙생활을 잘못해서 받는 하나님의 심판이라고 가르치고, 새벽기도를 게을리 하거나 엄격한 헌금 생활을 하지 않은 것에 대한 결과라고 가르치는 목회자가 많이 있다는 말을 들었습니다. 아닙니다. 그런 일은 신과 신도 간에 주고받기의 거래를 강조하는 일반 종교에서나 있는 일입니다. 기독교는 이런 저급한 종교와 다릅니다. 기독교 이외의 종교에 익숙한 이러한 판단에 너무 마음을 쓰지 마십시오. 이런 말을 들으면 그렇게 알고 있는 사람을 안타깝게 여기고, 기회가 되면 기독교의 신비를 알려주세요.

그리스도인의 현재의 실존과 고난의 관계에 대해서 바울이 로마서 5:3-5과 8:28에서 가르친 것보다 더 분명하게 가르치는 본문은 없는 것 같습니다. 로마서 5:3-5은 앞에서 설명했으니, 로마서 8:28을 잠깐 살펴보면 좋을 것 같습니다. 바울은 **"우리가 알거니와 하나님을 사랑하는 자 곧 그의 뜻대로 부르심을 입은 자들에게는 모든 것이 합력하여 선을 이"**룬다고 말합니다. **"우리가 알거니와"**라고 한 것은 초대교회에서는 복음을 받아들이면 이런 내용을 다 알고 있다는 의미입니다. 이 본문에서 **"모든 것"**은 구체적으로 바울이 36-39절에서 말하는 내용들입니다. 환난과 곤고, 박해나 기근 등 우리를 그리스도의 사랑에서 끊을지도 모른다고 할 만한 것들입니다. 이런 것을 바울은 **"모든 것"**이 선을 이룬다고 밝히는 것입니다. **"선"**은 일반적인 선이 아니라 구체적으로 하나님의 자녀들이 영화롭게 되는 것(롬 8:30), 하나님께서 우리에게 주시는 것을 상속받는 것(8:17) 등 모든 것(8:32)입니다. 바울은 현재의 환난이 우리를 구원에 이르게 하는 데 가속도를 붙게 하고 도움을 주는 선한 요소라고 판단합니다. 그래서 그는 기뻐할 수 있었습니다. 그렇다면, 신자들은 환난과 친해져야합니다.

둘째로 우리는 어려운 환경에서 믿음을 포기하지 않고 인내할 수 있습니다. 환난은 오래 참음을 낳습니다. 그러한 인내는 우리 믿음을 붙들어 우리를 최후의 구원에까지 이르게 합니다. 환난을 당했을 때 하나님을 비난하거나 원망하지 않으며, 자신의 믿음을 의심하지 않고 이미 받은 구원을 굳게 붙듭니다. 이것이 진정 그에게 믿음이 있고 하나님 앞에 의롭다함을 받은 증거입니다. 믿음은 환경이 좋을 때 나타나는 것이 아닙니다. 역경과 고난에서 진가를 드러냅니다. 그래서 역경을 맞이한 것을 온전히 기뻐하고 긍정적으로 받아들이는 것이지요. 이렇게 하는 것이 그에게 참 믿음이 있다는 증거입니다.

여기서 말하는 교훈은 말하기는 쉬워도 현실의 삶에서 실천하기는 쉽지 않습니다. 우리가 이 진리를 받아들이고 이해하는 데 실제로 마주하는 어려운 점은 환난으로 인해서 넘어지기 쉽고, 실제로 넘어지는 사람을 종종 목격하기 때문입니다.

바울은 빌립보서를 쓸 당시 로마 옥에 있었는데, 그 후 옥에서 풀려났습니다. 그러고 나서 얼마 뒤에 다시 로마 옥에 갇혔는데, 그 때 쓴 편지가 목회서신이라고 부르는 디모데전,후서와 디도서입니다. 디모데후서 4:6에서 바울은 자신이 더 이상 옥에서 나올 소망이 없다는 것을 알고 그의 처지를 하나님께 맡기며, **"전제와 같이 벌써 부어지고 나의 떠날 시간이 가까이 왔다"**고 고백합니다. 전제는 제사 드릴 제물 위에 포도주를 붓는 제사입니다. 전제와 같이 부어졌다면 바울은 자신이 제물로 이미 드려졌고 이젠 되돌리지 못하는 상태가 되었다고 말하는 것입니다. 이 말을 한 후에 18절에서 자신의 미래에 대해 **"주께서 나를 모든 악한 일에서 건져내시고 또 그의 천국에 들어가도록 구원하시리"**라고 확신을 표명합니다. 바울은 그제야 하나님이 자신을 모든 악한 일에서 건져내실 거라고 믿었습니다. **"모든 악한 일"**에는 옥에 갇히는 것, 복음 때문에 받는 고난이 포함됩니다. 죽음에 이를 때에야 비로소 그리스도인들은 환난에서 자유롭게 되는 것입니다. 신자들은 하늘에 있는 하나님의 나라에 들어가게 될 때 비로소 악에서 자유롭게 됩니다. 바울은 이 문제를 다룬 디모데후서 4:7-8에서 이것이야말로 믿음의 선한 싸움을 싸우고 믿음을 지킨 사람이 받을 의의 면류관이라고 밝힙니다. 의의 면류관은 바울과 같은 사도만 받는 것이 아니라 **"주의 나타나심을 사모하는 모든 자"**가 받는 상입니다. 고난 중에 인내하는 사람들이 소망하는 상입니다.

셋째로 환난은 우리의 삶이 적극적으로 무엇을 위해 살아야 하는지를 알려줍니다. 환난은 우리를 이끌어서 인내를 얻게 하고 그 인내가 소망을 가지고 온다는 것을 배우게 합니다. 환난을 겪는 동안 우리의 믿음은 참이라는 것이 드러나고, 그런 믿음은 자라게 되고 열매 맺게 되며 하나님께 영광 돌리게 됩니다. 인내하라는 말입니다. 그러므로 환난을 절대로 두려워하지 말고 그 환난 속에서 역경 속에서 소망하는 구원을 바라보시기 바랍니다.

# 5강

## 교회를 위해
## 더 유익한 것을 택한 사도

(빌립보서 1:20-24)

## 빌립보서 1:20-24

**20**나의 간절한 기대와 소망을 따라 아무 일에든지 부끄러워하지 아니하고 지금도 전과 같이 온전히 담대하여 살든지 죽든지 내 몸에서 그리스도가 존귀하게 되게 하려 하나니 **21**이는 내게 사는 것이 그리스도니 죽는 것도 유익함이라 **22**그러나 만일 육신으로 사는 이것이 내 일의 열매일진대 무엇을 택해야 할는지 나는 알지 못하노라 **23**내가 그 둘 사이에 끼었으니 차라리 세상을 떠나서 그리스도와 함께 있는 것이 훨씬 더 좋은 일이라 그렇게 하고 싶으나 **24**내가 육신으로 있는 것이 너희를 위하여 더 유익하리라

# 5강

# 교회를 위해
# 더 유익한 것을 택한 사도

### (빌립보서 1:20-24)

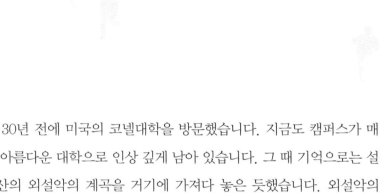

　　30년 전에 미국의 코넬대학을 방문했습니다. 지금도 캠퍼스가 매우 아름다운 대학으로 인상 깊게 남아 있습니다. 그 때 기억으로는 설악산의 외설악의 계곡을 거기에 가져다 놓은 듯했습니다. 외설악의 비선대와 와선대의 규모에 그만큼 아름다운 골짜기를 가로지르는 다리가 있는데, 그 다리 위에서 내려다보는 골짜기는 정말 아름다웠습니다. 저는 겨울에 방문하여 실제로 보지는 못했지만, 가을이 되어 단풍이 든다면 산의 붉은색 단풍과 골짜기를 흐르는 물에 비치는 단풍의 반영이 어우러져 정말 장관을 이룰 것이라고 머리에 그려보았습니다. 당시 미국에서 유학하던 지인의 말에, 그 대학에는 자살방지 동아리가 있다고 합니다. 처음에는 '무슨 이런 동아리가 다 있나' 생각했지만 금세 의문이 풀렸습니다. 해마다 이 다리 위에서 경치를 감상하는 학생들 중에서 그 아름다움을 눈에 담으면서 생을 마감하는 사람들이 십 수 명에 이른다는 점입니다. 그래서 아름다움에 도취되어 다리 아래로 몸을 날리는 사람들을 막아보려고 자살방지 동아리가 만들어졌다는 겁니다.

사는 것 보다 좋은 것이 어디 있겠습니까마는, 저세상에서 호화롭게 사느니 "개똥밭에 굴러도 이생이 좋다"는 속담이 마음에 와 닿지 않는 사람이 있습니다. 그래서 무슨 이유로든 자신의 목숨을 스스로 끊기도 합니다.


바울은 옥에 갇혀있으면서 어떤 판결이 날지 몰라서 걱정하고 있는 중에 빌립보 교회를 향해서 걱정하지 말라고 말합니다. 무죄 석방되어 나가게 될지 민간인 선동자로 처형을 당하게 될지 모르는 상황에서, 자신의 미래의 구원은 확실하다고 굳게 믿고 있었습니다. 그러면서 바울은 자신의 관심사가 몸을 가지고 살아가는 동안 살든지 죽든지 그의 몸에서 그리스도가 존귀하게 되는 것이라고 당당히 천명합니다. 자신의 목숨보다 그리스도가 존귀하게 되는 것이었습니다. 이것이 바울의 삶의 원칙입니다. 여기서 **"존귀하게 된다"**는 것은 위대하게 하다는 뜻입니다. 바울이 여기서 사용한 단어는 크다. 대형이라는 뜻의 **"메가"**를 활용한 단어 메가뤼노(μεγαλυνω, 메가뤼노)입니다. 여기서 파생되어 **"기리다, 영광을 돌리다"**라는 뜻을 전하게 되었습니다. 시편에서 기자가 **"하나님은 광대하시다/위대하시다"**고 할 때 그것을 그리스어로 표현하면 존귀하게 하다가 되는 것입니다. 그러니까 이 단어는 규모와 관련된 말입니다. 바울은 자신의 삶을 통해서 예수 그리스도가 위대하고, 크게 보이기를 원하며, 자신은 지금까지 이것을 위해 살았다고 말합니다. 생사의 갈림길에서도 바울이 바라는 바는 하나입니다. 그것은 예수 그리스도가 크신 분이심을 드러내는 것입니다.

**"그리스도를 존귀하게 되게 하다"**는 말은 한국교회에서 하나님을 영광스럽게 한다는 의미로 생각해서 신자들이 세상에서 부자가 되고, 권세를 얻고 성공하는 것과 연결시키는 사람들이 많이 있습니다. 자신이 부자가 되는 것은 그가 믿는 하나님을 욕보이지 않는 것이라고 생각하면서 이렇게 가르치고 받아들이는 것입니다. 이것은 교회가 잘못 가르치는 대표적인 교훈 중 하나입니다. 하나님을 영광스럽게 한다는 미명하에 자신의 이익을 채우려는 이기심이 나타나기 때문입니다. 바울이 말한 **"그리스도를 존귀하게 되게 하는 것"**을 이런 식으로 이해하는 것은 바울의 의도와 너무 거리가 먼 이야기입니다.

바울은 지금까지 사도로서 이곳저곳을 다니며 복음을 전파하고 사도의 직무를 다하는 동안 옷 한 벌에 신발 한 켤레만 갖추었을 것이고 전대도 없이 지팡이 하나에 의지하여 이곳저곳을 떠돌아다니는 전도자의 삶을 살아왔을 것입니다(참조. 마 10:10). 이런 바울에게 매력을 느낄 사람이 어디 있을까요? 바울은 옥에 갇혀있고, 죄수로 죽을 수도 있습니다. 죽는다면 황제를 모독한 죄, 백성에게 유언비어를 유포한 죄로 죽었을 것입니다. 혹시 산다면 이전에 살았던 누더기와 같은 삶을 계속 살게 될 것입니다. 이런 삶에서 그가 믿는 예수 그리스도의 위대하심을 발견할 수 있을까요? 그리고 바울처럼 사는 것이 하나님의 위대함을 드러내는 삶일까요? 모두들 아니라고 대답할 게 분명합니다. 하지만 이런 것은 세상의 관점입니다.


## "그리스도가 존귀하게 되게"

바울이 **"살든지 죽든지 내 몸에서 그리스도가 존귀하게 되게 하려"** 한다고 말할 때, 바울은 세상의 관점과 다른 관점에서 이렇게 말하는 것입니다. 바울이 말하는 뜻을 정확하게 이해하려면, 그가 빌립보서를 쓰기 3년 전쯤 고린도 교회에 보낸 두 번째 편지(고린도후서)에서 했던 말을 살펴보면 잘 알게 될 것입니다.

고린도 교인들 중에서 바울에 대해 **"그[바울]의 편지들은 무게가 있고 힘이 있으나 그가 몸으로 대할 때는 약하고 그 말도 시원하지 않다"**(고후 10:10)고 말하는 사람들이 있었습니다. 바울은 고린도 교회가 가진 세상적 관점을 고쳐줍니다. 바울은 그의 가치를 낮게 본 그 사람들을 향해서 편지를 썼습니다. 그리고 실제로 자신에 대해서는 인간적인 연약함과 인간적인 볼품없는 것을 폭로하고, 그에게는 육체의 가시, 즉 사탄의 가시가 있다고 이야기합니다. 바울은 이 육체의 가시 때문에 세 번씩이나 기도했습니다. 하지만 고침을 받지 못했습니다. 바울은 기도한 지 세 번만에 하나님에게서 이런 응답을 받았습니다. **"나에게 이르시기를 내 은혜가 네게 족하도다. 이는 내 능력이 약한 데서 온전하여 짐이라 하신지라. 그러므로 도리어 크게 기뻐함으로 나의 여러 약한 것들에 대하여 자랑하리니, 이는 그리스도의 능력이 내게 머물게 하려 함이라"**(고후 12:9). 하나님은 세상적인 관점으로는 이해할 수 없는 말씀으로 바울의 기도에 응답하셨습니다. 그 후부터 바울은 자신의 육체의 가시를 제거해 달라고 기도하지 않았습니다. 오히려 그런 가시를 가지고 있다는 사실에 크게 기뻐하며, 자신의 약함을 자랑했습니다(12:10). 이런 당당함은 어디서 나왔을까요? 바울이 자신의 약함을 자랑한 것은 그리스도의 능력이 그의 약함에서 나온다는 것을 알았기 때문입니다. 그래서 그는 그의 연약한 몸에 평생 그리스도의 강함을 머물게 하려 했습니다. 바울의 연약한 육체로 그리스도의 위대함이 드러나게 한다는 말입니다.

이러한 바울의 믿음과 확신에 비춰 볼 때, 바울이 빌립보 교회에게 살든지 죽든지 그의 몸에서 그리스도를 광대하게 한다는 것도 같은 원리로 이해해야 합니다. 세상의 표준에서 건강하고 돈을 많이 벌고 높은 지위에 오르고, 자식이 잘되는 등 이러한 세상적인 성공으로 그리스도를 존귀하게 하는 것이 아닙니다. 사람들을 설득하여 교회에 나오게 할 수 있지도 않습니다. 바울이 말한 것처럼 세상에서 능욕당하고 궁핍한 처지에 이르고 심지어 예수님을 믿는 것 때문에 세상에서 죽임을 당하는 것이 예수 그리스도를 높이는 것임을 알아야 합니다.

## "살든지 죽든지 그리스도가 존귀하게 되게 하려고"

바울이 살든지 죽든지 그의 몸에서 그리스도가 존귀하게 되게 하려는 바람을 가진 데에는 또 다른 까닭이 있습니다. 그것은 주님이신 예수님이 비천하게 되셨다는 데 있습니다. 우리에게 익숙한 용어인 주님은 당시 황제에게 붙여졌던 칭호(그리스어로 κυριος, 퀴리오스)였습니다.

예수 그리스도가 주님이라는 것은 그분이 온 우주의 통치자이며 왕이시며 주인이시라는 의미입니다. 그런데 이처럼 높고 영화로우신 분이 비천한 사람으로 나타나셨고, 지위로는 종이셨으며, 죽으실 때에도 가장 경멸을 받던 십자가에서 죽으셨습니다. 무슨 뜻인가요? 예수님이 하신 말씀에서 그 대답을 찾을 수 있습니다. **"누구든지 나를 따라오려거든 자기를 부인하고 자기 십자가를 지고 나를 따를 것이니라"**(마 16:24). 예수님은 그를 따르는 사람에게 자신과 똑같이 십자가 형틀을 지고 그를 따르라고 하십니다. 예수님과 같은 운명의 삶을 살아야 한다는 뜻입니다. 이것은 그분을 본받는 일입니다. 자신을 낮추며, 가난한 삶을 살면서도 자족하고, 권력을 가지려 하거나 남을 지배하려고 하지 않고 남을 섬기며, 다른 사람을 위해 자신을 희생하며 살아야 한다는 뜻입니다. 그래서 그리스도를 따르는 사람들이 이렇게 살아가는 것을 보면, 사람들은 그가 그리스도와 하나가 된 사람이라고 인정합니다. 우리의 몸으로, 우리의 삶으로, 그리스도의 위대하심을 드러내고 있다는 것을 알게 될 것입니다.


## "내게 사는 것이 그리스도니"

바울은 그 까닭을 21절에서 말합니다. **"이는,"** 즉 왜냐하면 내게 사는 것이 그리스도니 죽는 것도 유익하기 때문에 그러하다는 것입니다. 21절은 두 문장으로 구성되었습니다. 첫 번째 문장은 **"내게 사는 것 그리스도"**라는 단어 셋만 나열된 문장으로서, 동사가 없습니다. 이 문장이 뜻하는 바는 몇 가지로 해석될 수 있습니다.

① 내게 "사는 것은 그리스도다." 이 말은 내가 사는 것이 아니라 실제는 그리스도가 사신다는 뜻으로 한 말입니다.
② 내게 "사는 것은 그리스도를 의미한다." 살아가는 것과 그리스도를 동일시한 의미입니다.
③ 내게 "사는 것은 그리스도에게 달려있다." 나의 삶의 운명은 온전히 그리스도에게 의존해있다는 것입니다.
④ 내게 "사는 것은 그리스도를 존귀하게 하는 것을 목표로 한다." 이것은 20절에서 천명한 의미를 다시 쓴 것이라고 볼 수 있습니다.

이 다양한 해석 중에 어느 것이 바울이 말하는 것인지 정확한 의미 하나를 찾기가 쉽지 않습니다. 하지만 공통적인 의미는 이것입니다. 바울의 삶은 그리스도에 의해 변화되었고, 힘을 공급받아 전적으로 그리스도를 의존하여 살고 있다고 고백한다는 점입니다. 바울의 삶의 주체는 그리스도입니다. 그의 삶의 기초와 중심과 목적과 방향과 의미는 그리스도뿐입니다. 삶의 모든 것은 그리스도와 관계가 있으며, 그리스도를 떠나서는 아무런 의미가 없다고 말하는 것입니다.

바울은 갈라디아서 2:20에서 그의 삶을 그리스도와 연결시키며 이렇게 고백합니다. **"내가 그리스도와 함께 십자가에 못박혔나니, 그런즉 이제는 내가 산 것이 아니요 오직 내 안에 그리스도께서 사시는 것이라. 이제 내가 육체 가운데 사는 것은 나를 사랑하사 나를 위하여 자기 자신을 버리신 하나님의 아들을 믿는 믿음 안에서 사는 것이라."** 이 본문에는 빌립보서

1:20-21에 사용된 중요한 단어 두 개, **"사는 것"**과 **"그리스도다"**가 등장합니다.

바울은 자기 안에 사시는 그리스도를 설명하면서 그가 그리스도와 함께 십자가에 못 박혔다고 말합니다. 바울은 자신도 십자가에 참여하여 자신도 그리스도와 함께 죽었다는 뜻입니다. 그리고 자신의 모델이신 그리스도와 관련해서는 자신이 그리스도의 희생적 사랑 안에서 살아간다고 말합니다. 바울이 이런 삶을 산다고 했을 때 어떤 모습으로 사는 것을 의미했을까요? 복음을 전하는 것, 기도하고 성경을 읽고 묵상하는 삶을 사는 종교적인 행위만을 말하는 걸까요? 아닙니다. 그가 땅에서 살아가는 일상생활도 그리스도를 위하여, 그리스도와 함께 사는 삶이라고 말하는 겁니다.

바울은 이전에 살았던 삶은 유대교에 속하여 아침부터 저녁까지 생활하는 모든 것이 유대교의 표준에 의거한 생활이었습니다. 그러나 바울은 이것이 그리스도와 관계가 없다는 것을 알고는 다 버렸습니다. 그가 다메섹 도상에서 그리스도를 만난 이후 새롭게 출발하여 사는 삶은 전적으로 그리스도에게 의존하는 삶이라고 말하는 겁니다. 그는 그리스도로 말미암아 변화된 이후 줄곧 그리스도를 존귀하게 여기는 삶을 살았습니다. 그는 살아가는 것 자체가 바로 그리스도라고 고백합니다. 바울의 하루하루는 그리스도의 삶을 사는 것이었습니다. 일상생활이 그리스도가 주관하는 삶이어야 한다면, 하물며 교회 안에서 성도들 사이의 삶은 더욱 그러해야 하지 않겠습니까. 바울의 경우와 대부분의 교회의 사역자들은 그리스도를 선포하는 일이 우리의 몸과 일상생활에서 그리스도의 삶을 외적으로 표현하는 한 방법이라는 것을 알아야 합니다. 이것 이외에도 밥을 먹고, 카페에서 친구를 만나고, 직장생활하고, 아이들을 돌보고, 집을 팔고사고, 심지어 산책하는 일도 그리스도를 위하는 삶이어야 합니다.

나무가 자라려면 물과 토양과 햇빛이 있어야 하듯이, 바울은 삶의 열매를 맺기 위해 전적으로 그리스도를 의지했습니다. 삶의 목적이 매일 그리스도를 알고 그리스도를 섬기며 그분의 크심을 드러내는 데 관심이 모아져야 합니다. 이것이 **"내게 사는 것이 그리스도니"**의 뜻입니다.


## 죽는 것도 유익이라


그렇다면 죽고 난 다음에는 그리스도를 의존하는 삶이 끝이 날까요? 그렇지 않습니다. 바울은 **"죽는 것도 유익함이라"**는 말로 앞에서 선언한 **"내게 사는 것이 그리스도니"**를 반복합니다. **"유익"**은 이익이라는 뜻입니다. 장사를 하거나 사업을 하는 사람은 **"이익"**이 무엇인지 잘 알 겁니다. 밑천 까먹거나 남에게 퍼주는 장사를 하려는 사람이 아니고는 사업하여 이득을 남기는 것이 사업하는 사람의 주요 관심사입니다. 이런 의미에서 이익은 경제적인 용어입니다. 경제 활동을 통해 기대하는 이익 말입니다.

신자들이 살아가는 것 역시 이익을 내어야 하겠지만, 여기서 바울은 **"죽는 것"**도 이익이라고 말합니다. 바울의 말이 이상하지 않나요? 죽음은 삶의 손실인데, 바울은 무슨 뜻으로 이렇게 말하는 걸까요? 바울이 죽는 것도 사는 것처럼 이익이라고 말하는 내막을 살펴볼 필요가 있습니다.

교회사를 보면, 교회는 신자들이 죽는 것을 유익이든지 이익이 된다는 것을 설명하려고 상급교리를 만들어냈습니다. 많은 신자들이 성경에 언급된 **"상"**(賞)을 구원에 더하여 죽은 후에 받는 차별적인 보상으로 이해해왔습니다. 예수님을 믿는 모든 사람이 받는 구원은 하나님의 은혜로 받지만, 구원을 받은 이후 이 땅에서 살아가는 삶에 따라 죽음 이후에 차등의 상급을 받는다고 이해하고 그렇게 가르쳐왔습니다. 이것이 대부분의 한국교회에서 이해하고 있는 상급론입니다. 그래서 이런 상급론은 바울이 본문에서 말하는 **"죽는 것도 이익이라"**고 말한 뜻을 이해하기에 좋은 것입니다. 상을 받으니까요. 바울이 정말 이런 의미로 죽는 것을 이익이라고 말했을까요? 그렇지 않습니다.

지금 본문의 상황은 바울이 상급론을 말하고 있는 상황이 아닙니다. 지금 바울은 바울 자신의 삶의 유익을 말하고 있는 자리에서, 그리고 그리스도가 그의 삶의 모든 것이 된다고 말하는 맥락에서 이 말을 하고 있다는 것을 기억해야 합니다. **"이익"**이라는 어구는 그리스도와 별개로, 그리스도를 떠나서는 생각할 수 없습니다.

바울이 죽는 것을 이익이라고 역설적인 말을 하는 것을 이해하려면 이 말을 하고 있는 성경인 빌립보서의 흐름을 고려해야 합니다. 바울은 빌립보서 3:1-8에서 과거에 율법을 행하는 것을 자랑하고 신뢰했다고 말합니다. 율법을 행하는 것을 이익이라고 생각한 것입니다. 그런데 그가 추구하려는 의를 율법에서는 얻을 수 없다는 것을 깨달았습니다. 그 대신에 그 의는 예수 그리스도 안에서 발견된다는 것을 알게 되었습니다. 그래서 그는 그리스도를 얻기 위하여 무엇이든지 그에게 유익하던(이익이라고 생각하던) 것을 다 해로 여겼습니다(빌 3:7).

그리스도를 위하여 이전에 이익이라고 생각한 것을 다 버린 바울은 이제 그리스도를 얻으려고 노력합니다. 그리스도의 죽음에도 참여하고 싶어 하고, 그리스도의 부활을 알기 위해 힘을 쓰기도 합니다. 죽음이 그리스도를 알고 그분의 죽음을 본받는 일이라는 것을 알았기 때문입니다(빌 3:10). 이런 바울의 바람의 절정은 빌립보서 1:23에 잘 표현되었습니다. 그는 **"차라리 세상을 떠나서 그리스도와 함께 있는 것이 훨씬 더 좋은 일이라. 그렇게 하고 싶"**다고 말합니다. 세상을 떠난다는 것은 죽는다는 의미입니다. 사람이라면 누구나 오래 살고 싶어 하고, 건강하게 살고 고통 없이 살다 편히 죽기를 소망하는데, 바울은 지금 죽고 싶어 안달인 겁니다. 왜 그랬을까요? 죽으면 그리스도와 함께 있을 수 있기 때문입니다. **"내게 사는 것은 그리스도니"**라고 고백했고, 살아 있는 동안 그리스도를 존귀하게 하는 것만을 생각하면서 살아왔기에, 이제 그는 그리스도와 함께 하고 싶어 합니다. 죽음은 그것을 이루는 유일한 수단입니다. 그런 점에서 **"죽는 것도 이익이라"**고 말하는 것입니다.


### 둘 사이에 끼었으니


이 문제와 관련하여, 1:23에서 말한 바울의 말뜻을 이해하는 데 도움이 될까 하여 저의 어머니 이야기를 조금 하겠습니다. 저의 어머니는 78세에 담도암 수술을 받으시고 12년을 사시다가 별세하셨습니다.

어머니는 그 기간에만 아니라 평생 많이 아프셨는데, 그러하기에 죽음 이후의 삶을 가르치는 성경을 마음에 품고 사셨습니다. 그 대표적인 본문이 죽음 이후 주어지는 하늘의 장막에 대해 말씀하는 고린도후서 5:1-10입니다. 어머니는 이 말씀에 근거하여 부활신앙을 잘 천명하셨습니다. 늘 제게 이런 말씀을 하셨습니다. 우리는 이 땅에서 사는 동안 육신의 장막을 가지고 살지만, 죽으면 하늘의 장막을 소유하게 된다고 말입니다. 담도암 수술을 하고 1년이 되었을 때 배에 복수가 차서 무척 괴로워하셨습니다. 병원에는 가지 않고 엎드려 기도하셨습니다. 제가 아프면 병원에 가야지 왜 병원에 가지 않으시려고 하느냐라고 물으면, 주님께 자신을 빨리 데려가시라고 기도하는 거라고 말씀하셨습니다. 어머니가 생각하시기에, 세상에서 아픈 몸을 가지고 사느니 주님 품에 가는 것이 훨씬 낫다고 판단하신 것이지요. 어쩌면 어머니에게는 죽는 것이 이익일 겁니다. 부활신앙이 없는 사람들에게야 죽는 것으로 인생 끝나니까 악착같이 살려고 하지만, 신자들에게는 죽는 것이 주님과 함께 하는 더 이익이 남는 장사인 것입니다.

신앙이 있는 사람은 이 세상의 삶에 연연하지 않습니다. 바울은 이 본문에서 신자가 삶과 죽음에 연연해하지 않는 법을 가르쳐주었습니다. 바울도 하늘의 장막을 입고 싶어 했습니다. 그는 자기 개인만 생각한다면, 죽어서 그리스도와 함께 있는 것이 훨씬 낫다고 생각합니다. 그것이 이익이기 때문입니다.

그런데 이런 훌륭한 신앙을 가지고 있는 바울에게 고민이 하나가 있었습니다. 그 고민이 빌립보서 1:22에 표현되었습니다. **"몸으로 사**

는 이것이 내 일의 열매일진대 무엇을 택해야 할는지 나는 알지 못하노라." 바울에게 죽는 것은 살아 있는 것보다 이익입니다. 그런데 그가 살아 있는 것이 그가 교회를 위해 맺을 수 있는 열매라면 자신의 이익 얻는 것을 잠시 접어두고 교회를 위해 고난의 삶을 살아야 할 것이라고 말하는 겁니다. 이 세상에서 갈등을 표현한 가장 유명한 어구인 "사느냐 죽느냐 이것이 문제로다"(셰익스피어의 [햄릿]에 나오는 유명한 독백)가 바울의 삶에 반향 되고 있습니다. 나에게 이익이 되는 것을 택할 것인가? 아니면 교회에게 이익이 되는 것을 택할 것인가? 말하자면 (개인적으로) 더 이익인 것과 (교회에게) 더 좋은 것 사이에서 선택의 고민을 합니다. 이것은 그의 죽음과 삶 중 하나를 결정하는 문제인데, 바울은 이 비중 있는 두 선택의 사이에 끼었다고 자신의 고민의 현주소를 토로합니다(빌 1:23). 하지만 바울은 한 치의 망설임도 없이 **"이 일의 열매"** 때문에 사는 것을 택합니다. 그것은 교회에 유익이 되는 것입니다. **"이 일의 열매"** 는 구체적으로 무엇을 가리킬까요?

바울은 옥에서 살아가는 동안 하루하루가 괴로운 나날이라는 것을 알고 있습니다. 하지만 사도의 사명을 감당하기 위해 자신의 이익은 포기하고 교회를 위해, 공동체의 이익을 채우는 것이 더 중요하고 필요하다는 것을 알았습니다. 그래서 그는 사도의 사역을 계속하기를 기대합니다. 이렇게 해서 맺게 되는 열매는 바울이 사도로서 복음을 전할 때 오는 복음의 진전입니다. 그가 생각하는 열매는 이방인들에게 복음을 전하여 그들로 언약백성이 되게 하는 것이고, 유대인들에게는 메시아가 오셨음을 일깨워 그들의 이전 종교생활에서 메시아를 의지하는 데로 돌이키도록 하는 것입니다. 그런 교회를 세우는 것이 바울의 일의 열매입니다.

바울의 일은 결국 사람들에게 메시아이신 그리스도가 크신 분임을 알게 하는 것입니다. 이 일은 무척 중요한 일입니다. 주님이 바울에게 그 일을 맡기셨으므로, 바울이 아니면 할 수 없는 일입니다. 육체의 고통을 생각하면 바울 개인으로는 빨리 주님께 가는 것이 좋았겠지만, 그것이 하나님의 일, 하나님의 구원경륜을 넓혀 그리스도의 위대하심을 나타내는 일이라면, 이것이야말로 정말 중요한 일이라는 것을 알았던 것입니다. 바울의 선택의 고민을 묘사하는 **"무엇을 택해야 할는지 알지 못하노라"**에서 **"알지 못한다"**라는 번역은 아주 잘못된 번역은 아니지만, 바울이 말하는 뜻을 제대로 전달하지 못한 번역입니다. 바울은 여기서 인지적으로 모른다는 의미로 이 말을 한 것이 아닙니다. 원래 바울은 **"이것을 내가 너희에게 알려주지 않겠다"**는 뜻으로 말한 것입니다. 모른다는 것이 아니라, **"고민이 된다"**는 것입니다. 이 땅에 있는 것과 주님께 가는 것 둘 다 중요해서 이것도 하고 싶고 저것도 하고 싶을 정도로 고민이 된다는 뜻입니다.

바울이 둘 사이에 끼었다고 한 것을 좀 더 피부에 와 닿게 표현하면, 바울은 이 두 선택으로 인해 압박을 받고 있다는 뜻입니다. 이런 상황에서 바울이 여기서 둘 중에 하나를 결정한 기준은 24절에서 다시 **"유익**(이익)**"**이라는 단어로 표현되었습니다. 이 단어는 당위라는 뜻을 지닌 **"아낭케"** 어근으로 만들어진 단어(αναγκαιοτερον, 아낭카이오테론)입니다. 이 단어가 사용된 좋은 예가 고린도전서 9:17입니다. **"내가 자의로 이것을 행하면 상을 얻으려니와 자의로 아니할지라도 사명**(οικονομια, 오이코노미아)**을 받았노라."** 바울이 둘 사이에서 고민하게 된 것이 사도로서의 사명 때문이라는 것을 알 수 있습니다. 고린도전서에서 아낭케(의무, 책임)는 **"사명"**과 같은 의미로 사용되었습니다. 바울이 그에게 맡겨진 사도의 일을 할 수밖에 없는 것은 그것이 마땅히 해야 하는 일이며 동시에 사도로서의 사명이기 때문입니다. 이방인들에게나 유대인들에게 메시아가 오셨으며, 그분이 바로 예수 그리스도이심을 알게 하는 복음 전하는 일을 하기에 적임자는 바울입니다. 바울은 이 일을 위해 택함 받은 주님의 그릇입니다. 바울은 사느냐 죽느냐를 놓고 고민하는 순간에 이 사실을 떠올립니다. 개인적인 바람과 이득이 되는 것이 있다고 해도, 주님 앞에서 반드시 해야 할 일을 해야 한다는 것을 알고 주님과 교회에 유익한 것을 택했습니다.

본인이 하지 않으면 안 되는, 주님이 각 사람에게 주신 그 일은 반드시 당사자가 해야 합니다. 그리스도를 택하고, 교회에게 유익이 되는 것을 택할 때 복음은 진전을 이루며, 교회는 이 일로 기뻐할 것입니다(빌 1:25). 바울은 빌립보 교회가 복음에 참여한 것에 감사했습니다(빌 1:5). 바울이 옥에서 놓임을 받아 교회와 함께 있게 된다면, 지금까지 그들을 칭찬했던 자랑거리가 더욱 풍성하게 될 것입니다. 우리가 지금까지 살아있다면 그것은 하나님께서 교회에 유익을 끼치라고 살아있게 하신 것임을 기억해야 합니다. 복음의 진보는 그리스도를 삶의 전부로 알고 그분을 소유하며, 공동체를 아끼는 교회 안에서 실현됩니다. 외적인 역경은 복음의 진전과 우리 믿음의 진전을 막을 수 없습니다. 역경을 선하게 사용하여 복음의 진전을 이루시는 우리 주님을 찬양합니다.

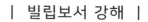

# 6강

# 복음에 합당하게
# 생활하라

(빌립보서 1:25-30)

## 빌립보서 1:25-30

<sup>25</sup>내가 살 것과 너희 믿음의 진보와 기쁨을 위하여 너희 무리와 함께 거할 이것을 확실히 아노니
<sup>26</sup>내가 다시 너희와 같이 있음으로 그리스도 예수 안에서 너희 자랑이 나로 말미암아 풍성하게
하려 함이라 <sup>27</sup>오직 너희는 그리스도의 복음에 합당하게 생활하라 이는 내가 너희에게 가 보나
떠나 있으나 너희가 한마음으로 서서 한 뜻으로 복음의 신앙을 위하여 협력하는 것과 <sup>28</sup>무슨
일에든지 대적하는 자들 때문에 두려워하지 아니하는 이 일을 듣고자 함이라 이것이 그들에게는
멸망의 증거요 너희에게는 구원의 증거니 이는 하나님께로부터 난 것이라 <sup>29</sup>그리스도를 위하여
너희에게 은혜를 주신 것은 다만 그를 믿을 뿐 아니라 또한 그를 위하여 고난도 받게 하려 하심이라
<sup>30</sup>너희에게도 그와 같은 싸움이 있으니 너희가 내 안에서 본 바요 이제도 내 안에서 듣는 바니라

# 6강

# 복음에 합당하게
생활하라

(빌립보서 1:25-30)

　　본문 제목을 좀 더 성경본문에 충실하게 표현하자면 **"복음에 합당한 시민답게 행동하라."**고 정해야 합니다. 사도는 빌립보 교인들에게 세상에서 그들이 가지고 있는 시민다운 행동을 할 것을 제시합니다. 바울은 하나님께 자신을 옥에서 구출해주시기를 기도한 것이 아니라 자신의 몸에서 그리스도가 위대하게 되기를 기도합니다. 그러면서도 바울은 옥에서 생을 마감하기보다는 놓임을 받게 될 것을 알았던 것 같습니다. 바울이 본문에서 말하고자 하는 것은 빌립보 교회의 믿음의 진보와 기쁨을 위하여 그렇게 되기를 바란다는 그의 소망(빌 1:25)과 빌립보 교회 교인들 상호간에 협력하는 것(1:26), 그리고 세상에서 복음을 받은 공동체답게 행동하는 것입니다.

바울은 빌립보 교회에게 시민권이라는 명사를 한 번(빌 3:20), 시민권을 가진 사람으로 행동하라, 즉 시민답게 행동하라는 동사를 한 번(1:27) 사용합니다. 고대의 도시는 오늘날과 같은 수 십, 수 백 만이 모여 사는 거대한 도시가 아니었습니다. 그냥 작은 도시가 하나의 자치적인 국가 형태를 띠는 도시국가(polis-state)였습니다. 그리고 각각의 도시는 저마다 특징이 있었습니다. 스파르타는 엄격하고 군사적으로 강인한 사람을 원했습니다. 그러한 까닭에 스파르타에서는 강인한 남자가 시민대접을 받습니다. 요즘도 사용되는 스파르타 식 교육 등이 고대 스파르타의 특징에서 비롯되었다는 것은 모두가 잘 아는 사실입니다. 철학으로 유명한 아테네는 생각할 줄 아는 사람을 원했습니다. 그래서 아테네에서는 철학적 사고를 잘 하는 사람이 존경을 받았습니다. 반면에 상업 도시인 고린도는 장사 잘 해서 돈을 많이 버는 사람을 원했습니다. 이러한 기준에 맞지 않으면 이방인이고, 그 기준에 맞는 사람은 훌륭한 시민이었고, 대대적으로 시민대접을 받았습니다.

빌립보 시는 당시 로마의 유적을 제법 많이 보유하고 있던 도시였습니다. 그래서 누가는 바울이 소아시아 드로아에서 마케도니아로 건너갔을 때 빌립보를 가장 큰 도시(또는 첫째가는 도시)라고 명명한 것이지요.(행 16:12) 빌립보 시는 로마가 식민지로 삼은 마케도니아 지역에서 시범 도시로 지정한 소(小) 로마였습니다. 도시의 주민들은 로마의 시민답게 행동하도록 강요받았습니다. 로마의 시민으로서 자부심을 갖고 행동하라는 것이지요. 이를테면, "인간의 최고선을 달성하기 위해 자신의 개성과 소질을 발전시키라. 하지만 개인의 유익을 위해서가 아니라 공동의 유익을 위해서 행동하라. 좁게는 빌립보 시와 넓게는 로마 시를 위해 행동하라"는 것을 들 수 있습니다.

빌립보 시는 더 이상 마케도니아에 속한 한 도시가 아니었습니다. 오히려 로마의 도시가 되어서 로마의 가치를 실현하는 도시였습니다. 빌립보 시는 다른 사람과 협력하여 이러한 이상을 실현시키는 무대였습니다. 그곳에서 "시민답게 사는 것"은 독립보다는 그가 속한 집단의 특성에 맞는 사람으로 행동하는 것, 상호의존과 상호협동의 개념을 실천하며 사는 것을 뜻했습니다. 바울이 이 본문에서 말하는 "시민 노릇하라"는 말은 이러한 고대 도시의 배경에서 이해해야 합니다. 이런 고대의 상황에 비추어서 바울 사도가 합당한 그리스도인의 삶을 살라고 권면할 때 염두에 둔 것은 틀림없이 복음을 받은 공동체로서, 하늘 시민으로서 살고 행동하라는 뜻으로 말했을 것입니다.

유대인들에게도 도시와 관련한 어떤 이념이 있었습니다. 예루살렘은 위대한 임금의 큰 성이었습니다. 그곳에는 그들의 임금이신 하나님이 계시며, 그분의 구원받은 백성이 살고 있습니다. 신약시대에 이 사상을 적용하여 히브리서 저자는 이렇게 말합니다. **"너희가 이른 곳은 시온 산과 살아계신 하나님의 도성인 하늘의 예루살렘"**이라고 말입니다(히 12:22-23)

바울은 자신에게 혐의를 부여하고 의심의 눈초리를 보내는 사람들에게 자신이 예루살렘의 시민에 어울리는 행동을 했다고 항변하기도 했습니다. **"바울이 공회를 주목하여 이르되 여러분 형제들아 오늘까지 나는 범사에 양심을 따라 하나님을 섬겼노라**(하나님 앞에서 백성 노릇하였다)"(행 23:1). 유대인의 민족정신을 가지고 살았으며 예루살렘의 거룩함에 어긋나는 행동을 하지 않았다는 것입니다. 이처럼 한 개인은 자신이 속한 도시에 어울리는 시민이 되어야 합니다.

이스라엘 백성이 다른 나라의 백성과 다르게 거룩하게 살아야 하는 이유는 그들이 **"하나님의 제사장 나라와 거룩한 백성"**으로 부름을 받았기 때문입니다(출 19:5-6). 이와 동일하게 베드로는 신약의 성도들이 하나님의 **"택함 받은 족속이요 왕 같은 제사장들이요 거룩한 나라요 그의 소유가 된 백성"**임을 상기시켰습니다(벧전 2:9). 그래서 신자들은 땅에서 하늘에 속한 사람으로 그리고 하나님의 백성으로 살아갑니다. 그들은 하나님의 아름다운 덕을 선포하는 일을 위해 부름을 받은 사람들입니다. 여기서 우리는 자연스럽게 하나님의 백성으로, 하늘의 시민답게 사는 것은 어떤 삶일지 질문하게 됩니다. 그리스도인들이 속한 도시는 어디입니까? 그들은 거기서 어떻게 행동해야 그 도시의 시민답게 사는 것일까요?

## 복음에 합당한 시민 노릇을 하라

바울은 빌립보서 1:27을 시작하면서 **"내가 너희에게 가 보나 떠나 있으나"** 교회에게 바라는 것 한 가지가 있다고 말합니다. 하나님의 백성답게 사는 것이 어떤 것인지를 제시하려는 의도를 말할 준비를 하려고 운을 띄우는 것입니다. 바울이 빌립보 교회에 말한 **"가 있든지 그곳을 떠나 있든지"**라는 이 표현은 **"언제나,"** **"늘"** 그러하다는 것을 가리키는 관용어구입니다. 비슷한 표현이 디모데후서 4:2에도 사용되었습니다. **"너는 말씀을 전파하라. 때를 얻든지 못 얻든지 항상 힘쓰라."** 이 표현도 상황에 상관없이 언제나 말씀을 전파하라는 뜻입니다. 다시 말해서 바울은 교회가 어떤 상황에서라도 반드시 힘써야 할 것이 있다는 사실을 일깨웁니다. 그것은 무엇일까요? 바로 이어서 바울은 그 내용을 구체적으로 밝힙니다. **"복음에 합당하게 생활"**하는 것입니다. 그리스도의 복음, 사도가 전한 복음은 그리스도인의 삶에서 세상과 구별된 어떤 삶을 요구합니다. 바울은 이러한 삶에 사람들의 관심을 모으려고 이 앞에 ("다만"이라고 번역하는 것이 더 좋은) **"오직"**이라는 단어를 사용하여 **"복음에 합당하게 생활하는 것"**의 중요성을 강조합니다. 이 시점에서 사도가 빌립보 교회에 요구하는 것은 단 한 가지입니다. 교회가 받은 복음에 어울리는 시민 노릇하는 것입니다.

복음에 합당하다는 것이 교회생활 잘하는 것, 기도 많이 하는 것, 전도하는 것, 연보 많이 하는 것 등으로 이해하고 강조할 유혹을 받습니다. 바울은 복음에 합당한 생활이 무엇인지 세 가지로 요약합니다. 첫째는 한 마음으로 굳게 서는 것이고, 둘째는 한 뜻으로 복음신앙을 위하여 협력하는 것이며, 셋째는 대적하는 자로 인해서 두려워하지 않는 것입니다. 첫 번째와 두 번째는 교회 내부 교인들 사이에 표현해야 할 덕목을 가리키고, 세 번째 내용은 교회 밖에서 교회를 공격하고 비방하는 사람들을 대처하는 자세를 가리키는 권고입니다. 하나씩 살펴보겠습니다.

## 한 마음으로 굳게 서라

첫째로, **"한 마음으로 서"**라는 바울의 권면입니다. 여기서 한 **"마음"**은 heart의 문제가 아니라 **"영"**(spirit)의 문제입니다. 바울은 마음을 뜻하는 카르디아(καρδια)를 사용하지 않고 영을 가리키는 프뉴마(πνευμα)를 사용했습니다. 그래서 첫 번째 권면은 **"한 영으로 서"**라고 번역해야 합니다. 여기서 한 영을 교인들 사이에 같은 정신을 가지라는 의미의 **"인간의 영"**을 의미할까요? 그렇게 이해할 경우 여기서 바울이 말하려는 것은 **"한 영으로"**는 같은 정신으로 서라는 뜻이 될 것입니다. 우리말 성경으로 본문을 읽어 이렇게 이해하면, 빌립보 교회의 상황에서 이 어구가 지니는 비슷한 어구로 빌립보서 4:1-2의 **"같은 마음"**을 떠올리는 사람이 있을 것입니다. **"그러므로 나의 … 사랑하는 자들아, 이와 같이 주 안에서 서라. 내가 유오디아를 권하고 순두게를 권하노니, 주 안에서 같은 마음을 품으라."** 이 본문은 바울이 교회에서 지도자로 있는 두 여성 사이의 갈등을 보면서 한 뜻으로 합치라고 말하는 것이기에 **"한 영으로 서서"**와 본문(1:27)의 **"한 마음으로"**는 빌립보 교회 내의 문제를 염두에 두고 서로 같은 생각을 하고 화해하라는 명령을 뜻한다고 판단할 가능성이 있습니다.

하지만 빌립보서 1:27에서 바울이 말하는 **"한 마음으로 서라"**는 권면을 **"한 성령으로 서라"**고 교훈하는 것이라고 제안하는 성경학자들이 있다는 것을 기억하면 좋을 듯합니다. 고든 피(Gordon Fee)와 월터 핸슨(Walter Hansen)이 이렇게 주장하는 대표적인 성경학자들입니다. 사실 성경에서 프뉴마는 사람들의 영에 대해서 쓴 경우는 극히 드물고(고전

14장이 그 예외인 본문입니다), 주로 성령을 가리키기 위해 사용되었다는 것을 고려하면 이러한 제안은 무척 설득력이 있습니다. **"마음"**을 이렇게 **"성령"**으로 이해한다면, 바울이 교회에 권하는 내용은 이것입니다. 바울은 교회가 내적으로 외적으로 분열되어 있어서 심지어 지도자들 사이에서도 생각이 갈려 있는 상황에서 성령님으로 말미암아 교회가 비로소 굳게 설 수 있다는 것을 알리는 것입니다.

하지만 빌립보서가 서신이기에 서신의 특성상 당시 교회의 상황을 염두에 두고 쓴 것이라면 교회 교인들 사이에 한 정신과 한 영으로 서 있으라고 이해할 수도 있습니다. 둘 중에 어느 해석이 더 좋다고 말할 수는 없지만, 한 쪽은 성령에 무게를 두고, 다른 한 쪽은 인간의 영과 정신에 무게를 두는 것만 다를 뿐, 바울은 교회가 하나가 되어 서 있기를 바라고 있습니다. 이것이 복음에 합당하게 시민 노릇하는 첫 번째 내용입니다. 바울은 교회가 한 성령과 한 정신으로 서 있기를 기대합니다. **"서라"**는 말의 뜻을 잘 이해하려면, 바울이 원래 말한 글의 뉘앙스를 살려 이 단어 앞에 **"굳게"**라는 부사를 덧붙이면 그 의미가 잘 드러날 것입니다. **"굳게 서라"**고 말입니다.

빌립보 지역에서 그리스도인으로 사는 것이 어떤 것인지 현실적으로 잘 드러내는 것은 교인들이 어떤 문제를 개별적으로, 즉 한 사람 한 사람으로 대처하는 것이 아니라 하나의 공동체로 대처함으로써 교회가 하나라는 그들의 특성을 세상에 보이는 것입니다. 적군 앞에서 주눅 들지 않고 담대하게 서 있는 군인처럼 일치단결한 모습으로 세상에 맞서는 것이 하늘 시민 노릇하는 것입니다.

## 복음 신앙을 위하여 협력하라

둘째로, 한 뜻으로 복음 신앙을 위하여 협력하는 것입니다. 복음을 위하여 그리고 복음 때문에 서로 협력하라는 권면입니다. 바울이 **"복음"**이라고 말할 때 그가 강조하는 것은 일반적으로 복음의 전도나 복음 전파보다는 우리를 새 사람으로 만들었고 그런 복음에 어울리는 행동입니다. 이 간단히 보이는 바울의 권면에 약간의 해석학적 문제가 있습니다. **"한 뜻"**이라고 하는 것은 **"한 혼**(ψυχη, 프쉬케)"을 번역한 것인데, 여기서 프쉬케를 어떻게 이해할 것인지의 문제입니다. 이것을 바울이 앞서 말한 **"한 영으로 굳게 서서"**라는 말의 연속선상에서 생각할 수 있습니다. 이 단어(프쉬케, soul) 자체는 우리의 전인격을 가리키기에, 하나가 되는 데 필요한 영과 혼 등 강조되는 말을 두 번 사용했다고 이해하는 것이 글의 흐름에 어울릴 것입니다.

그 다음에 **"협력하라"**는 말을 생각해봅시다. 여기에 사용된 **"협력"**이라는 단어는 경기에 사용되던 단어(συναθλεω, 쉰아뜰레오)입니다. 이것은 경기나 경주와 관련된 용어로서 당시의 마차 경기, 검투 경기와 같이 단체로 하는 경기의 경우는 함께 경기하는 사람들 간에 협동심이 필요할 것입니다. 이종격투기나 권투처럼 죽기까지 싸우고 반칙이 난무하는 경기는 생사를 걸고 경기해야 합니다. 하도 반칙이 난무하기에 심판 여러 명이 눈을 부릅뜨고 반칙하는 선수가 있는지 살피지 않으면 선수나 경기자는 한 순간에 위험에 빠질 수 있었습니다. 당시 사람들은 이런 경기에 열광했습니다. 이런 생사를 다투는 경기 중에서 특히 단체로 하는 경기는 협동심이 중요합니다. 싸움에서 살아남으려면 말이지요.

빌립보라는 도시는 개인보다는 집단 사회의 유익을 지향했습니다. 개인을 중시한 것이 아니라 집단을 중요시했다는 말입니다. 싱크로나이즈라는 수중에서 하는 단체발레를 예로 들 수 있습니다. 호흡 맞추는 것이 절대적으로 필요하고 중요한 경기인 것이지요. 단체경기에서는 한 사람이라도 엇박자로 움직이면 곤란합니다. 이처럼 바울은 경기장이나 전쟁에서 사용되는 용어를 사용해서 교인들을 한 뜻으로 함께 투쟁하라고 요구합니다. 세상에 대하여 교회가 어떻게 대처해야 할 것인지를 알려주는 것이지요. 복음은 교회 안에서 마음과 생각과 혼을 같이하는 것으로 그 특징을 나타내보이게 되어 있습니다.

## 대적자로 인해 두려워하지 말라

셋째로, 바울은 교회로부터 **"무슨 일에든지 대적하는 자들 때문에 두려워하지 아니하는"** 것을 듣고 싶다고 말합니다. 때와 관련하여 바울은 27절에서 **"언제나" "항상"**이라는 단어를 사용했는데, 28절에서는 **"무슨 일에든지"**라는 말을 사용하여 일상생활과 관련한 신자들의 특징적인 행동을 설명합니다. 그것은 복음과 교인들을 대적하는 사람들에 주눅들지 않고 당당히 대처하는 것입니다.

빌립보 도시의 시민들은 온 시민이 일치단결하여 로마제국으로부터 인정과 도움을 받고 싶어 했습니다. 문제는 예수 믿는 사람들이었습니다. 빌립보 시민들은 그리스도인들 때문에 로마로부터 신임을 얻지 못한다고 신자들을 비난했을 것입니다. 신자들은 이런 비난에 주눅이 들었고, 노심초사하면서 살아가는 상황입니다. 빌립보 교회가 이방인들로부터 맞이한 적대감은 대단했을 것입니다. 교회는 세상의 막강한 물리적 반대에 부딪친 것입니다. 아마도 세상을 그렇게 살면 안 된다고 훈계하는 이교도 집단도 있었을 것이며, 심지어 온갖 박해와 고난을 가하는 사람들도 있었을 것입니다. 바울이 빌립보의 귀신 들린 여자 노예를 고쳐주었다는 것 때문에 그의 주인들로부터 고소를 당했을 때, 심문도 하지 않고 때려 옥에 던져넣은 것을 보면 그곳 주민들의 다혈질적인 성향을 충분히 짐작할 수 있습니다.

또한 다른 측면에서, 유대교에 속한 사람들로부터 당하는 어려움도 생각할 수 있습니다. 이것은 특히 종교적 측면과 관련이 있습니다. 유대교는 외형적인 종교의식을 중요시하고 그것을 그들이 구원을 받은 표로, 세상과 구별된 하나님의 백성의 표지로 여겼습니다. 그래서 그들이 보유하고 있는 몇 가지 종교적인 의식을 기준으로 남을 평가했습니다. 할례가 가장 대표적인 증표이지만, 그것만 아니라 날과 달과 해와 관련한 절기를 지키고 제의에 참여하고 정결의식을 잘 지키는 것을 중요한 기준으로 삼았습니다. 그런데 바울이 그곳에 와서 유대인들을 홀려놓고, 이방인들에게 이상한 복음을 전한다고 생각했으니, 바울이 없는 틈에 바울의 복음을 듣고 교회에 들어온 사람들은 유대인들의 박해의 대상이 되었습니다. 바울은 교회가 이런 대적자들에게 두려워하지 않는 태도를 가질 것을 기대했습니다.

우리는 이 땅에서 나그네와 행인으로 살고 있습니다. 이 땅이 우리의 본향이 아니기 때문입니다. 우리의 진짜 시민권은 하늘에 있습니다(빌 3:20). 잠시 뒤에 더 자세히 밝히겠지만, 바울은 하늘 시민이라는 그리스도인의 진정한 신분을 염두에 두고 지금 교회에게 **"복음에 합당한 시민 노릇을 하라"**고 권하는 것입니다. 그래서 28절에서 **"대적자들로 인해 두려워하지"** 말라고 권한 것은 어떤 측면에서든지 복음을 반대하는 사람들의 위세에 당당히 맞서라는 권면이 분명합니다.


### 멸망의 증거 vs 구원의 증거


이렇게 말하고 나서, 바울은 현 상황에서 벌어지는 두 집단을 평가합니다. 복음에 합당하게 시민 노릇하는 집단과 그들을 박해하고 대적하는 집단들이 바로 그들입니다. 먼저 바울은 복음을 대적하는 사람들을 평가합니다. **"이것이 그들에게는 멸망의 증거"**라고 말입니다. 그리고 나서 빌립보 교회에게는 동일한 그것이 **"구원의 증거"**라고 밝힙니다. 여기서 **"이것"**이 가리키는 것이 무엇일지를 밝혀야 바울의 두 평가가 분명해집니다.

**"이것"**은 단수형이기에, 이것이 가리키는 것이 바로 앞에서 언급한 세 가지 내용을 다 가리킨다고 보기는 어렵습니다. 또한 이것이 대명사이기에 그것이 가리키는 명사(선행사)가 있을 텐데, 이 문단 어디에도 이것을 암시하는 명사를 찾을 수가 없습니다. 본문의 의미를 찾으려 애쓰는 사람들(주석가들)은 대체로 바울이 앞에서 말하는 것의 연속으로 이 말을 하는 것이라는 데 의견의 일치를 보입니다. 이 말 바로 직전에 언급한 대적하는 자들 때문에 두려워하지 않는 것을 가리킬 수도 있고, 복음을 위하여 행하는 이런 저런 행동을 비롯하여 복음에 합당하게 살아가는 것을 가리킬 수도 있습니다. 한 마디로 말해서 **"이것"**은 바울이 방금 전에 나열한 세 가지를 다 가리킨다고 이해하든지 아니면 하나만 가리키는 것으로 이해하든지, 복음과 관련한 태도, 복음에 어울리는 행동을 언급하는 것이 분명합니다.

이런 이해에 근거할 때, 복음에 합당하지 않게 행동하는 사람들에게 복음에 합당하게 살아가는 신자들의 삶은 멸망의 표징으로 비칠 것입니다. 반대로, 이 복음을 대적하는 사람들을 두려워하지 않고 그들을 강력하게 대응하여 서 있는 사람들에게는 그들의 삶이 복음에 참여하고 있음을 입증하는 증거입니다. 다른 말로 바꿔 말하면, 바울은 지금 이 땅에 사는 사람들에게 나타나는 구원의 외적 표현을 말하고 있습니다. 복음을 진정으로 받아들인 사람들은 복음을 대적하는 여러 부류의 사람들에게 동화되지 않고 대적자들에게 당당히 서고 복음을 위해 투쟁합니다. 복음을 위해 싸우는 일종의 군사들인 셈입니다. 복음을 두고 어떻게 반응하느냐에 따라 전혀 다른 결과가 나타나는 것이지요.

이것은 일찍이 바울이 십자가를 두고 고린도 교회에게 말했던 것과 맥을 같이합니다. 고린도전서 1:18에서 바울은 십자가에 대한 두 가지 반응과 이에 따른 두 가지 결과를 요약했습니다. **"십자가의 말씀이 멸망하는 자에게는 어리석은 것이요, 구원을 얻는 우리에게는 하나님의 능력이다."**라고 말입니다.

## 고난을 받기 위하여

바울은 지금까지 왜 이런 내용을 권했는지 29절에서 그 이유를 제시합니다. 29절은 **"왜냐하면"**(οτι. 호티)이라는 단어가 있음을 알고 읽어야 합니다. 독자가 성경을 읽을 때 이 단어가 있다는 것을 알고 읽는지 아니면 그냥 무심하게 읽는지에 따라 글의 흐름 이해가 달라집니다. **"왜냐하면 그리스도를 위하여 너희에게 은혜를 주신 것은 다만 그를 믿을 뿐 아니라 또한 그를 위하여 고난도 받게 하려"**는 데 있기 때문이니라. 29절에서 바울의 글의 중심은 뒤에 있습니다. 주께서 복음을 믿는 자들에게 은혜를 주신 것은 **"고난도 받게 하려는"** 데 있다는 것입니다. 쉽게 말해서 이 말은 교회의 지향점이 고난을 받는 것이라는 투로 한 말입니다. 신자들은 죄에서 구원을 받고 예수 그리스도의 재림 때 세상의 모든 고통에서 벗어나 새 하늘과 새 땅에 들어가는 것을 바라보지만, 신자로서 이 땅에서 살아가는 동안은 고난 받는 것을 지향한다는 것입니다. 구원과 고난은 서로 어울리지 않은 것처럼 보여도, 이것은 모든 사도들이 언급하는 내용입니다(히 10:32-36; 약 1:2-4; 벧전 1:6-9). 특히 바울은 고난이 그리스도인의 삶의 현주소임을 누구보다 강하게 가르쳤습니다.

바울은 로마서 5:2-4과 8:17-39에서 이 문제를 신학적으로 명쾌하게 제시합니다. 로마서 8:28이 그 대표적인 본문입니다. 바울은 신자들에게 **"이 모든 일(고난)이 선(하나님의 아들을 본받아 영화롭게 되는데)을 이루는 데 협력하고 있다"**고 말하기까지 합니다. 고난이 긍정적으로 작용하여 궁극적으로 우리의 구원을 이루는 역할을 한다는 것이 그 까닭입니다. 고난이 아니라면 현세적 구원에 머물 텐데, 고난 때문에 신자들이 미래의 구원을 소망하게 됩니다. 이런 의미에서 빌립보 교회가 직면한 복음에의 도전과 그로 인해 받는 박해는 그들이 하나님을 사랑하는 자요 하나님의 뜻대로 부름 받은 사람들이라는 분명한 증거인 셈입니다. 고난은 구원의 증거입니다. 자녀들을 구원하는 하나님의 선물이며 은혜의 표입니다.

바울은 복음을 전하다가 심한 고난을 당한 적이 있습니다. 거의 죽음의 문턱까지 갔던 고난이었습니다. 간신히 깨어난 바울은 **"우리가 하나님 나라에 들어가려면 많은 환란을 겪어야할 것이라"**고 증언합니다(행 14:22). 바울은 사역 중에도 그렇게 증언했고 옥에 있으면서 빌립보 교회에게 똑같이 말합니다.


## 교회 안에 있는 고난의 싸움

빌립보서 1:30에서 바울은 **"너희에게도"** 바울이 경험한 것과 똑같은 싸움이 있다고 말합니다. 빌립보 교회도 바울에게서 구원과 고난의 싸움을 똑똑히 보았고, 지금도 옥에 있으면서 이전에 겪었던 것과 똑같은 싸움을 경험하고 있다는 것을 잘 알고 있습니다. 바울에게 있는 이것이 지금 빌립보 교회 안에서도 벌어지고 있습니다. 바울이 온갖 고난을 겪으면서 구원을 확신했듯이, 빌립보 교회도 그들이 마주하는 고난이 그들의 구원의 증거라는 것을 알아야 합니다. 바울이 빌립보 교회를 보기를 원하는 까닭이 여기에 있습니다.

바울은 교회가 고난을 피하기를 원하지 않았습니다. 오히려 적극적으로 그 고난의 싸움을 싸울 것을 권했습니다. 그가 디모데에게 보낸 편지에도 이 점이 잘 드러나 있습니다. **"너는 그리스도 예수의 좋은 병사로 나와 함께 고난을 받으라. 병사로 복무하는 자는 자기 생활에 얽매이는 자가 하나도 없나니 이는 병사로 모집한 자를 기쁘게 하려 함이라"**(딤후 2:3-4). 그리스도의 병사로서 고난을 받는 것은 부르신 자를 기쁘시게 하려는 데 그 목적이 있습니다. 그리스도인이나 군인의 공통점은 개인이 자신을 위해 사는 사람이 아니라는 데 있습니다. 바울은 이렇게 말하고 나서 바로 경기하는 사람을 예로 들어 설명합니다. 경기하는 사람은 규칙대로 경기해야 합니다. 그래야 승리하더라도 정당하게 승리의 관을 얻을 수 있습니다(2:5). 바울이 군인과 경기하는 자 이미지를 가지고 강조하려고 하는 것은 동일합니다. 경기는 고난스런 경기입니다. 몸을 단련하기 위해 힘든 준비가 필요합니다. 검투사 같은 경우는 승리와 패배는 단순히 이기고 지는 문제가 아니라 사느냐 죽느냐의 문제였습니다. 이처럼 살기위해서 분투하듯이 그렇게 살아야한다는 것입니다. 바울이 고난을 경기에, 구원을 승리자의 관에 빗대어 표현한 것이 분명합니다.

바울이 빌립보서 1:29에서 특히 **"그리스도를 위하여 너희에게 은혜를 주신 것"**이라고 말하면서 그리스도인의 고난을 표현한 것은 그리스도가 고난을 받음으로 교회의 기초를 놓으신 것처럼, 그를 믿는 사람들이 고난을 받는 것은 그리스도를 위한 것이라는 것을 일깨우려는 데 목적이 있습니다. 그를 믿는 사람이 땅에서 고난을 받는다는 원리는 누구에게도 예외가 없습니다. 자신이 그리스도인답게 살고자 할 때

불신 세상에서 받는 모든 일은 고난입니다. 세상에서 받는 불이익과 물리적인 배척이 이에 해당합니다. 우리는 아랍국가에서 그리스도인들에게 가해지는 공개적인 박해와 심지어 공개처형에 대한 소식을 듣습니다. 박해에 직면한 그리스도인들은 어쩌면 빨리 이 세상을 떠나서 주님 품에 가고 싶을 것입니다. 그런데 주님이 그렇게 고난을 당하는 사람들을 일찍 주님 품으로 데려가지 않고 이 땅에 살게 하시는 것은 이 땅에서 그리스도인으로 살아가면서 빛으로 드러내게 하여 하나님께 영광을 돌리게 하려는 데 목적이 있습니다. 이것이 그리스도인이 믿는 것과 아울러 고난을 받는다는 뜻입니다. 이것이 복음에 합당한 시민 노릇을 하는 사람들의 삶입니다.

신약시대 그리스도인들이 세상에 대해 복음을 전했던 방식은 이런 것이었습니다. 단순히 사영리 수준의 복음을 읽어주는 정도가 아니라 삶 속에서 하나님의 영광과 하나님의 아들 됨의 풍성을 드러내는 것이었습니다. 바울은 자신이 그랬듯이 빌립보 교회도 동일한 싸움으로 믿음을 지키기를 기대했습니다. 한국에 있는 모든 교회도 복음에 합당하게 생활하여 주님을 위하여 고난을 받고 주님이 기뻐하시는 공동체로 하나가 되었으면 좋겠습니다. 이것을 이루려면 우리가 열심히 노력도 해야겠지만 하나님이 은혜를 주셔야 합니다. 이 일은 성령이 굳게 설 수 있도록 역사하시고 힘을 주실 때 가능합니다. 교인 간에 하나가 되는 것을 추구해야 합니다. 우리의 노력도 중요합니다만, 성령께서 힘을 주셔야 가능합니다. 교회는 성령님을 의지해야 합니다. 성령님은 한 사람을 거듭나게 하실 뿐더러 그리스도인이 이 땅에서 세상에 대해 굳게 설 용기를 주시고, 하나님의 백성으로 살아낼 힘을 주십니다. 삼위 하나님을 의지할 때 신자들은 비로소 복음에 합당한 시민 노릇을 할 수 있습니다.

# 7강

# 한 마음과 겸손을
# 실천하는 교회

(빌립보서 2:1-4)

**빌립보서 2:1-4**

**¹**그러므로 그리스도 안에 무슨 권면이나 사랑의 무슨 위로나 성령의 무슨 교제나 긍휼이나 자비가

있거든 **²**마음을 같이하여 같은 사랑을 가지고 뜻을 합하며 한마음을 품어 **³**아무 일에든지 다툼이나

허영으로 하지 말고 오직 겸손한 마음으로 각각 자기보다 남을 낫게 여기고 **⁴**각각 자기 일을

돌볼뿐더러 또한 각각 다른 사람들의 일을 돌보아 나의 기쁨을 충만하게 하라

# 7강

# 한 마음과 겸손을
# 실천하는 교회

## (빌립보서 2:1-4)

바울 사도는 빌립보 교회가 고난에 동참하고 있는 것을 두고 그 교회를 칭찬합니다. 이처럼 복음에 충실한 교회라고 해도 교회 내에 문제가 있을 수 있습니다. 내부적 갈등과 서로 간에 시기와 경쟁입니다. 이런 것으로 교회에 심각한 문제가 발생합니다. 바울은 그 문제를 직접적으로 고치라고 권면하지 않고, 기독교의 기본적인 덕성들에 비추어 교회가 자신의 잘못을 스스로 발견하고 수정하기를 원합니다.

빌립보서 2:1을 시작하는 접속사 **"그러므로"**(그리스어로 ouv, 운)는 이 맥락에서 매우 중요합니다. **"그러므로"**는 바울이 1장에서 말한 모든 내용의 논리적인 결론으로 하는 말입니다. 2장에서 빌립보 교회에게 권면할 내용과 관련하여 특히 중요한 본문은 바로 앞에서 말한 1:27-30입니다. **"오직 너희는 그리스도의 복음에 합당하게 생활**(시민 노릇)**하라."** 예수님을 믿는 사람에게 요구된 복음에 합당한 시민답게 사는 것 말입니다. 이 본문에서 **"오직"**이라는 말은 **"다만"**이라는 뜻입니다. 아닌 (Not) 것에 대한 대안으로 오직(But)이 아니라, 오직 한 가지라는 의미에서 다만(Only)입니다. 자신이 누구의 그리고 무엇에 지배를 받고 있는지 생각하고 거기에 합당하게 생활하라는 것입니다.

접속사 **"그러므로"**와 관련이 있는 말씀은 본문 2:1에서 권면을 시작하기에 앞서 하는 말인, **"~이 있거든," "~이 있다면"**입니다. 여기서 **"~이 있다면"**은 어떤 경우의 수를 이야기하는 조건문이 아니라 사실에 호소하는 말입니다. 빌립보 교회 "너희에게 정말 이런 것이 있으니까"라는 뜻입니다. 앞에서 빌립보 교회에게 복음에 합당한 시민답게 행동하라고 권했던 것처럼, 이런 것을 본받는 행동을 해야 하는데, 뭔가 잘못된 것이 있으니 빨리 찾아서 교정하라는 뜻으로 말한 것입니다.

바울이 교회에게 호소하는 것은 무엇일까요? 그들이 무엇인가 권면 받은 것이 있었는데, 그것은 그리스도 안에서 받은 권면입니다. 그리고 그들이 사랑의 격려를 받았는데, 그것은 성령께서 주신 코이노니아를 누리는 것입니다. 교회에게는 성령의 코이노니아가 있습니다 (참조. 고후 13:13). 그러하다면, 비록 그들이 자기만 생각하고 자기주장을 하는 사람이기는 하지만, 그럼에도 그들에게는 다른 사람에게 나눠줄 것이 있었습니다. 그것은 긍휼과 자비입니다. 우리는 다 하나님으로부터 그리스도 안에 있으라는 권면도 받고 사랑도 받고 사랑의 위로 (격려)도 받고 성령의 교제(코이노니아)도 경험했습니다. 그러므로 다른 사람들을 긍휼과 자비로 대해야한다는 것입니다.

　이렇듯이, 바울이 **"그러므로 그리스도 안에 무슨 권면이나 사랑의 무슨 위로나 성령의 무슨 교제나 긍휼이나 자비가 있거든"**이라고 시작하는데, 도대체 무슨 말을 하려는 것일까요? 빌립보 교회에 무슨 문제가 있었을까요? 빌립보서 2:1-4은 매우 긴 하나의 문장으로 이루어졌는데, 주문장은 4절 끝부분의 **"나의 기쁨을 충만하게 하라"**입니다. 바울이 빌립보서 2:1에서 **"그러므로"**라고 운을 떼고 나서 바로 그의 입에서 나온 말은 한글개역개정 성경과 달리 4절의 내용입니다. 우리말 성경을 기준으로 4절의 **"나의 기쁨을 충만하게 하라"**가 주문장인데, 그리스어 본문에서는 1-4절에서 제일 앞에 등장합니다. 바울이 교회에게 자기의 기쁨을 충만하게 하라고 권한 것은 단순히 바울의 이기심을 채우려는 데서 비롯된 것이 아닙니다.

　많은 사람들이 빌립보서를 기쁨의 편지라고 합니다. 그런데, 사실 빌립보서에는 이 주제보다 더 중요한 주제가 있습니다. 그것은 **"그리스도"**가 세상에 알려지는 것입니다. 바울은 지금 그가 기뻐한다고 말합니다. 그것도 얼마나 기쁜지 (현재) 기뻐하고 또 (미래에도) 기뻐할 것이라고 표현합니다. 여기서는 바울이 무엇 때문에 기뻐하는지가 더 중요합니다. 그는 복음을 전했고 복음을 받은 교회가 다시 그 복음을 전한 것으로 인해 그리스도(메시아)가 알려진 것을 기뻐하는 것입니다. 이것이 18절에서 **"무슨 방도로 하든지 전파되는 것은 그리스도니, 이로써 나는 기뻐하고 있고, 또한 기뻐할 것"**이라는 바울의 말뜻입니다. 바울은 구약시대를 끝내고 새로운 시대를 가져오신 메시아가 오셨고, 그분이 실제로 오심으로써 하나님의 모든 구원 약속이 성취되었다는 사실을 한 사람에게라도 더 널리 알리는 일의 중요함을 알았습니다.

교회는 사람들이 모인 공동체입니다. 공동체 구성원들은 하나님의 은혜로 공동체 안에 들어왔지만, 완전히 성화된 사람들은 아닙니다. 빌립보 교회의 심각한 문제가 그 공동체 안에 투기와 분쟁이 있다는 것(빌 1:15)과 멸망의 증거를 가진 사람이 있는 것(1:28)으로 서술되었습니다. 그 교회 공동체에 십자가를 반대하는 사람처럼 멸망하는 사람이 있었습니다. 이런 사람들을 생각하며 바울은 남은 사람들에게 복음에 합당한 삶을 살라고 권했습니다.

이제 빌립보서 2장에서 바울은 빌립보 교회의 민낯을 더 세밀하게 공개합니다. 복음을 잘 전한 공동체 내부의 문제입니다. 바울이 **"마음을 같이하여 같은 사랑을 가지고 뜻을 합하여 한 마음을 품"**이라고 말한 것을 보니, 그들에게 이런 것들이 결여되었다는 것을 알 수 있습니다. 사도가 21세기 한국교회를 두고 이렇게 말한 것이 아닙니다. 이 말씀을 현대교회에 보편적으로 적용될 수 있을지는 몰라도, 바울이 직접적으로 당시 빌립보 교회의 문제를 두고 이 말을 하고 있다는 사실을 먼저 기억해야 합니다.

2장에 소개된 빌립보 교회의 현실적인 문제는 4:2-3에 더욱 구체적으로 표현되었습니다. 바울은 빌립보 교회의 두 여성 지도자를 언급하면서, 2장에서 말한 같은 단어를 몇 개 사용하여 그들을 권합니다. 주 안에서 같은 마음을 품으라(즉, 같은 생각을 하라)는 권면의 말이 그 한 예입니다. 당시 빌립보 교회는 유오디아와 순두게의 다툼으로 하나 됨을 보이지 못한 것이 교회에 부정적인 영향을 미쳤다고 생각할 수 있습니다. 바울은 두 여성 지도자에게 교훈하기에 앞서, 빌립보 교회 전체에게 권합니다. 세 가지 내용이 제시되었습니다.

첫째, 무슨 일에든지 다툼이나 허영으로 하지 말라.

둘째, 겸손한 마음으로 남을 자신보다 낫게 여기라.

셋째, 자신의 일을 돌볼 뿐만 아니라 다른 사람의 일을 돌아보라.

이렇게 될 때 바울의 기쁨은 가득 차게 될 것입니다. 이 내용을 하나씩 살펴보겠습니다.


## 첫째, 다툼과 허영으로 하지 말라.

여기서 **"다툼"**은 싸움을 의미하는 말이 아닙니다. **"이기적인 야망"**을 가리킵니다. **"허영"**이라는 단어도 우리말에서 사용하는 것과 뉘앙스가 다른 뜻으로 한 말입니다. 우리말 사전에 허영은 자기 분수에 넘치고 실속이 없고 겉모습에 치우치는 것이라는 뜻으로 설명되었습니다. 하지만 바울이 여기서 말하는 허영(虛榮)은 글자 그대로 비어있는 영광이라는 뜻입니다. 사람들이 영광을 추구하는데, 그들이 잡았다고 생각하는 그 영광이 사실은 **"빈"** 영광이라는 겁니다. 내용이 없는 영광입니다. 무엇인가 중요한 것이 있어야 그것이 의미가 있고 실체로서 존재하는 것인데, 바울은 그것이 없다는 뜻으로 이 말을 사용합니다. 반면에 우리말 사전에 **"영광"**은 **"빛나고 아름다운 영예"**라고 뜻풀이합니다. 빛난다는 것은 인정해준다는 말입니다. 거기에 신령하고 성스러운 것이 있다는 것입니다.

성경에서는 특히 이 신령하고 성스럽다는 의미로 **"영광"**을 사용합니다. 그렇게 빛나는 것은 불멸의 존재인 하나님에게만 해당합니다. 하나님이 가지신 빛나고 아름다운 영예입니다. 사실이 이러하니, 하나님의 통치와 주권을 표현하는 영광을 사람이 얻으려는 것은 애초부터 불가능한 일입니다. 교회 안에서 하나님에게 속한 영광을 얻으려고 서로 간에 다툼과 시기심을 가지고 경쟁하지만, 결국 그들이 얻는 것은 허영입니다.

이런 점에서 바울이 사용한 **"다툼"**이라는 단어의 의미도 분명히 해두는 것이 좋을 것 같습니다. 이 단어는 **"에리떼이아"**(ερtθεtα)인데 서로 싸우는 것을 가리키기보다는 이기적인 야망과 이기심을 뜻합니다. 다른 사람은 개의치 않고 자신의 이득을 취하려고 애쓰는 행동 말입니다. 영어성경에 이 단어를 이기적인 야망(selfish ambition)이라고 바르게 번역했습니다. 이기적인 태도와 행동입니다. 다툼은 상호관계에서 일어나는 것인데, 한 개인이 다른 사람에게 이기적인 것을 요구하면서 생기는 결과를 표현합니다. 교회 공동체는 그 존재 자체가 개인이 아니라 상호성을 가진 실체입니다. 그 안에서 다른 사람을 배려하지 않고 자기만 생각하고 가기가 하고 싶은 대로 행하면서 이기적인 요구를 강요한다면 공동체는 어떻게 될까요? 공동체는 깨지고 말 것입니다.

가정해봅시다. 만약에 목사가 목사답게 처신하거나 행동하지 않고 다른 목사와 비교해서 더 큰 예배당을 짓고 더 많은 액티비티를 교인들에게 요구하는 등 자신의 이기적인 야망을 가지고 교회를 이끈다면 교회는 경쟁심에 빠지고 업적 성취 위주의 신앙생활을 하게 될 것입니다. 다른 성도들과 다른 교회를 이겨먹을 경쟁상대로 생각하게 될 것입니다. 교회의 공동체성을 잃게 될 것은 불 보듯이 뻔합니다. 장로도 마찬가지고 교인들도 마찬가지입니다. 교인들이 저마다 자기 나름의 교회에 기대하는 바가 있고 그것을 다른 교인들에게 요구한다면 결국 교회 안에는 이기적인 야망을 가진 사람들로 넘쳐나고 그로 인해 다툼이 일어나게 될 것입니다. 저마다 이르지 못한 것을 위해 마음을 쓰고 그것을 쟁취하려고 물불을 가리지 않게 되면, 결국 허영을 얻는 것으로 끝납니다. 교회에서 **"열심"**이라는 이름으로 자행되는 것들 중에 이런 것은 없는지 반성해볼 필요가 있습니다. 하나님의 고유 속성이며 하나님에게만 속한 영광을 사람이 취하려고 하면, 100% 비어 있는 영광만 얻게 됩니다. 하나님이 주셔야 사람이 영예를 얻고 하다못해 칭찬이라도 받을 수 있는 것인데, 그보다 더 과한 하나님의 것을 인간이 욕심으로 갈구한다면, 그 결과는 너무나도 자명합니다. 평생 헛된 영광을 얻으며 헛수고하게 될 것입니다.

사도는 전에 갈라디아 교회에게 **"헛된 영광을 구하여 서로 노엽게 하거나 시기하지 말라"**고 권면했습니다. 갈라디아서 5:26에 있는 말씀입니다. 남이 잘되는 것을 시샘하고 질투하면 서로 얻지 못할 영광에 도달하려는 것이니, 교회 안에 문제가 생길 수밖에 없습니다. 그러는 순간 상대를 좌절하게 하고 노엽게 합니다. 교회 안에 이런 문제가 있으면 절대 하나가 될 수 없습니다. 그러므로 이기적인 야망을 채우려는 것을 버려야합니다.

## 둘째, 겸손하라.

바울은 교만한 사람들에게 이것과 정반대의 태도를 권합니다. 겸손한 마음으로 행하라는 권면입니다. 겸손은 말하기는 쉽지만 실천하기는 쉽지 않습니다. 영화 [굿 윌 헌팅]에 이러한 상황을 이해할 수 있는 좋은 장면이 있습니다. 윌 헌팅은 하버드대학교에서 청소일을 하는 청년입니다. 대학생 나이에 집안 사정으로 대학교에 진학하지 않고 학교의 허드렛일을 하며 돈을 버는 청년 노동자였습니다. 이 학교의 수학 교수는 복도에 어려운 문제를 제시하고는 그 문제를 푸는 학생을 특별한 학생으로 대우합니다. 수학을 공부할 자질이 있는 사람으로 말입니다. 보통은 거의 아무도 풀지 못하는 매우 어려운 문제를 제시했지요. 그러던 어느 날 윌 헌터가 그 문제가 있는 칠판 앞에서 뭔가 끄적이는 것을 본 교수는 청소부가 칠판에 낙서를 했다고 판단합니다. 화가 난 채 헌터에게 욕을 하고 칠판 앞에 선 교수는 너무도 쉽게 그 문제를 푼 것을 보고는 경악합니다. 그리고는 윌 헌터와 가까이 지내면서 소위 수학으로 대화를 나눕니다. 얼마나 지났을까, 그 수학 교수는 다른 동료 교수에게 고백합니다. 수학의 노벨상을 받은 자기보다 더 수학적 자질을 가진 윌 헌터에 대해 열등감을 느낀다고, 헌터를 시기한다고 말입니다. 시기심은 교수가 제자에게도, 동료 교수에게도 느끼는 것입니다.

바울은 이것을 넘어서야한다고 말합니다. 문제는 자신을 낮추려는 의지에 있습니다. 한 마디로 말해서, 자신을 낮춘다는 것은 자신의 본래 모습을 제대로 아는 것을 의미합니다. 성경에서 겸손은 교만의 반대로 제시됩니다. 하나님 없이 자신이 하나님을 대신할 수 있다고 생각하고, 다른 사람들보다 우수하다고 우쭐해하는 행동이 이에 해당합니다. 그것이 교만입니다.

하나님께서는 아담에게 모든 권리를 주셨습니다. 하지만 단 한 가지, 창조주와 피조물의 차이를 잊지 말라는 것을 알리려고 선악과를 먹지 말라는 금령을 내렸습니다. 아담이 하나님에게서 금지된 것은 단순한 나무 열매를 따먹는 정도의 문제가 아닙니다. 그 나무가 선악을 알게 하는 나무라는 데서 알 수 있듯이, 선악을 판단하는 것은 하나님에게 속한 것이니, 선악을 아는 것, 즉 시시비비를 가려 옳고 그른 것을 판단하는 것을 금지함으로써 아담에게 피조물이라는 사실을 주지시키신 것입니다. 하지만 아담은 선악과를 따먹음으로 선악을 판단하는 주체가 되고자 했습니다. 타락의 본질이 바로 이것입니다. 인간이 하나님이 되고자 한 것입니다. 하나님처럼 되려고 하는 것은 교만입니다. 겸손은 스스로 인간됨을 알고 인간 수준에 머무는 것입니다. 자신이 더 높아지기 위해서 경쟁하지 않고 제 분수를 아는 것입니다.

당시 로마가 세계를 지배하던 세계에서는 자신을 낮추면 사람대접을 받지 못했습니다. 사도가 교회에게는 자랑하거나 미치지 못할 것을 얻으려 하지 말고 겸손하라고 권한 것은 세상의 세계관이 아니라 성경적 세계관을 가지라고 말하는 것입니다. 사도가 판단할 때, 이것이야말로 교회가 세상과 구별되었음을 사람들이 알 수 있도록 하는 방편이었기 때문입니다. 바울은 고린도 교회에게 자기 유익을 구하지 말라(고전 10:24)고 했고, 사랑은 자기 유익을 구하지 않는 것이라(13:5)고 권면한 것도 이 맥락에서 한 말입니다. 사랑은 겸손으로 행하는 것입니다. 이런 일관된 생각을 가지고 바울은 빌립보 교회에게도 똑같이 교훈하고 있습니다. 바울이 빌립보서 2:2에서 **"사랑의 격려(위로)"**라는 말을 사용한 것은 사랑의 중요한 요소이면서 특성이 자기 유익을 구하지 않는 것임을 반영한 것입니다. 질투는 자기 유익을 구하고 다른 사람을 경쟁의 상대로 생각하는 사람에게서 나옵니다.

　잠언의 말씀도 이와 똑같은 교훈을 가르칩니다. 하나님은 **"거만한 자를 비웃으시고 겸손한 자에게 은혜를 베푸"**십니다(잠 3:34). 스스로 하나님처럼 되려고 하면, 그 사람의 인생에 하나님이 개입할 여지가 없습니다. 그런 사람은 하나님께서 그냥 내버려두시는 것입니다. 잠언 15:33에서는 **"여호와를 경외하는 것은 지혜의 훈계"**라고 말합니다. 여호와를 경외하는 것을 구체적으로 실천하는 행동이 바로 겸손입니다. 겸손은 존귀의 앞잡이입니다. 시편 131편은 이 모든 것을 반영한 시입니다. **"여호와여 내 마음이 교만하지 아니하고 내 눈이 오만하지 아니하오며 내가 큰 일과 감당하지 못할 놀라운 일을 하려고 힘쓰지 아니하나이다."** 이 점에서 예수 그리스도는 중요한 모범자이십니다. 예수님은 **"나는 마음이 온유하고 겸손하"**다고 선언하셨습니다(마 11:29). 예수님은 얼마든지 이렇게 선언할 수 있는 분이십니다. 하나님이시지만 자기를 비우고, 자기를 낮추어 종의 모습으로 이 땅에 오셨고 땅에서 사시는 동안 친히 겸손을 실천하셨습니다(참조. 빌 2:6-8; 히 5:8-9).

　바울은 이런 예수 그리스도를 만났습니다. 그래서 자신도 그리스도를 본받아 겸손을 실천했습니다. 그는 사도로서의 사역을 마무리하면서 에베소의 장로들을 불러 자신이 겸손과 눈물로 섬겼음을 상기시킵니다(행 20:19). 이 세상을 살아가면서, 또 낯선 땅에서 사도로서 사명을 감당하면서 겸손을 실천하는 것이 얼마나 어려웠던지, 바울은 겸손을 실천하기 위해서 눈물을 흘렸다고까지 말한 것입니다. 공연히 한 말이 아닙니다.

### 셋째, 각각 다른 사람의 일을 돌아보라.

내가 하면 로맨스, 남이 하면 불륜이라는 말은 자기중심의 삶을 함축적으로 묘사하는 말입니다. 이러한 세상에서 살아가는 원리에 비춰 본다면 바울이 **"각각 자기 일을 돌아볼뿐더러 또한 각각 다른 사람들의 일을 돌아보라"**(빌 2:4)고 권한 것은 사람들이 수긍하기에 어려운 말로 들렸을 것입니다. 바울은 교회에게 자기의 일만 아니라 다른 사람의 일까지도 도우라고 말합니다. 참견하는 차원이 아니라 남을 돕는 차원에서 한 말입니다. 교회는 공동체이고 독립적인 모임이 아닙니다. 자기만의 종교적 열심을 가지고 다른 사람보다 우월의식을 가지고 교회의 주인의식을 가져서는 안 됩니다. 교회 공동체의 구성원들은 다른 사람의 처지를 공감하는 능력이 필요합니다.

바울은 이 점을 갈라디아서 6:2-4에서 매우 실감나게 표현했습니다. **"너희가 짐을 서로 지라. 그리하여 그리스도의 법을 성취하라. 만일 누가 아무 것도 되지 못하고 된 줄로 생각하면 스스로 속임이라. 각각 자기의 일을 살피라. 그리하면 자랑할 것이 자기에게는 있어도 남에게는 있지 아니하리니** (자랑하려고 한다면 자신에게만 자랑하고 남에게는 그렇게 하지 말라는 뜻임), **각각 자기의 짐을 질 것이라."** 갈라디아서에서 바울은 율법에 대해서 부정적으로 말하지만 그렇다고 해서 바울이 율법의 가르침 자체를 불필요한 것으로 본 것은 아닙니다. 바울은 율법에서 가르친 하나님 사랑과 이웃 사랑은 매우 중요한 계명이라고, 율법의 정신을 요약한 것이라고 이해했습니다. 서로 사랑하는 것은 그리스도가 가르치신 교훈과 같은 교훈입니다. 서로 사랑하는 것은 그리스도의 계명입니다. 그리스도인들이 서로 짐을 지는 것은 그리스도의 사랑의 법을 실천하는 행위입니다. 사랑은 율법의 완성입니다.

교회는 경쟁하듯이 혼자 신앙생활 하는 공동체가 아닙니다. 다른 신자들과 함께, 서로 어울려 신앙생활을 하는 공동체입니다. 누구나 똑같이 하나님 앞에 인정받도록 힘쓰고 함께 나아가는 공동체입니다. 구원받은 자는 교회 안에서 그 삶이 공동체적으로 드러나게 해야 합니다. 이 일을 힘써야 한다는 말입니다. 교회에서 남에게 짐이 되지 않도록 조심하고, 자신의 문제는 스스로 해결해야하지만, 남의 짐을 지려해야 합니다.

경제적인 어려움이나 가정적인 어려움에 직면한 교우들을 대하는 경우가 이 원리를 실천하기에 좋은 상황입니다. 자기 짐은 자기가 지되, 다른 사람의 짐을 기꺼이 지려는 아량을 가지는 것 말입니다. 결국 신자들 한 사람 한 사람이 애쓰는 것은 공동체를 세우는 데 목적이 있습니다. 남을 나보다 낮게 여기고, 남의 짐을 지려할 때 공동체가 세워집니다. 세상의 원리와 다른 점이 이것입니다. 이것이 예수사랑 공동체로서 교회의 특징입니다. 아가페 사랑을 구현하는 것입니다. 이런 교회는 누가 보더라도 하나라고 할 것입니다. 교회의 하나 됨은 천편일률적인 하나 됨이 아니라 복음을 이해하고 실천하고 복음이 요구하는 데서 하나가 되는 것입니다. 사도가 가르친 복음이 무엇인지 이해하는 데 있어 한 마음과 한 뜻이 되어야합니다. 모든 교회가 이런 모습으로 세상 앞에 나타나기를 바랍니다.

# 8강

# 그리스도 안에서
# 이것을 생각하라

(빌립보서 2:5-11)

**빌립보서 2:5–11**

⁵너희 안에 이 마음을 품으라 곧 그리스도 예수의 마음이니 ⁶그는 근본 하나님의 본체시나 하나님과
동등됨을 취할 것으로 여기지 아니하시고 ⁷오히려 자기를 비워 종의 형체를 가지사 사람들과
같이 되셨고 ⁸사람의 모양으로 나타나사 자기를 낮추시고 죽기까지 복종하셨으니 곧 십자가에
죽으심이라 ⁹이러므로 하나님이 그를 지극히 높여 모든 이름 위에 뛰어난 이름을 주사 ¹⁰하늘에 있는
자들과 땅에 있는 자들과 땅 아래에 있는 자들로 모든 무릎을 예수의 이름에 꿇게 하시고 ¹¹모든
입으로 예수 그리스도를 주라 시인하여 하나님 아버지께 영광을 돌리게 하셨느니라

# 8강

# 그리스도 안에서
# 이것을 생각하라

### (빌립보서 2:5-11)

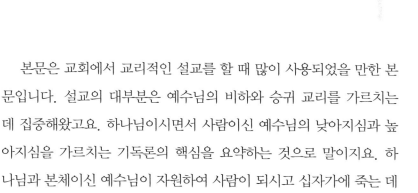

본문은 교회에서 교리적인 설교를 할 때 많이 사용되었을 만한 본문입니다. 설교의 대부분은 예수님의 비하와 승귀 교리를 가르치는데 집중해왔고요. 하나님이시면서 사람이신 예수님의 낮아지심과 높아지심을 가르치는 기독론의 핵심을 요약하는 것으로 말이지요. 하나님과 본체이신 예수님이 자원하여 사람이 되시고 십자가에 죽는 데이르기까지 자신을 낮추셨다는 것과 하나님은 이런 예수님을 최고로 높이셔서 **"주"**라는 이름을 주하셨고, 모든 사람이 그 앞에 무릎을 꿇게 하신다는 것이 핵심입니다.

다른 한편 이 본문은 신자 개개인이 예수님을 본받는 삶에 표준이 되는 본문으로 사용되기도 합니다. 토마스 아 켐피스가 그의 대표적인 책의 제목을 [그리스도를 본받아]라고 붙이는 데 영감을 얻은 본문이기도 합니다.

다 좋은 내용이고, 실제로 우리가 교훈 얻을 만한 내용들이 이 본문 설명에 담겨 있습니다. 하지만 성경을 읽을 때 우선적으로 생각해야 할 문제는 바울이 이 내용을 왜 여기에 기록했는지, 일차 독자들에게 기대한 바가 무엇이었을 지입니다. "당시 빌립보 교회는 이 본문에서 어떤 가르침을 받았을까?" 이 질문들에 대답을 하는 과정에서 우리는 이 본문이 앞에서 제시한 교리를 제공하려고 기록된 것이 아니라는 사실을 발견할 수 있습니다. 그러므로 우리가 이 본문을 읽을 때 바울은 빌립보 교회에게 글을 쓰는 도중에 이 내용을 왜 여기에 기록했는지, 교회에게 기대한 것이 무엇이었는지 질문해야 합니다. 본문을 기록하기 직전까지의 내용을 따라가다 보면, 바울이 예수님의 일대기(비하와 승귀)를 알리려고 이 내용을 쓴 것이 주된 목적이 아니라는 사실을 알게 됩니다. 바울이 본문 앞뒤로 이 문제를 다루지 않고 있기 때문입니다.

그렇다면 그리스도인이 삶에서 그리스도를 본받는 표준으로 이 내용을 제시한 것인가? 글의 흐름을 고려할 때 이럴 가능성이 더 많습니다. 여기서 다시 우리는 바울에게 이 시점에서 이런 내용의 글을 써야 할 필요와 이유가 무엇이었는지 물어야 합니다. 이 질문들을 염두에 두고 본문을 찬찬히 살펴보겠습니다.

## 빌 2:1-4과 빌 2:5-8의 관계 - 겸손

본문 앞에 있는 빌립보서 2:1-4의 내용에서 우리는 빌립보 교회 안에 심상치 않은 일이 벌어지고 있다는 것을 직감할 수 있습니다. 복음에 참여한 교회라고 바울의 칭찬을 받은 교회 안에서 교인들 간에 시기와 경쟁심이 일어났습니다. 본문은 헛된 영광을 구하느라 교만하여 자신에 대해 우월감을 갖고 남에 대해서는 무시하는 빌립보 교회의 몇몇 교인들을 겨냥한 교훈을 담고 있습니다. 바울은 그들에게 하나 됨을 특히 강조하는 교훈을 베풀었습니다. 그런데 바울은 이런 교훈만으로는 그들의 문제가 근본적으로 해결되지 않을 것을 잘 알았습니다. 그래서 빌립보 교회가 추구하는 것과 정반대의 삶을 사셨던 그들의 믿음의 주님을 교훈의 모델로 제시하는 것이 좋겠다고 판단한 것입니다.

빌립보서 2:5-11의 이 말씀은 초대교회에 널리 알려져 있는 예수님의 생애의 두 측면을 요약합니다. 빌립보 교회도 이 내용을 잘 알았을 것입니다. 바울은 이 내용을 빌립보 교회의 상황에 적용합니다. 허영을 추구하고 너도나도 이기심에 사로잡힌 사람들에게 알아들으라고 교훈을 베풀 목적으로 말입니다. 이 말씀은 그리스도에 대한 교리를 가르칠 목적보다는 교회가 잘 알고 있는 내용을 근거로 현재 교회의 내부 문제를 교정하려는 실천적 목적 때문에 기록되었습니다. 빌립보서 2:1-4의 결론은 **"오직 겸손한 마음으로 각각 자신보다 남을 낮게 여기라"**(3절)입니다. 2:5-8에는 예수님의 겸손함을 실천한 구체적인 행동들이 열거되었습니다. 두 본문을 연결해주는 단어는 **"겸손"**입니다.

바울이 앞(빌 2:1-4)에서 말한 내용에서 **"다만 겸손한 마음으로 각각 자기보다 남을 낮게 여기라"**는 말씀에 집중하면서 예수 그리스도를 예로 제시한 바울의 마음이 어떠했을지 살펴보는 것이 본문 이해에 절대적으로 중요합니다. 앞장에서도 말씀드렸고 이 장에서도 질문했던 내용을 다시 생각해 보세요. "빌립보 교회에 어떤 문제가 있었기에 바울이 예수 그리스도의 예까지 거론해야 했을까"입니다. 교회 내부의 고질적인 문제는 교인들 간에 한 마음이 되지 못하고 남을 무시하는 태도를 드러내는 것입니다. 교인들에게서 발견하는 열심은 서로가 얻지 못할 영광을 쟁취하려는 경쟁으로 나타납니다. 바울이 말한 **"허영"** 말입니다. 이것이 왜 문제인지를 말씀 드리겠습니다.

첫째로, 빌립보 교인들도 고린도 교회처럼 자신이 받은 은사가 남들보다 더 우월하다고 생각하거나 자신이 교회 설립에 더 중요한 역할을 했다고 주장하는 것에서 이런 문제가 야기되었다고 생각할 수 있습니다. 고린도 교회는 예언과 방언하는 은사를 받은 사람들이 다른 사람들에 대해 우월의식을 가졌고 남을 멸시했습니다. 이 두 은사 중에서 방언을 받은 사람이 자신이 가진 은사의 중요성을 더욱 강조하고 자랑했습니다. 반대로 방언 은사를 받지 못한 사람들은 열등의식을 가졌습니다. 만약에 은사에 대한 이해가 서로 달랐기 때문에 빌립보 교회에 문제가 발생했다면, 이들도 고린도 교회처럼 행동했을 것입니다. 그런데 본문에서는 그들의 다툼이 은사 문제에서 비롯되었다는 단서를 찾을 수는 없습니다. 어찌 되었든지 간에 신앙생활의 한 요소를 두고 서로 우월감과 열등감이 작용한 것은 분명합니다.

둘째로, 자신이 추구하는 신앙생활 방식이 신앙인의 삶의 표준이라고 말하면서 자신처럼 살지 않는 사람들의 삶을 무시하거나 멸시하는 행위에서 빌립보 교회의 문제가 야기되었을 수도 있습니다. 초대 교회에서는 사도의 전승과 복음 전승을 많이 들었거나 사도로부터 가르침을 더 많이 받은 것을 자랑하는 사람들이 있었을 것입니다. 요즘의 신자들에 비교하면, 성경을 많이 읽고 암송하는 것, (새벽)기도를 많이 하는 것, 교회에 헌금을 많이 한 것, 정확한 십일조 생활 하는 것으로 신앙의 우월감을 갖는 것과 같습니다.

루디아는 난생 처음 만난 바울 일행을 자기 집에 받아들이고 싶을 정도로 바울의 설교에 감동을 받았습니다. 거절하는 바울에게 루디아는 계속해서 자기 집에 머물라고 간청합니다. 루디아 덕택에 바울(과 그 일행)은 루디아가 제공한 집에서 의식주 문제를 해결하면서 일정 기간 그 지역에서 복음을 전할 수 있었습니다. 이렇게 해서 빌립보 교회가 세워졌습니다. 어디에서나 볼 수 있는, 처음 교회가 세워질 때 창립 멤버로 함께한 사람들은 그 후에 교회에 들어온 사람들에 대해 자신들의 우월의식을 갖는 경우가 많이 있습니다. 사도행전이나 빌립보서에 기록된 짧은 보도만으로 단정하기는 어렵지만, 빌립보 교회에도 그런 갈등이 있었을 가능성이 있었다는 것을 열어두자는 것입니다.

셋째로, 빌립보서 4장과 3장에 비춰보면, 빌립보 교회 안에 두 여자 지도자 사이에 갈등이 있었다는 것(빌 4:2-3)과 원래 바울로부터 복음을 받아 들여 복음을 중심으로 신앙생활하기 시작한 교인들과 유대교적 전통을 강조하는 유대인 출신의 그리스도인들 사이에 갈등(빌 3:1-9)이 있었다는 것을 짐작할 수 있습니다. 이처럼 자신이 실천하는 신앙생활은 옳고 다른 사람들의 신앙생활은 그르다는 사람들이 있는 곳에는 시기와 다툼이 존재할 수밖에 없습니다. 고린도 교회나 로마 교회에서는 우상에게 바친 고기를 먹는 사람들과 그렇지 않은 사람들 사이에 벌어진 갈등과 한국교회의 술과 담배를 교인의 표지로 삼아야 하는지의 문제를 두고 극단적으로 의견을 달리하는 사람들 사이에 이런 유의 문제가 일어나는 것입니다.

초대교회가 시작되면서 교회는 이런 문제 또는 이와 비슷한 문제들에 연루되었습니다. 교회 안에서는 같은 문제를 두고 입장을 달리하는 사람들 사이에 시기와 경쟁 또는 다툼이 발생했습니다. 빌립보 교회에도 그 나름의 문제로 교인들 사이에 갈등이 벌어졌습니다. 빌립보서 2:5-11 역시 이런 상황에서 바울이 제시한 말씀입니다. 본문 전체를 지배하는 주제는 하나, 즉 **"다만 너희는 겸손하라"**입니다. 그 겸손은 마음의 태도가 아니라 행동의 문제입니다. 바울은 교만해 하는 빌립보 교인들에게 겸손이 무엇인지 예수님을 통해 구체적으로 설명합니다.

### 이것을 깊이 생각하라

본문의 개역개정성경의 번역은 난해하고 의미가 분명하지 않아서 보충 설명이 필요합니다. 5절은 **"너희 안에 이 마음을 품으라"**로 시작합니다. **"이 마음을 품으라"**는 말은 예수님이 가지신 성품과 심정을 우리 가슴에 담아두라는 뜻으로 들립니다. 하지만 이 말은 정서나 심정과 관련된 단어가 아니라 생각과 관련된 단어입니다. 그리스어의 **"프로네오"**(φρονεω)라는 단어가 사용되었습니다. 이 단어는 일반적인 생각과 달리 깊이 생각하고 거기에 마음을 두는 것을 뜻합니다. 영어로는 주로 mind로 번역하는데, 신경을 쓰다, 골똘히 생각하다는 의미에 가깝습니다. 문자적인 번역에 가까운 ESV역에 이 단어를 mind로 번역했는데, 전체 내용(Have this mind among yourselves, which is yours in Christ Jesus)을 우리말로 옮기면 이렇습니다. **"너희 가운데 이 생각/마음을 가지라. 그리스도 예수 안에서 너희가 가진 생각/마음을."** 한 번에 그 의미가 전달되지 않는 문장입니다. 가톨릭성경(2005년)에는 이렇게 번역되었습니다. **"그리스도 예수님께서 지니셨던 바로 그 마음을 여러분 안에 간직하십시오."** 한글개역개정과 비슷하게 번역했습니다. 두 번역 모두 예수님의 마음과 빌립보 교인들의 마음의 상호관계에 초점을 맞추어 본문을 읽는다는 것을 알 수 있습니다. 아마도 두 번역이 이 본문에 대한 보편적인 이해를 반영하는 것으로 읽고 있다고 판단됩니다.

이와 다르게, 영국에서 나온 REB역은 "Take to heart among yourselves what you find in Christ Jesus"(너희가 그리스도 예수 안에서 발견한 것을 너희 가운데 새기라)라고 번역했습니다. 모세 실바(Moses Silva) 교수는 이 본문을 **"너희 공동체 안에서 이러한 생각의 틀을 받아들이라. 이것이야말로 그리스도 안에 있는 사람들의 온당한 생각이다"**라고 풀어썼습니다. 번역성경으로는 REB가 그리고 본문의 의미는 실바 교수가 제대로 파악하고 전하고 있습니다.

본문에서 바울이 말하려는 핵심적인 내용은 생각의 문제이고, 태도나 심정이란 의미의 마음의 문제가 아니라는 것이 본문을 대할 때 첫 번째로 유념해야 할 사항입니다. 이 사실은 빌립보서 4:2에 동일한 동사 **"프로네오"**(φρονεω)가 두 지도자들 사이에 같은 생각을 권한 바울의 권면에서 드러난다는 것에서도 알 수 있습니다. **"내가 교회 안에 있는 두 여자에게 말하노니 교회 안에서 같은 생각을 하라."** 그리고 이 단어가 개역개정 골로새서 3:1-2에서는 정확하게 그리스도인들의 생각의 문제 또는 마음 씀의 문제로서 **"생각하라"**고 바르게 번역되었습니다. **"너희는 위엣 것을 찾으라. … 위에 것을 생각하고 땅에 것을 생각하지 말라."** 땅에 속한 삶의 태도에 마음을 두지 말고, 우리 주님이 계신 곳에 마음을 두고, 신경을 쓰라는 교훈입니다. **"마음을 둔다"**는 말은 **"진지하게 생각하다"** 또는 **"유념하다"**는 뜻입니다. 바울은 이 단어를 우리의 생각을 어디에 집중할 것인지를 가르치는 데 사용했습니다. 빌립보서 2:5에서도 바울은 예수 그리스도 안에 있는 사람들이라면 마음을 쓰고 진지하게 생각해야 할 것이 무엇인지를 알려주려고, 이 어구로써 교훈을 시작합니다.


## 하나님과 본체인 것을 이점으로 삼지 않음


예수님 안에서 그들이 생각해야 할 것은 무엇일까요? 그 내용이 빌립보서 2:6에서 시작합니다. 바울은 먼저 예수님이 모든 면에서 하나님이시라는 사실을 상기시킵니다. **"그는 근본 하나님의 본체이시다."** 이것은 예수님이 권세와 영광과 지위에서 하나님과 같은 분이시라는 사실을 선언하는 내용입니다. 하나님이 가지신 영광을 다 가지고 계신 분이시라는 뜻입니다. 이제부터 주목하고 살펴보아야 할 부분입니다. 바울은 하나님의 본체이신 분이 (개역개정 번역에 따르면) **"하나님과 동등됨을 취할 것으로 여기지 아니하"**셨다는 사실을 상기시킵니다. 이 번역은 그리스어에 반영된 바울이 말하고 있는 것을 제대로 표현하지 못한 번역입니다. 우리말 성경에 **"취할 것"**이라고 번역한 단어는 **"하르파그몬"**(αρπαγμον)이라는 형용사인데, 번역자들은 이 단어를 동사 하르파조(αρπαζω)에서 나왔다고 생각하여 그 동사의 기본적인 뜻인 **"빼앗다," "탈취하다"**라는 의미를 본문의 형용사에 부여하여 번역한 것 같습니다. 그래서 마치 본문의 예수 그리스도가 가진 하나님의 본체가 누구로부터 빼앗아 하나님과 동등한 지위를 얻은 것이 아니라는 사실을 설명하고 있다는 취지로 이 단어를 번역했습니다. 하지만 언어학적 측면에서 보면, 형용사 하르파그모스는 **"자기에게 유리하게,"** 또는 **"자기 이익을 위해서"**라는 의미입니다.

　이 의미를 본문에 적용하면, 예수님은 태생이 하나님의 본체이셨지만, 하나님과 동등하다는 것을 자신의 이익으로 여기지 않으셨다, 또는 자신에게 유리한 것으로 삼지 않으셨다는 말입니다. 이것은 하나님의 영광을 (쟁취하듯이) 취하려 하는 빌립보 교인들에게 일침을 가합니다. 그들은 얻지 못할 영광을 위해 경쟁하고 이기심을 발휘했습니다. 그러나 예수 그리스도는 그에게 주어진 영광을 자신의 이점과 유리한 것으로 삼지 않으셨습니다. 이것은 오직 겸손한 마음으로 오히려 다른 사람을 자신보다 낮게 여기라고 교훈하기에 적당한 패턴을 제시합니다. 그렇다면 그분은 (애시 당초 높음과 영광을 지니신 분이신데) 그분은 그에게 부여된 유리한 신분을 어떻게 활용했을까요? 7-8절에 그분이 그것을 자기에게 유리한 것으로 활용하지 않은 구체적으로 실천한 행동이 제시되었습니다. 그리스도 예수의 행동을 차례로 살펴보겠습니다.

## 자기를 비우심

첫째로, 예수 그리스도는 자신과 그가 지니신 모든 유리한 것을 비우셨습니다. 예수님은 근본 하나님의 본체인 것을 개인에게 유리한 것으로 여기지도 않으셨고, 그것을 자신의 유익을 위해 사용하지도 않으셨습니다. 오히려, 마치 애당초 그런 것이란 자신에게 없다는 듯이 생각하셨고, 그래서 자신을 비우셨습니다. 하나님과 동등한 것을 그렇지 않은 것으로 생각하지 않으셨다는 뜻입니다. 하나님만이 소유할 수 있는 부유함, 영광, 높으심, 권위가 담겨있는 그릇의 모든 내용물을 비워버려, 이제 그 그릇에 남은 것이 아무것도 없게 만드셨습니다.

**"비우다"**라는 단어에 사용된 그리스어 **"케노스"**(κενος)는 **"비워 없게 되다"**는 한자어로 허(虛)에 해당합니다. 저는 바울이 이 단어를 의도적으로 사용했다고 생각합니다. 지금 바울은 빌립보 교인들 중에 허영(虛榮, 그리스어로 "케노독시아")을 좇는 사람이 있는 것을 보고는 그들을 교훈하는 중입니다. 그래서 이 교훈에 가장 적합한 분으로 오히려 있는 것마저 비워버린(케노스) 예수님을 소개함으로써 그들이 추구하는 허영이 그들의 주님께서 행하신 행동과 얼마나 반대되는 행동인지를 가르치는 것입니다.

둘째로, 예수님은 종(노예)의 형체를 가지셨습니다. 노예는 당시 사회에서는 가장 낮은 신분을 가진 사람입니다. 사회적으로나 경제적으로나 가장 비천한 지위와 신분을 가진 사람이 바로 노예였습니다. 이것은 하늘과 땅의 차이만큼이나 사람들 사이에 엄청난 거리가 느껴지는 차이입니다. 최상의 신분과 위치에 계신 하나님이 최하의 신분과 지위에 있는 노예의 형체를 가졌다는 것은 그분의 낮추심(겸손)을 표현하기에 가장 적합했습니다. 그리고 나서 바울은 이 사실을 강조하려고 하나님이신 그리스도가 사람들처럼 되셨다는 사실을 덧붙입니다.

셋째로, 바울은 2:8에서 **"사람이 되신"** 그리스도가 자기를 낮추신 것을 차례로 설명하여, 그분이 어느 정도 수준까지 자신을 낮추셨는지 제시합니다. 그것은 어떤 과정을 설명하려는 데 목적이 있는 것이 아니라, 당대 사람들의 이해하기에 같은 사람으로서 낮은 처지와 비천한 상황에 있다고 공감할 만한 것들을 열거함으로써, 예수님이 스스로 낮아지신 것을 강조하려는 데 목적이 있습니다.

그 첫 번째로 제시한 것이 **"죽기까지 복종하신"** 행위입니다. 여기서는 복종하셨다에 강세가 있습니다. 예수님은 육체를 가지고(즉, 사람이 되어) 살아가시는 동안 복종해오셨는데(참조. 히 5:7-8), 죽음에 이르는 데까지 복종하셨다는 말입니다. 일단 **"복종"**이라는 용어는 노예에게 가장 적합한 것이라는 사실을 명심할 필요가 있습니다. 예수님이 십자가에서 죽으신 것은 하나님의 뜻에 자원하여 순종한 것입니다만, 바울은 이것을 노예가 주인에게 복종하는 것으로 설명합니다. 예수님은 한 인간으로서 살다가 생을 마칠 때 가장 처참하게 마치는 죽음인 십자가에 달려 죽으셨습니다. 이것은 명예를 존중히 여기던 당대 사회에서 가장 불명예스러운 죽음이었습니다. 이것보다 더 인간으로 낮아짐을 경험하는 것이 있을까 싶을 정도로 그리스도는 자신을 낮추셨습니다. 그것도 스스로 자원하여서 말입니다. 신자라면 그리스도가 어떠한 죽음으로 죽으셨는지 모르는 사람이 없었습니다. 바울은 교회에 이 사실을 상기시킴으로써, 허영을 얻기 위해 서로 시기하고 경쟁하고 다투는 빌립보 교회 교인들을 부끄럽게 하고 있습니다. 그들은 자신들의 존재를 예수 그리스도 안에서 생각하고 있듯이 서로 간에도 그렇게 생각하고 마음을 써야 합니다. 예수님이 스스로 낮아지셨듯이 겸손하라는 말입니다.

예수님의 이 행동은 최초 사람인 아담의 행동과 대조됩니다. 아담뿐만 아니라 역사에 살았던 모든 사람들의 행동과도 대조됩니다. 사람들은 자신의 신분을 벗어나 도달하지도 못할 위치에 도달하려고 하며 번번이 실패합니다. 하지만 둘째 아담이신 예수 그리스도는 다릅니다. 그분은 있는 것까지 마치 없는 것처럼("자기를 비워") 낮아지셨습니다. 그분의 스스로 낮아지신 모습에서 겸손함을 배울 수 있습니다. 시편 8:4-5에 보면 처음 사람이 얼마나 높은 지위를 가진 피조물로 지음을 받았는지 알 수 있습니다. 그는 이미 영화와 존귀의 관을 쓴 존재로 지음을 받았습니다. 아담은 하나님의 형상대로 지음을 받았으니 하나님에 버금가는 위치와 신분을 지닌 존재였습니다. 그런데 첫 사람은 선악을 구별하는 데까지 오르고 싶었습니다. 하나님처럼 되려고 하나님이 금하신 선악을 알게 하는 나무의 열매를 따서 먹었습니다.

불순종이며, 허영을 좇은 것입니다.

　예수님은 아담이 했던 것과는 전혀 다르게 행동하셨습니다. 자신의 영예를 자신의 이익과 자신에게 유리한 것으로 사용하지 않고, 마치 이런 것이 없는 듯이 하나님께 복종하여 최대한 낮아지셨습니다. 이것이 겸손입니다. 예수님은 이 세상 누구에게서도 볼 수 없는 겸손을 실천하셨습니다. 이사야 선지자가 소개하는 여호와의 고난 받는 종 역시 겸손함을 실천한 모델이었습니다. 이사야 53장에 서술된 종의 모습 중 한 구절을 인용하겠습니다. **"그가 자기 영혼을 버려 사망에 이르게 하며 범죄자 중 하나로 헤아림을 받았음이니라"**(사 53:12). 범죄자가 아님에도 그 종은 그들을 구원하려고 자신을 사망에 내던졌습니다. 겸손은 굽실거리는 동작이나 마음의 태도를 표현하는 문제가 아닙니다. 남을 섬기기 위해 자아가 없는 것으로 여기고 스스로 낮추는 구체적인 행동입니다. 자신의 이익을 위해 남을 이용하지 않는 것입니다. 오히려 남의 유익을 위해 자신의 것을 포기하는 행동입니다.

　바울은 빌립보 교회에게 편지를 쓰면서 그 교회 교인들도 예수님처럼 낮아져서 겸손해지기를 기대합니다. 교회 내부의 갈등 문제는 서로 겸손을 실천하는 것밖에 다른 해결 방법이 없습니다. 이 문제와 관련하여 주의 깊게 관찰할 것이 또 하나 있습니다. 바울은 일반적으로 특정 교회에 편지를 쓸 때 "사도인 나는 어디어디에 있는 교회에 편지하노니"라는 패턴으로 편지를 쓰는데, 빌립보 교회에게는 일반적으로 사용하는 패턴과 다르게 자신을 소개합니다. 빌립보서 1:1는 이렇게 시작합니다. **"그리스도 예수의 종**(노예) **바울과 디모데는 그리스도 예수 안에서 빌립보에 사는 모든 성도…에게 편지하노니."** 이 편지에서 바울은 자신을 사도라고 소개하지 않고 오히려 종(노예)이라고 소개합니다. 바울이 사용한 **"그리스도 예수의 종(노예)"**이라는 말은 자신이 복종하는 위치에 있다는 것을 뜻합니다. 사도라는 말도 메신저로서 남의 심부름을 하는 사람이라는 뜻이니, 비슷한 의미를 지니는 단어이지만 아무래도 노예가 낮은 자의 신분을 전달하기에 가장 좋은 단어일 것입니다. 그러니까, 원래 사도나 주의 종은 존경을 받을 만한 위치에 있는 사람을 가리키는 말이 아니고, 예수 그리스도의 일을 하려고 파송 받은 사람, 즉 심부름꾼을 가리키는 사람을 뜻했습니다. 바울이 지금 우리가 다루는 낮아짐의 최상의 예인 종(노예)으로 자신을 소개한 것은 2장에서 빌립보 교회에게 교훈할 때 자신도 노예로 낮은 존재라는 것을 알리려고 그러지 않았을까요. 교훈하는 자가 자신의 정체성을 낮은 자로 생각하고 있다는 말입니다. 자신을 낮은 존재라고 생각하고 남을 대할 때도 낮은 자로 자신의 존재를 나타내는 것은 기독교 윤리의 최상입니다.

### 겸손과 영광

구약성경에서도 하나님 앞에 겸손의 중요성을 여러 곳에서 가르칩니다. 그 중에서 대표적인 본문으로 잠언 22:4을 소해합니다. **"겸손과 여호와를 경외함의 보상은 재물과 영광과 생명이니라."** 이 말씀은 겸손을 여호와 경외함과 동일한 것으로 이해하고, 그럴 때 비로소 영광을 상으로 얻는다고 가르칩니다. 영광은 인간 스스로의 노력으로 얻는 것이 아니라 하나님으로부터 주어지는 것이라는 사실을 이 본문에서도 확인합니다. 겸손이 전제되어야 한다는 것은 말할 것도 없구요.

이와 마찬가지로 자신을 낮추는 그 사람을 하나님이 높이시며, 영광을 주신다는 사실을 가르치는 신약 본문이 바로 빌립보서 2:9-11입니다. 여기서 바울은 스스로 낮춘 그리스도를 하나님께서 지극히 높이셨다는 말로 그에게 내리는 상을 표현했습니다. 그리고 하나님이 예수님을 지극히 높이신 구체적인 예로 모든 이름 위에 뛰어난 이름을 주신 것과 모든 무릎을 그 앞에서 꿇게 하고, 그를 주라고 시인할 것을 제시합니다(빌 2:9-11). 바울의 가르침에 의하면, 우리가 예수님을 **"주"**라고 부른 것은 그가 자신을 낮춘 것에 대한 하나님의 보상으로 받은 것입니다.

빌립보서의 이 말씀은 사도행전 2:32, 36과 연결됩니다. 베드로는 예수님의 죽음과 부활의 관계를 설교합니다. 예수님이 죽은 자 가운데서 부활한 것은 단지 죽었다가 살아났다는 사실만을 전하지 않습니다. 사도행전 2:32에 의하면, 부활은 불의하게 죽임당한 이 예수님을 하나님이 살리시어 그가 의로운 자라는 것을 인정한 사건입니다. 사도행전 2:36에 의하면, 십자가에 못 박혀 죽은 이 예수를 하나님이 살리시어 **"주와 그리스도가 되게 하셨다"**고 말합니다. 예수님의 주되심은 스스로 낮아진 예수님을 하나님이 다시 높이신 증거입니다. 예수 그리스도의 순종을 하나님이 인정하시고 사람들 앞에 그의 정당함을 공포하신 것입니다.

빌립보서 2:10에 언급된 **"모든 무릎을 예수의 이름에 꿇게 하신다"**는 표현은 이사야 45:23 본문을 그대로 가지고 와서 높임을 받으신 예수님에게 적용한 예입니다. 원래 이사야 45:23의 내용은 이스라엘의 바벨론 포로 이후 열방 중에서 다른 신들을 버리고 하나님의 구원에 나아와 하나님만이 유일한 신이심을 고백하는 사람들의 행위를 설명하는 내용입니다. 그들은 하나님께 와서 하나님 이외에는 다른 신이 없다고 고백할 것입니다. 이방인들인 그들이 하나님께 나와 무릎을 꿇고 혀로 맹세하는 행위는 이스라엘의 하나님만이 모든 신들 위에 뛰어나신 분이시며 가장 높은 통치자이심을 인정하는 행위입니다. 바울은 하나님에게 적용되는 이 행위가 높아지신 예수님에게 향할 것이라고 말합니다. 그렇다면, 그리스도 예수께서 자신을 비어 스스로 낮아지신 것에 대한 하나님의 보상은 놀랍습니다. 예수 그리스도를 다시 하나님의 신분과 지위로 올리시는 것입니다. 스스로 낮추신 예수님을 하나님은 최고의 영광으로 보답하셨습니다.

우리는 빌립보 교회가 예수님의 일대기에서 발생한 실제적인 예에서 교훈을 받았기를 기대합니다. 교회도 예수님처럼 다른 교인과의 관계에서 자신을 낮추면 하나님께서 그를 높이시고, 그가 바라는 영광을 얻게 될 것을 기대할 수 있습니다. 다른 사람과의 관계에서 이러한 교훈을 실천하기가 쉽지 않겠지만, 예수 그리스도를 우리 주님으로 믿고 고백하는 모든 그리스도인들은 교회 안에서 그리스도를 본받아 겸손을 실천함으로써 교회다운 교회를 만들어가기를 힘써야 할 것입니다.

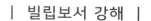

# 9강

## 두렵고 떨림으로
## 너희 구원을 이루라

### (빌립보서 2:12-14)

**빌립보서 2:12-14**

¹²그러므로 나의 사랑하는 자들아 너희가 나 있을 때뿐 아니라 더욱 지금 나 없을 때에도 항상

복종하여 두렵고 떨림으로 너희 구원을 이루라 ¹³너희 안에서 행하시는 이는 하나님이시니 자기의

기쁘신 뜻을 위하여 너희에게 소원을 두고 행하게 하시나니 ¹⁴모든 일을 원망과 시비가 없이 하라

# 9강

# 두렵고 떨림으로
# 너희 구원을 이루라

### (빌립보서 2:12-14)

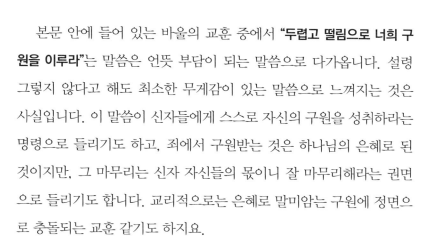

　본문 안에 들어 있는 바울의 교훈 중에서 **"두렵고 떨림으로 너희 구원을 이루라"**는 말씀은 언뜻 부담이 되는 말씀으로 다가옵니다. 설령 그렇지 않다고 해도 최소한 무게감이 있는 말씀으로 느껴지는 것은 사실입니다. 이 말씀이 신자들에게 스스로 자신의 구원을 성취하라는 명령으로 들리기도 하고, 죄에서 구원받는 것은 하나님의 은혜로 된 것이지만, 그 마무리는 신자 자신들의 몫이니 잘 마무리해라는 권면으로 들리기도 합니다. 교리적으로는 은혜로 말미암는 구원에 정면으로 충돌되는 교훈 같기도 하지요.

　하지만 한 마디로 말해서, 구원은 처음부터 끝까지 하나님의 일입니다. 죄와 사망의 권세에 있는 사람이 의와 생명의 영역으로 옮겨지는 일은 하나님만 하시는 일입니다. 구원의 완성 역시 하나님의 몫입니다. 구원은 처음부터 끝까지 하나님이 하시는 하나님의 권한에 속하는 일이기 때문입니다. 그러므로 본문은 우리에게 구원을 성취하라거나, 구원의 시작은 하나님이 하셨지만 그 완성은 우리에게 마무리하라고 요구하는 말씀이 아닙니다. 그렇다면 이 말의 뜻은 무엇이며, 이 명령으로써 바울이 우리에게 교훈하려는 내용은 무엇일까요?

바울 사도가 이 말을 할 때, 빌립보 교회에게 **"그러므로 나의 사랑하는 자들아"**라고 말하기 시작했다는 점을 주목해야합니다. 우리도 누구와 이야기를 하거나 글을 읽을 때 흐름을 따라 말을 하거나 글을 읽듯이, 성경을 기록한 사람들도 이야기의 흐름에 따라 글을 씁니다. 성경은 단편적인 교훈집이 아닙니다. 이야기의 주제를 가지고 말을 이어갑니다. 빌립보서 1장에서 바울이 이야기한 주제가 여기까지 이어져 온 것입니다. 설령 범위를 좁혀 말하더라도 이 본문은 빌립보서 1:27부터 이어진 주제를 다루는 내용이라는 것이 분명합니다. 그러하니 빌립보서 2:12에서 바울이 말하려고 하는 것을 간파하려면, 지금까지 우리가 살펴본 1:27에서 바울이 말한 것을 상기하는 것이 좋습니다.

바울은 지금 빌립보 교인들에게 복음에 합당하게 생활하라고 교훈하는 중입니다. 그러는 중에 그 교회 내부에서 벌어지고 있는 다툼과 허영을 좇는 사람들에게 예수 그리스도가 그러하셨듯이 자신을 낮추고 겸손하라고 권했습니다. 겸손은 그리스도의 사람(즉, 그리스도인)이 복음에 합당한 시민 노릇하는 구체적인 예입니다. 어느 사람이 복음을 받아들이면 그런 사람으로서 가지는 특징이 있는데, 이런 상황에서 12절을 말하는 것입니다. 그런데 빌립보 교회 내부에는 이 교훈과 전혀 다른 상황이 벌어지고 있습니다(참조. 빌 2:1-4).

또 하나 고려할 것이 있습니다. 12-13절은 빌립보서 2장에서 구체적으로 다루는 문제(빌 2:1-11)의 연속입니다. 교회 안에서 자신에 대해서는 우쭐해하고 남에 대해서는 얕잡아보는 사람들 때문에 다툼이 일어나는데, 바울은 빌립보서 2:2에서 그들에게 **"마음을 같이 하여 같은 사랑을 가지고 뜻을 합하여 한 마음을 품"**으로라고 권면했습니다. 그러고 나서 자신을 낮추신 그리스도를 예로 제시합니다. 그리스도의 낮아짐과 높아짐의 상황을 떠올리면, 우리가 그리스도 안에서 자신이 어떤 존재인지 생각하고 다른 교인들을 대할 수밖에 없습니다. 그래야 교만하지 않고 겸손해질 수 있습니다. 이것이 본문을 이해하기 위한 글 흐름의 앞부분에 해당하는 전경(前景)입니다.

이제 빌립보서 2:12-14 자체를 살펴봅시다. 원래 그리스어 본문은 12-13절이 한 문장입니다. 그러고 나서 이에 근거하여 바울은 14절에서 **"모든 일을 원망과 시비가 없이 하라"**고 권합니다. 이와 다르게 우리말 번역 성경에서는 12절부터 14절이 하나로 묶여있는 것처럼 번역되어있습니다. 바울의 어조를 따라 이 세 절은 12-13절과 14로 나눠 읽어야 합니다. 그럴 경우 첫 번째 문장의 주문장은 **"두렵고 떨림으로 너희 구원을 이루라"**입니다. 앞에서도 말씀 드렸듯이, 이 말씀을 우리에게 구원을 성취하거나 마무리하라는 명령으로 이해해서는 안 됩니다. 바울은 그리스도인의 실제 생활에서 일어나고 있는 것을 염두에 두면서 이렇게 말하는 것입니다. 두 번째 문장은 **"모든 일을 원망과 시비가 없이 하라"**입니다. 이 명령 자체는 서로 남의 탓을 하는 상황에서 그 행위를 금지하기를 기대하는 권면입니다. 12-14절 전체는 2:1-4에서 말한 다툼이나 허영으로 하지 말고 겸손한 마음으로 다른 사람을 대하라는 권면과 2:14에서 모든 일을 서로 원망과 시비가 없이 하라는 말로써 바울이 빌립보 교회 안에 서로간의 관계 문제를 교정하는 중이라는 것을 알 수 있습니다. 이 사이에 들어 있는 말씀이 12절에 있는 **"두렵고 떨림으로 너희 구원을 이루라"**입니다. 바울이 말하려는 의도가 느껴지지 않습니까?

구원을 이루기 위하여 1-4절과 14절대로 행동하는 것은 바울이 15절에서 말하는 그리스도인들이("너희가") 세상과 비교해서 세상에서 빛들로 나타나고 있다는 증거입니다. 그리스도의 사람임을 겉으로 드러내는 구체적인 행위라는 말입니다. 바울이 교회에 복음을 전하면서 기대했던 바가 이것입니다. 바울은 그리스도의 재림하실 때 세상에서 빛들로 나타낸 교회로 인해 자랑하고 싶었습니다(16절). 이와 같은 글의 흐름에 비춰 빌립보서 2:12-13을 찬찬히 생각해보겠습니다.


## "너희 구원을 이루라"

먼저 생각할 바울의 명령은 **"너희가 나 있을 때뿐 아니라 더욱 지금 나 없을 때에도 항상 복종하여 두렵고 떨림으로 너희 구원을 이루라"**입니다. 이 말씀을 잘 읽어보면, 빌립보 교회가 바울이 함께하고 있을 때는 구원을 이루는 일을 하고 있었다는 것을 알 수 있습니다. 문제는 바울이 그곳을 떠났을 때입니다. 지금 바울은 옥에 있습니다. 바울은 빌립보 교인들이 바울과 함께 있을 때와 다르게 구원을 이루는 일을 하지 않는다고 판단하여 그가 있을 때처럼 행동하라고 권하고 있다는 것을 본문에서 읽어낼 수 있습니다. 바울은 한 마디로 **"너희 구원을 이루라"**고 말합니다. 바울이 빌립보에 있었을 당시 그들의 생활을 다시 하라고 일깨우는 말입니다.

바울은 옥에서 들은바 빌립보 교회 내부에서 벌어지고 있는 서로 원망하고 시비하는 생활을 복음에 합당한 시민생활을 하지 않은 것으로 여겼고(참조. 빌 1:27), 구원을 이루는 일을 하지 않은 것이라고 판단했습니다. 이런 점에서 바울이 여기서 말하는 구원을 이루는 것은 영적인 구원을 이루는 것이 아니라 구원 받았음을 입증하는 것, 다시 말해서 삶 전반에서 보이는 신자로서의 구별된 삶이라는 것임을 알 수 있습니다.

많은 사람들이 **"구원"**이라는 말을 죄에서 구원, 영원한 나라로 가는 것 등 주로 영적인 분야에 속한 것으로 생각합니다. 구원을 이런 식으로 좁게 이해하기에 본문에서 말하는 **"구원을 이루라"**는 명령을 이해하기 어려워하는 것입니다. 이런 오해가 생기는 것은 구원을 교회에서도 폭 좁게 가르쳐왔고, 성경을 상황과 글의 흐름대로 읽지 않은 것에 그 까닭이 있습니다. 복음을 받았을 때 구원을 받는다고 하면, 누구나 개인구원을 생각하는 것이 당연합니다. 그런데 우리는 바울이 한 개인이 아니라 교회 공동체에게 교훈하면서 구원과 관련한 말을 하고 있다는 사실을 기억해야 합니다. **"너희 구원을 이루라"**는 바울의 권면은 일차적으로 구원받은 개인이 아니라 빌립보 교회 공동체를 겨냥하여 주신 것임을 생각해야 합니다. 이것은 매우 중요합니다.

일단 한 개인이 복음을 듣고 믿음의 반응을 하여 교회에 들어오면, 그는 한 개인으로 신앙생활 하는 것이 아니라 공동체와 함께 신앙생활 하게 됩니다. 교회의 구성원으로 다른 구성원과 함께 신앙의 여정을 시작하는 거지요. 그래서 개인이든 공동체든지 어느 교회를 정하여 신앙생활을 한다는 것은 자신의 정체를 그 교회와 함께 하는 것을 의미합니다. 교회공동체를 잘 유지하고 다른 사람을 유익하게 하기 위해 행동하는 데 관심을 두어야 합니다. 교회 봉사나 헌금, 복음전도 등은 교회 공동체 안에 있는 사람들을 위하는 행동입니다. 이미 바울은 빌립보서 2:2에서 교회 공동체에게 **"마음을 같이 하여"**라고 교훈하기도 하고 **"뜻을 합하여 한 마음을 품"**으라고 권했는데, 이것은 다 개인보다 공동체를 염두에 둔 교훈입니다.

이런 의미에서 바울이 2:12에서 말하는 **"구원"**은 칭의나 영혼 구원이 아니라 구원받은 사람으로 살아가는 삶 전체를 가리킨다는 것이 분명해집니다. 여기서 말하는 것과 가장 가까운 개념이 성화인데, 성화는 한 개인이 어떻게 거룩해지고 성인이 되어가는지의 문제일뿐더러 교회 공동체가 성숙해져 가는 것을 의미합니다. 신자 개인은 공동체가 성화되어 가는 데 있어 자신이 해야 할 일이 무엇인지 찾아 성실히 수행해야 합니다. 공동의 의, 공동의 유익을 위해 교회에 속한 한 사람으로서 행동하는 것이 중요하다는 말입니다. 구원을 개인 구원으로 생각하고 공동체의 삶을 생각하지 못하면 빌립보서 2:12의 의미를 제대로 이해하지 못합니다.

## "두렵고 떨림으로" 너희 구원을 이루라

두 번째로 생각할 것은 **"두렵고 떨림으로 너희 구원을 이루라"**는 교훈이 어떤 행동을 가리키는지의 문제입니다. 여기서 **"이룬다"**는 것은 무엇인가 달성하고 목표에 도달하고 성취한다는 뜻으로 이해되기 쉽습니다. 그래서 바울이 어떤 일을 **"성취하라"**는 뜻으로 이 말을 했다고 이해하는 것입니다. 하지만 바울은 마무리하다, 완성하다는 뜻으로 이 말을 한 것이 아닙니다.

이 단어는 그리스어로 **"카테르가제스떼"**(κατεργαζεσθε, 2인칭 복수 **명령형**)인데, 행하다, 일하다는 뜻을 지닌 단어 **"에르가조마이"**(εργαζομαι)에 **"카타"**(κατα)라는 단어가 첨가되어 그 동작을 강조하는 단어입니다. 명사로는 행위를 뜻하는 **"에르곤"**(εργον)이 이와 관련된 명사입니다. **"에르가조마이"**의 실용례는 행하다, 초래하다, 어떤 것을 내놓다, 생산하다, 결과를 내다. 보여주다 등을 뜻하는 곳에 사용됩니다. **"카데르가제스떼"**는 **"속에 있는 것을 내놓다,"** **"남이 볼 수 있게 하다"**는 뜻입니다. 이룩하다, 성취하다(achieve)는 뜻과는 전혀 다른 의미를 지닌 단어입니다.

이 단어는 가게의 쇼 윈도우(show window)에 물건을 볼 수 있게 진열하여 밖에 있는 사람들이 볼 수 있게 해주는 것처럼, 외부에 무언가 보여주는 것을 가리킬 때 사용됩니다. 이 내용을 그리스도인들에게 적용하면, 우리는 쇼 윈도우의 상황처럼 무언가 보여주는 사람입니다. 구원을 받았다면 이제부터 예수 그리스도와 관련한 무엇을, 우리가 받은 구원을 외부인들이 알아볼 수 있게 보여주라는 말입니다. 우리가 예수님의 제자라는 것을, 하나님 나라의 합당한 시민이라는 것을 삶 가운데 보여주라, 우리의 정치를 밝히 드러내라는 것입니다. 그 래서 본문은 이렇게 풀어 번역할 수 있습니다. **"너희가 정말 구원을 받 았다면, 구원받았다는 것을 다른 사람도 알 수 있게 겉으로 나타내어라."** 이 것은 다른 사람들에 대한 태도와 행동에서 나타납니다.

성경을 연구하는 성서학자들을 비롯하여 많은 신자들이 이 구절 을 이해하는 데 어려움을 느꼈던 또 다른 중요한 이유는 신학적인 이 유에서였습니다. 대부분의 개신교에 속한 신자들은 구원을 행함과 관 련하여 거의 생각하지 않습니다. 마치 구원에서 행함은 배제된 듯 구 원을 이해해왔습니다. 이런 식으로 구원을 이해하는 것은 오랜 역사 가 있습니다. 그리고 구원은 전적으로 하나님의 소관이라고 생각한 것도 바울이 신자들에게 구원을 이루라고 한 글자 그대로의 뜻을 이 해하는 것을 어렵게 만들었습니다. 이 문제를 실감할 수 있는 재미나 는 유머가 있습니다. 이것은 루터교 성경학자(스티븐 웨스터홈)가 그의 책 ([칭의를 다시 생각하다], IVP, 125쪽)에서 쓴 것이기 때문에 신빙성이 있는 유 머입니다.

어느 루터교 신자 한 사람이 세상을 떠나 다음 세상으로 갔습니 다. 그는 (살면서 확신했던 것과 다르게) 자신이 영원한 고통의 장소에 있는 것을 보며 왜 자신이 이곳에 왔는지 의아해했습니다. 그 루터교 신자 는 힘들게 기억을 더듬다가 자신이 저지른 치명적인 잘못 하나를 기 억해냈습니다. 한 번 선행을 한 적이 있었던 것입니다. 웨스터홈은 이 것이 루터교 안에서 유행하는 유명한 유머라고 알려주었습니다. 루터 교는 사람이 행위로 구원받는 것이 아니라 믿음으로 구원받는다고 가 르치는데, 착한 일을 했다는 것은 이 원칙에 위배되기 때문이라는 거지요.

## 구원에서 행위의 위치

　성경을 피상적으로 읽고 구원 교리를 폭넓게 이해하지 못하는 사람들의 견해와는 다르게, 신약성경의 저자들은 구원을 받은 사람에게 행위를 강조합니다. 행위는 그가 구원받았음을 입증하는 것이기 때문입니다. 특히 빌립보서 2:12에 사용된 **"카테르가제스떼"**라는 단어의 의미를 알 수 있는 좋은 예가 고린도후서 12:12인데, 이 본문에서 이 단어가 어떻게 사용되었는지 보면 빌립보서의 용례도 잘 알 수 있을 것입니다. 바울은 그의 사도됨을 의심하는 일부 고린도 교인들에게 그가 그리스도의 사도라는 증거를 이렇게 제시합니다. **"사도의 표가 된 것은 내가 너희 가운데서 모든 참음과 표적과 기사와 능력을 행한 것이라."** 여기서 바울이 맨 마지막에 언급한 능력을 **"행한 것이다"**가 **"카테르가조마이"**(κατεργαζομαι)를 번역한 말입니다. 바울은 고린도에 있으면서 그가 사도라는 표지를 보여주었는데, 그것을 특히 표적과 기사와 능력을 행한 것이었다고 주장합니다. 그가 행한 것은 사도로서 자신의 정체를 입증하는 것이었습니다.

　**"행위"**는 율법의 행함과 믿음을 대조하면서 자주 언급되는데, 종교 개혁자들의 전통을 이어받은 후대 교회들은 구원에서 믿음을 강조하며 율법 행하는 것을 배제하면서, 극단적으로는 이와 아울러 그리스도인들이 삶 가운데 여느 선한 행동들도 다 배제해왔습니다. 목욕물을 버리면서 그 안에 있는 아이도 버린 꼴리 되었습니다. 이런 식의 구원관을 가지고 있는 교회가 바울을 비롯하여 성경 저자들이 구원과 행위를 섞어 말하는 것을 오해해왔습니다. 대표적인 본문이 바로 지금 제가 집요하게 설명하고 있는 빌립보서 2:12입니다. **"두렵고 떨림으로 너희 구원을 이루라"**는 바울의 훈계는 자신들의 신학적 사고방식에 매어 있는 사람들에게는 골머리 아픈 말씀이 아닐 수 없습니다. 이 귀중한 바울의 말을 우리들 자신이 구원을 완성하라는 명령으로 오해하는 동안 바울의 의도를 놓쳤습니다.

다시 강조합니다만, 바울의 이 말은 빌립보 교인들에게 구원을 마무리하라는 권면이 아닙니다. 오히려 그들이 구원받았다는 것을 생활 가운데, 공동체 안에 있는 사람들과의 관계에서 나타내 보이라는 요구입니다. 여기서 구원은 영적인 구원만 아니라 평안, 화목 등 신자들 상호간의 관계를 나타내는 뜻으로 사용되었다는 것을 생각하기를 바랍니다. 빌립보서 2:12은 바울이 지금까지 빌립보 교회의 내부 문제를 두고 교훈에 왔던 말의 결론으로 매우 적합한 교훈입니다. 그래서 지금까지 살펴본 빌립보서의 흐름을 염두에 두면서 12절의 내용을 찬찬히 읽어보면 바울의 의도를 알 수 있을 것입니다. **"방금 전에 내가 설명한 그리스도의 낮아지심에 대한 내용**(빌 2:6-11)**에 비추어 너희도 서로 자신을 낮추고 겸손해져야 교회 안에 한 마음, 한 뜻, 하나의 정신을 나타낼 수 있다. 그러므로 너희가 구원을 받아 교회 안에 들어왔다면** (이것을 실천하여) **너희가 구원받은 사람인 것을 나타내 보여라."**

## "항상" 두렵고 떨림으로 구원을 이루라

세 번째로 생각할 것은 바울이 구원받았음을 나타내 보일 때 취하는 태도로 언급한 **"항상 두렵고 떨림으로"**라는 어구입니다. 구원을 이루라고 요구받는 사람들에게 바울은 늘 **"복종하여 두렵고 떨림으로 구원을 이루라"**고 요구합니다. 한 마디로 매일, 어느 상황에서나 겸손을 실천하라는 것입니다. 바울이 있을 때 서로에 대해서 복종하고 겸손을 실천했듯이 바울이 없을 때에도 그렇게 하라는 것입니다. 그래서 **"항상"**이라는 단어를 썼습니다.

두렵고 떨림은 종의 태도입니다. 낮은 위치에 있는 사람들의 몸에 밴 습성과 태도입니다. 이런 정신으로 자신의 구원을 사람들에게 나타내 보여야 합니다. 하지만 이것은 굴종의 태도를 취하라는 것은 아닙니다. 단지 낮은 자를 비유로 사용한 것뿐입니다. 바울은 우리가 예수를 믿을 때 받는 영(성령)은 주인(그리스어로 퀴리오스)을 두려워하며 대하는 종의 영이 아니라, (자유인으로서 자발적으로 행할 수 있는) 양자 됨(입양)의 영(성령)이라는 점을 상기시킵니다(롬 8:15). 바울은 이 교훈을 전하기 위해 새롭게 받은 영으로 신자들이 하나님을 향해서 아버지라고 할 수 있는 자유인의 아들이 되게 하는 영을 사용했습니다. 바울이 빌립보서에서 종처럼 두렵고 떨림으로 행하라는 뜻으로 이 단어를 사용한 것은 낮춤의 극치를 설명하기 위해서, 앞에서 말한 예수 그리스도의 낮아지심을 본받도록 하려는 데 목적이 있습니다.

성경에서는 **"두렵고 떨림"**이라는 주인을 대하는 종의 태도를 사용하여 하나님을 경외하는 사람의 모습을 설명합니다. **"여호와를 경외하**

는 것이 지식의 근본"이라는 잠언(잠 1:7)의 말씀은 **"두려움"**과 **"경외"**라는 서로 바꿔 쓰거나 번역할 수 있는 단어를 사용하여 하나님에 대한 그의 백성의 태도를 표현했습니다. 주인에 대한 종이 되었든지 하나님을 경외하는 사람이 되었든지 그의 지위는 스스로 얻은 것이 아니라 상대방(신자에게는 하나님)으로 말미암습니다. 마찬가지로 구원은 인간의 힘으로는 절대로 이룰 수 없습니다. 나의 나됨은 전적으로 하나님의 은혜와 능력에 달려 있습니다. 과거와 현재뿐만 아니라 미래 역시 인간 스스로 할 수 있는 것은 아무것도 없습니다. 미래에 구원이 완성이 되는 것은 물론이고, 지금 구원받았음을 입증하고, 구원받은 사람으로서 사는 데 있어서 하나님을 의지해야 합니다. 이에 해당하는 태도는 **"두렵고 떨림"**입니다. 구원은 하나님에게서 오는 것이며, 구원을 입증하기 위해 행하는 행동 역시 하나님에 대한 태도에서 나옵니다.

## 너희 안에서 행하시는 이는 하나님이시니

지금까지 제가 설명한 내용은 빌립보서 2:13의 말씀으로 확증됩니다. **"너희 안에서 행하시는 이는 하나님이시니, 자기의 기쁘신 뜻을 위하여 너희에게 소원을 두고 행하게 하시나니."** 이 말의 요지는 분명합니다. 우리가 늘 두렵고 떨림으로 구원받았음을 입증하며 살아가는 것은 하나님이 주시는 힘으로 가능하다는 말입니다. 또 그렇게 하는 것이 하나님의 뜻이라는 사실입니다. 구원을 이루는 행위는 하나님이 주시는 힘으로 행하는 것입니다. 하나님은 신자들이 그렇게 하도록 소원을 가지게 하시며 또 그렇게 행하게 하십니다. 이것이 하나님의 기쁘신 뜻입니다. 신자들의 실천적인 삶에서도 우리 스스로의 힘으로 살지 않고, 우리에게 힘을 불어넣으시는 하나님의 에너지 공급으로 살아갑니다.

이 말에서 **"행하게 하다"**라는 단어는 요즘 말로 에너지를 공급한다는 의미의 **"에네르게오"**(ενεργεω)라는 단어입니다. 12절에 사용된 구원을 **"이루라"**는 단어와 한글로는 다른 단어처럼 보여도, 두 단어는 넓은 의미에서는 (같은 어원에서 나왔기에) 비슷한 뜻을 지닌 단어입니다. 두 단어의 어근이 **"에네르게오"**니까 말입니다.

본문의 **"행하게 하다"**는 에너지 공급에 강조점을 둔 행위입니다. 우리 행위와 사역의 주체와 작동의 근원이 되시는 분이 따로 있다는 말입니다. 그분은 하나님이십니다. 하나님은 우리를 구원하실 때, 하나님의 기운이 우리 속에 들어왔고, 그 후로도 계속 작용하여 구원받은 사람이 행동하게 합니다. 하나님은 먼저 우리 속에서 선한 행위를 하는 소원을 품게 하십니다. 그것은 우리 마음에 하나님의 뜻을 이루려는 소망입니다. 이런 소망을 품은 사람에게 하나님은 그 일을 하게 하십니다. 타락한 본성을 가진 사람이 하나님께 감사하지도 않고 하나님을 영화롭게 하지 않는 것(롬 1:19-21)과 반대로, 진정 구원을 받은 사람은 하나님의 뜻을 행할 소원을 갖고 행합니다. 이것이 빌립보서 2:12에서 바울이 말한 **"두렵고 떨림으로 너희 구원을 이루라"**는 뜻입니다. 이 말은 하나님의 뜻을 행하려는 소원을 품은 사람이 그가 받은 구원대로 공동체 안에서 다른 사람에게 행하는 행함을 가르치는 말씀입니다. 구원 자체는 처음부터 끝까지 하나님이 행하시는 일입니다.

구원받은 사람들은 교회 안에서 또는 세상 속에서 구별된 자로 살기 마련입니다. 이들에게 우리는 의식적으로 우리가 받은 구원을 드러내는 데 힘써야합니다. 기독교는 다른 공동체와 단절하고 혼자만의 경건을 쌓는 것으로 자신의 신앙심이 깊다는 것을 입증하는 종교가 아닙니다. 구원을 받은 사람은 공동체 안에서 더불어 살며 신앙생활을 합니다. 남과 비교하여 으스대거나 남을 무시하는 것은 구원받은 사람으로서 행동하는 것이 아닙니다. 서로 복종하고 겸손을 보이고, 함께 성장하여 그리스도의 날에 그 앞에 흠이 없이 서는 것을 목표로 삼는 일에 마음을 같이해야 합니다. 이것이 구원받은 사람의 바른 행동입니다.

바울이 이 본문에서 바라는 것은 이것입니다. 일상생활에서("항상") 우리가 구원받은 자임을 실천적인 삶으로 입증하는 것 말입니다. 이 목표를 이루기 위해 우리는 공동체 안에서든지 세상에서든지 두렵고 떨림으로 우리의 구원을 드러내는 것입니다. 공동체가 하나 되는 것이 하나님의 궁극적인 뜻이라는 것을 아는 사람은 공동체를 세우는 일에 자신을 낮추고 남을 섬기면서 하나님의 뜻 행하는 것을 마음에 소원하게 되고 그것을 실천하는 데 마음을 쓰는 것입니다.

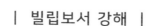

# 10강

# 모든 일을 원망과
# 시비가 없이 하라

(빌립보서 2:14-18)

## 빌립보서 2:14-18

**14**모든 일을 원망과 시비가 없이 하라 **15**이는 너희가 흠이 없고 순전하여 어그러지고 거스르는 세대

가운데서 하나님의 흠 없는 자녀로 세상에서 그들 가운데 빛들로 나타내며 **16**생명의 말씀을 밝혀

나의 달음질이 헛되지 아니하고 수고도 헛되지 아니함으로 그리스도의 날에 내가 자랑할 것이 있게

하려 함이라 **17**만일 너희 믿음의 제물과 섬김 위에 내가 나를 전제로 드릴지라도 나는 기뻐하고 너희

무리와 함께 기뻐하리니 **18**이와 같이 너희도 기뻐하고 나와 함께 기뻐하라

# 10강

# 모든 일을 원망과
# 시비가 없이 하라

### (빌립보서 2:14-18)

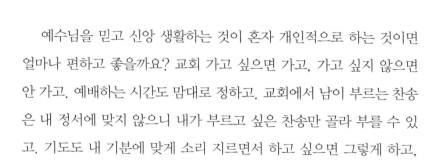

예수님을 믿고 신앙 생활하는 것이 혼자 개인적으로 하는 것이면 얼마나 편하고 좋을까요? 교회 가고 싶으면 가고, 가고 싶지 않으면 안 가고. 예배하는 시간도 맘대로 정하고. 교회에서 남이 부르는 찬송은 내 정서에 맞지 않으니 내가 부르고 싶은 찬송만 골라 부를 수 있고. 기도도 내 기분에 맞게 소리 지르면서 하고 싶으면 그렇게 하고, 조용히 하고 싶으면 그렇게 하고 말입니다.

그러나 어쩌겠습니까. 교회란 태생이 신자들이 교회 공동체에 와서 함께 신앙생활을 하는 것이니 말입니다. 초기 그리스도인들이 그렇게 했고, 교회사의 모든 교회가 그렇게 했으며, 앞으로도 그렇게 할 것입니다. 신자들은 함께 함으로써 오는 불편함이 있음에도 교회에서 다른 신자들과 함께 신앙생활을 해야 합니다. 문제가 많이 있고, 서로 부대끼는 일이 많아도 함께 모이고 더불어 신앙생활을 해야 합니다. 사람들이 모인 곳에는 온갖 문제가 있기 마련입니다. 바울 사도의 교훈은 약점 많은 인간들이 모여 사는 교회 안에서 서로를 어떻게 대할지, 문제를 어떻게 해결할지에 초점이 맞춰졌습니다.

바울은 빌립보 교회에게 자신이 받은 구원을 여러 사람들 사이에서, 또 그들이 볼 수 있도록 행동으로 보이고, 주의를 기울이며, 삶으로 나타내 보이라고 요구합니다. **"항상 복종하여 두렵고 떨림으로 너희 구원을 이루라"**는 말이 그런 뜻입니다(빌 2:12). 하나님께서는 그렇게 할 수 있도록 신자들 안에서 소원을 두고 행할 수 있게 힘을 주십니다. 그렇다면 구체적으로 우리의 구원을 어떻게 나타내 보이며, 우리가 구원 받은 자임을 입증해야겠습니까? 여기서 다룰 본문(2:14-18)은 **"두렵고 떨림으로 너희 구원을 이루라"**는 바울의 권면을 실천하는 구체적인 예입니다.


## "모든 일을" 원망과 다툼이 없이 하라

바울은 교회에게 **"모든 일을 원망과 시비/다툼이 없이 하라"**고 말합니다. 이 구절을 찬찬히 들여다보면 이 교훈은 **"너희 구원을 이루라"**는 권면의 말씀이 앞의 명령과 어떤 관계가 있는지, 바울이 강조하는 것이 무엇인지 보여줍니다.

첫째로, 우리가 받은 구원을 실천하고 다른 사람들이 볼 수 있게 나타내 보일 영역은 삶의 모든 영역입니다. **"모든 일을"**이라는 말은 우리가 살아가는 모든 분야, 모든 곳에서 우리가 행하는 모든 것이 구원받은 사람임을 드러내는 장(場)임을 알려줍니다. 바울은 고린도 교회에게 **"너희가 먹든지 마시든지 무엇을 하든지 다 하나님의 영광을 위하여 하라"**고 말했습니다(고전 10:31). 하나님의 영광을 드러내는 것은 어떤 특정한 음식을 먹을 것인지 먹지 않을 것인지의 문제에서도 그렇게 해야 한다는 의미입니다. 여기에 더하여 **"무엇을 하든지 다"**라는 어구는 신자들의 일주일의 삶, 하루 24시간 하는 일 들을 가리키는데, 이 모든 것들을 하나님의 영광을 위하여 하라는 것입니다. 그러므로 바울이 고린도 교회에게 말한바 **"무엇을 하든지 다"**는 그가 빌립보 교회에게 말한 **"항상 두렵고 떨림으로 너희 구원을 이루라"**에서 **"항상"**이 의미하는 말과 같습니다. 그는 이것을 똑같은 뜻으로 본문에서 **"모든 일을"**이라고 표현한 것입니다.

바울은 빌립보 교회에게 **"모든 일을"**이라고 언급한 것은 실천하는 행동의 측면에서 생각해야 합니다. 이런 권면의 배경에는 바울이 바로 앞(빌 2:6-11)에서 그리스도의 행위를 언급한 것과 관련이 있습니다. 그리스도는 삶의 전 과정에서 자신이 하나님이라는 것을 자신의 이익을 위해 사용하지 않고 낮췄습니다. 그분은 모든 면에서 복종하는 삶을 사셨습니다. 하나님이신 그분은 사람이 되셨고, 종이 되어 최후를 가장 비천한 죽음인 십자가에 죽으셨습니다. 예수님은 모든 일에서 하나님의 마음을 기쁘게 하셨습니다. 그리스도가 행하신 모든 행위는 하나님께 영광이 되었습니다. 그리스도의 찬양시라고 알려진 빌립보서 2:5-11은 **"하나님 아버지께 영광을 돌리게 하셨느니라"**는 말로 마무리합니다(빌 2:11). 하나님은 자신을 낮추신 그리스도를 모든 이름 위에 높이셨고, 그를 **"주"**가 되게 하셨습니다.

바울은 이 사실을 근거로 빌립보 교회에게 그들의 구원을 두렵고 떨림으로 이룰 수 있는 방법을 소개합니다. 그것은 **"모든 일"**을 이렇게 저렇게 하는 것입니다. **"모든 일"**은 어느 사람이 구원을 받았다는 것을 입증할 수 있는 곳이 교회에서만 아니라 신자들이 살아가는 삶 전체를 가리키는 말입니다. 기도, 찬양, 성경 읽기, 전도, 헌금 등 종교 생활에서만 아니라, 밥 먹고, 커피 마시고, 직장 생활하고, 여행하고, 사람들 만나 이야기 나누는 일 등 우리의 일상적인 모든 생활의 사소한 행동 하나하나까지 가리킵니다. 우리가 하는 일에서 자신이 어떤 행동을 하고 있는지를 보면, 그가 그리스도인인지 아닌지, 구원 받은 사람인지 아닌지 알 수 있습니다. 그래서 우리의 모든 삶은 그리스도인다움을 드러내는 장(場)이어야 합니다. 우리가 구원을 받았다면 일상생활에서 그 구원 받음으로 변화된 모습이 나타나야 합니다. 바울은 빌립보서에서 이것을 교회에서는 다른 신자들과의 관계에서, 세상에서는 이웃 사람들과의 관계에서 드러나게 하라고 권합니다.

### 원망과 다툼이 없이

둘째로, 그 모든 일을 어떻게 행해야 하는지 바울은 구체적인 예를 듭니다. 모든 일을 **"원망과 시비/다툼이 없이"** 하는 것입니다. **"원망"**은 남이 하는 일을 못마땅하게 여겨 남을 탓하거나 그에 대해 불평을 품는 것을 가리키며, 더 나아가 남을 미워하는 행동입니다. **"시비"**는 남이 하는 것을 의심하고, 옳고 그름을 따지는 말다툼입니다. 그래서 이 단어는 다툼이라고 번역하는 것이 더 좋습니다. 원망과 시비/다툼은 결국 두 사람 사이에 분열을 야기하기 마련입니다. 교회 안에서 일어나는 좋지 않은 상황의 탓을 남에게 떠넘기면서 서로를 비난하는 것이 이에 해당할 것입니다. 서로 자기가 옳다고 주장함으로써 공동체가 둘로 나뉘게 되는 것은 원망과 다툼이 일어날 때 나타나는 대표적인 현상입니다. 교회 안에 이런 일이 벌어진다면 많은 경우 목사와 장로, 당회와 집사회, 남자 집사들과 여자 권사님들 사이에서 일어나며, 그 결과 교회는 쪼개질 것입니다.

바울은 지금 빌립보 교회 안에서 벌어지고 있는 심각한 문제(참조. 빌 2:1-4)가 바로 이 원망과 다툼이라고 판단했습니다. 이것을 중단하지 않으면 교회는 하나가 될 수 없으며, 한 뜻으로 한 마음으로 나아갈 수 없습니다. 원망과 다툼은 신자들 상호관계에서 발생하는 문제입니다. 상대방이 한 일에 늘 투덜거리고, 그가 한 것에 불평을 품고 일의 결과가 상대방의 탓이라고 못마땅하게 여기는 행동은 교회 안에서 제거해야 합니다.

특히 **"원망"**은 광야 생활을 하던 이스라엘 백성이 고난을 참지 못해 폭발한 행위입니다. 민수기 14:2에 묘사된 사건이 대표적인 예입니다. 이스라엘 백성은 오랜 광야 생활이 고달팠고, 약속한 가나안 땅에 들어가는 길이 멀다고 느꼈습니다. 그들은 가나안 땅을 탐지하고 돌아온 정탐꾼들의 보고를 듣자 절망에 빠졌습니다. 온 회중은 소리를 높여 부르짖고 밤새 통곡했습니다(민 14:1). 그들은 모세와 아론을 원망하면서 차라리 애굽 땅에서 죽거나 광야에서 죽었더라면 좋았을 것이라고 불평했습니다. 그들은 **"어찌하여 여호와가 우리를 그 땅으로 인도하여 칼에 쓰러지게 하려 하는가"**(14:3)라고 원망했습니다. 자신들을 약속의 땅으로 이끄는 지도자를 향한 이 원망은 곧 하나님을 향한 것이었습니다. 하나님은 **"내가 어느 때까지 참으랴? 이스라엘 자손이 나를 향하여 원망하는 바 그 원망하는 말을 내가 들었"**다고 말씀하셨습니다(14:27). 하나님이 구원하신 사람을 향한 원망은 하나님을 향한 원망입니다. 바울은 고린도전서 10장에서 광야 이스라엘 백성의 죄를 우상숭배와 하나님을 시험한 것과 하나님을 향한 **"원망"**한 것으로 요약합니다.

만약에 바울이 광야 이스라엘의 상황을 생각하면서 빌립보 교회에게 **"모든 것을 원망과 다툼이 없이 하라"**고 권면했다면, 그는 지금 빌립보 교회가 광야 이스라엘과 똑같이 행동하고 있다고 판단한 것입니다. 광야 이스라엘에게 하나님과 이스라엘의 지도자를 향한 원망이 큰 위기를 초래했듯이, 빌립보 교회 안에 원망과 다툼이 있다는 것은 심각한 위기입니다. 하나님의 심판을 받을 만한 것이기 때문입니다. 사실 광야 이스라엘과 빌립보 교회의 상황 사이에는 비슷한 점이 있습니다.

광야의 이스라엘 백성은 광야 생활을 고난의 연속이라고 생각하여 원망했습니다. 그것이 하나님을 향한 불평이기는 해도 사람들은 대개 지도자에게 원망을 털어놓습니다. 이스라엘 백성이 광야를 지내오는 동안 힘들었던 삶의 탓을 그들의 인도자인 모세와 아론에게 돌리며 두 사람에게 원망을 털어놓았듯이, 빌립보 교회도 그들에게 복음을 전해준 바울과 그 안에서 그들을 지도하던 감독들과 집사들, 그리고 구체적으로 유오디아와 순두게를 원망했을 것입니다.

바울은 빌립보서 1장에서 고난을 주제로 많은 교훈을 베풀었습니다. 바울은 복음을 전하느라 옥에 갇혀 괴로움을 겪고, 빌립보 교회는 복음을 위해 수고하느라 고난을 받았습니다. 바울은 빌립보서 1:29에서 빌립보 교회들의 처지를 마디로 이렇게 요약했습니다. **"그리스도를 위하여 너희에게 은혜를 주신 것은 다만 그를 믿을 뿐 아니라 또한 그를 위하여 고난도 받게 하심이라."** 그들은 바울에게서 복음과 은혜를 받았을 때는 좋아했고 감격했을 것입니다. 그런데 그 복음에 따라 생활하니 유대인들과 이방인들에게 비난과 조롱을 받았습니다. 복음에 따라 살아가는 삶이 이전과 달랐기에, 그들은 틀림없이 사회 전반에서 고난을 받았을 것입니다. 그들은 그 탓을 바울과 교회 지도자들에게 돌리지 않았을까요? "왜 이런 괴로움을 주는 복음을 전해주었느냐"고. "왜 세상에서 잇속 차리며 살게 하지 않고 남을 섬기는 일에 헌신하라는 말씀을 가르치고 또 우리에게 그렇게 요구하느냐"고 말입니다. 이런 식으로 반응했을 가능성이 매우 높습니다.

사실 이스라엘 백성과 마찬가지로 빌립보 교회는 하나님에게서 은혜를 받았습니다. 그런데 그들 안에 원망이 있다는 것은 (이스라엘 백성이 먹을 것이 없다고, 고기를 먹고 싶다고 불평한 것처럼) 그들이 받은 은혜에 감사하지 않는다는 증거입니다. 잠깐 당하는 고난을 견뎌내는 인내심이 없다는 증거입니다. 원망은 하나님이 약속하신 미래를 보는 눈이 없다는 표시입니다. (하나님께서 이스라엘을 가나안 땅에 들어가게 하신다는 약속을 믿지 못하는 것에서 보듯이) 원망은 그들에게 주님을 의지하는 믿음이 결여되었다는 증거입니다. 바울은 **"우리가 소망으로 구원을 얻었으매 보이는 소**

망이 소망이 아니"라고 지적하면서, **"만일 우리가 보지 못하는 것을 바라면 참음으로 기다릴"** 것이라고 말합니다(롬 8:24-25). 원망은 자신은 옳고, 다른 사람은 틀렸다는, 모든 것을 자기중심으로 이해하려하는 이기적인 마음에서 나옵니다.

빌립보 교회는 바울로부터 처음부터 복음에 참여한 교회라고 칭찬을 받았지만, 다른 신자들과의 관계에서 그리고 그들을 진리로 인도하는 지도자들과의 관계에서 불평이 많았던 교회였다고 판단할 수밖에 없습니다. 칭찬을 받은 교회라고 해도 교회의 본질과 교회다운 품성을 잃어버릴 위험에 처할 수 있습니다. 교회가 하나가 되기 위해서는 다른 사람에 대한 원망을 없애야 합니다. 원망과 다툼은 교회를 갈라지게 하는 무서운 도구입니다.


## 세상에 빛으로 나타내며

신자가 원망과 다툼이 없이 모든 일을 행해야 하는 이유는 무엇일까요? 바울은 15절에서 중요한 이유를 제시합니다. **"이는 너희가 흠이 없고 순전하여 어그러지고 거스르는 세대 가운데서 하나님의 흠 없는 자녀로 세상에서 그들 가운데 빛들로 나타내며, 생명의 말씀을 밝혀 나의 달음질이 헛되지 아니하고 수고도 헛되지 아니함으로 그리스도의 날에 내가 자랑할 것이 있게 하려 함이라"**(빌 2:15). 바울은 세상을 **"어그러지고 거스르는 세대"**라고 특징짓습니다. 어그러지고 거스른다는 말은 비뚤어지고 뒤틀렸다는 뜻입니다. 이런 세상에서 원망과 다툼이 없이 행하는 것은 세상에서 하나님의 자녀들임을 드러내는 방법입니다. 흠이 없고 순전한 사람들이라는 것이 드러나는 것이기 때문입니다.

여기서 흠(허물)이 없다는 것은 모든 면에서 완벽하고 결점이 없다는 의미로 말한 것은 아닙니다. 본문이 지도자에 대해 원망하는 문제를 다루고 있기에 다른 사람과 대화에서 말이나 어조에서 심사가 꼬여 상대방과 언쟁하거나 따지고 다투는 일이 없다는 뜻으로 흠이 없다는 말이 쓰인 것입니다. **"순전하다"**는 것은 선한 말을 하고 부정적인 불평을 하지 않는다는 의미입니다. 여기서 흠은 여러 다른 요소가 섞여 있는 것을 말합니다. 빛이 어둠과 섞일 수 없듯이, 술과 물을 섞어 판매하면 안 되듯이 말입니다. 바울은 이러한 태도가 하나님의 자녀의 어떤 품성을 드러내는 것이라고 평가합니다. 하나님의 자녀는 흠이 없는 사람입니다. 하나님의 자녀에게 **"흠이 없다"**고 한 것은 그리스도인으로서 순전한 성품 하나만 가지고 있어야지 마귀의 자녀와 비그리스도인이 살아가는 처세술과 태도가 섞여 있지 말아야 한다는 뜻으로 이 말을 한 것이 분명합니다. 빛의 자녀는 그가 가진 성품에 어둠의 속성이 섞여서는 안 됩니다. 마귀는 처음부터 거짓말을 한 자로서 거짓의 아비입니다(요 8:44). 그에게는 진리가 없습니다. 거짓말쟁이이기 때문입니다. 그러므로 교회가 모든 일에서 허물이 없고, 순수하고, 흠이 없게 행해야 하는 것은 교회가 마귀의 지배를 받는 세상과 구별되는 공동체이기 때문입니다. 교회가 세상 사람들처럼 비뚤어지지 않고 순수하게 행할 때 교회는 세상에서 도드라져 보이게 됩니다. 이런 교회는 존재 자체만으로도 세상에 빛을 발할 수 있습니다.

앞에서 저는 바울이 빌립보 교회를 옛 이스라엘에 비교했을 것 같다고 말씀드렸습니다. 이스라엘에 대해 평가한 신명기 32:5에서 우리는 본문에서 다루는 것과 비슷한 (사실은 반대되는) 내용을 찾을 수 있습니다. **"그들이 여호와를 향하여 악을 행하니, 하나님의 자녀가 아니요 흠이 있고 삐뚤어진 세대로다."** 이스라엘 백성이 광야에서 하나님을 원망하고 악을 행한 것을 두고 이렇게 말한 것입니다. 그들은 원망하는 순간 흠이 있고 삐딱한 세대, 어그러지고 하나님을 거스르는 세대가 된 것입니다. 하나님의 언약백성이 아니라 세상 사람처럼 되었고, 불순종하는 사람들 속에서 역사하는 마귀의 품성을 갖고 말았습니다. 신자들은 이처럼 흠이 있고 삐뚤어진 세대에서 구원을 받은 사람들이니, 그 구원을 삶에서 입증하려면 다시 세상 사람들이 살아가는 삶의 모습이 교회에 나타나서는 안 될 것입니다.

하나님의 말씀은 앞뒤가 다르지 않으며, 하나님 자신은 겉과 속이 다르지 않은 분이십니다. 하나님의 자녀 역시 그들의 아버지처럼 겉과 속이 달라서는 안 됩니다. 하나님의 자녀가 말하는 것에서 아버지 하나님을 닮아 늘 앞뒤가 맞는 말을 한다면, 그들은 세상에서 세상 사람들이 비뚤어지게 살아가는 것과 구별됩니다. 하나님은 빛이시며 어둠이 조금도 없으십니다(요일 1:5). 이것은 하나님이 모든 일과 모든 면에서 순수하다는 뜻입니다. 우리 하늘 아버지가 그러하시듯이 하나님의 자녀들이 모든 일에서 순수하게 행하면 이 세상에서 빛이 될 것입니다. 어둠에서는 작은 빛도 빛나 보입니다. 어그러진 세대에서는 진실 된 말 한 마디로 빛이신 하나님의 자녀라는 것을 드러낼 수 있습니다. 이 빛은 멀리까지 비춰, 방향 잃은 사람들에게 길을 안내하며, 그들의 본향으로 인도할 것입니다. 모든 사람들의 본향은 하나님이 계신 곳입니다.

GPS나 내비게이션이 없던 시절에 바다를 운항하는 배들은 하늘의 별자리를 보고 방향을 정했습니다. 땅만 보고 다녀 방향 감각을 잃은 사람들도 하늘의 별들을 보면서 방향을 확인하고 길을 찾습니다. 세상에서 우리가 하나님의 자녀임을 입증하는 방법에 대해 예수님은 이렇게 말씀하셨습니다. **"너희는 세상의 빛이라. … 이같이 너희 빛이 사람 앞에 비치게 하여 그들로 너희 착한 행실을 보고 하늘에 계신 너희 아버지께 영광을 돌리게 하라"**(마 5:14, 16).


## 생명의 말씀을 굳게 붙들어

교회 안에서 모든 것을 원망과 다툼이 없이 행해야 하는 두 번째 이유는 2:16절에 언급되었습니다. **"생명의 말씀을 굳게 붙들어 나의 달음질이 헛되지 아니하고 수고도 헛되지 아니함으로 그리스도의 날에 내가 자랑할 것이 있게 하려 함이라."** 교회로 생명의 말씀을 굳게 붙들게 하고, 바울로서는 그가 복음을 전한 수고가 헛되지 않고 그리스도께서 재림하실 때 교회로 인해 자랑하려는 데 있습니다. 개역개정 성경에 **"생명의 말씀을 밝혀"**라고 번역한 어구는 **"생명의 말씀을 굳게 붙들어"**라고 번역해야 합니다. 아마도 15절에 **"빛들로 나타나며"**라는 어구 때문에 번역자가 **"밝히다"**고 번역하려는 유혹을 받은 것 같습니다. 하지만 해당 단어 자체("επεχοντες," 에페콘테스)도 굳게 지키다, 집중하다, 굳게 붙든다는 뜻이고, 그 목적어도 진리의 말씀이기에, 이 단어는 빛을 비추는 것과 관련이 없는, 생명의 말씀을 굳게 붙들라는 권면으로 이해하는 것이 좋습니다.

생명의 말씀은 캄캄한 세상에 빛의 원천입니다. 시편 기자가 말한 대로, 주의 말씀은 내 발에 등이요 내 길에 빛입니다(시 119:105). 교회가 생명의 말씀인 복음을 받았기에, 교회에서는 원망과 다툼의 말이 아니라 생명의 말씀이 가득해야 합니다. 교회는 이 말씀을 지키고 굳게 붙잡아야 합니다. 이것은 교회가 하나님의 말씀을 선포하고 생명의 말씀을 보호하는 일에 힘쓰는 것을 가리킵니다. 바울은 지금 교회 안에서 오고가는 말(言)을 두고 대조합니다. 서로 원망하고 다툼을 벌여 분열을 야기하는 대신에, 하나님의 말씀을 말하고 그 말씀을 굳게 붙들라고 권하는 것입니다.

바울은 에베소 교회를 이와 비슷한 내용으로 권하기도 했습니다. **"그런즉 너희가 어떻게 행할지를 자세히 주의하여 지혜 없는 자 같이 하지 말고 오직 지혜 있는 자 같이 하여"**라고 운은 뗀 뒤에, 구체적인 예로 **"시와 찬송과 신령한 노래들로 서로 화답하며 너희의 마음으로 주께 노래하며 찬송하라"**고 권합니다(엡 5:15, 19). 원망 대신에 찬송을, 세상의 지혜 대신에 생명의 말씀을 붙들라는 뜻입니다. 생명의 말씀은 교회에게 생명의 원천입니다. 그러므로 교회의 존재 여부는 생명의 말씀을 굳게 붙드느냐에 달려 있습니다. 그 여하에 따라 교회는 서기도 하고 넘어지기도 합니다. 교회는 생명의 말씀을 잃어버리는 순간 세상에서 빛을 비추는 것이 아니라 오히려 어둠의 구덩이에 떨어지고 말 것입니다. 바울이 전해준 복음은 생명의 말씀입니다.

## 나를 전제로 드릴지라도

바울은 이 일이 얼마나 중요한지 그 동안 이 사역을 위해 자신의 목숨을 제물로 바칠 정도로 수고하고 헌신했다고 말합니다. 그렇게 할 만한 가치가 있는 말씀이기 때문입니다. **"만일 너희 믿음의 제물과 섬김 위에 내가 나를 전제로 드릴지라도 나는 기뻐하고 너희 무리와 함께 기뻐하리라"**(빌 2:17). 바울은 교회가 세상과 구별되는 삶을 가르치고, 교회가 그렇게 살게 하느라 자신의 몸을 포도주를 부어 제사를 드리는 것처럼 헌신했습니다. 마치 운동장에서 달리는 선수들이 경기를 위해 신체적으로나 정신적으로 또 영적으로 피곤하고 탈진하는 것에도 아랑곳하지 않고 연습하고 달리듯이, 노동자들이 주어진 업무를 마치려고 수고와 스트레스를 견디고 땀을 흘려가며 일하듯이, 바울은 자신의 몸을 제사 드리기 위해 쏟아 부을 정도로 힘쓰고 노력하고 수고했습니다. 바울이 몸으로 드린 제사는 한 번 쏟으면 주어 담지 못하는 전제(부어드리는 제사)입니다. 바울은 실제로 복음을 전하고, 교회를 세우고 성장하게 하려고 수고하면서 온갖 고난을 겪었습니다.

진리를 굳게 붙잡고 그것에 헌신한다는 사실을 전하기 위해 바울은 그가 전력을 다해 수고한 사역을 일련의 제사를 마무리하면서 포도주를 붓는 제사(奠祭)라고 소개하는 것입니다. 민수기 28:7에 전제가 어떤 것인지 언급되었습니다. **"그 전제는 어린 양 한 마리에 사분의 일 힌을 드리되 거룩한 곳에서 여호와께 독주의 전제를 부어 드릴 것이며."** 번제를 드릴 때 힌 사분의 일(약 900ml)의 포도주를 붓습니다. 시중에서 판매되는 포도주 한 병이 750ml이니, 독주 포도주 한 병 이상을 번제로 드린 제물 위에 붓는 것입니다. 병에 있는 포도주 한 방울 남기지 않고 다 쏟아 붓습니다. 자기 목숨을 이처럼 부어버렸다고 한다면, 어쩌면 바울은 그가 처할 순교를 의식하면서 이 말을 했을 것입니다.

바울은 왜 이렇게 희생하면서까지 복음을 위해 수고했을까요? 왜 교회에게 생명의 말씀을 전했고, 그 말씀에 헌신한다고 했을까요? 자신이 그렇게 한 것도 모자라 교회에게 이에 상응하게 진리의 말씀을 굳게 붙들며 살라고 교훈했을까요? 생명의 말씀이 그럴 만한 가치가 있는 것이기 때문입니다. 또 왜 신자는 자기 욕심을 채우는 데 관심을 두지 않고, 원망하거나 남에게 시비를 걸지 않고 착한 말만 하며 살아야 할까요? 온갖 불이익이 따라올 텐데 말입니다. 앞에서 언급한 내용 이외에 중요한 이유가 있습니다. 17b절에서 바울은 자신의 진정한 기쁨이 여기에 있다고 말하고, 18절에서는 교회에게도 **"너희"** 기쁨은 다른 곳이 아니라 자신을 낮추고 남에게 불평하지 않는 데 있다고 말합니다. **"나는 기뻐하고 너희 무리와 함께 기뻐하리니, 이와 같이 너희도 기뻐하고 나와 함께 기뻐하라."** 말하자면, 그리스도인의 진정한 기쁨은 남을 섬기는 데서 오며 고난을 감수하며 진리를 굳게 붙드는 데 있습니다. 이 본문에서 바울은 기쁨이라는 단어를 네 번 사용합니다. 그는 이 일 하는 것을 몹시 기뻐하는데, 교회도 그러한 기쁨에 참여하기를 원합니다. 자기희생은 희생자 본인과 교회 모두에게 기쁨을 줍니다. 그리스도인의 기쁨은 고난에서 오는 기쁨입니다. 이것이 기독교의 중요한 역설입니다.

고난 속에서 진정 웃고 싶은가요? 슬픔과 고민거리가 연속되는 세상에서 진정한 기쁨을 얻고 싶은가요? 바울은 자신이 누리고 있는 이 기쁨에 교회도 초대합니다. 그리스도인의 진정한 기쁨이 여기 있기 때문입니다. 교회 안에서 모두가 누리는 기쁨은 자기이익을 추구하지 않고 남을 섬기는 것에서, 고난을 안고 살지만 원망과 다툼으로 행하지 않는 것에서 옵니다. 신자들 모두 이런 삶을 살라고 부름을 받았습니다. 우리의 구원은 교회 안에서는 성도들 간에 서로 섬기는 것으로 나타내고, 세상에서는 세상 사람들이 사는 방식과 다르게 사는 것으로 입증합니다. 이것이 신자들이 세상을 비추는 빛입니다. 그러기 위해서는 주의 말씀을 굳게 붙들어야 합니다. 이것이 **"항상 복종하여 두렵고 떨림으로 너희 구원을 이루라"**는 권면의 구체적인 실례입니다. 이것은 교회 안에서 세상에서 빛들로 나타내는 최고의 방법입니다.

# 11강

# 그리스도를 본받은
# 두 사람

(빌립보서 2:19-30)

## 빌립보서 2:19-30

¹⁹내가 디모데를 속히 너희에게 보내기를 주 안에서 바람은 너희의 사정을 앎으로 안위를 받으려 함이니 ²⁰이는 뜻을 같이하여 너희 사정을 진실히 생각할 자가 이밖에 내게 없음이라 ²¹그들이 다 자기 일을 구하고 그리스도 예수의 일을 구하지 아니하되 ²²디모데의 연단을 너희가 아나니 자식이 아버지에게 함같이 나와 함께 복음을 위하여 수고하였느니라 ²³그러므로 내가 내 일이 어떻게 될지를 보아서 곧 이 사람을 보내기를 바라고 ²⁴나도 속히 가게 될 것을 주 안에서 확신하노라 ²⁵그러나 에바브로디도를 너희에게 보내는 것이 필요한 줄로 생각하노니 그는 나의 형제요 함께 수고하고 함께 군사 된 자요 너희 사자로 내가 쓸 것을 돕는 자라 ²⁶그가 너희 무리를 간절히 사모하고 자기가 병든 것을 너희가 들은 줄을 알고 심히 근심한지라 ²⁷그가 병들어 죽게 되었으나 하나님이 그를 긍휼히 여기셨고 그뿐 아니라 또 나를 긍휼히 여기사 내 근심 위에 근심을 면하게 하셨느니라 ²⁸그러므로 내가 더욱 급히 그를 보낸 것은 너희로 그를 다시 보고 기뻐하게 하며 내 근심도 덜려 함이니라 ²⁹이러므로 너희가 주 안에서 모든 기쁨으로 그를 영접하고 또 이와 같은 자들을 존귀히 여기라 ³⁰그가 그리스도의 일을 위하여 죽기에 이르러도 자기 목숨을 돌보지 아니한 것은 나를 섬기는 너희의 일에 부족함을 채우려 함이니라

# 11강

# 그리스도를 본받은
# 두 사람

### (빌립보서 2:19-30)

빌립보 교회는 바울에게 디모데를 보내어 바울 소식도 전해주고, 그들이 처한 상황에서 위로해주기를 바랐습니다. 바울은 개인적으로 그렇게 하고 싶었지만, 바울이 옥에 처하여 있고 그간 바울 주변에 있던 사람들이 다 그를 떠난 상황에서, 그에게 유일하게 남아 있는 디모데는 솔직히 그의 곁에 남겨 남겨두고 싶었습니다. 그 대신에 바울은 빌립보에서 온 에바드로디도를 빠른 시일 내에 그들에게 보내기로 작정했습니다. 이러한 상황에서 한 사람은 바울 곁에 남고, 다른 한 사람은 빌립보로 가게 되었습니다. 바울은 빌립보 교회에게 두 사람이 어떤 사람들인지, 그들이 지금 바울이 빌립보 교회에게 편지하는 내용과 관련하여 얼마나 중요한 사람들인지 알리고 싶었습니다.

## 복음을 위해 수고한 디모데

첫째, 디모데에 대해서입니다. 바울은 디모데를 자신의 일에만 관심이 있고 그리스도 예수의 일을 구하지 않는 사람들과는 본질적으로 다른 사람이라고 평합니다. 디모데는 주후 50년경 바울의 2차 전도여행 때 루스드라에서부터 바울을 따라 나섰습니다. 그 후 데살로니가와 베뢰아를 거쳐 아테네로 갈 때, 바울은 실라와 디모데는 베뢰아에 남겨두었습니다. 기회가 되면 아테네로 부르려고 말입니다. 디모데는 나중에 바울이 에베소에서 고린도교회에게 두 번째 편지를 쓸 때(53년)에도 그와 함께 있었고, 57년경에 로마교회에 편지를 쓰던 당시 고린도에 바울과 함께 있었습니다. 지금 60~62년경 로마 옥에 바울과 함께 있으니, 디모데는 10년 넘게 바울과 줄곧 함께 한 사람입니다.

디모데는 아버지가 헬라인, 즉 이교도였으며, 어머니는 유대인이었습니다. 그래서 디모데는 틀림없이 두 개의 가치관 속에 살았을 것입니다. 아버지와 어머니의 가계에서 내려온 오랜 전통이 몸에 배었을 것입니다. 하지만 디모데는 신을 섬기는 방법, 경건 생활, 세상 살아가는 방식 등 자신에게 익숙했던 세계를 떠나 바울이 전하는 복음을 받아들였고, 바울의 제자가 되었습니다. 바울이 가르치는 것이 이치에 맞고, 참 하나님을 섬기는 바른 방법이라고 생각해서였습니다. 당시 "듣(도)보(도 못한)잡(스러운)" 종교를 가르치는 사람(바울)을 따른다는 것은 사회와 종교적인 면에서 큰 위험이 있었습니다. 사회에서 따돌림을 받는 것입니다. 디모데는 이런 부담을 감수해야 했습니다. 그때나 지금이나 바울은 디모데를 보면서 이렇게 평가합니다. **"그들이 다**

자기 일을 구하고 그리스도 예수의 일을 구하지 아니하되, 디모데의 연단을 너희가 아나니 자식이 아버지에게 함같이 나와 함께 복음을 위하여 수고하였느니라." 다른 사람들이 자기 이익을 구하는 데 혈안이 되어 있던 것과 다르게, 디모데는 복음을 위해 수고했다는 것입니다. 그 태도는 아버지에 대한 아들의 태도였습니다.

바울이 여기서 디모데를 평가한 것의 의미는 예수님이 지상 사역을 수행하실 당시 예수님의 제자가 되려고 했던 한 사람의 경우와 비교해보면 알 수 있습니다. 마태복음 8:19-22에 등장하는 **"한 서기관"** 의 경우입니다. 그는 예수님께 **"선생님이여, 어디로 가시든지 저는 따르겠습니다"**라고 제안했습니다. 예수님은 그의 머릿속에 한 곳에 정착하여 예수님에게 가르침을 받은 후 자신도 다른 사람에게 써 먹으려는 일반적인 랍비가 되려는 마음이 있다는 것을 꿰뚫어보셨습니다. 서기관의 속셈을 아신 예수님은 **"여우도 굴이 있고 공중의 새도 거처가 있으되 인자는 머리 둘 곳이 없다"**고 대답하셨습니다(8:20). 서기관은 훌륭한 랍비를 사사하여 랍비가 되려는 자신의 이익을 위해 예수님을 따르려고 했습니다. 예수님은 그에게 자신을 따른다는 것이 의미하는 바가 무엇인지 확실히 밝히셨습니다. 그는 그의 결심을 포기하고 예수님을 떠났습니다. 이와는 다르게 디모데는 자신의 이익을 위해서가 아니라, 진리를 전하는 바울 곁을 끝까지 지켰습니다.

세상에서 자신을 위해 살지 않고 목회사역을 위해, 선교사역을 위해 헌신하고자 하는 사람들이 여럿 있습니다. 칭찬할 만합니다. 그런데 단지 노후 대비를 위해 평생직장 개념으로 목회사역을 하는 사람도 있고, 해외에서 자녀 공부시키려는 마음으로 선교사역에 뛰어드는 사람들이 적지 않은 것도 현실입니다. 요즘 한국에서 개척교회 하기가 어렵고 힘도 들기에, 뺀질뺀질한 한국교인들을 대상으로 목회하기보다는 순수하고 선교사를 잘 따르는 선교지에서 복음을 전하는 것이 낫다고 생각하여 선교지로 떠나는 사람도 있습니다. 그런데 대부분의 선교사들은 최전선에서 복음을 전하지 않고 사람들이 많이 모이는 대도시 환경 좋은 곳에 터를 두고 사역합니다.

바울이 디모데와 비교하는 **"자기 이익을 생각하고 그리스도의 일을 생각하지 않는"** 사람은 바울이 빌립보서 1:15-17에서 복음을 전할 때 시기심과 분쟁으로, 또 순수하지 못하게 경쟁심으로 그리스도를 전파하는 사람들입니다. 그냥 막연한 사람들이 아니라 설교하는 사람들, 복음을 전하는 사역자들입니다. 이 사람들을 바울은 "자기 일을 구하고 그리스도 예수의 일을 구하지 아니하는 사람들이라고 평가합니다.

이런 사람들과 디모데는 극명하게 비교되었습니다. 빌립보에서 겪은 모함과 박해, 데살로니가에서 당한 배척, 에베소에서 경험한 난동을 겪으면서도 디모데는 바울이 전하는 새로운 교훈인 그리스도의 복음을 받아들였고 바울을 따랐습니다. 안타까운 것은 당시에나 지금이나 소수의 사람들만 바울의 가르침을 따른다는 사실입니다. 디모데가 따르기로 결심한 복음이 모계에서 물려받은 유대교 전통과 아버지가 속한 이교도의 풍습과 달랐지만, 디모데는 진리 편에 섰습니다(참조. 딤후 1:5; 3:14). 복음의 가치와 진리를 깨달았기 때문입니다. 바울은 이것을 이타적인 행동이라고 평가합니다. **"모든 사람이 다 자기 일을 구하고 그리스도 예수의 일을 구하지 아니"**하는 이기적인 사람들과 다르게(빌 2:21), 디모데는 다른 사람을 위해 일한 사람입니다. 디모데는 자신의 이익을 생각하지 않고, 복음을 위해 헌신했고, 바울의 복음을 받은 교회를 위해 수고했습니다. 개인적인 야망을 버렸다는 말입니다.

디모데의 참되다는 것(개역개정에 "연단"으로 번역된 "도키메"⟨δοκιμη⟩는 어떤 것이 참이라고 인정된 것을 가리킵니다.)은 디모데가 진짜라는 것, 그의 믿음이 참이라는 것을 입증한 것이었고, 이 사실은 빌립보 교회도 알고 있던 사실입니다. 또한 바울은 디모데가 **"복음을 위하여 섬겼다**(에둘류센, εδουλ ευσεν)"고 평가합니다. 이 단어는 '노예'⟨둘로스⟩에서 파생한 단어로서 **"수고했다"**보다 **"섬기다"**라고 번역하는 것이 더 좋습니다. 자신을 낮춘 것이고, 종노릇한 것입니다. 이것은 **"자기 일을 돌볼뿐더러 다른 사람들의 일을 돌아보라"**(빌 2:4)는 바울의 권면을 실천한 행위입니다. 특히 이 것은 **"자기를 낮추시고 죽기까지 복종하신"** 그리스도를 본받는 행위입니다. 남을 위해 종노릇하는 행위는 교회를 세우고 교회를 성장하게 하며, 교회의 구성원들을 하나가 되게 합니다. 그리스도로 말미암아 하늘과 땅이, 유대인과 이방인이 하나가 되었듯이(엡 1:10), 개별 교회 안에서도 디모데와 같은 사람이 있어야 교회가 복음에 합당한 교회, 교회다운 교회가 될 수 있습니다.


## 자기 목숨을 돌보지 아니한 에바브로디도

둘째 에바브로디도에 대해서입니다. 자신을 낮추사 종의 형체를 가졌고, 죽기까지 복종하신 그리스도를 본받은 또 한 사람은 에바브로디도입니다. 에바브로디도는 빌립보 교회가 바울을 생각하여 물질을 지원하는 일을 계획하고 실천하여 그에게 생활비를 전하기 위해 자원하여 바울에게까지 간 사람입니다. 25절에 따르면, 에바브로디도는 바울에 대해서는 **"형제요 함께 복음을 위해 수고한 사람"**이며 십자가 군사였습니다. 빌립보 교회에 대해서는 그들의 **"사자(使者),"** 즉 메신저로 옥에 있는 바울의 쓸 것을 전달하려고 간 사람입니다. 이것이 무슨 대단한 일이냐고 생각하면서, 오히려 에바브로디도가 그런 일을 한 것은 특권이라고 판단한다면 그건 오해입니다.

빌립보에서 육로로 로마에 가려면, 요즘 지도에 표시된 지역으로 말해서, 마케도니아, 알바니아, 코소보, 세르비아, 보스니아, 크로아티아, 슬로베니아까지 올라가서 이태리 반도의 북부 해양도시인 베니스를 거쳐 볼로냐, 피렌체의 길을 이용하여 로마로 가야 합니다. 길이 먼 것도 먼 것이지만, 가는 길에 여행자를 습격하려고 도처에 도사리고 있는 산적 떼들을 만나기 쉽습니다. 그러한 까닭에 육로를 이용하여 로마에 가는 것은 그 도적 떼에게 "내 목숨을 가져가세요."라고 자기의 생명을 내놓는 행위입니다. 조선 시대에 한양에 과거를 보러가는 선비들이 경기도에서 한양으로 들어가는 마지막 관문인 과천에서 사당동 사이에 있는 "남태령"을 넘어가기 전에 오금이 저렸을 것과 같습니다. 대부분의 선비들은 과천 주막에 모여 사람들이 어느 정도 모아질 때까지 기다렸다가 5,60명쯤 되어야 무더기로 남태령을 넘었습니다.

육로가 위험하면 해로(海路)를 이용해야 합니다. 이것은 산적이나 도적 떼를 피할 수는 있어도 힘들기는 매한가지입니다. 당시 여객선이라는 것은 요즘처럼 침대칸이 있거나 식당이 있는 것이 아니라, 여행하는 동안 저 먹을 것을 싸가지고 가야 하고, 잠도 쪽잠을 잘 수밖에 없는 운반선에 불과했습니다. 갑판은 열악하기 그지없습니다. 뉴스에 보도되는 난민들을 태운 쪽배 수준은 아니지만, 그냥 배 안에 쪼그리고 앉아 목적지까지 가야 하는 힘든 여정입니다. 그 안에 도적이 없다는 것이 그나마 다행이라면 다행일 것입니다. 하지만 문제는 풍랑이 세기로 악명 높은 에게 해를 거쳐 가야 한다는 것입니다. 에게 해를 지나면 이태리 반도와 그리스 반도 사이에 있는 이오니아 해를 거쳐 이태리 반도 서쪽에 있는 티레니아 해를 지나야 로마에 갈 수 있습니다. 잠을 자기가 힘들다는 것과 끼니를 해결하지 못하는 문제와 배를 타고 가는 동안 배 멀미와 전염병 확산으로 고생을 하는 사람들이 많이 있다는 것을 생각해야 합니다. 아무튼지 당시 여행은 힘든 일이었습니다.

에바브로디도는 악명 높은 이 해로를 이용하는 것이 얼마나 고생이 많을지 알고 있었기에, 육로로 가는 것처럼 고생할 것을 각오하지 않으면 로마에 가겠다고 선뜻 나서지 못했을 것입니다. 당신들 같으면 어떻게 하겠습니까? 그럼에도 에바브로디도는 바울에게 가겠다고 결심했고, 자원했습니다. 로마로 가서 바울에게 쓸 것을 공급해주는 것이 중요하다는 것을 알았기 때문입니다.

우려했던 일이 에바브로디도에게 닥쳤습니다. 그는 바울에게 도착하자마자 거의 초죽음이 된 것 같습니다. 바울은 에바브로디도에 대하여 **"자기가 병든 것을"**(빌 2:26)이라고 언급했고, **"그리스도의 일을 위하여 죽기에 이르러도 자기 목숨을 돌보지 아니"**했다(2:30)고 언급합니다. 특히 **"죽기에 이르도록 자기 목숨을 돌보지 아니"**했다고 바울이 평가한 것은 다 이유가 있습니다. 그가 이런 여행의 위협을 무릅쓰고 바울에게 왔기 때문입니다. 그는 바울을 위해서 또 교회를 위해서 그렇게 행동했습니다. 몸이 아프면 가족이나 사랑하는 사람이 보고 싶은 법입니다. 바울이 **"그가 너희 무리를 간절히 사모하고"**(26절)라고 쓴 것을 보면, 에바브로디도는 죽을 지경에 이르렀을 때 빌립보 교인들을 몹시 보고 싶어 했다는 것을 알 수 있습니다. 그러면서도 에바브로디도는 자신이 병들었다는 것을 교회가 알고 걱정할까봐 근심이 가득했습니다. 남을 배려하는 마음입니다. 그는 결과적으로는 하나님의 긍휼하심으로 나았습니다.

이런 상황에서 바울에게나 빌립보 교회에게나 디모데가 적합한 사람이라도, 바울은 에바브로디도의 최근 형편을 고려하여 디모데는 바울 곁에 남게 하고 에바브로디도를 보내기로 결정합니다. 현 시점에서는 에바브로디도를 보내는 것이 서로 근심을 덜게 하는 데 더 유리하다고 판단했기 때문입니다. 고향에 대한 에바브로디도의 그리움을 충족시켜주고, 빌립보 교회가 그를 걱정하는 것을 덜어 안심시키기 위해서입니다.

이것이 바울이 에바브로디도를 **"그리스도의 일을 위하여 죽기에 이르러도 자기 목숨을 돌보지 아니하였다"**고 칭찬한 구체적인 내용입니다. 이 맥락에서 에바브로디도의 행위는 바울이 그간의 사역을 자신을 전제로 드리는 것에 비유한 것과 관련이 있습니다(빌 2:17). 바울은 이방인에게 복음을 전하기 위해 자신의 피 한 방울 남기지 않고 다 쏟아 부었다는 뜻으로 **"전제로 드렸다고 한"** 것처럼 에바브로는 자신이 죽기에 이르러도 자기 목숨을 아까워하지 않고 복음과 복음을 전하는 사람을 위해 수고했습니다. 바울의 이 태도가 그리스도께서 **"죽기까지 하나님께 복종하셔서 십자가에 죽으셨다"**고 한 것을 본받은 것이라면, 에바브로디도가 바울에게 가기 위해 죽기에 이르러도 자기 목숨을 돌보지 않은 것 역시 그리스도를 본받고 바울을 본받은 행위라는 것이 분명합니다.

복음이 제대로 그리고 널리 전파되기 위해서는 이처럼 자기 목숨을 아끼지 않는 사람이 있어야 합니다. 저는 오래 전부터 탄자니아에 선교사로 나가 있는 제 제자로부터 그곳에 와서 선교일을 도와달라는 부탁을 받았습니다. 저는 이런 저런 핑계를 대면서 계속 미뤘습니다. 가까운 중국이나 베트남에는 일 년에 한두 번씩 일주일 정도 봉사하러 갔지만, 애타게 저를 부르는 탄자니아에 가지 않았습니다. 소문으로 들은 말라리아에 걸릴까 무서웠기 때문입니다. 제가 땀을 많이 흘리고, 모기가 잘 꼬이는 체질이라 덥고 열악한 환경의 아프리카에 가는 것을 두려워한 것이 제가 탄자니아에 가지 않은 가장 큰 이유였습니다. 그러다가 2015년에 비로소 탄자니아에 일주일 다녀왔고 그 후 4년 뒤인 2019년에 한 번 더 다녀왔습니다. 말하기 부끄러운 이야기이지만, 저는 제 건강을 먼저 생각하고 선교지의 시급함을 뒷전에 두었습니다.

반대로, 제게 탄자니아에 와서 그곳 목사님들에게 성경과 신학을 가르쳐주기를 부탁한 제 제자들(최00 선교사, 방00 선교사)은 그곳에서 20년이 넘게 있으면서 말라리아에 여러 번 걸려 죽을 고생을 했습니다. 사실 저로서는 그 소식을 들었기에 더욱 무서워 가기를 꺼려했던 것이지요. 두 선교사님은 환경과 위생과 섭식이 열악한 선교지(탄자니아 수도에서 서쪽으로 700km를 더 가야 하는 오지 마을)에서 선교하느라 각가지 병에 걸렸습니다. 방 선교사님은 말라리아에 걸려 죽을 고비를 여러 차례 넘겼고, 최 선교사님은 신체의 여러 곳을 수술 받으며 복음을 위해 수고했습니다. 그 결과 현재 그곳에 교회가 20개 세워지고, 기독교학교도 세워졌습니다. 많은 사람들이 목회자가 되겠다고 성경을 배우려고 몰려들고 있습니다.

복음을 위해 자기 몸을 돌보지 않은 채 수고하는 이런 행동이 우리의 삶에서 그리스도 예수를 본받는 구체적인 행동이 아니겠습니까. 이처럼 남을 위해 섬기는 마음과 죽기까지 자신을 드리는 행동이 아니고는 복음이 전파될 수 없습니다. 이기심으로 똘똘 뭉친 사람들이 모인 공동체는 하나가 될 수 없을뿐더러 복음이 전해지지도 않습니다. 자기주장만 하고 경쟁하고 다투고, 문제가 생기면 서로 남을 원망하는 일만 난무할 것입니다. 그리스도를 본받는 행위는 디모데와 에바브로디도처럼 큰 헌신이 필요합니다. 자기보다 다른 사람을, 자기의 이익보다 그리스도의 일을 먼저 생각해야 하고, 죽기까지 복음에 복종해야 합니다. 예수님은 **"아무든지 나를 따라오려거든 자기를 부인하고 자기 십자가를 지고 나를 따를 것이니라"**(마 16:24)라고 말씀하셨습니다.

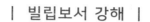

# 12강

# "주 안에서"
# 기뻐하라

(빌립보서 3:1-6)

**빌립보서 3:1-6**

**1**끝으로 나의 형제들아 주 안에서 기뻐하라 너희에게 같은 말을 쓰는 것이 내게는 수고로움이 없고
너희에게는 안전하니라 **2**개들을 삼가고 행악하는 자들을 삼가고 몸을 상해하는 일을 삼가라
**3**하나님의 성령으로 봉사하며 그리스도 예수로 자랑하고 육체를 신뢰하지 아니하는 우리가 곧
할례파라 **4**그러나 나도 육체를 신뢰할 만하며 만일 누구든지 다른 이가 육체를 신뢰할 것이 있는
줄로 생각하면 나는 더욱 그러하리니 **5**나는 팔일 만에 할례를 받고 이스라엘 족속이요 베냐민
지파요 히브리인 중의 히브리인이요 율법으로는 바리새인이요 **6**열심으로는 교회를 박해하고
율법의 의로는 흠이 없는 자라

# 12강

# "주 안에서"
# 기뻐하라

(빌립보서 3:1-6)

흔히들 빌립보서를 기쁨의 책이라고 말합니다. **"기뻐하라"**는 어구가 많이 등장하기 때문입니다. 겉으로 보면 빌립보서가 기쁨 주제를 담은 책이라는 생각이 들 것입니다. 빌립보서를 이렇게 이해하면 마치 바울이 어느 상황에도 기뻐하고 웃으라는 의미로 교회에 교훈한 것이라고 이해할 수 있을 텐데, 그렇지 않다는 것을 아셔야 합니다.

제가 언젠가 인천의 어느 교회에서 설교할 때였습니다. 예배당 뒤쪽에 계신 한 부인이 설교 도중에 자주 웃고 설교 중에 격하게 반응하는 것이 눈에 띄었습니다. 예배 후에 그분이 바로 담임목사님의 부인이라는 것을 알게 되었습니다. 그 사모님은 제게 자신을 "웃음 치료사" 또는 "웃음 전도사"라고 소개하셨습니다. 그러면서 우리는 자주 그리고 시도 때도 없이 (가급적이면 크게) 웃는 것이 건강에 좋다고 조언을 해주셨습니다. 그런 식으로 저와 몇 마디 대화를 나누는 동안에도 연방 소리 내어 웃으시고, 심지어 고개를 제치고 박수까지 쳐가며 "하하하" 소리 내어 웃으셨습니다. 이렇게 웃다 보면 힘든 일도 어려운 일도 기쁜 일로 바뀐다는 것이었습니다. 바울이 말하려는 **"주 안에서 기뻐하라"**는 교훈도 이런 식의 웃음 기쁨으로 이해되고 있는 것이 현실입니다.

하지만 빌립보에 자주 등장하는 **"기뻐하라"**는 표현을 어느 상황에서나 웃으라는 뜻으로 이해하면 바울이 말하려는 것을 전혀 간파하지 못합니다. 설마 바울이 이런 식으로 유치하게 늘 웃으라고 말했겠습니까? 웃음의 문으로 온갖 복이 들어온다는 한자 성어 "소문만복래"(笑門萬福來)처럼, 웃음이 만복의 근원이라는 의미로 이 말을 한 것이 아닙니다.

## 빌립보에서 "기뻐하라"가 사용된 예

사실 바울이 기쁨을 언급한 것은 역설적인 상황에서였습니다. 빌립보서 1:18에서 바울은 고민이 되는 상황에서 기뻐한다고 말한 적이 있습니다. 빌립보 교회 안에는 옥에 있는 바울을 괴롭게 할 목적으로 복음을 전하는 사람들이 있었습니다. (일반인들 같으면 속이 쓰릴 만하게) 불손한 의도로 행한 경쟁자들의 행동에 바울은 전혀 개의치 않고, 복음이 일단 널리 전파되기만 한다면 그들의 행위를 자신은 얼마든지 감내할 수 있다고 말합니다. 그가 옥에 있음으로써 실행하지 못하는 복음 전파가 그들로 인해 실행되고 있다면, 그로서는 어떻게 해서든지 복음이 널리 전파고 있다는 결과만 생각하고 기뻐한다고 말합니다.

빌립보서 2:17-18에는 이보다 더 악한 상황에서 바울이 기뻐한다는 내용이 실려 있습니다. 바울은 복음을 전하면서 수고하고 고난을 많이 받았습니다. 지금은 급기야 죽음에 이르게 될 지경에 놓였습니다. 그는 설령 그러한 상황에서라도 그의 섬김과 수고로 빌립보 교회가 어그러진 세상에서 하나님의 흠 없는 자녀로서 세상에 빛을 비출 수만 있다면, 그리고 그들이 무사히 그리스도의 날에 바울의 자랑이 될 수 있게 성장한다면, 자신도 기뻐하고 교회와 함께 기뻐할 것이라고 말합니다. 바울은 고난 중에 그리고 죽음의 문턱에 있으면서, 그가 빌립보 교회에게 권면한 것이 이루어진다면 기뻐하겠노라고 말하는 것입니다. 바울이 처한 상황은 매우 심각합니다. 바울은 지금 자신이 전제와 같이 부어진 상황이라고 말합니다. 그의 목숨을 제사 때 제물에 부어져 병에 포도주 한 방울 남아 있지 않은 것에 비유한 말입니다. 이런 상황에서도 교회의 미래를 생각하면서 자신은 기뻐할 것이라고 선언한 것이고, 빌립보 교회도 그 기쁨에 동참하라고 권합니다.

기쁨과 관련한 빌립보서의 유명한 본문인 빌립보서 4:4에서 바울은 서로 경쟁하는 사람들을 화해시키고 같은 생각을 하라고 권한 후에, 3:1과 같이 **"주 안에서 기뻐하라"**고 권합니다. 여기서는 **"항상"**이라는 말을 추가하여 **"주 안에서 기뻐함"**이 늘 있기를 강조합니다.

이 세 본문 사이에 오늘 우리가 살펴보려고 하는 빌립보서 3:1이 놓여 있습니다. 바울은, 빌립보서 4:4의 내용을 권면하기에 앞서 그리고 빌립보서의 두 번째 단락인 3:1–3을 시작하면서 **"주 안에서 기뻐하라"**고 말하는 것입니다. 이 본문에 등장하는 **"기뻐하라"**는 교훈에는 앞의 두 본문(빌 1:18; 2:17–18)에서 기쁨을 권한 것과 다른 점이 있습니다. 여기서 바울은 그 기쁨의 대상(또는 기쁨의 환경)을 표현하는 **"주 안에서"**를 추가한다는 점입니다. 그러므로 빌립보서 3:1에서 강조점은 **"기뻐하라"**가 아니라 **"주 안에서"**에 있다는 점을 주목해야 합니다. **"주 안에서"**는 **"주 안에서"** 이루어지지 않는 다른 상황과 대조하는 어구인 것이 분명합니다. 바울이 여기서 말하는 본뜻을 잘 알려면 본문에서 바울이 다루는 문제와 그 문제를 설명하는 과정에서 그가 말하고 있는 내용이 무엇인지 잘 알아야 합니다.


## 빌립보서 3장에서 다루는 문제(쟁점)


바울은 지금까지 빌립보 교회의 내부 문제에 집중하여 문제 해결에 도움이 되는 교훈을 베풀었습니다. 이제 문제의 원인이 되는 대상을 바꿔 새로운 쟁점으로 관심을 옮깁니다. 그 대상은 교회의 국외자에 속하는 사람들입니다. 여기서 바울은 빌립보 교회를 위협하는 대적자들이 주장하는 바를 소개하고 그들이 주장하는 것이 그간 바울이 교회에 전했던 복음과 얼마나 다른지를 밝힙니다. 제가 **"대적자들"**이라고 표현한 그 사람들은 유대인 출신으로서 교인이 된 사람들입니다. 그들은 이방인 출신의 그리스도인들이나 바울에게서 직접 가르침을 받은 빌립보의 첫 신자들보다 자신들이 가지고 있는 유대인 신분이나, 율법을 잘 지키며 사는 것이 참 하나님의 백성 됨의 표라고 주장했습니다. 순진한 빌립보 교인들은 이 문제로 어려움을 겪고 있으며, 바울은 그들이 교회 안에서 미치는 영향이 매우 크다는 것을 간파했습니다. 그래서 바울은 3장에서 유대인 출신의 교인들이 하나님의 참 백성 됨의 표징이라고 주장하는 것과 하나님을 믿는 사람이라면 당연히 행해야 할 종교행위들을 복음과 예수를 메시아로 믿는 신약교회의 관점에서 평가하고, 빌립보 교회에게 참된 신자의 자격이 어떤 것인지 가르쳐야겠다고 판단합니다.

본문(빌 3:1-6)에서 바울이 말하는 내용이 우리말 성경에 너무 간략히 언급되었고, 거기에 사용되는 용어도 낯설기에 이 본문을 슬쩍 읽어서는 바울이 말하려는 의미를 제대로 간파하기가 쉽지 않습니다. 그래서 제가 몇몇 학자들의 도움과 다른 번역 성경을 이용하여 여기서 바울이 말하는 내용을 조금 설명하면서 다시 번역해보았습니다. 이런 내용입니다.

(1절) 자 그러니 성도 여러분, 주 안에서 기뻐하십시오. [하지만 제게는 당신들에게 꼭 상기시키고 싶은 문제가 있습니다.] 당신들에게 같은 내용을 다시 쓰는 것이 제게는 전혀 귀찮은 일이 아닙니다. 오히려 당신들에게 안전장치입니다.

(2절) [그러니 제게는 반복해서 말하는 것이 신경 쓰일 문제가 전혀 아니라는 것을 알아주시기 바랍니다.] [영적으로 순결하다고 주장하지만 부정한] 개들을 경계하며 살펴보

셔야 합니다. 그들의 행위는 [그들이 주장하는 것처럼 선한 것이 아니라 ] 악하기 때문입니다. 그들의 [종교적인] 행위들은 신체 절단 행위라고 말하는 것이 옳습니다. [몸에 할례를 행하라는 그들의 주장은 말하자면 일종의 변태적인 행위이고 복음에 역행하는 행위입니다.]

**(3절)** [예수님을 믿는 사람들은] 마음에 할례를 행했습니다. 하나님의 영으로 말미암아 예배하는 [우리들이야말로 하나님의 참 백성이기 때문입니다. 하나님의 참 백성인] 우리는 그리스도 예수를 자랑하며, 육체를 전혀 신뢰하지 않습니다.

**(4절)** [제 말을 오해하지 마시기 바랍니다.] 제게는 [저 사람들이 제시하는 대로 말하자면] 육체를 신뢰할 이유와 근거가 많이 있습니다. 사실, 다른 어떤 사람이 자신에게 육체를 신뢰할 이유가 있다고 생각한다면, 제게는 [그들이 내세우는 것보다 자랑할 것이] 훨씬 더 많이 있습니다.

**(5절)** 저는 태어난 지 팔 일만에 [엄격한 율법에 따라] 할례를 받았고, [유대인의 표본이란 말입니다.]

순수한 이스라엘 사람이며,

베냐민 지파 출신입니다.

[한 마디로 말해서] 저는 히브리인 중에 히브리인입니다.

[여기에 더하여] 저는 전에 율법 해석과 관련해서 바리새인이었으며,

**(6절)** 교회를 박해하는 것으로써 [하나님과 율법에 대한] 제 열

심을 입증했습니다.

그리고 우리 유대인들의 법에서 제시한 의와 관련하여 [저는 매우 사려 깊은 사람이라서] 흠 하나 찾을 수 없던 사람이었습니다.


## "주 안에서 기뻐하라"는 "주를 기뻐하라"는 뜻임

이 내용을 염두에 두면서 바울이 본문에서 말하는 쟁점이 무엇인지, 바울이 말하려는 내용이 무엇인지 더 분명히 그리고 구체적으로 살펴보겠습니다. 우선 이 장의 제목에 나와 있는 **"주 안에서 기뻐하라"**는 내용부터 설명하겠습니다. 우리말 번역 성경에는 드러나지 않지만, 그리스어 본문에서는 어구의 표현상 **"주 안에서 기뻐하라"**(rejoice in the Lord)는 바울이 대적자들을 평가한 **"육체 안에서 자랑하다"**(boast in the flesh)와 대조를 이룹니다. 그리고 이 말은 다시 **"육체를 신뢰하다"**(trust in the flesh)와도 대조를 이룹니다. 원어상 이 어구는 대칭되는 어구(동사 + in the 명사)를 사용하기에, 영어 표현이 그나마 그리스어의 해당 어구를 제대로 표현하려고 노력했다는 것을 알 수 있습니다. 이 본문에서 바울은 의도적으로, 자랑하다, 기뻐하다, 신뢰하다는 동사를 사용하고, 반대로 **"주 안에서"**를 **"육체 안에서"**와 대조하면서 무엇을 기뻐하고 무엇을 자랑하며, 무엇을 신뢰하는지를 대조하면서 교훈하고 있다는 것을 알 수 있습니다.

이 언어적 구성을 고려한다면, **"육체 안에서 자랑한다"**는 말을 **"육체**

를 **자랑한다**"고 바꿔 쓰면 이해하기가 훨씬 쉽듯이, **"주 안에서 기뻐하라**"는 말은 **"주를 기뻐하라**"고 바꿔 쓸 수 있습니다. 많은 주석가들이 이 어구를 이런 식으로 이해하는 것이 좋다고 제안합니다. 그러니까 문제는 그냥 막연히 기뻐하는 것이 아니라, **"주 안에서"** 기뻐하는 것이며, 그것은 **"주를"** 기뻐하라는 뜻에서 한 말입니다.

　**"주를"** 기뻐한다는 말은 무슨 뜻일까요? 바울은 왜 이 말을 사용할까요? 빌립보서에서 바울이 이 말을 하는 것이니, 우리는 그 대답을 우선적으로 그리고 반드시 빌립보서에서 찾아야 합니다. 빌립보서 3장 앞, 즉 빌립보서 2장에서 주님에 대해 소개한 바로 그 본문(빌 2:5-11)이 바울의 이 권면("주를 기뻐하라")을 이해할 수 있는 첫 번째 문맥입니다. 바울이 빌립보에서 예수 그리스도를 **"주"**(Lord)라고 부른 것은 그리스도가 자신을 낮추어 사람이 되고, 종이 되어 십자가에 죽기에 이를 정도로 하나님께 복종한 것에 근거합니다. 하나님과 본질적으로 똑같으신 분이 세상에서 가장 낮은 신분인 종의 태도를 취한 것과 가장 치욕적인 십자가의 죽음을 택할 정도로 자신을 낮추신 것이 그분이 **"주**(主)"가 되시는 출발점이었습니다. 예수님이 이처럼 자신을 낮췄더니, 하나님께서는 그를 이 세상에서 가장 높은 지위에 있는 사람, 즉 황제에게나 붙일 수 있는 모든 이름 위에 뛰어난 이름인 **"주"**(퀴리오스)라는 칭호를 주셨습니다(빌 2:9, 11).

　두 번째로 고려할 문맥은 이 교훈이 빌립보 교회 안에서 벌어지는 실제적인 문제를 교정하는 교훈을 베푸는 맥락에서 나왔다는 점입니다(빌 2:1-4). 그들 사이에 있는 다툼과 경쟁, 그리고 시기심으로 남보다 자신의 우월함을 주장하려는 문맥에서 진정 높아짐이 어떻게 이루어지는지를 교훈하는 맥락이 **"주 안에서 기뻐하라"**는 교훈을 이해할 수 있는 중요한 문맥입니다. 그러하기에 바울이 그리스도가 자신을 낮춘 것과 하나님이 그리스도를 지극히 높여 **"주"**가 되게 하셨다고 설명했을 때, 빌립보 교회는 그들 사이에 쟁점으로 다투고 있는 우월함, 높아짐이 복종(인간이 되시고 종이 되신 예수님)과 낮아짐(십자가에 달리신 예수님)과 매우 밀접히 연관되었다는 것을 실감했을 것입니다. 이것은 그들이 바울에게서 받은 복음의 핵심적인 내용입니다.

그러므로 **"주를 기뻐하라"**는 말은 다른 어떤 것을 기뻐하는 것이 아니라, 바로 이런 과정을 거쳐 지금 **"주님"**이 되신 그분만을 기뻐하라는 말입니다. 교회의 기쁨은 오직 그 주님하고만 관련이 있는 기쁨입니다. 사람들에게는 십자가에 달린 예수로 인식되고, 그 예수가 세상에 가져온 변화와 영향력의 가치를 심각하게 생각하지 않을 때, 바울은 그분을 자랑하고 기뻐하는 것이 왜 중요한지를 일깨우려 합니다. 바울은 많은 사람들에게 여전히 비천한 사람, 루저(loser) 같은 사람으로 인식되어 있고, 가장 치욕적인 죽음을 당한 사람으로만 인정받은 예수 그리스도를 기뻐하라고 권합니다. 바울이 그렇게 권하는 이유가 분명히 있을 것입니다. 그 이유가 무엇일까요? 바울은 어떤 근거에서 주를 기뻐하라고 권할까요?

## 주를 기뻐해야 하는 이유와 근거

바울이 **"주를 기뻐하라"**고 권하면서 이와 대조하기 위해 택한 말은

"육체"(그리스어로 σαρξ, 사륵스)입니다. 여기서 "육체"는 아무 생각 없이 이 단어의 뜻을 생각하듯이 우리 몸을 가리키는 말이 아닙니다. 바울이 그의 편지 여러 곳에서 사용한 "육체"나 "육신"은 예수가 그리스도이시고 "주"이신 것을 모르거나 그렇게 고백하기를 거절하는, 그리스도 오시기 이전 세대와 이전 시대의 속성을 따르는 사람들과 그들이 하는 종교행위를 가리키는 단어입니다. 바울은 교회에 위협을 가하는 상대방을 생각하면서 "육체"라는 단어를 사용합니다. "육신"은 로마서 8장에서 "성령"과 대조하기 위해 사용한 "육신"이라는 단어(롬 8:3-8)와 갈라디아서 3장에서 "믿음"과 대조하기 위해 사용한 "육체"라는 단어(갈 3:2-3, 23-25; 5:16-24)와 같은 뜻을 지닌, 구속사의 옛 시대를 가리키는 포괄적인 용어입니다.

빌립보서 3장에 언급된 "육체"도 이런 뜻에서 사용되었습니다. 특히 3-4절에는 "육체를 신뢰하다"라는 어구가 세 번 등장합니다. 여기서 바울은 빌립보 교회에 혼란을 야기하는 대적자들이 육체를 신뢰하는 것을 비난하면서, 그들이 내세우는 "육체를 자랑하고 신뢰하는 것"과 대조하기 위해 "주를 기뻐하라"고 먼저 운을 뗀 것입니다. 그래서 그들의 입장이 얼마나 잘못되었는지 깨우치려고 자신을 예로 들어 설명합니다. 그 사람들이 지금까지 "육체"를 신뢰한다면, 사실 바울에게도 (그들 못지않게, 아니 그들보다 훨씬 더) 육체를 신뢰할 만한 것이 있다고 소개합니다. 맞받아치는 것입니다. 사실 이런 대응은 그들이 신뢰하고 있는 육체가 얼마나 형편없는 것인지를 밝히려는 바울의 작전에 속합니다.

그래서 1-3절에서 "주를 기뻐하라"와 대조하는 "육체를 자랑하다"와 "육체를 신뢰하다"라는 의미가 무엇인지 알려면, 또 육체를 자랑하는 사람들이 누구이고, 구체적으로 무엇을 자랑하고 신뢰하는지 알아야 합니다. 그것을 대조하면서 바울이 자신의 태생과 종교적 열심을 묘사한 3:4-6이 본문에서 쟁점이 되는 문제가 무엇인지를 이해하는 핵심 본문입니다. 그래서 4-6절을 먼저 살펴보도록 하겠습니다. 그 구체적인 내용이 무엇인지 알면, 아마도 본문을 읽는 대부분의 사람들은 놀라고 충격을 받을 것입니다.

## 유대인들이 자랑하고 신뢰하는 "육체"의 구체적인 내용들

바울은 그 육체가 바로 그가 태어날 때부터 가지고 있던 유대인으로서의 신분과 관련이 있고, 그 후 유대교에 충실하다는 것을 입증하기 위한 그의 종교적 열심과 율법 지키는 것이라고 밝힙니다. 바울 자신이 가지고 있었던 과거의 신분과 종교적 열심을 설명하는 육체에 속한 내용들은 전체 일곱 가지인데, 앞의 4개는 그가 출생을 통해 얻은 특권에 속하는 것들이고, 뒤의 3개는 그가 자발적으로 선택하여 추구하던 탁월한 종교적 업적들입니다.

첫째, 바울은 자신이 태어난 지 팔 일만에 **"엄격한 율법에 따라"** 할례를 받았다고 운을 뗍니다. 이 말로써 바울은 이교도에서 행하던 부당한 방식으로 할례를 받았거나 이방인으로 있다가 중간에 유대교로 개종하여 할례를 받은 사람과 자신을 구별합니다. 자신이 지금 유대인 됨을 주장하는 어느 누구보다도 신분상 훨씬 우월한 위치에 있다고 주장하는 겁니다. 우리 식으로 말하면, 교회 다니는 사람들 중에서도 자신은 모태 신앙인이고 3대째, 4대째 예수를 믿어온 집안 출신이며 유아 세례를 받은 사람이라는 뜻입니다.

둘째, 바울은 자신이 순수한 이스라엘 사람이라고 선언합니다. 이 말은 당시 이방인 출신에서 유대인으로 개종한 사람과 비교하여 자신은 그런 유대인과도 구별되는 사람이라는 뜻으로 이 말을 하는 것입니다. 바울은 이방인과 유대인 사이에서 태어난 혼혈 이스라엘이 아니라, 이방인의 피가 조금도 섞이지 않은 순혈 이스라엘 사람이었습니다.

셋째, 바울은 자신이 베냐민 지파 출신이라고 밝힙니다. 이 말은 진정한 이스라엘 사람이라도 그 나라의 비천한 지역이나 부족들, 또는 혼혈인에서 나오는 사람들, 심지어 근본이 없는 잡것들과 달리, 바울은 초대 왕 사울이 속했던 베냐민 지파 출신이라고 가문의 탁월함으로 자신의 출신 배경의 우월함을 주장하는 것입니다. 우리 식으로 말하면, 경주 김(金) 씨 중에서도 왕족이 되는 진골에 속하는 것을 넘어, 왕이 될 수 있는 성골에 속하는 김 씨에 해당한다고 주장하는 것과 같습니다.

넷째, 바울은 자신이 한 마디로 말해서 히브리인 중에 히브리인이라고 내세웁니다. 이 말은 빌립보 교회에게 유대교의 특권과 유대인으로서 그들이 행하는 종교행위를 강요하는 사람들에게, 바울이 **"나보다 더 유대인인 사람이 있느냐?"**라고 공격하는 것과 다름없는 선언입니다. 바울은 자신이 당대 유대인의 모델이며, 표본이라고 자부하고 있습니다.

이 네 가지 내용은 유대인 됨, 즉 유대인의 신분과 관련하여 바울의 우월함을 내세우는 내용입니다.

다섯째, 이제 바울은 출생의 특권에 더하여 자신의 종교적인 업적과 자발적으로 추구하던 종교적 우월함을 통해 빌립보 교회 안에서 유대교의 전통을 자랑하고 내세우는 사람들을 반박합니다. 앞의 네 가지 요소가 바울의 출생의 생득적 특권을 말하는 것이라면, 뒤의 세 가지는 바울이 의지적으로 노력하여 얻은 육체를 신뢰할 만한 것들입니다. 그 첫 번째가 **"나는 율법 해석에 대해서는 바리새인이었다"**는 어구입니다. 이 말은 그가 조상들의 전통에 충실했다는 의미이기도 합니다만 이 말에는 이보다 더 큰 의미가 담겨 있습니다. **"율법으로는 바리새인이요"**라는 말은 바울이 단지 율법의 각종 계명에 어긋나는 행동을 하지 않은 것은 물론이고 그 율법 조문들 하나하나가 무슨 뜻인지를 알며, 생활의 여러 상황에서 어떤 의미를 지니는지 잘 해석할 수 있을 정도로 율법에 정통한 사람이라는 뜻입니다. 그리고 그는 그 내용을 머리로만 알고 있는 것이 아니라 바리새인이라면 이상적으로 추구했던 것처럼 삶의 모든 부분에서 최대한 율법을 실제로 지키고 실천했다는 말입니다. 율법과 관련한 바울의 입장을 한 마디로 말한다면, 바울은 삶의 표준인 율법을 해석하고 지킴에 있어 왕도를 걸은 사람입니다. 한국교회의 표준대로 말하면, 주일성수, 정확한 십일조를 실현했고, 술 담배 금지를 잘 실천한 경건의 모범이었다는 뜻입니다.

여섯째. 바울은 **"교회를 박해하는 것으로 내 열심을 입증했다"**고 말합니다. 그가 교회를 박해하는 것으로 율법과 하나님에 대한 열심을 입증했다는 것은 당대 교회에게는 충격이었겠지만 유대인들에게는 충분히 수긍할 만한 내용입니다. 하나님에 대한 바울의 열심과 열정을 하나님의 율법과 율법에서 명기한 제도들의 가치를 폄하하는 교회를 박해하는 것으로 드러냈기 때문입니다. 바울은 하나님에게 호의를 얻고, 동료들에게 열심이 있는 신자임을 입증하여 유대교에 충실하다는 것을 교회를 박해하는 것으로 표현했습니다. 그의 행동에 바울이 유대교와 율법에 얼마나 충실했는지 나타납니다. 말이 필요 없는 확실한 증거입니다.

그가 스데반을 죽일 때 증인으로 함께 있었던 것은 물론이고 그 후 다메섹에까지 가서 교회를 박해하려 한 것을 보면 실제로 그가 율법에 진정 충실한 사람이었다는 것을 알 수 있습니다. 이 문제와 관련해서 바울은 교회에게는 나쁜 사람이었지만, 유대인들에게는 유대교의 전통과 하나님의 백성으로서 율법에 충성하는 참 유대인이었습니다. 그는 이렇게 행함으로써 율법대로 사는 삶이 이방인으로 인해 더럽혀지는 것을 철저히 막았고, 하나님과 율법에 헌신하는 사람으로 인정받았습니다.

제 제자 중에 초등학교에 세워진 단군상을 도끼로 부숴버린 것 때문에 옥살이 한 사람이 있습니다. 그는 초등학교를 돌면서 같은 일을 여러 차례 수행하다가 어느 날 발각되어 옥살이하게 된 것입니다. 옥에서 나온 후에도 그는 여전히 자신이 한 행동이 십계명 1, 2계명에 충실한 행동이며 하나님의 신실한 백성으로서 한 행동이라고 믿고 있습니다. 바울은 이것을 훨씬 넘은 행동으로 유대교에 충실함을 보여주었습니다.

일곱째. 바울은 **"우리 유대인들의 법에서 제시한 의에 대해** (매우 세심해서) **흠 하나 찾을 수 없던 사람이었다"**고 말합니다. 바울은 이 시점에서 이전의 삶에 비춰 자신에게서는 죄 되는 것은 하나도 찾을 수 없다고 주장합니다. 율법에 대한 충성은 율법조문 하나하나까지 지키는 것입니다. 바울이 하나님 앞에서 죄가 없는 사람이라고 생각하지는 않았을지 몰라도(참조. 롬 3:9-18, 20), 자신은 의식적으로 눈에 보이게 법에 저촉되는 행동을 하지 않았다고 주장하고 있는 것입니다.

결국 바울은 이 모든 것이 누가 보더라도 완벽한 유대교에 충실한 증표라고 판단합니다. 바울이 자신의 자랑거리를 제시한 목적은 분명합니다. 이런 요소들에 근거하여 유대교의 우월함을 주장하면서 빌립보 교인들보다 자신들이 더 탁월한 그리스도인이라고 자신들을 본받으라고 요구하는 유대인들에게 그들이 자랑하고 신뢰하는 것이라면 바울 자신도 과거에 얼마든지 갖추고 있었던 사람이라고 주장하는 것입니다. 바울이 판단하기에, 이런 것들을 자랑하고 신뢰하는 것은 **"육체를 자랑하는 것"**과 **"육체를 신뢰하는 것"**에 불과합니다. 바울은 이런 것들이 이제 얼마나 가치가 없는 것인지를 보여주고 싶어 대적자들이 제시하는 것과 비교할 수 없는 자신의 예를 소개합니다. 지금 빌립보 교회에 위협을 가하고 있는 사람들 중에 바울과 같은 조건을 가졌다면 더 위세당당하게 자신을 자랑했을 것입니다. 그러나 바울은 이런 조건을 구비하여 하나님의 백성 됨의 신분을 주장하고 이런 행위가 하나님 앞에서 바른 것이고 경건함이나 충실함의 표지라고 주장하는 사람들에게, 그것 자체에 결정적인 문제가 있다고 주장하려고 합니다. 바울이 발견하고 깨달은 더 탁월한 것이 있기 때문입니다. 결국 쟁점이 되는 사안은 주님이 되시는 그리스도와 유대교의 갈등과 대결 문제입니다.

## 율법에서 나오는 의를 얻으려는 것에 대한 가치평가

빌립보서 3:7-9에서 바울은 대적자들에게 이런 것들이 율법에서 나오는 의를 추구하는 것이라는 사실을 알립니다. 지금 바울은 일반 유대인들에게 그들이 들으라고 이 말을 하는 것이 아닙니다. 예수님을 믿고 교회 안에 들어와 있는 유대인 출신의 교인들에게 이렇게 말하고 있다는 점을 기억해야 합니다. 복음을 듣고 그리스도에 대한 믿음을 고백한 교인들 중에서도 여전히 육체에 속한 것에 가치를 부여하고, 그것을 자신의 신분과 하나님에 대한 경건을 입증하는 것이라고 단단히 믿고 있는 사람들이 많이 있었습니다. 그들은 자신의 종교적 가치를 표준삼아 이런 요소들을 갖추지 못한 사람들(당대의 이방인 출신의 그리스도인들)보다 자신의 우월함을 주장할뿐더러 여기서 한 걸음 더 나아가 이것이 신자가 되는 증표라고 우겼습니다. 바울은 지금 그들에게 말합니다. 그런 사람들은 유대교에서 가치 있게 여기는 이런 내용들이 다 **"육체"**에 해당하는 것이고, 이런 것을 중요시하는 사람을 육체를 자랑하고 육체를 신뢰하는 사람이라고 말입니다. 유대인들과 유대교 출신의 그리스도인들 모두가 엄청 충격을 받았을 만한 선언입니다.

이에 더하여 바울은 7-8절에서 자신은 이것이 하나님과의 바른 관계를 이루는 데 있어 해(害)가 될뿐더러 자신이 생각하기에 배설물에 불과하다는 것을 알게 되었다고 폭탄 선언합니다. 그런데 지금 빌립보 교회 안에서 이런 것을 신뢰하는 사람이 있고, 이런 것들에 가치를 부여하여 다른 교인들에게도 이것을 보유하라고 강요하는 사람이 있는 것을 보고, 바울은 분노를 폭발하는 것입니다. 이것은 그가 전한 복음에 위배되며, 사실 복음이 아니기 때문입니다.

누구나 놀랄 만한 이런 평가를 바울이 내리게 된 것은 예수가 하나님의 아들과 그리스도(메시아)이시며, **"주님"**이시라는 사실을 알게 되었기 때문입니다. 바울이 다메섹 도상에서 그리스도를 만난 것이 그가 유대교에 있을 때 신뢰하던 것이 이에 대한 진정한 가치를 알게 된 인식의 전환점이었습니다. 이런 것을 배설물에 불과하다는 것이 바울이 가치매김 한 핵심 내용입니다. 그리스도를 마주하기 전에 신뢰하고 자랑하던 것이 그분을 마주하고 그분이 그리스도(메시아)라는 것을 알고 난 후에 해로 여기게 되고 배설물로 여기게 된 보잘 것 없는 것들임이 판명된 것입니다. 어떤 점에서 그런 걸까요? 그가 빌립보서 3:7-9에서 설명할 **"하나님의 의"**를 얻는 문제에서, 그리고 그리스도와 연합하여 그리스도의 사람으로서 그리스도를 닮아가는 삶을 살아가는 측면에서 그렇다는 의미입니다. 한 마디로 말해서, 이 문제는 복음에 상응하는 내용이냐 그렇지 않으냐와 관련이 있는 심각한 문제입니다.


## 육체를 자랑하고 신뢰하는 사람들의 정체

이런 내용을 내다보면서, 바울은 3:2-3에서 이같이 육체를 자랑하고 육체를 신뢰하는 사람이 어떤 사람인지 밝힙니다.

첫째, 육체를 자랑하고 신뢰하는 사람들은 조심하고 경계해야 할 **"개"**입니다. 맹견이 있는 집 앞의 **"개 조심"**이라고 쓴 팻말처럼 바울은 유대인 출신의 교인들이 행하는 것들 앞에 경계의 팻말을 세웠습니다. **"개 조심."** 개는 유대교에서 더럽고, 부끄러움을 모르고, 식탐이 있고 배회하는 동물로 인식되었습니다. 그래서 비록 율법에 명기되지는 않았지만 개는 부정한 동물로 여겨졌고 개고기는 부정한 음식이기에 거룩함을 유지하려는 사람은 먹지 않았습니다. 여기서 파생되어, 이방인들이 부정한 사람이라는 것을 표시하기 위해 유대인들 사이에서는 이방인을 개라고 부르게 되었습니다.

헬라인인 수로보니게(페니키아 도시 출신의) 여인이 자신의 딸이 귀신 들렸다고 예수님께 찾아와 귀신을 쫓아내주시기를 간청할 때, 예수님은 그 여자에게 **"자녀의 떡을 개에게 던져주는 것이 마땅하지 않다"**(막 7:27)고 말씀하셨습니다. 여기서 자녀는 이스라엘 사람을, 개는 이방인을 가리키는 것이 분명합니다. 개가 불결한 짐승으로서 제의상 불결한 사람들인 이방인과 실제로 동일시되었고 예수님 당대에도 사용되었다는 것을 알 수 있습니다.

바울은 대적자들(즉, 유대인 출신의 교인들)이 비록 할례도 받고 율법을 잘 지키는 하나님의 언약백성이라고 자부하고 있었더라도, 바울 입장에서 그들은 이방인에 해당한다고 평가하는 것입니다. 언약백성이 아니라는 뜻입니다. 할례가 없는 교인을 이방인 수준에 머문다고 판단하는 유대인 출신의 교인에게 바울은 오히려 그들이 이방인이라고 가치매김 하고 있습니다. 엄청난 역설적 선언이지요!

둘째, 육체를 자랑하고 신뢰하는 사람들은 악을 행하는 사람들입니다. 그들은 자기들의 행위가 선한 것이고 의롭고 경건한 것이라고 주장했지만, 바울의 복음에 비춰 보면 그들이 행하는 율법 행위들은 악한 행위입니다. 이러한 평가는 그들이 살인, 간음, 도적질, 탐심 등의 행위를 자행했고 그런 행동을 지적하면서 그 사람들이 도덕적으로 그릇되거나 악한 동기에서 이런 행동을 하는 사람이라는 뜻으로 한 것이 아닙니다. 바울은 그들이 자신들의 (율법에 근거한) "행위"를 의존한다는, 즉 자신들의 행위로써 하나님의 의를 얻으려 하고 이에 근거하여 이방인들에게도 자기들처럼 율법을 행하라고 강요한다는 점에서 "악을 행하는" 사람들이라고 평가하는 것입니다. 유대교에 속한 것을 신뢰하는 것은 하나님이 하신 일에 역행한다는 의미에서 악행에 해당합니다. 바울은 무슨 근거로 이렇게 선언하는 것일까요?

## 율법을 의지하는 것은 그리스도를 의지하는 것이 아님

로마서 9:30-10:4에서 바울은 예수님을 저버린 유대인들이 오랜 전통과 과거에 오래 의지해온 율법과 할례를 중요시하느라 그리스도가 가져오신 **"믿음"**을 의지하지 않고 반대로 율법을 지키는 **"행위"**를 의지했다고 안타까워합니다. **"그들이 믿음을 의지하지 않고 행위를 의지함이라. 부딪칠 돌에 부딪쳤느니라"**(롬 9:32). 바울은 그들이 (믿음의 참됨을 시험하는) 부딪칠 돌에 부딪쳤으며, 힘써 하나님의 의에 복종하지 않았다고 단정합니다. 자신의 종교행위를 의지하고 신뢰하는 이상, 그는 그리스도에 대한 믿음을 의지하지 않습니다. 그것이 그들과 똑같은 입장에서 율법을 행하는 다른 사람들이 보기에 꽤나 경건해 보이는 종교 행위로 평가를 받는 것일지라도, 율법 행위는 그리스도와 관계가 없는 종교행위이기에 (그리스도에 대한) 믿음을 의지하지 않는 행위입니다. 바울은 율법에 충실하여 스스로 경건하다고 믿는 그 사람들을 자신의 힘으로 의를 얻으려는 사람들이라고 비난하는 것입니다. 의는 그리스도에 대한 믿음에서만 나오는 것이므로, (그리스도에 대한) 믿음을 의지하지 않고 (율법)행위를 의지한다는 바울의 평가는 곧 그리스도를 신뢰하지 않는다는 말과 다를 바 없습니다. 그들이 의를 얻을 가능성은 없습니다.

바울이 그들이 행하는 악한 행위라는 것은 사실 율법의 규율들을 실천하는 행위들입니다. 수세기 동안 유대교 안에서 율법의 규율들을 실천한다는 것을 겉으로 보이고 다른 사람들도 알아주게 하는 표지는 안식일 등 주요 절기를 엄격하게 준수하는 것과 정결례를 실천하며, 코셔 음식(정결한 음식)을 가려 먹어 자신을 세상으로부터 구별하는 행위입니다. 한국교회에서 신앙인임을 표시할 수 있는 잣대로 표현하자면, 신자 됨의 표준으로 삼고 있는 엄격하게 주일성수하는 것과 술 마시지 않고 담배를 피우지 않는 행위가 여기에 해당합니다. 당대에 이처럼 세상과 구별된 하나님의 백성의 표시로 인식하던 사람들 중에는 이것이 악한 행동이라고 비난하는 사람은 한 사람도 없었습니다. 율법대로 행하는 것을 모두 하나님에 대한 믿음의 행위라고 생각했습니다.

율법을 가진 유대인이라면 당연히 지켜야 할 이 행위들을 바울이 **"악행"**이라고 단정한 것은 유대인들 모두에게 그리고 (유대인들의 영향을 받은) 일부 그리스도인들에게도 가위 충격이었을 것입니다. 문제의 핵심은 이런 것들이 여전히 신약시대에도 하나님의 백성의 표지로 인정할 것인지의 문제입니다. 빌립보 교회 안에 들어온 유대인 출신의 교인들은 여전히 지켜야 한다고 주장했고, 바울은 그것은 유대교에 속한 것으로서 그리스도를 믿는 것과 아무런 관계가 없는 것이기에 이제는 폐기처분해야 한다고 주장했습니다. 누구의 의견이 옳을까요? 어느 것이 복음에 합당한 입장일까요? 바울이 그리스도를 의지하지 않고 율법을 의지한 행위들을 악행이라고 단정한 것이 1세기만의 문제일까요? 아니면 그 후 교회에서도 발견되어 우리도 고민해야 할 문제일까요?

## 현 교회에서 자행되는 율법을 의지하는 행위들

우리는 교회에서 성경에 규정된 계명 이외에 다른 종교 행위를 만들 수 있느냐를 두고 16세기의 유명한 두 종교개혁자들인 루터와 칼뱅이 보인 태도에서 그 해답을 찾을 수 있습니다. 루터는 성경에서 분명하게 금지한 것이 아니라면 허용된 것이라고 믿었습니다. 그래서 루터교는 로마 가톨릭 교회처럼 교회 절기가 많고 성례도 많습니다. 사순절, 주현절 또는 대강림절 등을 만들고 부활절, 성탄절, 맥추절, 추수감사절을 제정할 뿐만 아니라 기독교 용품, 예배 중에 가운 입기 등 현재 실시하는 종교 행사의 대부분을 루터교는 지켜왔고, 오늘날 한국의 대부분의 교회들도 이런 종교적인 외형을 따르고 있는 실정입니다. 이게 다 루터교에서 온 예전이라는 사실을 아는 사람이 도대체 얼마나 될까요?

반면에 칼뱅은 성경에서 분명하게 허용한 것이 아니라면 금지된 것이라고 믿었습니다. 그래서 성경의 유월절, 맥추절, 수장절도 폐지된 마당에 다른 절기를 또 만들면 안 된다고 가르쳤습니다. 성탄절, 부활절, 맥추감사절, 추수감사절 들 말입니다. 지금도 극단적 칼뱅주의를 따르는 교회들 중에는 교회력을 지키지 않는 교회가 많이 있습니다. 그 중에는 그 유명한 부활절과 성탄절도 교회력에서 없애야 한다고 주장하는 사람들이 있는 실정입니다. 또한 대부분의 사람들이 알고 있다시피, 칼뱅을 따르는 교회는 로마 가톨릭 교회가 실시하던 일곱 성례 중 세례와 성만찬만 남기고 나머지는 다 폐지했습니다. 그러면서 삶에서 검소하고 경건한 생활을 실천하기를 가르쳤습니다. 외부인들의 눈에는 금욕주의로 비쳤을 것입니다.

칼뱅과 그 후예들의 영향을 받아 세워진 한국의 장로교회는 오랫동안 칼뱅의 입장을 따랐고, 심지어 칼뱅이 금지한 것(금욕)을 경건의 표준으로 삼아왔습니다. 그래서 선교사들이 한국교회에 술 담배 금지를 선언하자 그것이 마치 복음인 양 한국교회의 전통으로 자리 잡았습니다. 한국에서는 교인임을 증명하는 것으로 으레 식사하기 전에 기도하기, 술 담배 하지 않는 것을 기준으로 삼고 있습니다. 술 담배는 몸을 해롭게 하기에 주의 몸을 정결하게 유지해야 한다면서 말입니다.

이것뿐인가요? 새벽기도 역시 한국교회가 신주단지 모시듯이 붙잡고 있는 교인됨의 표시로 삼고 있는 종교 행위 중 하나입니다. 잠을 덜 자고, 새벽시간을 하나님과 함께 하는 것으로 하루를 시작하는 것이 하나님에 대한 헌신과 열심을 표현하는 것이라고 가르치고 있고, 대부분의 한국교회는 그들만이 보유하고 있는 이 새벽기도를 한국교회의 좋은 경건의 전통이라고 생각하고 있습니다. 그래서 한국에서는 정상적인 교회라면 새벽기도를 하는 것이 불문율이 되었습니다. 기도는 그 자체 좋은 것입니다. 하나님의 백성은 자녀가 아버지와 친근하게 대화하고 의지하며 그것을 통해 아버지에 대한 신뢰를 표현하듯이, 신자들은 하나님께 기도해야 합니다. 시시때때로 모든 상황에서 하나님과 교제를 해야 합니다.

그러나 문제는 새벽에 일어나서 하는 기도이며, 이것을 교인됨과 교회됨의 표지로 삼아야 하는지의 문제입니다. 새벽기도는 일반적인 기도보다 더 우수한 기도이며, 경건의 표준이라고 인식하면서 그 기도를 장려하고, 장려하는 것을 넘어 강요하는 것을 어떻게 이해해야 할까요? 사실 한국교회의 새벽기도는 아무 생각 없이 만들어낸 의식입니다. 불교의 새벽 예불이 기독교의 새벽 기도로 변한 것임을 아는 사람들이 얼마나 될까요? 애석하지만 사실 그렇습니다. 아니 개인적으로 그 사실을 알았다고 해도 사실이 그러하다고 밝히면서 새벽기도에 대해 다시 평가해야 한다고 용감하게 주장할 사람은 과연 몇이나 될까요? 애석하지만, 거의 없는 것 같습니다. 그것이 다른 종교의 행위를 모방한 것인데도 말입니다. 이것은 교단 차원에서 돌출되게 행동하여 눈 밖에 나는 행동으로 여겨 이 문제를 선뜻 제기하려는 사람이 없는 것 같습니다. 그냥 자신이 속한 교단의 여러 교회가 하는 대로 새벽기도를 시행하고, 실제로 해보니 나쁘지 않고 경건해지는 듯하고 시간을 활용하는 면에서도 좋으니 한국교회의 좋은 전통으로 자리 잡는 것이 좋다고 생각하는 사람들이 많이 있을 것입니다. 그래서 지금까지 새벽기도는 100년 이상 그 명맥을 유지해온 것이지요.

한국교회사적으로 알려진 바에 따르면, 새벽기도는 공식적으로 1909년 여름에 시작되었습니다. 1907년 평양 대부흥회 이후 신자들이 교회에 자주 모여 기도하며 회개 자복함으로써 한국교회에 일대 부흥이 일어나자, 1909년 여름 무렵 길선주 목사가 새벽에 이처럼 모여 기도하는 것이 교회 부흥에 유익하다고, 이 모임으로 그치지 말고 지속적인 교회 모임으로 하자고 제안했습니다. 당시 평양의 교회는 길 목사의 제안을 받아들였고 그 후 한국교회에 새벽기도가 이어져 왔습니다. 일전에 불교에 심취하여 예불을 드리던 길선주 목사가 하나님을 모르는 사람들도 존재하지 않는 신에게 지극 정성으로 기도하는데, 살아계신 하나님을 믿는 우리는 더욱 열심을 내어 기도하는 것이 바르다고 주장한 것도 새벽기도를 도입한 계기가 되었습니다. 다른 종교인들보다 더 독실한 기독인의 열심을 보여주자는 종교행위가 새벽기도의 동기였음을 알 수 있습니다. 당시 목소리가 크기로 유명하고 주변 사람들에게 자기가 생각한 것을 끝까지 관철시키기로 유명했던 길선주 목사의 영향으로 그렇게 해서 전례 없던 새벽기도라는 제도가 한국교회에 만들어진 것입니다. 목소리 큰 사람이 이긴다는 진리가 입증된 셈입니다. 이것은 한국교회사가 증언하는 내용이니 어느 정도 객관적 사실입니다. 아무튼지 한국교회는 그 후에 새벽기도의 성경적 근거를 검토도 하지 않은 채 한국교회의 좋은 전통이라고 답습하고 있는 실정입니다. 그리고 나서 **"새벽을 깨우리로다"**와 같은 새벽이 등장하는 몇몇 본문을 새벽기도를 지지하는 성경적 근거로 삼고 있습니다. 성경해석에 무지하고 우습기 그지없는 해석학적 오류를 범한 대표적인 예입니다.

그런데 한 번 반성해봅시다. (가장 초보적인 성경해석을 이용하여 그 본문을 읽기만 해도) 새벽기도는 성경의 가르침도 아니고 기도에 대한 성경의 지침이나 가이드라인도 아닌, 사람이 만든 인간적인 종교적 열심에 불과하지 않는지 말입니다. 이것이 그리스도를 의지하는 신앙의 표지라고 할 수 있을까요? 기독교의 경건일까요? 절대로 그렇지 않습니다. 이런 것을 교회의 표준이 되는 경건의 표시로 삼아서는 안 됩니다. 만약에 그렇다면, 한국교회를 제외한 서양교회는 다 잘못된 신앙생활을 하고 있는 것이지요. 냉정하게 평가하자면, 새벽기도에 의미를 부여하는 것은 바울이 율법의 의를 얻으려고 율법을 세심하게 지켰던 것보다 훨씬 못한 것인데도 불구하고, 한국의 대부분의 교회가 새벽기도를 금과옥조로 여기며 신앙인의 표로 삼고 있습니다.

오히려 새벽기도에 참여하는 여부로써 교회 직분을 주고 신앙 성숙의 척도로 삼는 것은 복음에 위배되는 행위입니다. 그리고 새벽에 나와 기도하면서 하나님 아버지와 친근한 대화를 나누거나 시편에 있는 기도와 같은 내용을 기도하는 것이 아니라 사적인 소원을 빌고, 다른 종교에서처럼 공을 들이려 하는 것은 기도의 정신에서 멀어지게 하는, 오히려 하나님을 알아가는 데 방해 요소라는 것을 왜 깨닫지 못하는지 생각하면 저는 가슴이 아픕니다. 한국의 많은 목사들이 새벽기도를 하지 않는 교회는 교회가 아니라는 말을 공공연히 하고 다닙니다. 교회 주보에 실린 **"예배안내"**에는 대부분의 교회가 새벽기도 시간을 표시합니다. 새벽기도 하지 않는 한국교회는 1%도 채 되지 않을 것이고, 많이 잡아도 3%를 넘지 않을 것입니다.

이보다 한 단계 더 높은 것이 금식기도입니다. 신앙인들 중에는 금식 기도를 밥 먹듯이 하는 사람이 있고, 40일 금식을 몇 번 했는지가 그의 영적 수준과 경건함의 척도로 제시하는 사람들이 많이 있습니다. 금식기도(그 중에서도 40일 금식기도)는 자신의 경건의 수준을 넘어 그의 카리스마를 발휘하는 척도로 삼는 목회자들이 많이 있습니다. 금식 기도를 경건의 기준으로 삼는 것이 정말 성경적인 것 같은가요?

중세 시대에 주상(柱上) 수도사들이 있었습니다. 사막에 기둥을 세워놓고 그 위에 올라가 기도하는 사람들입니다. 현재 그리스의 메테오라에는 벼랑 끝에 건립된 수도원들이 여덟 개가 있습니다. 13세기부터 만들어진 그 수도원은 흥왕할 때에는 13개에 육박했다고 합니다. 한창 때에는 깎아지른 바위 중간과 꼭대기에 굴을 파고 들어가 살며 기도하던 사람들도 있었고요. 메테오라를 찾는 관광객들은 이를 보고 놀랍니다. 이런 곳에서 기도하는 사람들은 당시 신자들에게 매우 위대하고 경건의 최고 지점에 오른 사람들로 보였으며, 신심을 얻는 데 있어 감히 범접할 수 없는 인물들로 평가되었습니다. 그러나 속지 말아야 합니다. 그것은 그리스도의 은혜와 믿음과 관련이 없는 행위입니다. 금식은 종교인으로서 극기에 도달하는 것으로는 인정해줄 수 있을지 몰라도, 복음에서 나오는 경건과 아무런 관계가 없으며, 실제로 그러합니다(딤전 4:1-5; 약 1:27). 그것으로 자기 신앙의 우월함의 표준으로 삼고 그 수준에 도달하려고 한다면, 그것은 악행입니다.

기독교의 경건은 금욕을 권장하는 경건이 아닙니다. 식사를 잘하면서 일상생활에서 그리스도를 본받아 겸손함을 실천하는 낮춤의 삶입니다. 야고보 선생이 말하는 경건의 표준대로 하면, 하나님이 바라시는 경건은 **"고아와 과부를 그 환난 중에 돌보고 또 자기를 지켜 세속에 물**

들지 아니하는 그것"입니다(약 1:27). 야고보는 이것을 **"하나님 아버지 앞에서 정결하고 더러움이 없는 경건"**이라고 정의합니다. 혼자 하는 경건은 뭘 못하겠습니까? 기독교의 경건함은 다른 사람과의 관계에서 옵니다. 자신을 낮추고 다른 사람을 섬기고 사랑을 실천하는 행위입니다. 바울이 빌립보서 2장에서 빌립보 교인들을 일깨우고 그들에게 권한 것이 바로 이런 것이었습니다. 이미 빌립보서 2:5-11에서 바울은 그리스도를 예로 들어 참된 경건이 무엇인지를 가르쳤습니다.

　엄격한 십일조 드리기 역시 한국교회 안에서 신앙인의 중요한 잣대로 제시하는 또 하나의 잘못된 육체 자랑하기 또는 육체 신뢰하기입니다. 교회에 자기 돈을 즐겁게 내는 것은 바람직하고 요구될 뿐만 아니라 그 자체 귀한 행위입니다. 헌금은 하나님께 드리는 헌신이고 봉헌의 성격을 지니는 것이기 때문입니다. 이외에도, 지상에 있는 교회가 모임을 유지하기 위해서는 어느 정도의 돈이 필요하기에 헌금은 신앙생활의 중요한 경건행위입니다. 그러나 율법에 명기된 대로 엄격한 **"십일조"** 드리기와 십일조의 성경적 근거를 찾는 것이나, 신약시대에도 십일조 제도를 계속 적용해야 하는지는 또 다른 문제입니다. 십일조가 언급된 구약의 여러 본문에서 제시하는 십일조의 의미, 시행 방법에 대해서는 언급하지 않겠습니다. (이 주제에 대해서는 제가 쓴 [헌상에 대한 성경신학적 이해]〈생명나무 출간〉에서 본문을 설명한 제 논의를 참조하시기 바랍니다.) 대부분의 교회에 만연한 십일조 납부 여부로 하나님의 백성(교인)이 되는 자격의 근거로 제시하는 것을 보면 교회에서 십일조의 제도적 문제가 얼마나 심각한지 알 수 있습니다. 정말 십일조 제도가 신약교회가 실천해야 할 교인 자격을 결정하고 경건의 척도로 삼을 만한 것일까요?

2013년 후반기에 한국교회의 한 교단(합동 측)은 교단 총회에서 "십일조를 안 내는 사람은 교인 자격을 정지하는 방안을 추진한다"는 내용을 총회 헌의안으로 제출하려고 계획했다가 철회한 사건이 있었습니다. 헌의한 상정 소식을 접한 뉴스앤조이와 같은 기독교 신문은 물론이고 심지어 조선일보, 한국일보와 같은 일간지로부터 뭇매를 맞았기 때문입니다. 많은 반대의견에 부딪치자 이 내용을 헌의안으로 올리려던 사람들은 결국, 그 해 총회에서는 이 헌의안을 상정하는 것을 일단 보류하기로 결정했다고 합니다. (지금은 어떻게 되었는지 잘 모르겠습니다.) 그 교단에 속한 한 중진 목사는 인터뷰에서, "교인 자격을 정지한다는 것이 교회 출석을 막는 건 아니지만, 장로, 권사 등 교회 내 선출직에 대한 선거권, 피선거권을 갖지 못하게 한다는 의미였다"고 변명했습니다. 누구라도 이 말이 눈 가리고 아웅 하는 것이라는 사실을 금세 눈치 챘을 것입니다. 교회 안에서 선거권, 피선거권을 박탈한다는 것은 십일조를 하지 않는 사람이 진정한 교인이 아니라는 암묵적인 판단으로 받아들일 만한 내용이 아닙니까. 교인 자격이란 곧 하나님의 백성으로 인정하는 것과 같은 것인데, 그것을 십일조 내는 것에 의해 결정한다는 것은 복음이 무엇인지 전혀 모르는 복음에 대해 무지한 사람의 생각이라고밖에 말할 수 없습니다. 바울이 무덤에서 벌떡 일어나 분노를 터뜨릴 만한 발언입니다.

바울은 한국에서 벌어지고 있는 이런 상황을 알았다면 빌립보서 3:2을 쓸 때 이 내용도 첨가했을 것입니다. 하나님의 백성이 되는 자격과 표지는 우리 주 예수를 믿는 믿음 이외에 다른 것이 없다고 말입니다. 그분을 의지하고 신뢰하고 자신을 그분에게 맡기겠다는 고백만으로 하나님의 백성과 교회의 일원이 되기에 충분하다고, **"그리스도가 이를 위해 세상에 오셨다"**고 말입니다. 할례가 신약의 교인됨의 표지가 되지 않는다면 그 이외의 어떤 제도적 장치나 종교 행위도 교인됨의 조건으로 간주할 수 없습니다. 최소한 할례는 하나님의 백성임을 외적으로 표지로 삼던 시대가 있었고 성경에 그것의 중요성을 명기한 곳이 있기야 하지만, 십일조 납부는 그렇지 않았습니다. 오직 예수님이 그 사람을 위해 죽으셨고, 그가 그런 예수 그리스도를 믿는 믿음만이 하나님의 백성이 되는 유일한 조건입니다. 그 사람이 삶 가운데 나타내야 하는 교인됨의 표지는 그리스도를 본받아 자신을 낮추어 다른 사람을 섬기는 행위입니다.

지금처럼 수입의 엄격한 십분의 일을 헌금하는지에 따라 교회 직분 자격을 결정하고, 심지어 합동 측 교단처럼 교인의 자격을 부여하는 문제로까지 이해되고 있다면, 빌립보 교회의 유대인 출신 교인들이 고집하는 것에 대한 바울의 평가처럼, 그 행위는 그리스도와 관계가 없는 악한 행위입니다. 그것은 육체를 자랑하고 신뢰하는 행위입니다. 합동 총회 스스로가 자신들이 그리스도와 관련이 없는 것에 가치를 부여하고 있음을 드러낸 셈입니다. 바울은 바로 이런 것을 악행이라고 평가합니다.

할례도 폐지되었는데, 새벽기도와 십일조를 교인됨의 표지로 삼는 것은 그리스도(메시아)가 세상에 오신 것을 모르는 옛 시대에 속하고 복음을 대적하는 사람들의 생각입니다. 구약 이스라엘 지파들 간에 행해지던 십일조제도는 성전 제도와 함께 당연히 폐지되었습니다. 십일조 헌금은 교회가 재정 수입을 고정화하는 것 이외에 다른 의미는 없습니다. 돈 없는 사람은 교인도 되지 못한다는 말인가요? 가난한 사람은 장로가 되지 못합니까? 슬프게도, 한국교회의 현실에서는 실제로 돈 있는 사람이 장로가 되는 추세입니다. 그러나 십일조가 율법에 의해 행하는 행위들이라는 점은 분명하니, 저는 지금이라도 신약시대에 십일조 제도를 시행하는 것을 놓고 교회가 좀 더 진지하게 고려하여 폐지하도록 결정하기를 제안합니다. 헌금은 자원하여 드리고 즐겁게 드리고 후하게 드리도록 권고해야하지(고후 8-9장 참조), 법조문으로 강요할 사항이 아닙니다.

바울이 빌립보서 3:1-9에서 말하고 있는 것은 이것입니다. 율법을 의지하거나, 그것을 착실하게 실천하는 것에 자신의 신앙의 확실성을 두려는 것은 그리스도를 믿는 믿음을 의지하지 않는 행위라고 말입니다. 바울이 그들을 악행하는 자라고 평가한 이유가 바로 여기에 있습니다. 그것이 그리스도의 죽으심의 효력을 인정하지 않는 행위이기 때문입니다. 구속사의 시계를 거꾸로 돌려놓는 행위입니다.

제가 여기서 언급한 종교행위들을 바울이 악행이라고 평가한 것들에 해당한다고 말하니, 이러한 평가로 충격을 받을 사람이 있을 것입니다. 그러나 미안하지만 바울은 율법을 행하는 사람들을 분명히 **"악행하는"** 사람들이라고 평가했습니다. 지금 우리가 느끼는 감정 이상으로 바울이 율법을 지키고 그것으로 하나님의 백성의 기준을 삼으려는 사람을 바울은 악행하는 사람이라고 평가한다는 사실을 잊지 마십시오. 그리스도를 믿는 것만이 하나님의 참 백성이 되는 유일한 방법이며 표지라는 내용의 복음을 전하는 바울로서는 하루 바삐 교회에서 이미 폐지된 것과 성경에 없는 것들을 근절하려고 노력해왔고, 지금 빌립보 교회 안에서 벌어지고 있는 상황에서도 똑같이 말하고 있는 것입니다.

지금 사람들이 가진 판단으로는 자신들이 행하는 종교행위를 자랑거리로 삼고, 그의 구원을 보장해주는 것으로 여겨서, 교회의 지도자들 대부분이 그것을 신자들에게 권하고 요구하는 한국교회의 현실인 것을 감안하면, 바울의 말씀을 남의 이야기로 치부할 것이 아니라 바로 우리 한국교회에 주시는 말씀으로 받아들여야 합니다. 그리고 바울의 이 가르침에 한국교회의 상황을 비추어 자성해야 합니다. 바울 복음을 깨달은 사람들이라면 한국교회에 만연한 비 복음적인 요소들을 경계해야 합니다. 자신이 이런 표준을 가지고 교회에 들어와 있는지 주의 깊게 살펴야 합니다.

두 번째 내용을 너무 길게 설명했습니다. 한국교회의 실정까지 고려하여 구체적으로 다뤄야 할 문제였기 때문입니다.


## 할례에 대한 가치평가

셋째 육체를 자랑하고 신뢰하는 사람들은 손 할례당입니다. 바울은 당대 유대교에 큰 타격을 가하는 일종의 결정타를 날렸습니다. 남성 성기의 표피를 잘라내는 할례가 하나님의 언약백성의 표로 삼던 시대가 이제 지났기 때문에 바울은 할례를 몸에 손상을 가하는 도려내기라고 가치매김 한 것입니다. 바울은 할례를 여전히 하나님의 백성의 표라고 주장하고 강요하는 것을 이제는 몸에 상처를 내는 행위에 불과하다고 평가한 것입니다. 할례는 그리스어로 **"페리토메"**(περιτομη)로서 글자 그대로 옮기면 둥글게 자른다는 말이고, 손 할례는 **"카타토메"**(κατατομη)로서 글자 그대로 **"절단하다,"** **"손상을 입힌다"**는 뜻입니다. 단어 끝이 **"토메"**로 마치는 두 단어를 나란히 놓아 각운을 이용한 일종의 언어유희로 만들어 그가 말하고자 하는 효과를 높이는 일종의 문학적 기교로써 할례를 가치평가한 것입니다.

열왕기상 18:28에 보면, 바알 선지자들은 바알에게 자신들의 기도를 들어달라고 애를 쓰며 기도하면서 몸에 상처를 냈습니다. 그래서 어느 부위든지 몸에 상처를 내는 것은 이교도의 관습에 해당합니다. 몸을 상하게 하는 행위로써 자신들의 열정과 간절함을 표현하던 바알의 선지자들 행위를 바울은 할례를 강조하는 유대인에게 적용했습니다. 바울은 이제 할례의 가치가 이교도들이 종교적 열심을 표현하는 한 방편에 불과한 것이 되고 말았다고 선언합니다. 이러한 평가 역시 당대 모든 유대인들에게는 파격적인 발언이고, 그들에게 틀림없이 충격으로 다가왔을 것입니다.

바울이 복음을 전하던 당시 할례 받은 유대인들은 할례를 받지 않은 이방인 출신의 교인들에게 할례의 우수성과 할례 받은 자들의 특권을 강조했습니다. 할례야말로 아브라함의 자손의 표이며, 진정한 언약백성의 증거라고 우기면서 말입니다. 이 말은 그리스도 오시기 이전에는 맞는 말이었습니다. 그러나 그리스도가 오신 이후에 하나님의 백성이 되고 아브라함의 자녀가 되는 것은 할례가 아니라, 예수 그리스도에 대한 믿음에서 결정됩니다. 예수 그리스도는 메시아이시기에 옛 시대를 끝내고 새로운 시대를 가져오셨습니다(참조. 롬 10:4). 예수를 그리스도로 믿어야 합니다. 예수 그리스도를 믿는다는 것은 그분이 이전 질서의 종말을 가져온 분이심을 믿는다는 뜻입니다. 그러한 사람은 유대인이든지(이럴 경우, 그는 전통에 따라 할례를 받을 수 있습니다만, 그 조건에서 어떠한 가치를 조금도 더하지 못합니다), 이방인이든지 누구나 하나님의 참 백성이 되는 것입니다. 이방인이 위생상 표피를 자르고 싶다면, 의료 행위의 차원에서 할례를 받을 수 있겠지만 종교적인 의미는 없다는 것을 기억해야 하며, 대부분의 이방인들처럼 그냥 무할례자로 남고 싶다면 그것이 하나님의 백성이 되는 데 조금도 부족하거나 꿀리는 것이 없다는 것을 알 필요가 있습니다.

## "육체"를 신뢰하는 것(비 복음적인 내용)을 주의하고 경계함

바울은 이 사실을 교회에 알리는 것이 매우 중요하다는 것을 알았습니다. 그래서 3:1에서 이런 내용으로 교회를 바로 잡으려는 문제를 말하는 것이라면, 같은 말을 몇 번이고 반복해서 말할 수 있다고 말합니다. **"너희에게 같은 말을 쓰는 것이 내게는 수고로움이 없고 너희에게는 안전하니라."** 왜 그가 지금 다루고 있는 이런 말(빌 3:2-9)을 반복해서 말하는 것을 귀찮아하지 않았을까요? 교회가 붙들어야 할 매우 중요한 말씀이기 때문입니다. 바울에게는 전혀 귀찮은 일이 아니며 번거로운 일도 아닙니다. 오히려 교회에게 할례를 강조하고, 이제 중요한 종교적 의미가 없어진 율법을 신뢰하는 사람을 바울이 경계하라고 또 교인들에게 조심하라고 당부하는 것은 교회를 기독교적이지 않은 교훈으로부터 지키는 안전장치입니다.

제가 두어 가지 예만 들었지만, 이전에 중요시 여겼어도 지금은 폐지된 것을 고집하거나, 사람들이 만들고 교회가 전통이라면서 개발한 수도 없이 많은 종교 행위들이 실제로 우리를 그리스도에게서 멀어지게 한다는 사실을 교인들은 명심하고 그런 것들을 경계해야 합니다. 그리스도가 오심으로써 과거의 예전들이 다 폐지되었는데도, 옛 것들과 사람들이 만든 종교 전통을 계속해서 고집하고 강조한다면, 이것은 육체를 자랑하고 육체를 신뢰하는 것이지 그리스도를 자랑하는 것이 아닙니다.

바울은 옛 시대의 전통과 신앙생활을 여전히 자랑하는 것을 한 마디로 **"육체를 신뢰한다"**고 표현합니다. 앞에서 말했듯이, **"육체"**라는 말은 그리스도 밖에 있는 것, 그리스도와 상관이 없는 모든 것을 가리킵니다. 그것이 율법이라고 해도 그리스도가 율법의 마침이 되셨다면(롬 10:4), 율법마저 육체가 되는 것입니다(참조. 롬 7:5). 그래서 **"육체를 신뢰한다"**는 말은 그리스도와 상관이 없는 것에 가치와 신빙성을 부여하고 의지한다는 뜻입니다. 그것이 할례가 되었든지, 율법에 명기된 종교 행위가 되었든지, 그리고 그것이 당대에 유행하던 장로들의 전통이든지 상관이 없습니다. 이전 시대에 속하여 그리스도 안에서 폐지되었거나 변경된 것이 있는데도, 이전 것과 사람이 만든 전통을 고집하는 것은 예수님이 **"그리스도"**(이전 시대를 끝내신 메시아)이심을 부정하는 행위입니다. 이것은 그리스도를 자랑하는 것도 아니고 그리스도 한 분으로 만족하는 것도 아닙니다.

일단 메시아가 오셨다면, 이전의 부분적인 것은 완성되고, 잠시 있기로 계획된 것은 끝나고, 새롭게 바뀌었다는 것을 알아야 합니다. 이제 온전한 것이 와서 영향을 주는 시대가 되었습니다. 예수님은 메시아이십니다. 그분을 믿는 것은 율법을 행하지 않고도 구원을 얻을 수 있는, 쉬운 구원을 얻는 것을 의미하지 않습니다. 이전 시대에 행하던 것들을 완성하신 그분에 대한 신뢰와 그로 말미암아 변화된 시대에 동화되는 것을 의미합니다. 이 사실은 할례에도, 정결을 표시하던 방법에도, 경건생활로써 유지하던 것에도 변화에도 영향을 주었습니다. 그러므로 신약시대에는 건물을 중요시 하던 구약시대와 다르게 예수 그리스도를 믿는 사람들의 모임인 교회 공동체가 중요하게 되었고, 할례가 아니라 세례가, 그리고 율법이 아니라 예수 그리스도를 믿는 믿음 그 자체만이 중요하게 된 것입니다.

바울이 당시에 전한 복음은 기존의 생각을 타파하며, 오랜 전통으로 해왔던 종교행위를 전복하는 강력한 힘이었습니다. 바울이 여러 곳에서 말했듯이, 율법으로는 하나님 앞에서 의롭게 될 사람은 단 한 사람도 없습니다(갈 2:16; 롬 3:20). 이 진리를 깨달은 바울은 유대인들이 보유했던 이런 특권과 종교적 우월함이 절대로 자랑할 만한 것이 못되고, 신뢰할 것은 더욱 아니라고 판단합니다. 우리 주님과 관련이 없는 것이기 때문입니다. 그러므로 바울 자신도 이전 시대에는 이것을 중요하게 여기며 살았지만, 그리스도를 알고 나서 이런 것들이 하나님의 의를 얻는 데 방해가 되는 것으로 알고 율법에 속한 것을 배설물이라고 가치매김 한 것입니다. 율법에 속한 행위들은 아무리 많이 행한다고 해도 절대로 자랑할 만한 것이 아닙니다. 이런 것들은 신뢰해서는 안 되는 것들입니다.

## 신자 됨의 확실한 표지(1): 그리스도를 본받음

언제나 유대인은 나쁜 사람들이라고 평가하면서, 정작 자신이 하고 있는 행위가 그 행위를 따라하고 신뢰하는 것이라는 사실을 모르는 교인들이 우리 주변에 많이 있습니다. 한국교회가 정말로 그리스도만을 기뻐하고 자랑하며 신뢰하는 그런 종교 행위를 하고 있다고 자신 있게 말할 수 있습니까? 그리스도를 자랑하고 신뢰하는 것이 하나님의 백성의 표가 아니라면 어떤 것이 하나님의 백성임을 입증하는 표란 말입니까? 그리스도의 사람이 되는 것이 하나님의 백성인 증거가 아니라면 무엇이 하나님의 참 백성이 되는 수단과 표입니까?

할례도 받지 않았는데. 율법대로 행하지도 않는데. 무엇으로 하나님의 백성이 될 수 있는 지 사람들은 궁금해 하고 불안해합니다. 뭔가를 해야 하거나, 자신의 신분을 표현하는 외적인 표지 몇 개쯤은 가지고 있어야 한다고 생각하기 때문입니다. 그런데 기껏 찾은 표지가 사람들이 만든 전통이라면 얼마나 우스운 일입니까? 정말 그 표지를 찾고 싶으신가요? 단 하나의 표지가 있습니다. 그것은 바로 그리스도 안에서만 발견할 수 있는 표지입니다. 바울이 빌립보 교회에게 그들의 처지를 상기시킴으로써 이에 대답하고 그들에게 확신을 주는 표지 말입니다. 새벽기도도 하지 않는데, 여전히 담배를 피우는데, 형편상 온전한 십일조를 드리지 못하는데, 사람이 하나님의 백성이라는 표와 증거를 어디서 찾을 수 있을지 궁금해 하는 사람들에게 진정한 복음이 있습니다. 누가 진정 하나님의 백성이라고 할 수 있는가? 하나님의 백성의 신분과 지위, 그리고 그들이 하나님의 백성으로서 무엇을 할 것인지 묻는 질문에 대한 대답은 하나뿐이고, 또 간단합니다. 예수가 그리스도이며 주님이라는 복음을 듣고 예수를 그리스도로 믿는다면, 그는 하나님의 백성입니다. 이외에 다른 방법이나 근거는 없습니다.

바울은 이런 복음을 듣고 그리스도를 믿은 빌립보 교회의 교인들에게 그들은 이미 그 자격을 갖추었다는 사실을 상기시킵니다. 그들이 교회에 들어오기 위해 세례를 받았다면, 그들은 하나님의 백성입니다. 세례는 그들이 하나님의 백성이라는 것을 공식적으로 입증해 주는 표지입니다. 바울은 이런 빌립보 교인들에게 그것 이외에 다른 어떤 것을 구비할 필요 없다고 가르칩니다. 죽기까지 복종하신 그리스도를 믿고, 그분을 나의 주로 영접한 사람은 진정한 의미의 하나님의 백성입니다. 다른 조건이 더 필요하지 않습니다. 그 사람에게는 그리스도가 중요하고 다른 것은 아무것도 아닌 것이 되어버렸습니다. 오히려 그리스도 이외의 모든 것은 배설물에 불과합니다. 그런 의미에서 할례도 이제 배설물입니다.

그렇다면 하나님의 백성은 그렇다는 사실을 입증하기 위해 적어도 겉으로 무엇을 행해야 할까요? 이것도 당시 유대인 출신의 그리스도인이 이방인 출신의 그리스도인들에게 강요하던 문제였습니다. 바울은 이 문제에 대해서도 빌립보 교회에게 답을 제시했었습니다(빌 2:1-16). 그것은 서로서로에 대하여 섬김을 실천하는 행위입니다. 자기

희생의 모범을 보이시면서 하나님께 복종하신 그리스도를 본받아 교인들도 서로에 대해 자기희생을 실천하고 남을 섬기고 자기주장을 하지 않는 행동을 실천하는 것입니다. 이것이 새벽기도, 십일조, 금식과 같은 종교행위가 아니라서 이상하고 뭔가 찜찜하다고 느끼시나요? 그간 한국교회에서 너무도 복음 외적인 내용을 복음이라고 들어왔기 때문입니다. 그러나 정신을 차리고 한 번 생각해보십시오. 그리스도인(Christians)이라는 말은 그리스도(Christ)에게 속한 사람, 그분을 닮아가는 사람이라는 뜻입니다. 그렇다면 그리스도인으로서 할 수 있는 최상의 행위는 그리스도를 본받는 행위입니다. 자기희생, 남을 섬기고 하나님의 뜻에 복종하는 행위입니다. 이것보다 더 종교적인 행위가 어디에 있습니까? 이것보다 더 강력한 복음을 실천하는 것이 어디에 있겠습니까?

바울은 갈라디아서에서, 믿음이 있는 사람은 이웃을 사랑하는 것으로 그의 믿음을 입증하라고 권합니다. 온 율법은 이웃 사랑에서 이루어졌다고, 즉 율법의 완성이라고 하면서 말입니다(갈 5:14. 참조. 롬 13:10). 바울은 빌립보 교회에게 자신이 그리스도를 본받아 그의 죽음에 참여하고 그의 부활의 능력을 알려고 노력한다고 말했습니다(빌 3:10). 이렇게 될 때 모든 신자는 그리스도께서 재림하실 때 그 몸이 그리스도의 몸처럼 변화될 것입니다(3:21). 그리스도를 본받는 것은 복음을 실천하는 최상의 종교행위입니다.

## 신자 됨의 확실한 표지(2): 성령으로 봉사함

그리스도가 세상에 오심으로 옛 시대는 가고 새 시대가 시작되었습니다. 새 술은 새 가죽부대에 담는 것처럼, 새 시대에는 옛 시대 방식으로 신앙생활하지 않습니다. 하나님을 예배하는 방식이 바뀌었습니다. 하나님의 영으로 예배하고 하나님을 섬기는 사람이 바로 하나님의 백성입니다. 바울이 빌립보서 3:3에서 **"하나님의 성령으로 봉사하며 그리스도 예수로 자랑하고 육체를 신뢰하지 아니하는 우리가 곧 할례파라"**고 말한 뜻이 바로 이것입니다. 여기서 봉사한다는 것은 남을 섬기는 것을 가리키는 것으로 이해하기 쉽지만, 여기에 사용된 단어 라트류오(λατρευω)가 주로 예배하는 것을 표현할 때 사용되는 용어입니다. 이 사실을 안다면, 바울이 봉사보다는 예배를 의식하면서 이 용어를 사용했다는 것을 알 수 있을 것입니다.

성령으로 예배하는 것이 하나님의 백성의 표지라는 것은 요한복음 4:23-24에서 확인할 수 있습니다. 요한복음의 본문과 빌립보서 3:3은 같은 진리를 담고 있는 본문들입니다. 예수님은 사마리아의 한 여인에게 **"성령과 진리"**로 예배하는 때가 올 것이며, 하나님은 이렇게 예배하는 자를 찾으신다고 말씀하셨습니다. 이제 그 시대가 시작되었습니다. 예수님이 메시아로 세상에 오셨고, 부활 후에 성령을 보내셨기 때문입니다. 그리스도는 하나님의 종말론적 선물이며 마지막 때를 표시하는 성령을 보내주셔서 이 사실을 더욱 굳게 하셨습니다. 신자들은 예수를 주와 그리스도로 믿고 성령을 받았습니다. 신자가 예수님과 성령님을 의지하여 또 그 안에서 예배한다면, 그 사람은 성령과 진리로 예배하는 것입니다. 하나님은 그리스도가 오신 이후 시대에는 할례를 받은 사람을 그의 백성으로 받아주는 것이 아니라 **"성령과 진리"**로 예배하는 자를 그분의 참 백성으로 인정하십니다. 성전에서 예배하는 것이 아니라 예수 그리스도의 이름으로 모인 사람들 안에서 예배하는 사람들 말입니다. 성전에서 제사장을 의지하여 하나님께 나아가고 예배하던 시대는 지나갔습니다. 이제 성령으로 예배하는 시대가 시작되었습니다. 성령을 받은 사람이 하나님을 **"아바 아버지"**라고 부르는 시대가 시작되었기 때문입니다(롬 8:15). **"두세 사람이 내 이름으로 모인 곳에 나는 그들 중에 있느니라"**(마 18:20). **"너희는 너희가 하나님의 성전인 것과 하나님의 성령이 너희 안에 계시는 것을 알지 못하느냐"**(고전 3:16). 구약시대에 하나님께 나아가고 하나님이 현존하셨던 방식과 큰 차이가 있지요. 예배하는 방식에서도 옛 시대의 방식은 지나갔습니다. 성령으로 예배하는 **"우리"**가 하나님의 참 백성, 말하자면 참 할례자입니다.

바울은 이렇게 그리스도를 의지하고 그리스도 안에서 성령으로 예배하는 사람을 **"할례파"**라고 이름을 붙였습니다. 실제로 할례를 받지 않았지만, **"할례"**가 하나님의 백성임을 입증하던 표지였던 시대에 통용되던 용어를 그대로 사용하여 신약시대의 신자들에게 적용한 것입니다. 신자들은 할례를 몸에 표지로 갖지 않았지만, 진정한 할례자입니다. 바울의 역설적 묘사를 주목하세요. 할례를 자랑하는 자는 개(즉, 이방인)이고, 할례를 버리고 성령을 의지하는 사람은 진정한 할례자입니다. 그는 그리스도 안에 있는 사람이고 성령 안에서 예배하는 사람입니다.

성령 안에서 예배하는 사람들은 삶에서 이웃 사랑을 실천하며, 그리스도를 본받아 자기희생을 발휘합니다. 그러므로 이전의 전통, 관습, 심지어 종교행위의 방식까지 변화를 가져오신 그리스도를 믿는 것, 그리고 그분의 낮아지심을 따라 겸손히 **"행하는"** 자들은 율법을 행하는 것을 자랑하거나 그것을 신뢰하여 자신이 하나님의 백성이라는 표로 의지해서는 안 됩니다. 그는 그리스도만을 자랑해야 합니다. 이것이 **"주 안에서 기뻐한다"** 또는 **"주님을 자랑한다"**는 뜻입니다. 이렇게 하는 사람만이 하나님의 참 백성이기 때문입니다. 이런 사람들은 **"주 안에"** 있는 사람들입니다. 그래서 신자들은 자신을 낮추어 아버지 뜻에 죽기까지 복종하신 주(를 믿는 믿음) 안에서 기뻐하고 주님을 자랑합니다. **"주를 자랑하라"**는 말에는 복음의 핵심이 담겨 있습니다. 우리에게는 겉으로 보이는 종교 행위가 없어도, 그래서 사람들의 눈에 겉으로 나타나는 종교 행위를 행하는 점에서 세상 사람과 구별되지 않는 것처럼 보여도, 진정 자신을 낮추고 섬김을 보여 그리스도의 낮아짐에 동참한다면 그 사람은 진정 하나님의 백성입니다. 그리스도를 본받는 사람이기 때문입니다.

왜 바울이 평생 십자가만을 자랑했겠습니까? 우리의 수고를 덜고 쉽게 구원을 받게 해주었기 때문이었을까요? 십자가가 단지 구원의 유일한 수단이라서 그랬을까요? 그랬을지도 모릅니다. 그런데 적어도 빌립보서 3장에서 바울이 말한 것을 생각한다면 우리는 이렇게 결론을 내릴 수 있습니다. 십자가는 할례를 비롯한 옛 것에 대하여 죽고, 하나님에 대하여 새롭게 사는 생명을 주는 것이기에 바울은 십자가를 자랑했다고 말입니다.

그러므로 새 시대에 사는 신자들은 육체를 자랑하지 않고, 십자가에 달리신 그리스도를 자랑합니다. 신약교회의 신자들은 율법(을 행하는 것)이나 세상(의 것을 많이 소유하고 있는 것)이나 다른 어떤 것(남들이 행하지 못하는 종교의 높은 경지에 올랐다는 것)에서 기쁨을 찾는 것이 아니라, 우리 주 예수 그리스도 안에서 기쁨을 찾습니다. 그분만을 기쁨의 대상으로 삼습니다. 그러하기에, 참 신자는 **"주 안에서"**만 기뻐합니다. 그는 율법이 아니라 **"주"**를 자랑하고 신뢰하고 기뻐한 사람입니다.

역설적으로 이런 분위기에서 그리스도만을 자랑하는 것은 사람들에게 비난의 대상이 되고, 고난을 겪는 빌미가 되는 것이 분명합니다. 다수 종교인들에 의해서 말입니다. 바울이 복음을 전했을 때나 지금 한국에서 벌어지는 종교행위를 강조하는 상황에서나 큰 차이가 없습니다. 바울은 일찍이 빌립보 교회가 이런 위기에 놓였다는 것을 알고 그들에게 권합니다. 그런 상황에서도 그리스도인이라면 옛 종교나 사람이 만든 종교적 전통을 자랑하거나 신뢰하지 말고, **"주 예수 안에서 (만)"** 기뻐하라고 말입니다.

# 13강

## 그리스도를 위하여 그리고 그리스도를 얻기 위하여

(빌립보서 3:7-11)

**빌립보서 3:7-11**

**7** 그러나 무엇이든지 내게 유익하던 것을 내가 그리스도를 위하여 다 해로 여길뿐더러 **8** 또한 모든 것을 해로 여김은 내 주 그리스도 예수를 아는 지식이 가장 고상하기 때문이라 내가 그를 위하여 모든 것을 잃어버리고 배설물로 여김은 그리스도를 얻고 **9** 그 안에서 발견되려 함이니 내가 가진 의는 율법에서 난 것이 아니요 오직 그리스도를 믿음으로 말미암은 것이니 곧 믿음으로 하나님께로부터 난 의라 **10** 내가 그리스도와 그 부활의 권능과 그 고난에 참여함을 알고자 하여 그의 죽으심을 본받아 **11** 어떻게 해서든지 죽은 자 가운데서 부활에 이르려 하노니

# 13강

# 그리스도를 위하여그리고
# 그리스도를 얻기 위하여

(빌립보서 3:7-11)

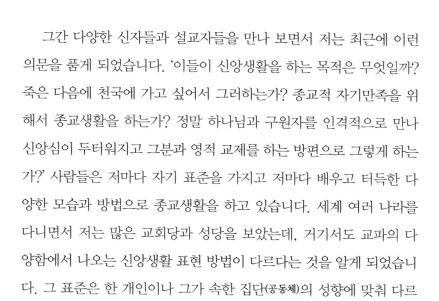

그간 다양한 신자들과 설교자들을 만나 보면서 저는 최근에 이런 의문을 품게 되었습니다. '이들이 신앙생활을 하는 목적은 무엇일까? 죽은 다음에 천국에 가고 싶어서 그러하는가? 종교적 자기만족을 위해서 종교생활을 하는가? 정말 하나님과 구원자를 인격적으로 만나 신앙심이 두터워지고 그분과 영적 교제를 하는 방편으로 그렇게 하는가?' 사람들은 저마다 자기 표준을 가지고 저마다 배우고 터득한 다양한 모습과 방법으로 종교생활을 하고 있습니다. 세계 여러 나라를 다니면서 저는 많은 교회당과 성당을 보았는데, 거기서도 교파의 다양함에서 나오는 신앙생활 표현 방법이 다르다는 것을 알게 되었습니다. 그 표준은 한 개인이나 그가 속한 집단(공동체)의 성향에 맞춰 다르게 표현되고 있습니다. 그렇다면 당신은 그리고 당신이 속한 교회는 신앙생활의 표준을 어디에 두고 있습니까? 이런 고민을 해보셨나요? 좀 더 구체적으로 말해서, 우리가 땅에서 살아가는 동안 무엇을 의지하고 지향하면서 신앙생활 하는가요?

바울 사도는 처음에 유대교에서 강조하는 할례를 비롯한 정결예법과 절기 중심의 종교생활을 해왔습니다. 이것을 한 마디로 율법에 열심 내는 것이라고 말할 수 있습니다. 율법을 의지했다는 말입니다. 그 당시 대부분의 유대인들은 할례의 신분을 자랑하고 율법을 지키고 싶어 했지만, 율법을 다 알지도 못하기에 율법에서 가르치는 외적인 표현을 세 가지로 축소했습니다. 할례와 정결음식(과 정결예법) 그리고 절기 지키는 것이 그것입니다.

그런데 바울은 이들의 종교 생활에 더하여, 웬만한 사람은 필적할수 없는 율법에 대한 열심을 보였습니다. 바울은 태생적으로도 남들과 비교하여 종교적으로 유리한 유산을 가지고 태어났으며, 개인적으로도 탁월한 종교적 업적을 이루었습니다. 당대의 표준으로 그는 누구보다 경건했고, 자랑할 만한 것이 그에게 있었습니다. 바울도 여느 유대인들처럼 빌립보서 3:5-6에서 나열한 것을 신뢰했습니다. 바울은 그것이 종교가 추구하는 어떤 목표에 도달한 것이고, 하나님에 대한 경건생활이라고 믿었습니다. 그는 지금까지 이 사실을 추호도 의심하지 않았습니다. 한국의 교인들이 집착하고 있는 종교행위와는 비교가 되지 않는 종교생활과 신앙생활이었습니다. 성경적인 기반도 탄탄하고 실제로 삶에서 나타나는 것, 다른 민족들의 종교생활과 비교해서도 우수한 것이었습니다. 그런데 바울은 이 모든 것을 **"육체"**라고 단정합니다. 세상에 속한 것이고, 하나님의 성령과 관계가 없는 것이라는 뜻입니다. 한 마디로 그리스도와 상관이 없는 것들입니다.

바울은 7절에서 갑자기 분위기를 바꿔 종교적인 측면에서 자랑이라고 열거하던 것을 매우 부정적으로 평가합니다. 물론 예상한 것이었습니다. 4절에서 육체를 신뢰하는 이 사람들의 어처구니없는 행동을 비난하려고, 자신은 더욱 신뢰할 만하고 자랑할 만한 것을 가졌다고 말하면서 5-6절의 내용을 소개한 것이니 말입니다. 당대 유대인들이 자랑하던 것과 비교하여 자신의 유대교적 유산과 더 우수하고 탁월한 경건과 종교적 업적을 배설물로 여겼으니, 다른 유대인들이 자랑하는 것은 얼마나 가치 없는 것들이었겠습니까.

**"그러나"**라는 매우 강한 반대말로 시작하는 7절은 바울이 과거에 자랑하고 신뢰하며 이익이라고 믿어왔던 것들을 돌연 매우 부정적으로 평가하며, 심지어 혐오스러운 것이라고 평가하기까지 합니다. **"무엇이든지 내게 이익이던 것을 내가 다 해로 여"**겼다고 말입니다. 5-6절에 나열했던 것을 두고 하는 말입니다. 그는 여기서 한 걸음 더 나아가 **"이 모든 것"**을 손해로, 즉 자신에게 데미지(damage)를 가져오는 것으로 여기기까지 한다고 주장합니다(8절). 7절에서 말하는 과거에 바울에게 **"이익이었던 것"**은 특히 할례나 율법처럼 종교생활과 관련한 것들을 두고 한 말입니다. 그런데 8절에서 **"이 모든 것"**이라고 한 것은 이에 더하여 세상에서 로마 시민권을 가진 것, 재산이 많고 사업이 잘 되는 것 또는 건강한 것까지, 일반시민으로서 가지고 있는 세상적인 것을 다 가리킵니다. 바울은 글자 그대로 이 모든 것을 그의 신앙생활과 그의 경건에 **"손해"**를 주는 것으로 여기게 되었다고 주장합니다. 바울은 과거에 행했던 모든 것을 유익, 즉 이익이라고 생각했는데, 이제 와서 보니 그런 것들이 손해이고 영적인 파산을 불러오는 것이라는 것을 알게 되었다는 것입니다. 그렇다면 과거에 신뢰하던 것을 어떻게 해야 할까요? 당연히 이전에 가지고 있고 행하던 것을 버리고 그가 새롭게 이익이라고 알게 된 그것을 전적으로 의지하는 것이 마땅할 것입니다. 본문은 이 문제를 다루고 있습니다. 바울에게 가치를 인식하는 데 변화를 준 것이 무엇일까요?

## 유익하던 것을 해로 여김

바울이 여기서 **"유익하던 것"**이라고 말하고 **"해로 여겼다"**라고 말하는 것은 모두 상업 용어입니다. 하나는 이익을 얻는 것을, 다른 하나는 손해를 보게 되는 것을 가리킵니다. 최근에 많은 나라에서 가상화폐가 유행하고 있습니다. 한때 광풍이 불었고 몇 년이 지난 후에는 그 열기가 조금은 식었지만 여전히 유행하고 있습니다. 빗썸, 이더리움 등 코인 화폐라고 부르는 것이 그 대표적인 가상화폐들인데, 이는 실물 재화가 아니라 그저 가상적으로만 존재하는 것들입니다. 이 두 가상화폐가 1개에 1억 원, 1천만 원 등 호가하고 있습니다. 처음에 저렴한 가격으로 구입한 이 가상화폐가 이처럼 높은 가격으로 평가를 받았으니 차익을 본 사람들은 부자가 되었다는 생각에 좋아하여 돈을 펑펑 썼을 것입니다. 그것이 부러워 짧은 기간에 돈을 벌고 싶은 사람들은 너도

나도 코인 채굴에 나섰고, 용산 전자상가에서는 채굴에 필요한 그래픽 카드가 날개 돋친 듯이 팔렸다고도 합니다. 이렇게 코인이 대유행인 틈을 타서 한국에서는 루나 화폐라는 것이 개발되어 유통되기 시작했습니다. 빗썸, 이더리움이 호황을 누리자 한탕을 노리는 많은 젊은이들이 너도나도 루나 화폐를 구입했습니다. 값이 오르고, 채굴도 많이 하자 입에는 함박웃음이 돌고 행복했을 것입니다. 적은 돈을 투자해 천문학적인 돈을 보유하게 되었으니, 어마어마한 이익을 본 사람들이 생겨났습니다. 그러던 것이 얼마 전에 루나 화폐가 99.9%까지 가치절하가 되었습니다. 짧은 기간 사이에 말입니다. 가치가 떨어지기 시작한다는 소문이 돌기 시작할 때 루나 화폐를 가지고 있는 사람은 그 화폐를 가지고 있으면 더 손해라는 것을 직감해야 합니다. 더 많은 손실을 보지 않으려면 빨리 그것을 처분해야 합니다. 아니, 그는 애시 당초 돈 되지도 않는 그것을 구입하지 말았어야 합니다. 처음에는 가격이 오르니 기분이 좋았을 테지만, 사실 공기를 손에 붙잡고 있었던 것입니다. 이익을 보려다가 엄청난 손해를 본 것입니다.

완전히 적합한 비유는 아니겠지만 바울이 여기서 **"이익"**이라는 단어와 **"해"** 즉 **"손상을 입은 것"**이라고 말한 단어가 지금 제가 예로 든 상업 용어에 해당합니다. 그가 가진 신분과 종교적 열심을 그는 어떤 것을 얻는 데 이익이 되는 줄 알았습니다. 그것을 이익으로 여겼습니다. 그런데 해가 되는 것이나 그것을 붙잡고 의존하는 것은 결정적인 데미지(손해)를 입는 것임을 알게 되었습니다. 어떻게 이런 일이 발생했을까요?

바울은 7절에서 **"그리스도를 위하여"** 과거에 의지해왔던 것을 버리고 그리스도가 가져오신 것을 얻는 것으로 바꿨다고 설명하고, 8절에서는 **"내 주 그리스도 예수를 아는 지식이 고상하기 때문"**에 그러했다고 주장합니다. 바울은 **"예수 그리스도를 아는 지식이 가장 고상"**하다는 것을 알자 전통이 오래되었든지, 과거에 성경에서 요구했던 것이든지 간에 그것을 더 이상 자랑하지 않을뿐더러 의지하지 않았습니다. 오히려 그리스도를 위해 이 모든 것을 버렸고, 그것의 가치를 **"배설물"**로, **"쓰레기"**로 여기게 되었다고 선언합니다.

바울이 쓰레기, 즉 똥이라고 평가한 그것은 원래 나쁜 것은 아니었습니다. 그리스도를 만나지 않았더라면 바울은 여전히 그가 의지하고 자랑할 만한 것이었습니다. 그리스도를 배제한다면 누구나 이것을 선하고 이익이 되는 것으로 받아들였을 만한 것입니다. 지금 바울이 말하고 있는 것은 유대인들의 오래된 유산이며 그들의 신앙의 전통입니다. 이스라엘 백성은 자기들이 할례를 행한 것과 율법을 가진 것이 다른 민족보다 모든 면에서 유리한 조건에 있는 것이라고 믿던 것들입니다. 바울은 할례나 율법 자체를 혐오한 것은 아닙니다. 그것을 평가하는 시대가 달라졌다는 것입니다.

바울은 로마 교회에 편지하면서, 이방인들과 비교하여 **"유대인의 나음이 무엇이며, 할례의 유익이 무엇이겠느냐?"**고 질문합니다(롬 3:1). 여기서 현대 신자들은 아무 것도 없다고 바울이 대답하기를 기대할지 모르겠습니다. 그러나 사람들의 기대와 다르게, 바울은 **"범사에 많다"**고, 유대인들의 우월한 특권을 인정합니다(3:2). 그리고 나서 대표적인 예로 그들이 하나님의 말씀, 즉 율법을 맡았다는 것을 예로 듭니다. 로마서 9장에서도 바울은 이방인들과 비교하여 언약들과 율법을 세우신 것을 유대인들의 특권으로 내세웁니다. 이에 비춰보면, 유대인 출신의 신자들은 지금까지 내려온 전통에 근거하여 이방인 신자들보다 자신들이 더 우월한 것은 물론이고, 하나님과 바른 관계를 갖기 위해서 반드시 할례를 받아야 하고 율법을 세우는 일(즉, 율법대로 사는 것)에 집중한 것은 지극히 자연스러웠을 것입니다. 그들은 자신들이 보유한 할례와 율법을 자랑했고, 그것에 많은 신임을 두고 신뢰했습니다.

그런데 도대체 할례와 율법의 장점이 무엇이기에 이익이 되는 것이라고 생각했을까요? 가장 중요한 것은 할례와 율법이 하나님과 그들과의 관계를 유지하는 수단이며, 근거였기 때문입니다. 사람이 하나님과 언약 관계라는 특별한 관계에 들어가기 위해서는 반드시 할례를 받아야 했습니다. 그리고 언약백성으로 있는 한 하나님과 늘 좋은 관계, 바른 관계를 유지하기 위해 율법을 행해야 했습니다. 이것이 그들의 경건이고, 신앙의 근거이며 표준이었습니다. 이것 이외에 그들이 자신들의 정체성을 찾기 위한 다른 근거와 수단이나 방법은 없다고 생각했습니다. 하나님께서는 유대인들에게만 할례와 율법을 맡겼으니, 그들은 자신들이 그것을 가지고 있다는 것에 자부심을 느껴 자랑했으며 그것을 의지하고 그것에 가치를 부여할 수밖에 없었습니다.

모두가 이런 확신을 가지고 있는 시대에, 바울은 이것들에 의지하여 하나님과의 관계를 유지하는 것이 율법에서 나오는 의를 얻으려고 노력하는 것임을 알게 된 것입니다. 그리고 이것은 하나님에게서 주어지는 의가 아니라, 자기가 노력하여 얻은 의, 즉 자기 의라는 것을 알게 되었습니다. 이게 문제의 핵심입니다.

바울은 이것을 빌립보서 3:9에서 **"율법에서 나오는 의"**라고 부릅니다. 이미 바울은 다메섹 도상에서 이 진리를 깨달았기에, 지금 그가 가지고 있는 의는 **"율법에서 난 의가 아니라 그리스도를 믿음으로 말미암은"** 것, 즉 **"믿음으로 하나님에게서 난 의"**라고 말하지만, 아직도 이 사실을 알지 못하는 사람들은 사실상 그들에게 의를 줄 수 없는 율법을 의를 얻는 방법이라고 단단히 믿고 그것을 의지하고 있다고 말하는 것입니다.

## 하나님의 의

여기서 바울이 말하는 핵심이 되는 주제인 **"의"**가 무엇인지 알 필요가 있습니다. **"의"**는 일차적으로 하나님과 바른 관계를 가리킵니다. 법정적인 무죄함이라는 판결 이전에, 하나님과 사람 간의 올바른 관계를 의미한다는 사실을 기억할 필요가 있습니다. 죄와 불순종, 우상숭배로 인해 하나님과 원수가 되었고 하나님에게서 소원해지고 뒤틀린 관계가 올바르게 된 것입니다. 이 단어의 사전적인 뜻은 공정함(fairness), 의로움(righteousness), 올곧음(uprightness), 바르게 함(rectification)입니다.

노아를 예로 들어 봅시다. 성경은 노아가 **"의인이요 당대에 완전한 자"**라고 평가합니다(창 6:9). 이것은 그 시대 사람들이 악하고, 마음으로 생각하는 모든 것이 악으로 가득했던 것에 비하여, 노아는 그렇지 않았다는 말입니다. 노아는 하나님이 창조주이신 것을 믿고 그분을 의지하였으며, 그분의 말씀에 순종하고 그래서 그분의 마음에 들어 삶에서 늘 그분과 동행할 정도로 그분과의 올바른 관계를 유지하고 있었다는 뜻입니다. 에녹이 365년간 하나님과 동행하여, 하나님이 그를 데려가시므로 세상에 있지 않았듯이 말입니다(5:24). 하나님과 바른 관계를 유지하는 것이 중요한 것은 모든 인류는 하나님께 복종하지 않은 탓에 그분과의 관계가 깨졌기 때문입니다. 그래서 다시 하나님과 바른 관계를 유지하는 것이 필요했습니다. 이것이 구원의 중요한 한 측면이며, 성경에서는 이것을 **"의를 얻다"**고 표현하며, 교리적으로 **"칭의"**라고 부르는 것입니다.

모든 사람은 하나도 예외가 없이 하나님과 바른 관계가 필요할 정도로 하나님에게서 멀리 있고 관계가 어긋나 있습니다. 아담 이후 모든 사람이 죄를 지었고, 하나님의 영광에 이르지 못했기 때문입니다(참조. 롬 3:23). 사람이 어떻게 하나님과 바른 관계를 회복하고 누릴 수 있는지 구약성경에 희미하게 알려주었지만 많은 사람들이 그 방법에 신경을 쓰지 않았습니다. 반면에, 눈에 보이게 드러난 것은 유대인들에게 주신 율법을 지키는 것이고, 율법에 따른 삶을 사는 것이라고 판단했습니다. 유대인들이 율법을 지키려고 한 것은 이 때문입니다.

그러나 바울은 자신의 과거를 예로 들어, 할례든지 율법을 성취하는 것이든지, 지금까지 내려온 유대인의 유산 자체로는 의를 얻을 수 없다는 것을 알았습니다. 이사야 선지자가 말했듯이, **"우리의 모든 의로운 행위는 더러운 옷"**과 같기 때문입니다(사 64:6). 우리는 다 범죄하였고 부정한 사람이라 스스로의 힘으로는 하나님 앞에서 의를 얻을 수 없습니다. 그뿐 아니라 하나님에게 우리가 행하는 행위를 의롭다고 봐달라고 그래서 우리의 처지를 고려해서 한 번만 용서해달라고 요구할 수도 없습니다. 이렇게 하는 것은 공로주의입니다. 어찌 되었든지 우리에게 **"의"**를 얻는 데 도움을 주지 못할 뿐만 아니라 바른 관계를 기대하며 하나님이 정하신 방법과 다른 것을 의지하는 것은 하나님과의 관계뿐만 아니라 경건에도 도움이 되지 않습니다. 사람이 하나님과 깨어진 관계를 회복하고 그분과 올바른 관계에 들어가는 것은 인간 편에서 어떤 것으로도 이룰 수 없습니다. 우리에게는 그러한 소양도 능력도 없기 때문입니다. 그러니 율법을 잘 지키는 것으로 의를 얻을 수 없습니다. 다른 방법을 찾아야 합니다. 하나님의 방법 말입니다. 그 의는 **"하나님께로부터 난 의,"** 즉 **"하나님의 의"**이기 때문입니다(빌 3:9. 참조. 롬 1:17).

바울은 그가 다메섹 도상에서 십자가에 달린 그 예수가 그리스도, 즉 하나님이 인류를 구원하러 보내신 메시아이심을 알았습니다. 어떻게 알았을까요? 그분이 정오보다 더 밝은 빛으로 바울 앞에 나타나 말씀하시는 것에서 그가 죽은 자가 아니라 다시 살아난 자, 즉 부활하신 분인 것을 알게 되었고, 그의 얼굴에 비친 영광이 하나님이 가지신 영광이라는 것을 직시하자 그분이 메시아이심을 확신하게 되었습니다. 바울이 사흘 간 앞을 보지 못한 것이 이에 대한 분명한 증거였습니다.

그 순간 바울은 그간 추구해왔던 그의 종교적 열심이 하나님과 바른 관계를 유지하지 못한다는 것을 깨달았습니다. 반대로 그 의로운 관계는 부활하신 예수 그리스도만이 해결해줄 수 있다는 것을 알게 되었습니다. 이 순간 바울에게 가치평가의 기준이 바뀌었습니다. 이익이라고 생각했던 것이 손해를 끼친다는 것을 알게 되었습니다. 정신이 퍼뜩 들었을 것입니다. 그래서 그것을 배설물로 여길 수밖에 없었습니다. 인류의 첫 사람 아담이 범죄함으로써 모든 인류를 하나님의 영광에 이르게 하지 못했다면, 인류의 두 번째 대표이신 둘째 아담 그리스도는 자신이 하나님께 순종한 것으로써 인류에게 의와 생명을 주실 수 있게 되었습니다.


## 그리스도를 얻기 위하여

예수가 그리스도이시며, 그분만이 모든 사람에게 하나님의 의를 주실 수 있다는 사실을 아는 순간 바울은 중대한 결단을 내렸습니다. 그리스도를 얻기 위해서는 이전에 신앙생활에 유익한 것이라고 생각하여 의지했던 것이 손해를 끼치는 것으로 판명 난 이상, 그것은 배설물과 똥에 불과합니다. 더러운 것은 버려야 했습니다. 바울은 그리스도를 얻기 위해 과거에 의지했던 할례자의 신분을 더 이상 의지하지 않았습니다. 그리스도를 얻기 위해 그가 추구해왔던 종교적 열심도 더 이상 추구하지 않고 그것에 가치를 부여하지 않았습니다. 그리스도를 아는 지식이 고상하기에, 그리스도를 얻기 위해서는 그가 추구해왔던 것을 버려야 했습니다. 그래야만 그리스도를 얻을 수 있습니다. 그리스도만 얻는다면 만사가 끝입니다. 이러한 행동이 당대에 얼마나 큰 충격이었을지 한 번 생각해보세요.

이러한 태도에 대해 일찍이 예수님은 제자들에게 이렇게 가르치셨습니다. **"누구든지 나를 따라오려거든 자기를 부인하고 자기 십자가를 지고 나를 따를 것이니라. 누구든지 제 목숨을 구원하고자 하면 잃을 것이요 누구든지 나를 위하여 제 목숨을 잃으면 찾으리라"**(마 16:24-26). 예수님을 얻으려면 자신을 버려야 한다고, 자신은 없는 존재로 생각해야 한다고 말씀하셨습니다. 세상의 어떤 것을 값으로 치르더라도 제 목숨 하나 구하지 못하는 처지이고, 그렇게 했다고 해도 이익이 하나도 없다면, 방법을 다시 찾아야 하지 않겠습니까? 예수님을 따르고 예수님을 의지하는 것만이 우리의 목숨을 얻을 수 있는 길이라면, 그리스도 이외에 가치 없는 것들을 의지하고 추구할 필요가 있겠습니까. 바울은 이것을 실천했습니다. 내가 얻으려는 의, 즉 하나님과의 바른 관계가 내가 노력하여 얻은 자기 의인지, 율법과 같은 종교행위를 의지한 **"율법에서 나오는 의"**인지, 아니면 **"하나님의 의"**인지 곰곰이 생각해보고, 정확한 판단을 내려야 합니다. 그러고 나서 판단이 섰으면, 결단을 내려야 합니다.

바울에게 과거에 가치가 있다고 생각했던 것들이 자신에게 손해가 되고 내버려야 할 것이 된 것은 바로 예수 그리스도 때문입니다. 이제 그가 원하던, 바울이나 유대인들이 추구하던 것을 얻기 위해서는 예수 그리스도를 얻어야 합니다. 예수 그리스도를 얻기 위해서는 이것들을 버려야 합니다. 이 둘은 함께 가지고 있을 수가 없습니다. 둘 중에 하나는 버려야 합니다. 당신 같으면 무엇을 버리겠습니까?

예수님은 자신이 누구인지를 계시하고는 자신을 영접하는 것이 영생이고, 하나님 나라에 들어가는 길이라는 것을 매우 적절한 비유로써 알리셨습니다. 어느 일용직 노동자가 남의 밭에 일하러 갔다가

밭에서 보화를 발견했습니다. 그 사람은 그 보화를 보는 순간 그것이 상상을 초월하는 가치를 지닌 보화라는 것을 직감했습니다. 그것이 아직 땅에 묻혀 있는 동안에는 발견한 자의 소유라는 사실을 알고 있던 그는 집에 돌아가 자기에게 있는 모든 것을 팔아 그 밭을 샀습니다(마 13:44). 그 사람은 매우 지혜롭게 행동한 것입니다. 그는 비교할 수 없는 보화를 얻는 방법은 자기 소유를 다 파는 것밖에 없다고 판단했습니다. 상대적으로 가치가 없는 것을 버려야 절대적인 가치를 지닌 보화를 제 것으로 만들 수 있습니다.

이와 똑같은 원리로 그리스도가 누구이신지를 안다면 과거에 행해왔던 그의 종교행위나 그 종교행위를 쌓아 자신이 하나님과 바른 관계에 있다고 생각하던 것이 얼마나 부질없고 어리석은 것인지 알아야 합니다. 그것은 그리스도와 함께 보유할 것이 아니라 내버려야 할 배설물과 똑같은 것입니다. 바울은 그리스도를 얻기 위해 자기 의와 율법에서 나오는 의를 버렸습니다.

로마서 3장과 9장에서도 바울은 과거에 그토록 많은 가치를 부여했던 것들을 이익과 전혀 반대되는 손해라고 평가하게 된 것은 다름 아닌 **"그리스도 때문"**이라고 밝힙니다. 우리말 성경에 **"그리스도를 위하여"**라고 번역된 용어는 **"그리스도 때문에"**로 번역해도 되는 어구(δια τον Χριστον, 디아 톤 크리스톤)입니다. **"그리스도를 얻기 위하여"**라는 말은 그리스도 때문에 어떤 행위를 한다는 뜻입니다. 이것은 이전 가치와 단절하는 결단을 내린 이유를 설명하는 어구입니다. 그리스도가 아니라면 어떤 종교 행위를 해도 좋습니다. 그것을 경건의 표준으로 삼고, 자신이 종교인으로 평안한 마음을 얻는 행동의 표준으로 삼아도 상관이 없습니다. 이렇게 하는 사람을 사람들은 경건한 사람이라고 부를 것이고, 고상한 종교인이라고 부르기도 할 것입니다. 영험이 풍성한 사람, 카리스마 넘치는 사람, 심지어 하나님의 특별한 은총을 받은 사람이라고 부를지도 모르겠습니다. 하지만 하나님의 의를 얻는 문제라면, 당사자이신 하나님이 내신 적법한 방법을 찾아야 합니다. 사람이만든 경건의 방법이 아니라 하나님이 마련하신 결정적인 수단 말입니다. 바울은 그것을 **"그리스도 안에서"** 찾았습니다. 그래서 그는 그리스도를 위하여, 그리고 그리스도를 얻기 위하여 이전의 모든 종교행위를 버렸습니다.

한 번 생각해보십시오. 성경에 적법하게 요구된 할례나 율법도 그리스도 때문에 그리고 그리스도를 얻으려고 배설물로 여겨진 마당에, 성경에도 없고 국적도 없는 것을 사람들이 만들어놓고 고상한 종교행위라고 한들 하나님께서 그것의 가치를 인정해주시겠습니까? 진정하나님이 그 고상한 종교인의 고상한 행위를 하나님과 바른 관계에 들어오거나 하나님과 바른 관계를 유지하는 방법으로 가치를 부여해주시겠느냐 말입니다. 왜 하나님은 그리스도를 믿는 것으로 의롭다고 칭해주기도 하시고 할례나 율법을 행하는 것을 바른 경건으로 인정해주기도 하시면서 이 둘을 동시에 보유하고 있으라고 요구하지 않으셨을까요?

우리말에 **"사족"**이라는 말이 있습니다. 뱀을 그리려면 지렁이보다 좀 더 큰 동물을 그럴 듯하게 그리면 됩니다. 그런데 우리 주변에 있는 동물들이 다리가 두 개, 혹은 네 개씩 있으니까, 뱀도 기어 다니는 동물인지라 다리가 있으면 좋겠다고 뱀을 그려놓고 거기에 다리를 떡

하니 그러면 되겠습니까? 그것은 뱀이 아닙니다. 다리를 그린 순간 그것은 더 이상 뱀이 아닌 것입니다.

그리스도는 그분만으로 완전하시고 충분하신 분입니다. 그분 이외에 우리가 하나님과 바른 관계를 가지게 할 만한 것은 아무것도 없습니다. 다른 어떤 것을 더하면 더할수록 그리스도의 가치를 떨어뜨리는 꼴이 될 것입니다. 그러므로 교회가 탄생하고부터, 그리스도를 구주로 믿는 사람들에게 교회는 다른 종교가 가진 종교 행위를 강조하지 않고 오직 그리스도에게만 충성하게 했고, 모든 관심을 그리스도 한 분에게만 드리도록 한 것입니다. 그리스도는 만유에 계시고, 만유이시고, 홀로 충분한 분이시기 때문입니다. 바울이 추구했던 모든 방법은 그리스도에 대한 믿음(faith in Christ), 또는 그리스도의 신실하심(faithfulness of Christ)에서 나오는 그리스도와 관련한 **"믿음"**뿐입니다.

## "그리스도를 믿음으로" 그리고 그 "믿음"에서 난 의

**"하나님의 의"**는 율법에서 나오는 것이 아니라, **"그리스도를 믿음으로 말미암는 것"**입니다. 그래서 **"믿음에 의거한"** 것이라고 말합니다. 그 의는 하나님이 주시는 의이기에 **"하나님으로부터 난"** 의입니다. 이 세 어구는 바울이 왜 율법에서 나오는 의를 버렸는지 설명해주는 중요한 어구들이며, 우리가 하나님의 의를 얻는 것을 설명해주는 어구들입니다. 칭의, 즉 어느 사람이 하나님과 바른 관계에 들어왔다고 칭함 받는 것은 그리스도가 죽기까지 하나님께 복종하신 그분의 신실하심에 근거하고, 사람의 공로가 아닌 하나님이 은혜로 주시는 것을 받아들이는 우리의 믿음을 수단으로 하지, 율법이나 다른 어떤 것을 의지하거나 율법을 행한 것에서 비롯된 것이 아닙니다. 그러므로 칭의는 하나님에게서 기원합니다. 특히 첫 번째("그리스도를 믿음으로 말미암는 것")와 두 번째("곧 믿음에서 나는") 내용에 대해서는 약간의 설명이 필요합니다.

첫째로, 우리말에 **"그리스도를 믿음으로 말미암는 것"**에 대해 말씀드리겠습니다. 이 어구는 우리말로 옮기기 쉽지 않은 어구입니다. 여전히 신약학계에서 논쟁의 대상이 되는 이 어구는 그리스어로 **"그리스도의 믿음"**(faith of Christ, η πιστις Χριστου, 헤 피스티스 크리스투)인데, 믿음과 그리스도의 관계에서 그리스도가 믿음의 대상을 표현하는 것이라고 이해하면 우리가 그리스도를 믿는 것을 가리키고, 그리스도가 믿음의 주체라고 이해하면 그리스도가 보이신 믿음, 또는 그리스도가 하나님에게 행하신 신실하심이 됩니다. 모세 실바 교수는 이 어구를 **"그리스도를 믿는 믿음"**으로 해석하고, 피터 오브라이언 교수는 **"그리스도의 신실하심"**으로 해석합니다. 복음주의 진영에 있는 두 학자들마저 상반되게 해석할 정도로 쉽게 설명할 수 있는 어구가 아닙니다. 하지만 공통점은 있습니다. 믿음이 **"그리스도"**와 관련된 어떤 것이라는 점입니다.

그리고 그 다음에 나오는 두 번째 어구인 **"곧 믿음에서 나는"**이라는 어구는 그리스어 성경에서는 맨 마지막에서 첫 번째 어구를 설명해주는 어구인데 **"에피 테 피스테이"**(επι τη πιστει)입니다. 이것은 바울이 **"그리스도를 믿는 믿음"**이 어떤 것인지를 알려주려고 첨가한 것으로서 **"믿음에 근거하여"** 하나님으로부터 기원하는 의라는 것을 밝히려는 어구로 이해할 수 있습니다.

이 어구를 두고도 학자들 사이에 의견이 갈립니다. 만약에 모세 실바 교수대로 이해하면, 바울은 같은 말을 두 번 쓴 것이 됩니다. 우리가 그리스도를 믿는 믿음, 그리고 그 믿음에 의거하여 **"의"**를 얻는다는 말이 됩니다. 그러나 만약에 피터 오브라이언 교수가 이해하는 대로 이 어구를 해석하면, 바울은 하나님과 바른 관계("하나님의 의")는 **"그리스도의 신실하심"**을 근거로 하며, 이에 대한 우리의 믿음을 수단으로 얻는다고 말하는 것입니다. 첫 번째 어구에 적시된 **"믿음"**은 그리스도의 믿음이고, 두 번째 어구에 등장하는 **"믿음"**은 우리의 믿음을 가리킨다는 것이지요. 오브라이언 교수는 바울이 그 다음에 말한 이것을 **"하나님께로부터 난"**이라고 한 것은 그 의가 하나님에게서 기원했다는 것을 가리킨다고 해석합니다. 의는 우리가 율법을 지킴으로 공로로 쌓아서 얻는 것이 아니라, 하나님이 은혜로 주시는 선물이라는 뜻이지요. 우리는 믿음의 손으로 그것을 받을 뿐입니다. 그 의의 기초를 그리스도가 놓으신 것입니다.

이 어구의 정확한 해석을 두고 약간의 차이가 있는 듯이 보이지만, 두 해석 모두 우리가 하나님의 **"의"**를 얻는 데 있어 율법을 지키는 것과 할례는 영향을 주지 못하고 그리스도가 중심 역할을 하고 있다는 사실을 강조합니다. 이 점에서 두 해석은 같은 진리를 말합니다. 그리스도의 믿음(또는 신실함)과 그리스도에 대한 우리의 믿음이 필요하지 율법과 종교 행위는 전혀 필요하지 않습니다. 결국 두 해석은 할례를 가졌다고 하나님의 언약백성이 되는 시대는 지났으니 할례를 주장하고 고집하는 것은 시대가 바뀐 것을 알지 못하는 무지한 행동이라고 말하는 것입니다. 그것은 율법을 잘 지킴으로써 의를 얻으려는 행동이며, **"율법에서 나오는 의"**를 얻으려는 불가능한 것을 의지하는 행동인 것입니다. 오직 그리스도만이, 그리고 이에 대한 우리의 믿음만이 의를 얻을 수 있습니다. 이 의는 하나님에게서 나오기에 **"하나님의 의"**인 것입니다. 바울이 복음을 전할 때마다 주장했듯이, **"율법의 행위로 하나님 앞에 의롭다 하심을 얻을 사람이 없다"**(롬 3:20)는 선언을 진지하게 생각해야 합니다. 반대로 바울은 로마 교회에 편지를 쓰면서 **"율법과 상관없는 하나님의 의가 나타났는데,"** 그것은 바로 **"예수 그리스도를 믿음으로 말미암아/또는 그리스도의 신실하심에 의해 모든 믿는 사람들에게 주시는 하나님의 의"**라고 선언합니다(롬 3:21-22).

## 그리스도는 율법의 "텔로스"가 되심

과거에 오랫동안 그렇다고 알고 믿어온 진리가 갑자기 무용지물이 된 까닭은 무엇일까요? 바울은 로마서 10:1-4에서 그 이유를 설명합니다. 유대인들은 하나님에 대한 열심을 가지고 있었지만 올바른 지식에 따른 열심히 아니었기에 하나님의 의를 얻지 못했습니다. 이스라엘 백성은 하나님의 의, 즉 하나님이 사람에게 그와 바른 관계를 갖기 위해 마련하신 하나님의 방법과 수단을 도외시한 채 자신들이 만들고 판단한 의를 얻는 방법에 열심을 내었다는 것이 그 첫 번째 이유입니다. 결과적으로 그들이 하나님에 대하여 열심을 내기 위해 택한 것은 율법을 의지하는 것이었습니다. 그러느라 그들은 하나님이 보내신 그리스도를 믿는 믿음을 의지하지 않았습니다. 결국 하나님의 의에 복종하지 않은 꼴이 된 것입니다.

둘째로 바울은 하나님께서 그리스도를 보내셨고, 그분을 믿는 믿음으로 의를 얻는다는 사실을 알리신 것은 그리스도가 율법을 끝내신 것을 뜻한다고 천명합니다. 로마서 10:4에 있는 **"그리스도는 모든 믿는 자에게 의를 이루기 위하여 '율법의 마침'이 되시니라"**라는 선언이 이런 뜻입니다. 그리스도는 율법이 작용해왔던 모든 시대에 율법이 나아갈 목표(그리스어로 τελος, 텔로스)였습니다. 이제 그 목표가 도달했으니, 그전에 있었던 것은 더 이상 기능을 발휘하지 못합니다. 혹은 이 구절을 **"그리스도가 오심으로써 율법은 '끝났다'"**라고 더 강하게 이해할 수도 있습니다. 주석가들에게는 이 두 어구의 미묘한 차이로 인해 구원 역사를 설명하는 방법이 많이 달라지겠지만, 지금 우리가 빌립보서의 말씀을 생각하고 있는 이 상황에서는 두 어구에 표현된 뜻은 똑같습니다. 그리스도가 오신 이후 더 이상 율법은 기능하지 않는다는 사실입니다. 그러니 하나님과 바른 관계를 가지고 싶은 사람은 율법을 의지하지 말라는 것입니다.

바울은 이 내용을 갈라디아서에서 율법이 초등교사로서 할례를 받고 율법을 지켜온 유대인들을 그리스도에게 인도하는 역할을 했을 뿐이라고 주장합니다. 그래서 유대인들은 그리스도가 오시기 전에, 그리고 그리스도를 믿는 믿음이 오기 전에 율법 아래 있었고, 심지어 율법에 갇혀 지냈지만, 율법이 초등교사가 되어 유대인들을 그리스도께로 인도한 것은 **"우리로 하여금 믿음으로 말미암아 의롭다 함을 얻게 하려는 데"** 있다는 것을 알아야 합니다(갈 3:24). 이렇게 하여 그리스도가 오셨고 율법의 기능이 다 끝난 이상, 율법은 주도권을 그리스도에게

넘깁니다. 이제 그리스도가 우리를 주장하는 것입니다. 주인이 바뀌었고, 주권자가 바뀌었습니다.

　이와 관련하여 한 가지 더 생각할 것이 있습니다. 우리가 하나님과 바른 관계를 갖는 것, 다시 말해서 일반적으로 말하는 의를 얻는 것은 하나님의 자녀라는 신분을 얻으려는 데 있습니다. 과거에는 하나님의 자녀가 되는 것은 아브라함의 후손이 되는 것과 밀접한 관계가 있었기에 반드시 할례를 받아야 했습니다. 그러나 이제는 할례를 받는 것이 아니라, 하나님의 아들이신 예수 그리스도를 믿으면 됩니다. 그래서 그리스도 안에 있고 그와 연합이 되면, 하나님의 자녀가 되는 것이니, 할례도 필요 없고 율법으로 의롭다 함을 얻으려고 노력하고 열심을 낼 필요도 없는 것입니다.

　그와 반대로, 역설적으로 율법으로 의롭다함을 얻으려는 것은 오히려 예수를 그리스도로 믿지 않는 행위로 판명되고, 그분이 오심으로써 율법이 지배하던 역사를 끝장 내셨다는 것을 받아들이지 않는 행위이니, 그것은 하나님과 그리스도에 대한 불신행위가 될 것입니다.

　우리는 그리스도께서 행하시고 하나님께서 우리에게 은혜로 주신 것을 믿음으로 받습니다. 다른 행위가 필요 없습니다. 과거에 중요시해왔던 율법마저 그리스도 안에서 끝난 상황입니다. 그리스도가 얼마나 위대하신지 알아야 합니다. 그리스도를 얻은 것으로 만족해야 합니다. 그리스도를 얻기 위해서는 율법에서 나오는 의 얻는 것을 중단해야 합니다. 그리스도만을 의지하는 데 집중하고 자기 의를 쌓아 하나님께 인정을 받으려하거나 그것을 자랑하거나 그것에 의지하여 하나님과의 관계를 인정받으려고 해서는 안 됩니다. 그리스도를 구원의 주로 믿는다는 사람들이 종교적인 열심과 경건을 이유로 본질 이외의 종교적인 행위를 중요시하고 그것에 모든 관심을 집중하는 것은 그리스도를 믿는 믿음에서 멀어지는 행위입니다. 그리스도 안에서만 의를 얻으려고 해야 합니다. 그리스도만이 모든 것이 되시기 때문입니다.

# 14강

# 그리스도를
# 알기 위하여

(빌립보서 3:9–11)

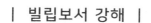

**빌립보서 3:9-11**

⁹그 안에서 발견되려 함이니 내가 가진 의는 율법에서 난 것이 아니요 오직 그리스도를 믿음으로 말미암은 것이니 곧 믿음으로 하나님께로부터 난 의라 ¹⁰내가 그리스도와 그 부활의 권능과 그 고난에 참여함을 알고자 하여 그의 죽으심을 본받아 ¹¹어떻게 해서든지 죽은 자 가운데서 부활에 이르려 하노니

14강

그리스도를
알기 위하여

(빌립보서 3:9-11)

바울은 빌립보 교회에 편지를 쓰던 비슷한 시기에 에베소 교회에 편지를 쓰면서 이런 말을 합니다. **"너희는 유혹의 욕심을 따라 썩어져 가는 구습을 따르는 옛 사람을 벗어버리고, 오직 너희의 심령이 새롭게 되어 하나님을 따라 의와 진리의 거룩함으로 지으심을 받은 새 사람을 입으라"**(엡 4:22-24). 이전의 삶을 버리고, 새로운 삶을 살라는 권면입니다. 새로운 삶은 새 사람을 입었다는 데 근거합니다. 바울은 그 새 사람을 **"의"** 로 지으심을 받은 사람으로 특징짓습니다. 이것은 하나님을 따른, 하나님의 형상대로 지음을 받은 사람의 본질입니다(참조. 창 1:28). 의로 지으심을 받은 새 사람은 바울이 빌립보 교회에게 이전에 자랑하고 신뢰하던 것을 버리고, 그리스도를 얻고 **"하나님께로부터 난 의"**를 얻은 것이라고 말한 것과 관련이 있습니다.

에베소 교회에게 바울은 특히 이방인들이 총명이 어두워지고 무지하여 하나님을 떠나 방탕에 방임하여 살던 구습의 삶을 벗어버리라고 교훈했습니다. 이와는 다르게, 빌립보 교회에게는 유대인들이 강조하는 율법을 지키거나 하나님의 백성이 되기 위한 참되고 완벽한 표시로서 할례를 제시한 것을 구습이라고 칭하고 있습니다. 하지만 바울이 보기에 이방인이나 유대인 모두 그리스도와 상관이 없이 살았다는 점에서, 그것이 어떤 모양으로 나타나든지 간에 그리스도가 오시기 전에 잠정적으로 존재하던 것을 의존하며 살았다는 점에서 그들은 구습을 좇아 산 것입니다.

이전의 삶은 아담의 범죄와 사망의 지배를 받던 삶입니다. 이방인이든지 유대인이든지 모든 인류는 스스로의 힘으로는 창조주 하나님과 화해할 수 없는 위치에 있었습니다. 이것이 옛 사람의 모습입니다. 여기에 유대인들은 할례나 율법을 행하는 것과 조상들의 전통을 지키는 것으로 이방인보다 우월한 위치에 있었고, 그래서 하나님에게서 의롭다고 인정을 받을 수 있는 위치에 있다고 생각했습니다. 그러나 그것은 착각입니다. 바울은 이렇게 의롭다 함을 얻는 것을 율법에서 난 의라고 규정하며, 그리고 율법으로 의롭다 함을 얻을 사람은 한 사람도 없다고 단정합니다(롬 3:20). 하나님 앞에 의롭다 함을 얻을 수 없는 것이라면, 그것은 신뢰할 만한 것이 못 되고 버려야 할 배설물입니다.

구습, 즉 옛 것에 대한 바울의 이러한 평가는 당시에 매머드 급의 폭탄선언이었습니다. 바울은 그리스도를 아는 지식의 고상함 때문에 이처럼 파격적인 태도를 취했다고 선언합니다. 그리스도만이 우리를 하나님과 바른 관계로 이끄는 근거이며, 하나님 앞에서 바르게 살아가는 데 유일한 표준이기 때문입니다.

그리스도는 이전 시대를 끝내고 새로운 시대, 새로운 질서를 연 메시아이십니다. 예수님은 십자가에 달려 죽은 저주 받은 자가 아니라 하나님이 기뻐하시는 자, 하나님의 뜻을 다 이루신 하나님이 사랑하시는 메시아이십니다. 바울은 예수 그리스도가 이런 분이심을 알고 나자 다른 모든 것들을 상대적으로 가치가 없는 것으로 치부해버렸습니다. 그는 그리스도를 얻으려고 이전의 것을 버렸습니다. 전에 유익한 것이라고 믿었던 종교행위들이 지금 보니 손해이며, 가치가 없는 것임이 판명되었습니다. 그러하다면 이익이 되는 것을 찾아야 합니다. 바울이 보기에 그리스도를 얻는 것만이 유일한 이익입니다. 이전의 종교행위와 그리스도 이 둘을 동시에 가질 수가 없습니다. 왜 바울이 이런 고상하고 오랜 역사를 가진 종교 행위를 배설물로 여겼을까요?

바울은 빌립보서 3:7-9에서 이전에 자랑하고 신뢰하던 것을 배설물로 여기고, 그 대신에 얻기를 바라던 것 세 가지를 제시합니다. 첫째는 그리스도를 얻기 위해서였습니다. 이 점에 대해서는 지난 번 강해에서 7-8절을 논하면서 충분히 설명했습니다. 그래서 이번 강해에서는 두 번째와 세 번째 내용을 말씀드리려고 합니다.

## 그리스도 안에서 발견되기 위하여

둘째는 그리스도 안에서 발견되기 위해서였습니다. 그리스도 안에서 발견된다는 것은 자신의 존재의 의미와 의의를 확인 받는 근거와 수단이 그리스도라는 의미에서 하는 말입니다. 바울은 이제 자신이 누구인지, 그리고 하나님 앞에서 자신의 존재와 그 가치를 그리스도 안에서 확인합니다. 바울이 하나님 앞에서 발견되고 싶어 지금까지 할례를 보유하고, 율법에 열심을 보이며 살아왔지만, 예수님이 그리스도라는 사실을 알게 되자, 그것이 하나님의 의를 거스르는 것임을 깨닫게 되었습니다. 그 순간 그는 과거에 가지고 있던 것을 다 버리고 그리스도를 얻었습니다. 바울의 모든 것은 바뀌었고 변했습니다.

하나님의 의는 바로 이분 메시아이신 예수 그리스도 안에서만 찾을 수 있습니다. 하나님의 의는 할례나 인간이 만든 전통이나 율법을 행하는 것에서나 외적인 종교행위를 실천하는 것에서 나오는 것이 아니라, 오로지 그리고 전적으로 그리스도에게서 나온다는 것이 드러났습니다. 하나님의 의는 하나님의 뜻에 온전히 순종하고, 하나님의 뜻을 이루신 그리스도의 신실하심에 근거합니다. 하나님의 의는 하나님이 은혜로 주시는 것이라서 하나님에게서 기원합니다. 하나님께서 은혜로 주시는 것을 우리가 믿음으로 받습니다. 이 점은 대체적으로 **"칭의"**라고 부르는 문제와 관련이 있습니다.

## 그리스도를 얻기 위하여

이제 바울은 10절에서 과거에 자랑하고 신뢰하던 것을 버리고 얻고자 한 세 번째 목적을 소개합니다. 그것은 첫째로 그리스도를 알고, 둘째로 그리스도와 관련된 그의 죽음과 부활에 참여하는 것이 어떤 것인지 아는 것입니다. 바울이 쓴 글을 그대로 옮기면, 바울이 말하는 내용은 이것입니다. **"그리스도를 알기 위하여 그리고 그의 죽음과 부활에 참여하는 것을 알기 위하여 이전에 자랑하고 신뢰하던 것을 배설물로 여겼다."**

하나님께로부터 난 의를 얻은 사람이 현재 이 땅에서 살아가는 동안 거룩하게 되는 것을 성화라고 부릅니다. 바울이 10절에서 서술하고 있는 이 내용은 조직신학에서 **"성화"**라고 명명하는 것과 비슷합니다. 그런데 본문에는 바울의 특유한 성화에 대한 이해가 있습니다. 바울은 성화를 어떻게 이해하고 설명할까요? 이 본문에서 바울은 신자가 거룩하게 되는 것을 먼저 **"그리스도를 아는 것"**으로 요약합니다. 이제 그의 성화의 삶은 남에게 보여주고 그것을 의지하여 자랑하는 외적인 종교행위나 세상의 가치 있는 업적을 쌓고 거기에 관심을 두는 것이 아니라, 처음부터 끝까지 오직 그리스도를 아는 것에만 집중됩니다. 그리스도를 알기 위하여, 그분을 아는 것에만 관심을 집중하기 위하여 다른 모든 것을 배설물로 여기는 것입니다.

**"안다"**는 것은 정보를 얻는 것이 아니라, 그분과의 인격적인 교감을 이루어 그분을 사랑하는 것을 의미합니다. 아모스 선지자가 이 점을 가장 핵심적으로 요약했습니다. 그는 이스라엘에 대한 하나님의 마음을 **"내가 땅의 모든 족속 가운데 너희만을 알았"**다고 표현합니다(암 3:2). 하나님이 이스라엘을 그의 백성으로 택하신 것을 이르는 말입니다. 그래서 이스라엘은 하나님과 언약관계에 들어가, 하나님의 백성으로 살았습니다. 여기서 우리는 하나님의 선택과 하나님과의 특별한 관계에 들어가는 것이 같은 개념이라는 사실을 배울 수 있습니다. 이것은 서로에 대한 배타적인 사랑을 가지고 오롯하게 그 상대하고만 깊은 관계를 갖는 것입니다.

바울이 이러한 앎을 그리스도를 아는 것으로 표현한 것은 그분을 메시아로 믿는 사람들이 그리스도만을 사랑하고 신뢰하고 의지하는 사람이라는 것을 알리려는 데 목적이 있습니다. 이 관계에 들어온 사람들은 하나님의 의를 받은 사람입니다. 그들은 그리스도 이외에는 어떤 것에도 마음을 주거나 신뢰하거나 자랑하지 않고 그리스도만 신뢰하고 자랑해야 합니다. 이 사실은 그리스도 오시기 이전에 통용되던 관계 표시가 임시적이라는 뜻이기도 합니다. 그런 것에 의존하는 외적인 종교행위가 왜 그리스도보다 열등한 것인지 알려주는 결정적 선언입니다. 그러하다면, 자신의 종교행위에 의존하고 그것을 자랑하는 것은 그리스도의 가치를 떨어뜨리는 행위입니다.

바울은 나중에 디모데에게 편지하면서 이 문제를 다시 꺼냅니다. 디모데후서 3장에 있는 말씀입니다. 바울은 **"말세**(즉 메시아가 오신 이후 시대)**에 사람들이 자기를 사랑하며, 돈을 사랑하며 자랑하며 교만하며 비방하며, … 자만하며 쾌락을 사랑하기를 하나님 사랑하는 것보다 더하며, 경건의 모양은 있으나 경건의 능력은 부인한다"**고 언급하고는 디모데에게 이 같은 행동을 중요하게 여기는 사람들에게서 **"돌아서라"**고 권합니다(딤후

3:1-5). 하나님과 그리스도 이외의 것을 사랑하는 사람, 그리고 자신의 경건함을 자랑하는 사람들을 주의하라는 뜻입니다.

바울은 그리스도를 만난 이후 줄곧 **"내가 너희 중에서 예수 그리스도와 그가 십자가에 못 박히신 것 외에는 아무것도 알지 아니하기로 작정하였"**다고 그의 결심을 표명했습니다(고전 2:2). 그리스도를 아는 것은 그의 십자가의 죽으심을 자랑하고 자신의 구원만 아니라 그리스도인으로서 살아가는 모든 삶에서 그분만을 사랑하고 다른 종교적인 행위와 업적을 의지하지 않는 것을 의미합니다.

둘째는 그리스도의 죽음과 부활에 참여하는 것이 어떤 것인지 아는 것입니다. 바울이 다음으로 알고 싶었던 것은 그리스도와 관련한 것입니다. 이것은 두 측면에서 이루어집니다. 하나는 그리스도의 고난에 참여하는 하는 것이 어떤 것인지 아는 것이고, 다른 하나는 그리스도의 부활의 능력이 어떤 것인지 아는 것입니다. 여기서 **"참여하다"**라는 단어는 **"코이노니아,"** 즉 친교, 교제, 공동 경험을 표현할 때 사용되는 단어입니다. 그리스도의 고난과 부활과 긴밀하게 교제하고 공동 경험하는 것을 알고자 한다는 말입니다.

앞에서 인용한 에베소서 4:24을 다시 언급하겠습니다. 바울은 신자들에게 옛 사람을 벗어버리고 새 사람이 되었다는 점을 일깨웁니다. 이방인으로 살던 삶에서 새로운 사람이 되었든지, 유대인으로 살던 삶에서 새로운 사람이 되었든지, 신자는 그리스도 안에서 새 생명을 가지고 새롭게 태어난 사람, 즉 중생한 사람입니다. 생명은 성장하게 되어 있습니다. 성장하는 데 필요한 영양을 공급 받으면서, 그 나이에 알맞게 자라야 그 생명은 살아 있는 생명입니다.

그리스도인은 새 생명을 가졌다는 것과 그가 완전히 새롭게 된 사람이라는 것을 어떻게 증명할 수 있겠습니까? 새 생명과 신앙의 성장을 사람들에게 무엇으로 보여줄 수 있겠습니까? 바울은 그리스도를 본받는 것으로 증명해야 한다고 말하고 있는데, 이것을 두 측면에서 소개하는 것입니다.

## 그리스도의 고난에 참여하려고

바울은 첫 번째로 그리스도의 고난에 참여하고 싶어 했습니다. 바울은 이미 빌립보서 1, 2장에서 자신의 사역 중에 나타난 현상, 빌립보 교회가 신앙생활을 하면서 주변의 사람들로부터 받는 오해와 박해를 고난이라고 설명했습니다. 바울은 그리스도를 믿는 사람들에게 고난이 지극히 정상적인 것이라고 말합니다. 바울은 당대 그리스도인들에게 한편 기쁜 소식을 전해주었습니다. 율법이 우리에게 영생을 주지 못하고 하나님과의 바른 관계에 이르게 하지 못했지만, 그리스도가 하나님의 요구를 충족하심으로써 우리에게 영생을 주고 하나님과 바른 관계를 갖게 하셨다고 말입니다. 하지만 새 생명의 탄생이라는 출생의 기쁨을 기대하는 사람에게 출산의 고통이 따르듯이, 그리스도인들에게는 메시아의 출산의 고통이 따른다는 점을 알려줍니다. 그리스도가 누구이신지 알지 못하는 사람들이 그리스도를 미워하고 저버렸듯이, 그들은 그리스도의 사람들 역시 미워하고 저버릴 것입니다. 진정으로 그리스도와 교제를 나누는 사람이라면, 그리스도가 세상에서 고난을 받으셨듯이, 그분 안에 있어서 그를 따르는 사람들도 세상에서 고난을 당합니다.

바울은 자신의 삶을 예로 들어 이 사실이 얼마나 현실적이고 실제로 발생하는 것인지 알려주었습니다. 골로새서 1:24에서 바울은 사도로서 자신의 삶을 **"나는 이제 너희를 위하여 받는 괴로움**(환난/고난)**을 기뻐하고, 그리스도의 남은 고난을 그의 몸 된 교회를 위하여 내 육체에 채우"**는 것이라고 말합니다. 그가 복음을 전하는 곳에서 받은 박해와 지금 옥에 갇혀 있는 것이 교회를 위하여 당하는 고난이며, 메시아가 오심으로써 겪게 되는 메시아의 출생 고통이라는 말입니다. **"그리스도의 남은 고난"**은 그리스도가 처음 세상에 오실 때부터 시작하여 그분이 재림하실 때까지 계속되는, 메시아 시대에 겪는 고난입니다. 그리스도와 연합한 사람은 이런 고난에 참여합니다. 그리스도인이기 때문에 고난을 당한다면, 그것은 그리스도의 고난에 참여하는 것입니다.

바울은 다시 사도로서 그의 삶을 **"우리가 항상 예수의 죽음을 몸에 짊어"**지는 삶이라고 평가하고(고후 4:10), **"우리 살아 있는 자가 항상 예수를 위하여 죽음에 넘겨"**지는 삶으로 받아들였습니다(고후 4:11). 그는 지금 신체적으로 죽지 않았을 뿐이지, 다윗이 말했듯이 **"우리가 종일 주를 위하여 죽임을 당하게 되며 도살당할 양 같이 여김을 받"**는 것임을 인정합니다(시 44:22; 롬 8:36). 예수님이 말씀하신 대로, 그를 따르려면 자기 십자가를 지고 그를 따라야 하는 것입니다. 이것은 신체적인 고난을 넘어 목숨까지 내놓는 것을 의미합니다.

그런데 이 고난의 삶을 바울은 자연스럽게 경험할 뿐만 아니라 이 고난에 적극적으로 참여하여 그리스도의 고난이 어떤 것인지 알고 싶어 했습니다. 그러니까 하나님과 바른 관계를 이루기 위해 옛 것을 버린 바울은 그리스도를 얻은 후 그분의 고난을 경험하고 싶어 했고, 그럼으로써 그리스도의 사람이라는 것을 입증하기를 원했습니다. 고난의 삶이 바울에게는 좋고 유익했습니다. 이익을 얻는 길이었습니다. 그래서 자신이 그렇게 살 뿐만 아니라 신자들에게도 그리스도의 고난에 참여하는 것을 알라고 권하는 것입니다.

많은 사람들은 의아해합니다. 왜 메시아 시대에 신자들이 고난을 당하느냐고 말입니다. 베드로의 말에게서 그 대답을 찾을 수 있습니다. **"그리스도께서 이미 육체의 고난을 받으셨으니, 너희도 같은 마음으로 갑옷을 입으라. 이는 육체의 고난을 받은 자는 죄를 그쳤음이라."** 베드로전서 4:1의 말씀입니다. 율법을 소유한 유대인이든지, 육체의 본성을 좇아 사는 이방인이든지 모든 사람은 죄가 그들을 유혹하여 더 죄를 짓게 하는 삶을 살고 있습니다. 베드로가 이해한 진리에 따르면, 그리스도인들이 고난을 받는 것은 이러한 죄가 주관하여 정욕을 좇아 살아가던 삶을 그치게 하는 데 기여합니다. 유대인들의 경우에는 할례를 받았다는 것으로, 다른 사람들에 비해 율법 조문 몇 개를 더 지키는 것으로, 그리고 조상들의 좋은 전통을 물려받고 지키는 것으로 자랑하고 자만해했을 뿐더러 그런 것을 신뢰하며 살았습니다. 그런 유대인들이 그리스도를 믿은 후 고난을 받는다면, 그 고난은 이전의 삶을 의지하지 않게 하는 데 유익할 것입니다. 모든 그리스도인은 그리스도가 하나님께 순종하셨듯이, **"다시 사람의 정욕을 따르지 않고 하나님의 뜻을 따라 육체의 남은 때를 살"**기 위해서, 그리스도로 인해 받는 고난을 기쁘게 여길 수 있습니다(벧전 4:2).

구습으로 말미암아 하나님의 의에서 멀어지고 자기 욕망을 좇아 살아 그리스도를 모르는 사람들과 함께 멸망에 이르지 않게 하는 것, 이것이 그리스도로 인해 받는 고난이 신자에게 주는 유익입니다. 일반적인 고난이 아니라 그리스도의 사람으로 살아가기 때문에 받는 불이익과 신체적인 고난은 그리스도의 고난에 참여하는 구체적인 예입니다.

## 부활의 능력에 참여하려고

바울은 두 번째로 그리스도의 부활의 능력에 참여하는 것을 알고 싶어 했습니다. 여기서 말하는 부활은 우리가 죽고 난 후 발생하는 몸의 부활을 가리키는 것이 아니라 그리스도인이 그리스도 안에서 하나님께로부터 받는 새 생명으로 살아가는 힘을 뜻합니다. 아담 안에서 죄로 말미암아 죽은 생명이 아니라 그리스도 안에서 의를 얻음으로 하나님께 대하여 생명력을 발휘하는 새 생명 말입니다. 그리스도 안에 있는 사람에게는 새 생명이 있는데, 그 생명은 부활 생명입니다. 마치 우리가 부활한 것처럼 이 땅에서 발휘되었고 경험하는 생명입니다(참고. 골 2:12). 이러한 생명력을 가진 부활의 힘과 능력과 권능이 대체 어떤 것이기에 바울은 부활의 능력을 알고 그것에 참여하기를 간절히 바랐을까요? 그 생명이 현재 우리의 삶보다 더 가치 있고, 과거의 종교적 전통보다 능력이 있기 때문이겠지요.

누구나 부활은 미래에 일어날 것이라고 생각합니다. 몸의 부활이라면 그렇습니다. 몸의 부활은 모든 그리스도인의 삶의 목표이며 소망의 대상입니다. 그런데 바울이 여기서 말하는 부활은 그리스도의 죽음과 함께 시작하여 우리 신자들에게 영향을 주는 그리스도의 부활의 효력과 능력입니다. 바울은 이 부활이 어떤 점에서 그리스도를 믿는 사람들에게 지금 발생했다고 확신합니다. 에베소서 2:5에서 바울이 **"허물로 죽은 우리를 그리스도와 함께 살리셨다"**라고 말한 것처럼 말입니다. 그리고 골로새서 2:12에서 그는 **"너희가 세례로 그리스도와 함께 장사되고 또 죽은 자들 가운데서 그를 일으키신 하나님의 역사를 믿음으로 말미암아 그 안에서 함께 일으키심을 받았"**다고 부연합니다. 말하자면, 그리스도인은 지금 부활 생명을 얻은 것입니다.

교도소에서 출소한 사람들 중에는 그곳에서 범죄하는 수법을 더 많이 배워 와서 재범을 저지르는 사람들이 있습니다. 이와는 다르게 그곳에서 복역하는 동안 자신의 죗값을 치르며 갱생 과정을 겪고 나서 "평생 반성하며 살겠습니다. 새 사람으로 거듭 나겠습니다"라고 말하는 사람들도 있습니다. 그런 사람들 중에는 정말로 사회봉사를 비롯하여 남을 돕는 데 헌신하는 등 개과천선하며 사는 사람들이 더러 있습니다. 이전에 살았던 것과 완전히 다른 삶을 사는 것이지요.

이와 비슷하게 부활 생명을 가지고 산다는 것은 평생 자기 의를 좇던 사람이 부활의 능력을 알고 나서 자기 의를 좇는 것이 아니라 믿음을 의지하고, 하나님의 은혜를 자랑하며 산다는 의미입니다. 평생 자기를 사랑하며 이기적인 삶을 살아왔던 사람이 그리스도 안에서 다른 사람을 사랑하고 그를 위해 희생하며 자기 목숨이라도 주려 합니다. 바울처럼 말입니다(빌 2:17).

바울은 로마서 6장에서 이 문제를 다음과 같이 설명합니다. **"우리가 그의 죽으심과 합하여 세례를 받음으로 그와 함께 장사되었나니, 이는 아버지의 영광으로 말미암아 그리스도를 죽은 자 가운데서 살리심과 같이 우리로 또한 새 생명 가운데서 행하게 하려 하심이라"**(롬 6:4). 이것이 부활 생명입니다. 그래서 부활 생명을 가지고 사는 것은 한편 죄에서 벗어나 의롭다 하심을 얻은 것을 의미합니다. 또 다른 한편 그것은 하나님께 대하여 사는 것, 또 의를 위하여 사는 것입니다. 하나님과 의를 위하여 사는 것은 우리 자신을 하나님께 헌신한다는 뜻입니다(참조. 롬 12:1-2). 일단 우리 자신을 하나님께 드렸으면 우리의 의를 과시하거나 죄를 짓고자 하는 욕망을 벗어나 하나님께 순종하며 살고 하나님의 뜻 행하기를 즐거워하며 살게 됩니다.

바울은 로마서 6:17-18에서 이렇게 말합니다. **"너희가 본래 죄의 종이더니, 너희에게 전하여 준바 교훈의 본을 마음으로 순종하여 죄로부터 해방되어 의에게 종이 되었느니라."** 죄의 종은 죄가 시키는 것에 복종하는 사람입니다. 그는 죄를 짓습니다. 의의 종은 의가 시키는 것에 복종하는 사람입니다. 그는 의를 행합니다. **"의"**는 하나님과 관계를 바르게 하고, 다른 사람들을 공평하고 공정하게 대하여 그들과 관계를 바르게 합니다. 세상에서 이렇게 살려면, 자신을 희생하고 남을 섬기는 삶을 살게 되어 있습니다. 말이야 쉽지, 사실 이렇게 사는 것은 무척 힘듭니다. 그래서 이것은 자연적인 생명을 가지고 있는 사람으로서는 실천하기 힘든 삶입니다. 그리스도 안에서 새 생명을 가진 사람만이 할 수 있습니다.

바울은 빌립보서 3장 앞부분에서 참된 하나님의 백성이 누구인지 분명히 합니다. 그 사람은 할례의 표를 갖고 율법을 지키는 사람, 즉 육체를 자랑하고 신뢰하는 사람이 아니라, 하나님의 영으로 봉사하며 그리스도 예수로 자랑하는 사람입니다(빌 3:3). 그렇습니다. 성령님은 예수 그리스도를 죽은 자 가운데서 살리신 하나님의 영이십니다. 바로 그 성령님이 신자로 하여금 봉사하는 일을 하게 하십니다. 성령님은 우리를 다시 살리시는 것은 물론이고 지금 이 땅에서 살아가는 동안 그 부활의 능력으로 살 수 있는 힘을 주시고 그런 삶으로 우리를 인도하십니다. 육체/육신을 따르는 자는 육체/육신의 일을 생각하기 마련입니다. 성령을 따르는 사람은 성령의 일을 생각하기 마련입니다. 둘의 운명은 완전히 엇갈립니다. 육신의 생각은 사망이요 영의 생각은 생명과 평안입니다(롬 8:6). 부활의 능력은 성령을 따르는 사람이 살아가는 힘입니다. 부활의 권능은 죄성이 있는 육체를 신뢰하며 사는 사람들과 관계가 없습니다. 육체를 신뢰하는 사람들의 힘은 세상의 지혜, 돈, 지위, 재산 규모, 업적에서 나옵니다. 육체를 의존하는 삶이니 결국은 사망입니다. 하나님의 영으로 살아가는 사람들의 힘은 죽은 자를 살리시는 하나님의 능력에서 나옵니다. 생명을 의존하는 삶이니 마침내 영생을 얻습니다. 성령님은 죄에 순종하며 살던 사람들을 의에 순종하며 살게 하십니다. 그들의 삶을 변화시켜 생명의 열매를 맺게 합니다. 성령님은 이기적인 삶을 살아가는 사람을 변화시켜 남을 돕고 남을 섬기는 것을 좋아하게 합니다.

이것을 거룩함을 좇는 삶이라고 부를 수 있습니다. 성화의 삶 말입니다. 바울은 이것을 그리스도의 죽음을 본받아 헌신하는 삶으로, 그리스도의 부활의 권능에 참여하는 것이라고 부릅니다. 이 부활의 삶의 완성은 몸의 부활을 입는 것이고, 영화롭게 되는 것입니다. 성화는 율법을 좇거나 조상의 전통을 의지하는 것으로는 절대로 이룰 수 없습니다. 겉으로 보이는 종교 행위는 성화의 수단이 아닙니다. 성화는 죽은 자를 능히 살리시는 하나님과 하나님의 영의 인도를 받는 것으로, 그리고 남을 돕고 자신을 낮추는 실천적인 삶을 살아가는 것으로 이루는 것입니다.

바울이 제시하는 거룩함을 좇는 삶이 그리스도의 부활을 알고 그 부활에 참여하는 구체적인 예라는 사실을 이해하려면, 바울이 갈라디아 지역을 방문했을 때의 상황을 생각해보면 좋을 것입니다. 낯설고 문화도 다른 생면부지의 땅에 갔을 때 말입니다. 하나님을 알기 전의 갈라디아 사람들은 처음 바울을 접하고 그로부터 십자가에 못 박히시고 부활하신 그리스도를 전해 들었습니다. 그들은 바울이 전하는 그리스도가 누구인지 얼굴은 보지 못했지만 바울의 복음을 들어 알고, 그리스도를 전하는 바울의 모습에서 그려볼 수밖에 없었습니다. 그들이 바울에게 어떻게 반응했을지 상상해보십시오. 바울은 이 상황을 갈라디아서 4:14에 간략하게 언급했습니다. **"너희를 시험하는 것이 내 육체에 있으되 이것을 너희가 업신여기지도 아니하며 버리지도 아니하고, 오직 나를 하나님의 천사와 같이 또는 그리스도 예수와 같이 영접하였도다."** 갈라디아 사람들은 육체가 약한 바울에게서 그리스도의 모습을 보았습니다. 고난당하시고 십자가에 못 박히신 그리스도를 전하는 사도에게서 그를 보내신 그리스도의 고난당하신 모습을 본 것입니다. 보내신 분이 십자가에 못 박혔듯이, 보냄을 받은 메신저인 바울에게서 그분을 닮은 연약함을 보았습니다. 바울이 그리스도와 다른 모습을 하고 있었다면 갈라디아 사람들은 바울을 그리스도의 사도로 영접하지 않았을 것입니다. 바울의 고난을 받는 모습에서 갈라디아 사람들은 그리스도를 발견한 것입니다.

## 몸의 부활에 이르려고

마지막으로 드릴 말씀이 있습니다. 바울은 이러한 경험으로써 그리스도를 본받는 삶을 살아가면서 미래를 소망합니다. 이 소망은 막연한 바람이 아니라 확신입니다. 11절에 언급된 이 바람은 바울이 궁극적으로 얻고 싶어 하는 그의 소망을 표현합니다. 그것은 바로 몸의 부활에 이르는 것입니다. **"어떻게 해서든지 죽은 자 가운데서 부활에 이르려 하노니."** 몸의 부활은 모든 그리스도인들이 그리스도의 재림 때 받게 되는 부활하신 그리스도와 같은 몸입니다. 그러므로 몸의 부활은 새 사람이 된 신자의 삶의 궁극적인 완성과 절정, 즉 영화를 함축적으로 표현하는 실체입니다. 바울은 부활을 확신하면서 자신의 삶의 목표를 **"내가 어떻게 해서든지 죽은 자 가운데서 부활에 이르려 하"**는 것으로 설정했습니다. 신자가 그리스도처럼 몸이 부활하는 것은 영화에 해당합니다. 바울은 신자의 미래, 즉 영화의 문제에 있어서도 그리스도를 본받으려 했습니다.

몸의 부활은 하나님과 바른 관계를 가진 신자들의 미래에 얻게 되는 영화입니다. 바울은 이 이야기를 하는 마지막 부분인 빌립보서

3:19-21에서 그리스도를 얻기 위해 땅엣 것을 다 버린 사람들은 하늘에 시민권이 있는 사람들이라고 말합니다. 그들은 이 땅에 사는 동안 비록 세상 사람들이 보기에 누추하고 비천하게 보이며, 늘 그리스도의 고난을 몸에 지니고 살다가 결국 그리스도처럼 죽임을 당하겠지만, 주님이 오셔서 우리의 낮은 몸을 그리스도 자신의 몸의 형체와 같이 변하게 하실 것을 확실히 믿습니다. 몸의 부활은 우리가 육의 몸을 입고 살아가는 모든 순례의 삶을 마치고 주님으로부터 의롭고 신실하다고 인정받는, 신자들의 영적 순례의 완성이며 절정입니다. 바울이 고린도 교회에게 편지하면서 알렸듯이, 부활의 몸은 썩을 몸이 썩지 않을 몸으로, 치욕적인 몸이 영광스러운 몸으로, 약한 몸이 강한 몸으로 다시 살아나는 것입니다(고전 15:42-44).

이 땅에서 살아가는 동안 우리가 지고 살아가는 육의 몸은 아프고, 노화되고 쇠합니다. 죄 때문에 우리는 이런 과정을 겪습니다. 많은 사람들이 죽기 전에 몸이 아프지 않기를 바라며 죽을 때 잠자듯이 편히 죽기를 바라지만, 그런 복을 누리는 사람은 그리 많지 않습니다. 모든 사람이 적어도 한두 가지 고질병을 다 몸에 지니고 살아갑니다. 소화가 안 되는 고통, 계절마다 겪는 알레르기로 미칠 지경에 이르는 고통, 눈이 안 보이는 불편함, 손가락 발가락 마디가 아프고 저려오는 아픔, 암에 걸려 두려움과 통증으로 괴로워함, 몸이 외부에서 들어온 바이러스인지 본인 몸 안에 있는 항바이러스인지도 구분하지 못하여 약도 손도 쓰지 못하는 자가면역질환으로 인한 고통, 심장이 약하여 쓰러지는 위기 등 다양합니다. 신체적인 고통만 아니라 정신적인 고통과 마음의 고통도 있습니다. 불교에서 인생을 고해(苦海)라고 하듯이, 어느 종교를 막론하고 이 세상의 삶을 고난으로 특징짓습니다. 이런 몸으로 영원의 세월을 산다면 얼마나 고통스럽겠습니까? 지옥이 따로 없을 것입니다.

병에서 낫고 싶어 안달해하는 사람들은 지푸라기라도 잡고 싶은 심정으로 용한 의사를 찾기도 하고, 스스로 하나님께 치료해달라고 기도하기도 하며, 심지어 기도 잘 하는 권사님이나 치유의 은사를 받았다고 소문난 사람들을 찾아가 기도를 받기도 합니다. 병에서 낫기만 한다면 별의별 수단을 다 찾는 것입니다. 그러나 사람들의 이러한 애타는 바람과 달리, 우리가 이 땅에 사는 동안은 이런 저런 고통을 겪으며 살게 되어 있습니다. 이것이 현실이며, 신자들의 현주소입니다. 육체를 입고 사는 동안 질병과 몸의 연약함에서 해방될 수 있는 방법은 없습니다. 고작 병원에서 의학적 치료를 받아 통증을 완화시키는 정도입니다.

이런 사람들에게 우리 주님은 확실한 소망이 되십니다. 그 주님이 걸어가신 길을 우리도 따라갈 것이라고 알려주시기 때문입니다. 우리가 이 땅에서 겪는 고달픈 삶에서 벗어나 부활의 몸을 입고 영화롭게 될 것입니다. 영화로움은 미래에 있는 것이고 우리가 소망하는 것입니다. 그러나 이 소망이 확실한 것은 우리 주님 예수 그리스도께서 그러한 영화로운 몸을 입고 하나님 오른편에 계시다는 것을 우리는 알고 있기 때문입니다.

앞에서 예로 든 고난을 겪고 있는 우리의 몸이 우리가 상상하는 것 이상으로 영화롭게 변화된다면 한평생 고난 속에서 인내할 수 있지 않겠습니까. 그래서 몸과 관련한 온갖 약하고 죄스럽고 부족한 모든 것, 한 마디로 말해서 하나님께 불순종하는 육신이 하나님을 영화롭게 하고 하나님의 뜻을 행하고 하나님께 즐겨 순종하는 영으로 바뀌게 된다면, 그 기쁨은 이루 말할 수 없을 것입니다. 바울이 **"어떻게 해서든지 죽은 자 가운데서 부활에 이르려 한다"**고 고백한 것이 바로 이런 영의 몸으로 부활하여 영화롭게 되는 것을 두고 하는 말입니다. 우리도 장차 부활하신 그리스도와 같은 몸을 입어 우리의 낮은 몸이 그리스도의 영광의 몸의 형체와 같이 변하게 될 것입니다. 이것이 바울이 유일하게 소망하는 미래입니다.

바울은 로마서 8장에서 이 내용을 더 구체적으로 설명합니다. 피조물들은 다 허무한 데 굴복하고, 썩어짐의 종노릇 하는 데서 해방되어 하나님의 자녀들의 영광에 이르기를 애타게 기다립니다. 이것은 언제 이루어질까요? 피조물은 그것이 신자들이 영화롭게 될 때 이루어진다는 것을 알고 있습니다(롬 8:19-22). 바꿔 말해서, 실자들이 영화롭게 되면, 그 영화로움은 우리 자신에게만 아니라 모든 피조물에게도 영향을 주어 그들도 영광스러운 구원에 참여하게 됩니다. 우리가 영화롭게 될 경우 받게 될 최상의 복은 예수 그리스도가 이르신 영화로움에 이르는 것입니다. 하나님은 신자들을 의롭게 하고 거룩하게 하시는 궁극의 목표를 **"그의 아들 예수 그리스도의 형상을 본받게 하는"** 것이라고 선언하셨습니다(롬 8:29). 우리가 그리스도처럼 영화롭게 되면, 지금 그리스도가 하나님의 상속자로서 누리고 계신 영광에 우리도 이르게 될 것입니다. 다만 우리가 그리스도와 함께 영광을 받기 위해 지금은 그와 함께 고난도 받아야 합니다(롬 8:17). 그래서 그것을 이루었을 때 받게 되는 신자들의 영광은 지금 이 땅에서 얻으려고 하는 영광과 족히 비교할 수 없습니다(8:18).

　　그리스도를 알고 그의 부활과 고난을 아는 것이 우리의 절대적인 목표요 궁극의 목표가 되어야 합니다. 이것만이 우리의 생각과 관심의 닻을 고정시킬 유일한 소망입니다. 우리를 하나님과 바른 관계에 이르게 하지도 못하고 거룩한 삶을 살게 하지도 못하며 영화에 이르게 하지도 못하는 종교 행위를 의지하고 자랑하고 그것을 신뢰하면서 사시겠습니까? 아니면 바울이 소망하는 그것을 소망하면서 사시겠습니까? 바울은 메시아가 오심으로써 그를 믿는 사람들에게 과거의 삶의 가치를 정당하게 평가하고, 현재 어떻게 살아야 하는지를 몸소 본을 보였으며, 우리의 시선을 어디에 두어야 할지를 제시합니다. 그리스도만이 우리를 의롭게 하고 거룩한 삶으로 인도하며, 마침내 영화롭게 하는 분이십니다. 그리스도 안에서 지금 그분의 고난과 부활의 능력에 참여하기를 바라고. 그리스도 안에서 얻게 되는 몸의 부활을 소망하며 남은 생을 사시기를 바랍니다.

# 15강

# 푯대를 향하여
# 좇아가노라

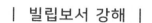

(빌립보서 3:12-16)

## 빌립보서 3:12-16

¹²내가 이미 얻었다 함도 아니요 온전히 이루었다 함도 아니라 오직 내가 그리스도 예수께 잡힌

바 된 그것을 잡으려고 달려가노라 ¹³형제들아 나는 아직 내가 잡은 줄로 여기지 아니하고 오직

한 일 즉 뒤에 있는 것은 잊어버리고 앞에 있는 것을 잡으려고 ¹⁴푯대를 향하여 그리스도 예수

안에서 하나님이 위에서 부르신 부름의 상을 위하여 달려가노라 ¹⁵그러므로 누구든지 우리 온전히

이룬 자들은 이렇게 생각할지니 만일 어떤 일에 너희가 달리 생각하면 하나님이 이것도 너희에게

나타내시리라 ¹⁶오직 우리가 어디까지 이르렀든지 그대로 행할 것이라

# 15강

# 푯대를 향하여
# 좇아가노라

### (빌립보서 3:12-16)

계속 말씀드립니다만 바울이 종교적인 생활에서든 세상살이에서 든 모든 면에서 모든 것을 배설물로 여긴 것은 그가 얻은 것의 가치가 크다는 것을 알았기 때문입니다. 그는 그리스도를 발견하고 나서 삶과 신앙의 목표를 즉시 재설정했습니다. 그것은 그리스도를 얻는 것입니다. 이전의 종교생활과 그리스도를 얻는 것은 함께 존립하지 않습니다. 이전 것은 버려야 하고, 그리스도만이 모든 것이 되어야 합니다. 이러한 삶의 변화는 바울 자신에게도 충격적인 변화였지만, 바울을 알고 있는 사람들에게나 바울처럼 유대인으로서의 신분과 하나님에 대한 열심을 율법 행하는 것으로 표현하던 동포 유대인들에게나 똑같이 큰 충격이었습니다. 그들이 과거에 의지하고 자랑하던 종교생활은 한 동안 지배했던 그들을 이교도들과 구별하는 경건의 표요 하나님에 대한 신앙의 표현이라고 생각했으니까요.

바울은 **"그리스도를 얻고 그리스도 안에서 발견된"** 변화를 삶으로 보여주었습니다. **"그리스도와 연합"**함으로써 그리스도의 고난과 죽으심, 그리고 부활에 참여한 것이 바로 그것입니다. 이것을 경건이라고 부를 수 있다면, 어느 종교적인 열심으로 얻을 수 있는 것보다 탁월한 경건입니다. 이에 근거하여 바울은 삶의 방향을 재설정했습니다. 그가 지향하는 목표, 생을 마칠 때 도달하기를 갈망하는 푯대를 다시 설정하고, 옆이나 뒤를 돌아보지 않고 오직 그 목표/푯대에만 시선을 고정하고 매진해 나아갔습니다. 빌립보서 3:12-16은 바울이 이처럼 그리스도의 사람이 된 후 신자로서 추구하는 삶의 방향과 생활 태도를 천명하는 본문입니다.


그리스도인들에게는 개인적인 경건 쌓기가 중요한 것이 아니라 그리스도를 얻고 그리스도와 동화되고 그리스도를 본받는 삶의 모습이 드러나야 합니다. 이것이 중요합니다. 키르케고르가 말했듯이, "모든 것을 얻는다 해도 그리스도를 잃으면 사실 모든 것을 잃는 것이고, 모든 것을 잃는다 해도 그리스도를 얻으면 사실 모든 것을 얻는 것입니다." 그리스도의 사람은 현재 세상에서 그리스도의 죽으심과 연합함으로써 죄와 자아에 대해 죽습니다. 그 후에 그는 그리스도의 부활과 연합하여 하나님에 대하여 의를 행하는 사람으로 살아납니다. 이것이 그리스도 안에 있는 것이고 그리스도와 교제(코이노니아)를 유지하는 것이며 그리스도와 동화되는 것입니다(롬 6:5). 그러나 이것이 끝이 아닙니다. 그에게는 그리스도처럼 되는 마지막 단계가 남아 있습니다. 바로 몸의 부활입니다. 바울이 **"어떻게 해서든지 이르려 한"** 것은 바로 몸의 부활이었습니다(빌 3:11).

바울은 자신에게 당하는 고난을 그리스도의 고난에 참여하는 것이라고 생각했습니다. 그러는 과정에서 부활을 바라보았습니다. 바울이 이렇게 부활을 소망하고 그의 시선을 부활에 고정시킨 것은 부활이 그리스도인의 모든 존재에 완전함에 이르는 것을 한 마디로 표현하는 것이기 때문입니다. 그러므로 부활은 신앙인의 영적생활의 극치이며, 신자로서의 한 살이의 절정이며 완성입니다.

이 아름답고 소망스러운 신자의 한 살이는 유치하고 천박한 인간의 종교생활에 의해 무시당하기 일쑤입니다. 참 경건이 아니라든가, 그런 것보다 할례나 세례, 음식물 규정과 정결예법을 지키는 것이나, 술 담배 하지 않는 것, 안식일을 지키는 것이나 주일성수 하는 것, 세마를 낭송하거나 새벽기도 하는 것과 같은 외형적인 종교행위가 더 자신의 신앙의 위치를 보장하고 자신의 경건함의 정도를 드러내는 것으로 보인다고 믿었기에 외형적 종교를 경건의 표시로 삼는 것입니다. 바울은 그가 깨달은 복음적이고 메시아적 경건을 보이는 중에 사람들에게서 오해와 도전을 받았습니다.


## "그리스도에게 잡힌 것을 잡으려고"

본문 첫 부분에 그 내용이 반영되었습니다. 바울은 뜬금없이 이런 말로 글을 시작합니다. **"내가 이미 얻었다 함도 아니요 온전히 이루었다 함도 아니라. 다만 내가 그리스도 예수께 잡힌바 된 그것을 잡으려고 달려가노라"**(빌 3:12). 12절은 바울의 변명투의 어조를 반영합니다. 하나님에 대한 열심의 표징으로 여겼던 율법에 의거한 경건생활을 배설물 취급하는 바울은 사람들에게 오해와 비난을 받았다는 것을 알 수 있습니다. "네가 신앙의 최종 목적지에 도달했다는 거구나." "네가 경건의 완성을 이루었다는 거구나"라는 비난과 조롱에 대한 변명입니다. 바울이 이에 대해 답변한 것이 12절입니다. 여기서 그는 두 가지를 부정하고 한 가지를 주장합니다.

12절은 상반절과 하반절로 나뉘는데, 상반절은 바울이 궁극적인 목표인 완전함에 아직은 이르지 않았다는 것을 밝힌 부분이고, 하반절은 그가 그리스도 안에서 지금 획득한 것이 무엇인지, 그리고 그것의 완성과 목표를 향해 자신이 정진해 나아가고 있음을 천명하는 부분입니다. 바울은 완전함을 갈망하지만 아직 완전해지지 않았다는 것을 알고 사람들에게도 그렇게 알립니다. 그가 그리스도를 얻고 그리스도를 알았으나 완전한 의미에서 그런 것은 아니라는 뜻입니다. 그가 말한 **"그리스도에게 붙잡힌 것"**이란 3:7-11에서 설명한 내용입니다. 다메섹에서 그리스도를 만나 글자 그대로 그분에게 사로잡힌 것과 그리스도를 아는 것, 그리고 그리스도의 고난과 부활의 능력에 참여하는 것을 요약하는 말입니다. 그러면서 현재 그의 삶은 그리스도에게 사로잡힌 이것들이 완성되는 것을 **"잡으려고,"** 즉 그것을 목표 삼아 정진한다는 말입니다. 바울은 그가 다다를 목표가 어떤 것인지를 더 충분히 알고 싶었습니다. 얼른 그 목표를 온전하게 획득하고 싶어 목표를 향해 달려가고 있습니다. 바울이 추구하는 경건은 이 소망을 얻으려고 앞으로 나아가는 삶입니다.

이렇게 해서 그리스도인이 현재 얻은 것과 미래에 얻을 것은 별개의 것이 아니라 서로 연결되었고 연속성이 있습니다. 이러한 연관성과 연속성에 대해 요한은 이렇게 증언했습니다. **"사랑하는 자들아 우리가 지금은 하나님의 자녀라. 장래에 어떻게 될 것은 아직 나타나지 아니하였으나, 그가 나타내심이 되면 우리가 그와 같을 줄을 아는 것은 그의 계신 그대로 볼 것을 인함"**이라고 말입니다(요일 3:2). 그러니 지금 그리스도인의 현재 변화된 모습은 자연스럽게 장차 변하게 될 그들의 모습과 연결됩니다. 그리스도인이 된 이후 신자들은 그리스도와 연합합니다. 신자들은 현재 이 땅에서 하나님의 자녀로서 그리스도의 고난에 참여하지만, 미래에 그리스도의 몸으로 변화되어 그리스도처럼 변화될 것입니다.

이러한 변화의 과정은 율법을 중요하게 여기는 옛 시대에 속한 종교 생활을 신뢰하는 것으로부터 그리스도에게 잡힌 것을 추구하는 것으로 바뀐 삶을 표현하는 말입니다. 바울은 이것을 다양하게 설명합니다. 그는 빌립보서 3:12에서 **"그리스도 예수께 잡힌바 된 그것을 잡으려고 달려간다"**고 표현했으며, 3:14에서 **"푯대를 향하여"** 그리고 **"그리스도 예수 안에서 하나님이 위에서 부르신 부름의 상을 위하여"** 달려간다고 표현합니다.

이러한 삶의 변화는 어떤 면에서 매우 자연스럽게 그리고 쉽게 일어납니다. 인간적인 방법이나 사람들의 전통이 개입하지만 않는다면 말입니다. 이러한 삶은 하나님께서 그리스도 안에서 우리에게 자연스럽게 이루시는 일이고, 우리로서는 하나님과 그리스도께서 하시는 대로 자신을 맡기기만 하면 됩니다. 우리가 이미 그리스도에게 붙잡혔기 때문입니다. 바울이 다메섹 도상에서 그리스도에게 사로잡힌 바울은 그리스도에게 붙잡힌바 된 그것이 온전하게 될 미래의 완성을 향하여 달려간다고 말합니다. 바울은 이것을 한편 푯대를 향하여 달려간다고 표현했고, 다른 한편 위에서 부르신 부름의 상을 향하여 좇아간다고 표현합니다. 우리도 똑같이 붙잡힌 것을 인식하면서 붙잡힌 것을 향하여 나아가기만 하면 됩니다. 바울이 그리스도에게 붙잡힌 것이나 우리가 붙잡힌 것이나 똑같습니다. 바울이 달려가는 목표와 우리가 달려가는 목표도 똑같습니다. 그리스도를 얻는 것이고 그리스도처럼 되는 것입니다. 바울처럼 모든 그리스도인들에게는 그리스도를 믿는 그 순간 다메섹 도상의 사건이 일어났습니다. 그리고 똑같은 목표가 설정되었습니다.

그리스도께서 먼저 바울을 붙잡으셨습니다. 바울은 자기를 붙잡으신 그분을 붙잡으려고 달려갑니다. 그리스도에게 붙잡혔다는 것은 그에게 포로가 되었다는 뜻입니다. 마치 악어가 강을 건너는 사슴이나 누를 물고 물속으로 끌고 들어가는 것과 같습니다. 악어의 입에 물린 짐승은 꼼짝하지 못한 채 악어의 처분에 맡깁니다. 악어가 물속에서 사로잡은 동물을 계속 곤두박질하더라도, 악어의 입에 물린 짐승은 아무런 저항도 못하고 악어가 하는 대로 제 몸을 맡길 수밖에 없습니다. 그리스도는 그가 한 번 붙잡은 사람을 절대로 놓아주지 않으십니다. 우리가 그리스도에게 해야 하는 것과 악어의 입에 물린 짐승이 체념하고 수동적으로 자신의 처분을 악어에게 맡기는 것과 다른 것이 하나가 있습니다. 그것은 우리는 잡힌 그대로 맡길뿐더러 우리를 잡으신 분이 우리를 이끄시는 목표에 능동적으로 매진한다는 점입니다. 바울은 그리스도가 자신을 붙잡자 그에게 자신을 맡겼을 뿐만 아니라 오히려 붙잡으신 그분을 붙잡으려고 노력했습니다.

### 그리스도인의 푯대

바울이 그리스도에게 붙잡혔을 때, 그리스도가 그를 이끌고 가려는 목표와 방향이 있습니다. 바울은 그 목표를 11절에서 **"부활에 이르는 것"**이라고 말했습니다. 그가 이 세상에 사는 동안에는 그리스도의 고난과 죽음을 본받아 고난도 받고 그리스도의 죽음에 참여함으로써 그리스도를 본받으려고 했듯이, 이번에는 부활에 이르려고 하는 것입니다. 빌립보서 3:13-14에서 바울은 그것을 장거리 경기에 비유하여 선수가 달려가며 도달할 목표와 푯대, 그리고 그 경기를 마쳤을 때 받기로 한 (부름의) 상(賞)으로 표현합니다.

우리가 한평생 사는 동안 그리스도의 고난과 부활의 능력에 참여하는 것은 이 땅에서 이루는 것인 반면에, 부활에 이르는 것은 이 땅에서 이루는 것이 아닙니다. 그것은 확실하지만 멀리 있는 목표입니다. 우리 주님이 재림하실 때 신자들에게 주실 너무도 분명하고 영원한 목표라서 우리는 땅에 사는 동안에도 우리의 눈을 그것에 고정하고 살아야 하는 구체적인 목표입니다. 바울은 본문에서 이 점을 주제로 삼아 이야기하고 있습니다. 그는 우리 신자들이 부활의 몸을 입는 것과 그럼으로써 발생하는 유익을 얻는 것이 삶의 목표가 되어야 한다고 말합니다.

이러한 바울의 의도를 알지 못하는 사람들 중에는 바울이 그리스도만으로 만족하면서, 세상에서 사람들이 추구해오던 것과 지금까지 열심을 내어 노력해왔던 것을 다 버린다고 하니, 바울이 완전함에 도달했다고 주장하는 것은 아닌지, 또 율법을 버렸으니 율법을 무시하는 사람(즉, **율법 폐기론자**)은 아닌지 의혹의 눈으로 바라보는 사람들이 많이 있었다는 것은 쉽게 이해할 수 있습니다. 바울은 단정적으로 말합니다. '내가 과거의 것을 버리고, 그리스도만으로 만족하고 그리스도가 이미 이루신 것과 똑같은 부활에 이르려고 한다고 해서 내가 온전히 이루었다고 주장하는 것이 아니다.' '내가 지금 그리스도를 알고 그에게 붙잡힌 것은 그리스도의 사람으로서의 삶을 시작하는 첫 걸음이다. 나는 남은 생을 살면서 그리스도와 하나가 되는 것에 관심을 가질 것이고, 삶의 목표와 나의 시선은 미래에 있는 푯대를 향하고 있다'고 말입니다.

여기서 오랫동안 이 본문의 설교를 들어온 한국교회 신자들 마음에 여전히 잘못 이해되고 있는 어구는 **"푯대"**입니다. 대부분의 신자들은 이것을 신앙 생활하는 사람이 이 땅에서 이루고 싶어 하는 자신이 세운 목표로 이해합니다. 바울이 말하는 것과 거리가 먼 이해입니다. 글의 흐름을 고려하지 않고 연설 주제로만 본문을 이해한 결과입니다. 다른 어구와 마찬가지로 이 단어는 바울이 지금 말하는 흐름에 비춰 이해해야 합니다.

바울이 11절에서 **"부활에 이르려 하노라"**라고 말하고 나서 **"푯대"**를 언급했으니, 그것은 어떤 면에서 바울이 설정한 푯대이기도 합니다. 그러나 그것은 그가 자의적으로 설정한 푯대가 아니며, 누구나 제 마음대로 설정할 수 있는 푯대도 아닙니다. 푯대는 **"부활에 이르는 것"**으로 고정되어 있습니다. 그러므로 그 것은 절대로 다른 것으로 대체될 수도 없고 대체되어서도 안 되는 푯대입니다. 푯대라는 말에 담겨 있는 내용은 이것입니다. 우리의 몸이 부활하여 그리스도의 형체와 같이 변하는 것, 하나님의 영광스러운 자녀가 되는 것, 그리고 그리스도를 본받아 모든 면에서 영화에 이르는 것입니다. 이것이 바울이 말하려고 하는 푯대이며, 다른 말로 목표입니다. 이외에 다른 목표를 세워서는 안 됩니다.

다른 한편, 그 목표는 고정된 것이기에 누가 세워준 푯대인 것이 분명합니다. 본문에서는 **"위에서 부르신 부름의 상"**이라는 말에 이 푯대를 세우신 분이 누구인지 숨겨 있습니다. 푯대를 세우신 분은 위에 계신 분, 하나님이십니다. **"위에서 부르신"**이라는 말이 **"하나님께서 약속하고 제시하신"**이라는 사실을 누구나 알 수 있기에, 바울은 구체어를 쓰지 않았습니다. 그는 아래, 즉 땅에 있는 것과 대조하려고 **"위에 있는"**이라는 용어를 사용했습니다. 그분이 누구인지는 이 말에 담겨 있습니다. 바울이 달려가고 있는 푯대는 하나님이 세우신 푯대입니다. 달려간 사람이 얻게 될 상은 그 푯대를 세우신 분이 그곳으로 오라고 요청하여 주시는 상이므로 하나님의 **"부름의 상"**입니다. 바울이 12절과 14절 후반부에서 설명하는 말들이 지금 제가 설명한 내용들입니다. 첫째, 그것은 **"그리스도 예수께 잡힌바 된 그것"**입니다. 둘째, 그것은 **"위에서 부르신 부름의 상"**입니다. 표현은 달리 했어도, 내용은 같습니다.

그리고 이곳에 언급된 푯대와 상은 한 마디로 **"부활에 이르려 하는 것"**입니다.

바울은 지금 그의 신앙생활을 장거리 경기에 비유합니다. 경기하는 사람은 과거의 기록, 과거에 자신이 이룩한 업적, 해오던 것을 잊어야 합니다. 새로운 경기에 대비해야 합니다. 실제 경기에서는 함께 뛰는 사람들의 페이스를 견제하는 것도 중요하지만 더 중요한 것은 자신의 페이스를 유지하는 것입니다. 이처럼, 신앙의 경기에서는 사람들 다수가 무엇을 위해 그리고 어떻게 뛰는가보다는 성경이 가르치는 말씀이 무엇인지에 주목해야 합니다. 즉, 사람의 조언과 사람들이 어떻게 행하고 요구하는지 의식하지 말아야 한다는 말입니다. 바울은 한 마디로 그리스도 오시기 이전의 시대를 **"뒤에 있는 것"**이라고 표현했는데, 옛 시대에 속하는 것들입니다(참조. 빌 3:1-6). 율법에 속하는 것, 육체에 해당하는 것들입니다. 바울은 옛 시대에 그가 행하던 것과 이룬 업적 등을 다 잊었다고 합니다. 그래서 바울은 그가 자랑했던 3:5-6에서 나열한 내용을 잊었고 과거에 연연하지 않기로 작정했습니다. "내가 왕년에는 이런 사람이었다"고 자랑하던 것을 잊었다는 말입니다.

**"뒤에 있는 것"**에는 혈통으로 물려받은 것도 있고, 장로들의 전통도 있고, 당대 많은 유대인들의 종교 습관도 있습니다. 뒤에 있는 것에는 세상 사람들이 가치 있게 여기거나, 심지어 기독교를 일반 종교처럼 여겨 부여하는 경건의 요구들도 포함되었습니다. 또한 뒤에 있는 것에는 그리스도를 믿음으로 말미암는 의를 알기 전에 자신이 얻은 의로 만족해하던 것도 들어 있습니다. 자신의 힘으로 이루어 놓은 과거의 업적이 바울이 말하는 **"뒤에 있는 것"**입니다. 이전의 종교행위는 성령으로 행하지 않은 것들입니다. 바울이 이 모든 것을 **"잊어버렸다"**라고 고백한 것은 그가 추구해오던 이전 시대의 가치와 그의 신앙의 신임을 두고 자랑해오던 것을 더 이상 뒤돌아보지 않게 되었다는 뜻으로 한 말입니다.

바울의 경험적 고백에서 우리는 자연스레 이런 결론을 내릴 수 있습니다. 옛 시대의 종교생활은 끝났다고 말입니다. 더 이상 그것에 연연해서는 안 되는 시대가 왔습니다. 우리가 예수님을 **"그리스도,"** 즉 메시아라고 고백하는 순간 새로운 삶에 돌입하는 것입니다. 옛 것은 제아무리 세상 사람을 놀라게 하는 종교적인 업적이라고 해도 그리스도 안에서 발견하는 하나님의 의를 얻는 데 전혀 도움을 주지 못합니다. 그것은 육체에 속하는 것들입니다. 육체는 성령을 거스릅니다. 육체에 속한 것은 바울이 그리스도에게 붙잡히고 나서 **"그리스도 예수께 잡힌바 된 것을 잡으려고 좇아가는"** 길에 방해가 됩니다. 불필요할 뿐더러 오히려 그리스도를 붙잡지 못하게 하는 장애물입니다. 그것은 잊어야 합니다.

## "위에서 부른" 부름의 상

바울과 그리스도의 사람들에게 중요한 것은 오직 FINISH 라인, 즉 최종 목적지에 도달하는 것입니다. 중간에 어떤 방해나 넘어짐이 있더라도 얼른 일어나 다시 달려가는 푯대 말입니다. 도중에 넘어질

수는 있어도 곁길로 가서는 안 됩니다. 곁길로 가면 목표에서 멀어집니다. 넘어지면 일어나 다시 뛰면 됩니다. 그 목표는 여전히 그 자리에 있으니까요. 바울은 이것을 **"위에서 부른 부름의 상"**이라고 부르는데, 이에 대해 많은 설교자들이 저마다 다르게 설명합니다. 바울이 말하는 것과 전혀 관계가 없이 자신이 이해한 대로 설명합니다. 많은 설교자들이 **"부름의 상"**을 주로 구원을 얻은 것 이외에 신자들이 선하게 산 것만큼 받게 될 포상(賞給)을 의미한다고 가르쳐왔습니다. 상급론입니다. 그러나 이런 설명들 대부분은 이 본문을 빌립보서 3장의 글의 흐름에서 이해하지도 않고, 바울이 이 문맥에서 무엇을 말하는지도 전혀 고민하지 않은 해석학적 오류에 속하는 설명들입니다. 그 설명들 대부분은 사실 설교자 자신이 설정한 인간적 목표와 받고 싶은 대가인 경우가 대부분입니다.

빌립보서 3장의 흐름과 특히 3:12-16을 설명하면서 제가 앞에서 말씀드린 것처럼, 바울이 그런 포상을 염두에 두고 하는 말이 아니라는 것은 아무리 강조해도 지나치지 않습니다. 이것은 하나님이 모든 신자들을 부르셔서 누구에게나 똑같이 주겠다고 약속하신 부름의 상이고, 그리스도에게 잡힌바 된 바로 그 푯대에 도달한 모든 사람이 몸의 부활에 이를 때 받게 되는 상이기 때문입니다.

그 푯대와 하나님이 부르신 부름의 상은 말하자면 이런 것입니다. 마라톤을 주관하는 주최 측에서 "마라톤 구간을 완주한 사람에게는 기념 메달을 하나씩 드릴 것이고, 포상으로 손목시계를 드리겠습니다."라고 말하면, 그 마라톤에서는 1등을 한 사람이든지 꼴등으로 결승 지점을 통과한 사람이든지 최종 목적지에 도달한 사람은 누구나 완주 메달과 시계 하나씩을 받는 것과 같은 원리입니다. 하나님이 그리스도를 믿는 사람에게 주시겠다고 약속하시고, 뛰라고 부추기신 상은 **"부활"**입니다. 우리 구원의 완성이기도 하고, 온전하게 되는 것이기도 하며, 영화롭게 되는 것이기도 하고, 그리스도와 같이 변하게 되는 것 등 다양하게 표현된 우리가 영화롭게 되는 것이 바로 **"부름의 상"**입니다.

빌립보서에서는 이것 이외에 푯대와 부름의 상을 표현하는 몇 가지 다른 용어들이 있습니다. 1:23에서는 **"세상을 떠나 그리스도와 함께 있는 것"**으로, 2:16에서는 **"그리스도의 날"**로, 3:20에서는 **"하늘로서 구원하는 자 그리스도를 간절히 기다리는 것"**으로 표현되었습니다. 또한 바울은 여러 교회에 편지하면서 간헐적으로 이 내용을 다양하게 표현했는데, 로마서 8:29-30에서는 그리스도와 같이 되는 것으로, 고린도전서 1:9에서는 그리스도와 교제하는 것으로, 골로새서 3:15에서는 그리스도의 평강을 얻는 것으로, 데살로니가전서 4:7에서는 거룩하여지는 것으로, 그리고 디모데전서 6:12에서는 영생을 얻는 것으로 표현했습니다. 말하자면 부름의 상은 믿는 사람 누구에게나 주시는 구원의 완성입니다. 이 목표 이외에 다른 푯대는 있을 수 없고, 부름의 상은 우리의 구원의 완성 이외에 다른 것이 될 수 없습니다. 이 상은 과거 시대에 가치 있다고 여겼던 것을 잊고 그리스도의 고난과 부활의 능력을 알기 위해 매진해야 얻을 수 있는 상이며, 현재 이 땅에서 살아가는 중에 미래에 완성될 푯대를 얻으려고 꾸준히 달려가야 얻을 수 있는 상입니다.

대부분의 사람들이 기억하고 있을 만한 사건 하나를 소개하겠습니다. 2004년 아테네올림픽 마지막 날, 마라톤 경기 도중 관중 한 명이 경기하는 선수를 습격하는 바람에 1위로 달리던 선수가 중심을 잃고 쓰러지는 사건이 발생했습니다. 그 선수는 잠시 제 페이스를 잃어버렸습니다. 그럼에도 그는 일어나 계속 달려서 3위로 입상했습니다. 주인공은 리마라는 이름의 브라질 선수입니다. 그날 마라톤 레이스 37㎞ 지점까지 줄곧 선두로 달리던 리마 앞으로 한 남자가 달려들었습니다. 그는 녹색 반스타킹에 자주색 치마를 입고 녹색 조끼에 베레모를 쓴 괴상한 차림새를 하고 있었습니다. 등에는 '이스라엘 예언의 성취(ISRAEL FULFILLMENT of PROPHECY)라는 글이 써 붙어 있었습니다. 그는 리마를 인도 쪽으로 떠밀고 가 관중 앞에 넘어뜨렸습니다. 방해한 그 사람은 곧바로 경찰에 붙잡혔는데, 그는 아일랜드 출신의 종말론 신봉자였고, **"심판의 날"**이 오고 있다는 것을 알리려고 레이스 방해 계획을 짰다고 진술했습니다.

그 당시 리마는 2위에 300m쯤 앞서가다 봉변을 당했습니다. 사실 리마는 충격을 받았을 것이고, 으레 그러하듯이 자칫 제 페이스를 잃고 경기를 중도에 포기할 가능성도 있었습니다. 그러나 그는 아무렇지도 않은 듯 다시 뛰기 시작했습니다. 그는 사고를 당하는 사이 10초 가까이 시간을 손해 봤다고 합니다. 페이스도 상당히 많이 잃어버려 결국 1,2km를 더 지나간 38~39㎞ 지점에서 이탈리아 선수와 미국 선수에게 연속 추월을 당해 세 번째로 FINISH LINE에 들어왔습니다. 브라질 선수단은 즉각 국제올림픽위원회(IOC)에 항의하고 금메달 공동 수여를 요구했지만, 정작 리마는 의연했습니다. "사고가 없었다

해도 내가 우승할 수 있었을지는 알 수 없었어요. 나는 3위 이내 입상을 목표로 했고, 영광스러운 동메달을 받았습니다."라고 말하며 3위 입상도 만족해했습니다. 그날 리마가 보인 스포츠맨 정신은 올림픽을 시청한 전 세계인들의 마음에 감동을 주었고, 오늘 저는 본문을 설명하는 데 사용할 정도로 귀감이 되었습니다. 리마는 끝까지 달렸고, 결승점에 들어와 상을 받았습니다. 푯대를 놓치지 않았습니다.

## 부름의 "상"

이러한 경주자의 비유에 비추어, 푯대를 설명하기 위해 사용한 **"위에서 부르신 부름의 상"**을 다시 생각해봅시다. 바울이 상(賞)에 대하여 다양하게 묘사한 것에 비추어 볼 때 **"상"**은 우리가 선한 일을 행한 것에 대한 과외의 보상이나 경주를 잘한 것에 대한 업적 인증서가 아니라는 것을 알 수 있습니다. 그것은 하나님께서 우리를 부르신 전체 구원 사역의 절정인 것이 분명해집니다. 본문에서 바울이 사용한 다른 말로 표현하자면, 상은 바울이 추구하였던 바로 그 **"부활"**에 참여하는 것입니다. 이것은 바울이 결승 테이프를 끊기 바랐던 푯대입니다.

그리스도 안에 있는 사람이 이 어려운 세상에서 하늘의 상을 바라며 살아가는 것은 대단히 중요하고 권장할 만한 일입니다. 그러나 그것이 **"나의"** 노력과 성과에 대한 결과로 주어지는 것이라고 생각하는 것은 큰 잘못입니다. 이것은 또 다른 공로사상이며, 빌립보 교회를 속이던 유대화주의자들의 잘못된 행동이기도 했습니다. 우리의 구원의 시작과 과정과 절정(결과) 모두가 하나님의 은혜에서 비롯되어 하나님의 영(성령)의 인도를 받아 나가야 합니다. 이것을 인정하는 사람은 **"하나님의 성령으로 봉사하며 그리스도 예수로 자랑하고 육체를 신뢰하지 아니하는 사람"**(빌 3:3)입니다. 바울은 이러한 과정을 그리스도의 사람(즉, 그리스도인)의 성장 과정이라고 이해했습니다. 그리스도인의 신앙의 성장과 성숙도는 이런 삶의 과정 이외에 다른 어떤 것에서 찾을 수 없고, 찾아서도 안 됩니다.

선한 동기에서 나왔지만 그리스도인들의 성장을 이해하는 데 방해가 되는 한 예를 우리 주변의 상황과 관련하여 생각해 보겠습니다. 요즘 거의 모든 교회에서는 하나님을 섬기기 위한 교회의 직분을 너무 남발하는 것은 물론이고 그 직분을 자신이 그리스도를 이해한 정도와 신앙의 성숙도를 측정하는 잣대로 생각하는 것 같습니다. 실제로 그리스도를 아는 정도를 그리스도인으로서 남을 섬기고, 이웃을 사랑하고, 그리스도의 희생적 사랑을 실천하는 데에서 찾기보다는 교회에 출석한지 몇 년이 되었으니 교회 직분의 어느 단계에 오르는가에서 신앙의 성장과 성숙도를 찾으려고 들 합니다. 그래서 가끔 교회의 직분자를 세우는 데 자기를 세워주지 않는다고 교회를 떠나는 사람이 있다는 이야기를 자주 듣습니다. 참 애석한 한국교회의 현실입니다. **"직분자"**는 글자 그대로 교회의 여러 봉사를 하는 데 각 분야에서 섬기는 사람을 지칭하는 명칭입니다. 사실 명예직도 아니고 자랑할 만한 직책도 아닙니다. 그것은 실제로 그 일을 하는 사람을 부르는 명칭에 불과합니다. 모든 신자들에게 공통적인 신앙의 성장과 성숙도는 그가 얼마나 그리스도를 의지하느냐에, 그의 삶의 푯대를 진정 몸의 부활에 두느냐에 달려 있습니다. 모든 신자들의 유일한 관심은 하나님이 자신과 같은 사람에게 구원의 완성을 이루실 것을 기대하면서 그 푯대를 향해 달려가는 데 있습니다. 신자의 성숙함은 온 삶에서 그리스도 중심적인 삶을 살아가는 것으로 입증되어야 합니다.

## 온전히 이룬 자들의 삶

빌립보서 3:15-16에서 바울이 말한 내용은 빌립보 교회에게나 현대 한국교회에게 교회가 지향해야 할 것이 무엇인지 제시합니다. 바울은 12-14절의 교훈을 근거로 푯대를 향하여 나아가고 있는 존재인 그리스도인이 실제 생활에서 내놓아야 할 모습을 이렇게 요약합니다. 우리 온전히 이룬 자들은 두 가지 교훈을 받아야 한다는 것입니다. 여기서 '온전히 이룬 자들'이란 앞서 바울이 언급한 이런 교훈을 이해하여 자신을 영적으로 성숙한 자라고 생각하고 있는 사람입니다.

첫째, 그들은 바울이 생각하고 추구하던 것과 똑같은 사고방식을 가지고 그가 세운 것과 동일한 것을 삶의 목표로 삼고 살아야 합니다. 바울이 가졌던 사고방식은 이것입니다. 뒤엣것을 잊어버리는 일입니다. 뒤엣것은 자기의 힘으로 의를 얻으려 했던 모든 것을 가리킵니다. 종교생활에서 중요하다고 믿었지만 그리스도와 상관이 없고 사람들이 만들어낸 종교행위들입니다. 그 종교행위들이 무슨 뜻으로 하는 것인지도 모르고, 그리스도를 믿는다고 하면서도 여전히 그 행위를 중요하다고 생각하는 것이 얼마나 심각한 문제를 야기하는지도 모르기에, 사람들은 여전히 구습에 속한 종교행위를 행하는 것입니다. 이에 더하여 다른 사람들보다 더 우월한 종교행위를 하려고 경쟁적으로 다투고, 심지어 다른 종교에서 행하는 것을 교회에 들여와 신자들에게 그런 종교행위를 강요하고 부추기는 것입니다.

바울은 지금 자신이 가르치는 이러한 가르침에 동의하지 않고 이에 대해 다른 견해를 가지고 인간적인 방식을 관행이라고 행하고, 한국교회가 부흥하게 된 요소요 한국 기독교의 전통이라고 매달리고 있다면, 하나님께서 그 문제에 대해서도 그것이 잘못된 것이라고 계시해주실 것이며, 성경에서 교훈을 얻어야 한다고 일침을 가합니다.

솔직히 말해서, 거의 대부분의 교회가 부흥의 원동력이라고 생각하며 행하고 있는 것을 바울의 이름을 빌려 잘못되었다고 지적하는 것은 쉬운 일 같지만 대단히 어려운 일입니다. 어떤 개인이 기독교에 처음 접하여 그동안 은혜를 받아온 이 구절을 오늘날 자신을 있게 하고 신앙생활의 동기를 부여한 말씀으로 붙잡고 있는 경우, 바울의 말한 마디에 그것을 뒤엣것이라고 떨쳐버리기가 매우 어렵습니다. 바울은 우선, 그가 그리스도 안에서 잡은 확실한 구원, 자기의 것을 모두 포기해 가면서라도 그리스도를 얻은 것의 놀라움을 선언합니다. 그러나 그는 이어서 그렇다고 해서 자신이 완전에 이르렀다고는 전혀 생각하지 않으며, 단지 그리스도에게 붙잡힌바 것의 완전함을 얻으려 매진하는 동기 부여가 되고 있다는 사실을 고백합니다. 빌립보서 3:12-16은 바로 이 사실을 가르치는 구절입니다. 여기서 얻을 수 있는 교훈은 이것 이외에 아무것도 없습니다.

우리는 바울의 교훈에서 그리스도를 믿는 법을 배우고 이 세상을 살아가는 방법을 터득하며, 우리의 삶의 목표를 어디에 두어야 하는지를 제시받습니다. 그러면서도 인간적인 방법을 개발하여 종교성만 높인다면 그 결과는 어떻게 되겠습니까? 만일 이 문제에 대해 다른 견해를 가지고 있다면 과감하게 그것을 수정해야 할 것이고, 그것을 놓치기가 싫어 자기주장을 계속 고집한다면 주 하나님께서 바른 교훈을 깨닫도록 계시해주시기를 구할 수밖에 없습니다.

## 어디까지 이르렀든지 그대로 행하라

둘째, **"우리가 어디까지 이르렀든지 그대로 행할 것이니라."** 이것 역시 진정 영적으로 성장하기를 원하는 사람들이라면 관심을 가져야 할 교훈입니다. 이 말은 누구나 하나님께서 그 사람을 인도하신 성숙의 수준에 부합하게 행동해야 한다는 뜻입니다. 바울이 고백했듯이, 우리는 하나님의 자녀가 되었고, 하나님께 의롭다함을 받은 사람들이지만, 우리는 하나님의 최종적으로 의롭다고 판결을 받은 것도 아니고, 이미 완전함을 획득한 것도 아닙니다. 우리는 이제 신앙의 출발선상에 서 있으며 목표를 향해 나아가는 중에 있습니다. 그러는 도중에 삶의 여러 부분에서 그리스도가 자신을 비우고 낮추어 많은 사람들을 구원하고 그들의 유익을 위해 사셨듯이, 우리도 그렇게 살아야 합니다. 이것이 그리스도의 고난에 참여하는 것이고, 그리스도의 부활의 능력에 참여하는 구체적인 행위입니다.

저는 유명한 연주자들이 연주를 잘 하는 것을 보면서 참 부러워합니다. 저 사람은 어떻게 저렇게 연주를 잘 하고, 듣는 이에게 감동을 줄까. 연주자들을 보면서 저 역시 설교를 저렇게 잘하고 싶다는 생각을 많이 합니다. 사실 연주자들이 연주를 잘 하는 것은 타고난 재능에 더하여 부단하게 연습하기 때문입니다. 저는 연주자들이 가진 천부적인 재능보다는 그들의 부단한 연습이 대가를 만든 것(독일어 금언인 Übung macht meister가 생각납니다.)이라고 믿습니다. 우리가 훌륭한 연주자라고 인정하는 사람들은 한 사람도 예외가 없이 매일 하루도 쉬지 않고 연습한다고 합니다. 그래서 실력이 붙는 것입니다. 연주자들 사이에 유행하는 말이 있습니다. 하루 연습하지 않으면 자신이 알고, 일주일 연습하지 않으면 다른 연주가들이 알며, 한 달 연습하지 않으면 청중이 안다고 말입니다.

유명한 첼리스트인 파블로 카잘스는 첼리스트들에게는 성자와 같은 분입니다. 첼로 연주의 정석, 첼리스트들의 정신적인 아버지입니다. 그는 1876년에 태어나 96세까지 살다 1973년에 별세한 스페인 출신의 첼로 연주자이면서 지휘자였습니다. 카잘스는 평생 하루에 적어도 6시간 이상을 연습했다고 합니다. 그의 나이 95세 때에도 이런 습관대로 연습을 하고 있었습니다. 한 기자가 그에게 "대가이신 선생이 여전히 하루에 6시간씩 연습하는 이유가 무엇이냐"고 물었습니다. 카잘스는 이렇게 대답했다고 합니다. "왜냐하면 저는 지금도 조금씩 발전하는 것을 느끼기 때문이에요." 대가는 태어나는 것이 아니라 만들어진다는 것을 실감합니다.

한 번은 제가 도서관에 공부하러 갔다가 제자를 만났습니다. 그 제자가 저를 보자마자 인사를 하고 제게 건넨 첫 마디는 "교수님도 도

서관에 오세요?"였습니다. 교수는 가르칠 학문을 다 알고 있어서 평생 그것을 우려먹는 줄 알았나봅니다. 교수는 학생 때 공부하는 것이 습관이 되어 남들이 놀 때 여행 다닐 때 책상 앞에서 공부하여 이제 공부하는 것이 무엇인지 겨우 깨달은 사람입니다. 그의 그러한 태도나 학문할 가능성을 인정받아 교수가 되었다면, 그는 교수로서 늘 꾸준히 공부해야 합니다. 남들이 놀 때 남들이 다른 일로 분주할 때에 책상 앞에 앉아 학문을 연마하는 것이지요. 누군가 학문적인 글을 발표하면, 그것을 분석하고 비평하면서 자신의 학문의 폭을 넓혀나가면서 지적인 면에서 성장하고, 이렇게 지속적으로 공부하면서 자신의 학문이 점점 발전하고 있다는 것을 느끼는 사람입니다. 교수라는 사람은 학생 때부터 진리를 찾아감에 조금씩 성장하다가 완성을 보지 못한 채 죽습니다. 평생 성장만하다가 생을 마치는 것이지요. 학문의 완성에는 도달하지 못한 채 말입니다. 그의 학문이 발전해나가는 시기마다 거기에 맞게 남에게 도움을 주는 글을 쓰는 것으로 자신의 소임을 다했다고 생각합니다.

빌립보서 3:12-16을 읽다 보면, 신앙도 그러한 방식으로 성장한다는 생각이 듭니다. 우리는 미래 언제가 신앙의 궁극적인 목표에 도달하지 못하고, 그것을 달성하지도 완성을 이루지도 못한 채 죽을 것입니다. 우리는 평생 그것을 붙들려고 달려갈 뿐입니다. 그 완성은 미래에 우리의 몸이 부활할 때 이루어집니다. 그러니 그리스도인들에게 몸의 부활은 여러 면에서 중요한 사건입니다. 현재 우리가 붙잡으려고 좇아가야 할 푯대가 무엇인지를 구체적으로 알려줄 뿐만 아니라,

지금 그리스도인으로서 세상에 속한 사람들에게서 당하는 온갖 비방에서도 인내하며, 자신을 희생하고 낮추어 다른 사람을 섬기고 이웃을 사랑하는 동기를 부여하는 것이기 때문입니다.

지금 달려가는 믿음의 마라톤의 연장선상에서 우리는 그러한 삶을 다한 사람들에게 골인 지점까지 달려가면 주겠다고 한 그 상을 바라며 달려가는 것입니다. 부활의 몸을 얻기 위해서 말입니다. 그것이 바로 위에서 부른 부름의 상이며, 우리가 달려가야 할 목표이며 푯대입니다.

그러면서 우리는 세상에 동화되지 않을뿐더러, 우리 자신이 연약하고 세상에서 부귀영화를 누리지 못하며, 우리에게 여전히 죄성이 드러난다고 절망하거나 낙담해서는 안 됩니다. 아직 부활의 몸을 입지 않았기 때문에 신앙생활의 굴곡은 얼마든지 일어날 수 있습니다. 우리 주님이 재림하실 때 우리는 주님처럼 영광스러운 부활의 몸을 입고 영광스러운 몸으로 변화되며, 우리 주님과 같이 온전하게 될 것이라는 약속을 받습니다. 우리는 이 푯대를 향하여 믿음의 경주를 하라는 위로부터의 부르심을 받았습니다. 진실하신 하나님이 부르신 것이기에, 그 부름에 합당하게 달려가 그 푯대에 도달하면 모든 그리스도인들은 우리 주님께서 약속하신 상을 받을 것입니다.

우리는 금생에서 완전해지지는 않으나 **"우리의 시민권이 하늘에 있는 사람"**(빌 3:21)으로서 이 땅에서 살아가고 있습니다. 우리는 모든 것을 다 이룬 완전주의자들이 보인 생활에의 성취와 나태함, 도덕적 무책임을 보여서는 안 됩니다. 우리는 **"자기의 의"**를 구축하고 그 의를 행한 것이 인정받아 그에 상응하는 **"상급"**을 기대하는 사람들이 아닙니다. 이와 반대로 우리는 모든 것을 성령의 인도를 받아 지금은 그 실체를 소유하지 않았으나, 소유한 자처럼 구원의 완성을 향하여 나아갑니다. 우리는 확실한 것을 가지고 있는 사람들입니다. 실제로 그런 경지에 들어선 사람들입니다. 완전함을 소유하는 것은 이제 확실성의 문제가 아니라 시간의 문제입니다. 그러면서 자기의 모든 생활에서 마치 이 미래의 푯대를 얻은 양 주님께서 우리를 부르신 부름을 실천하면서 살아가는 것입니다. 그리스도를 아는 지식이 많아지고 그리스도와의 인격적인 교제가 깊어질수록 우리의 생활은 더욱 성숙해지고 심화되어야 할 것입니다. 그럴 때 하나님의 말씀의 다른 교훈도 깨닫게 되며, 구원의 완성을 향하여 한 걸음 더 나아갈 수 있습니다.

# 16강

# 땅의 일을 생각하는 사람들

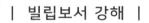

(빌립보서 3:17-19)

## 빌립보서 3:17-19

<sup>17</sup>형제들아 너희는 함께 나를 본받으라 그리고 너희가 우리를 본받은 것처럼 그와 같이 행하는 자들을 눈여겨 보라 <sup>18</sup>내가 여러 번 너희에게 말하였거니와 이제도 눈물을 흘리며 말하노니 여러 사람들이 그리스도의 십자가의 원수로 행하느니라 <sup>19</sup>그들의 마침은 멸망이요 그들의 신은 배요 그 영광은 그들의 부끄러움에 있고 땅의 일을 생각하는 자라

# 16강

# 땅의 일을
# 생각하는 사람들

(빌립보서 3:17-19)

한국교회에서는 보편적으로 성수주일, 새벽기도, 그리고 정확한 십일조 드리기를 경건함의 표준으로 삼습니다. 이런 일을 잘 하는 한국교회의 몇몇 유명한 분들이 한국교회에서 본받음의 사표로 제시되고 있습니다. 제가 재직했던 학교의 설립자였던 김00 목사님은 한국교회의 예레미야로 칭송을 받았다고 합니다. 오래 전에 작고하셨지만, 그분이 조국을 위해 울면서 기도하던 것에 감동을 받아 여전히 그분을 한국교회가 귀감으로 삼아야 한다고 부르짖는 분들이 지금도 계십니다. 한국교회의 굴지의 몇몇 보수 교단의 창립에 영향을 주신 박00 목사님은 신학교 교수로 계시던 시절에 학교에 출근하면 학교 뒷산에서 두 시간씩 기도하고 하루를 시작하셔서 한국의 많은 목사님들로부터 존경과 본받음의 대상이 되셨습니다. 정작 본인은 그의 행위를 본받으라고 요청하지도 않았고, 심지어 임종 직전에는 그런 일을 할 것을 우려하여 자신을 잊으라고 부탁하셨습니다. 그럼에도 박 목사님의 추종자들은 박 목사님의 경건을 한국교회의 표준으로 제시하고 있습니다. 앞에 언급한 두 목사님들은 교회가 따라야 할 신앙의 표준으로 자주 입에 오르내리고, 많은 신자들이 그들을 본받으려 합니다. 한국에서 신앙 좋은 사람은 이런 분들과 비슷한 종교행위를 해야 합니다.

그런데 우리 주변에서 볼 수 있는 신앙의 위인들의 모습과 다르게, 오늘 본문에서 바울은 노골적으로 자신을 본받으라고 말합니다. 이 말을 하고 나서 1-2년 후에 디모데에게 말하기를 **"나는 죄인 중에 괴수라"**고 말했습니다(딤전 1:15). 불과 1,2년도 안 되는 세월이 지나 자신을 죄인 중의 괴수라고 말할 사람이 지금 빌립보 교회에게는 자신을 본받으라고 권고했다면, 그 사람은 제정신이 아니거나 이렇게 말하는 뭔가 있을 것이라고 생각할 수 있습니다. 당대 교회 교인들의 신앙이 형편없었거나 자신이 표준으로 생각하는 신앙에 미치지 못하기에 그렇지 않았을지도 모릅니다. 하지만 바울이 이처럼 **"자신을 본받으라."**고 말한 데에는 다른 까닭이 있습니다.


### **"내가 그리스도를 본받은 것 같이"**

바울은 빌립보서를 쓰기 전에도 고린도 교회에게 자신을 본받으라고 말한 적이 있습니다(고전 11:1). 이 본문은 바울이 자기를 본받으라고 말할 때 무엇을 염두에 두고 그렇게 말했는지 추론할 수 있는 본문입니다. **"내가 그리스도를 본받는 자 된 것 같이 너희는 나를 본받는 자가 되라."** 바울이 고린도 교회에게 한 말을 주의 깊게 살펴보면, 그가 어떤 의미에서 이 말을 했는지 잘 알 수 있습니다. 고린도전서 11:1에서 눈의 띄는 것은 **"내가 그리스도를 본받는 것 같이"**입니다. 막연히 자신을 신앙생활의 표준으로 제시하는 자존감이 높은 사도로서 이 말을 한 것이 아니라, 그리스도인의 본받을 표준을 **"그리스도"**로 정해준 것입니다. 바울은 모든 그리스도인들에 앞서 먼저 그리스도를 본받아 살았던 그리스도의 사람입니다. 교회에게는 막연하게 신앙생활 하는 것이 아니라 신앙의 기준점을 제시하면서 그리스도를 본받는 자신을 구체적인 예로 제시했습니다.

고린도전서 11:1은 고린도전서 8-10장에서 다루는 문제를 해결하고 나서 최종적인 결론으로 제시하는 말씀입니다. 본문은 율법에서 자유함을 얻어서 자유롭게 살 수 있는 위치에 있다고 믿으면서 율법에서의 자유함을 악용하여 자기중심적인 삶을 살고 있는 고린도 교회의 일부 신자들에게 주는 바울의 교훈입니다. 구체적으로 우상에게 바친 제물을 먹는 문제였습니다. 바울은 그런 음식을 먹는 것 자체는 그 음식으로 자신을 더럽히지도 않고 신앙생활의 합법성과 아무런 관계가 없다고 말합니다. 하지만 바울은 그 음식을 어디서 먹느냐(우상의 신전), 먹을 때 누가 영향을 받느냐(믿음이 약한 사람)의 문제가 그 음식에 대한 당사자의 입장에 크게 영향을 준다고 밝힙니다. 당시 고린도 교회의 교인들 중에는 우상의 신전에서 음식을 먹고, 다른 사람이 영향 받는 것은 전혀 고려하지 않은 채 본인의 신학적 입장에만 의거하여 신에게 제사한 음식을 먹는 사람들이 있었습니다. 그런 사람들에게 바울은 예수 그리스도를 예로 들어 교훈하는 것입니다. 빌립보 교회에게 교훈하는 방식과 똑같습니다.

예수 그리스도가 하나님의 아들이시지만 자신이 가진 특권과 자유를 비우셨듯이, 그리스도의 사람들도 다른 사람들의 연약함을 고려하여 자신이 할 수 있는 자유와 권리를 다 쓰지 말라고 권합니다. 그리스도가 하셨던 행동을 본받는 행위입니다. 그러고 나서 바울 자신의 입장을 밝힙니다. 고린도전서 8:13에 있는 말입니다. **"만일 내 음식이 내 형제를 실족하게 한다면 나는 영원히 고기를 먹지 아니하여 내 형제를 실족하지 않게 하리라."** 음식은 무엇이든 자유롭게 먹을 수 있지만 믿음의 형제 중 누구라도 자신이 먹는 음식을 두고 믿음에서 실족하는 일이 발생한다면, 자신의 자유/권리를 포기하겠다는 것입니다. 이것은 예수님이 자신의 몸을 내어주신 것을 본받은 행위입니다. 이렇게 말함으로써 바울은 고린도교인들도 음식물을 대하는 입장에서 바울처럼 예수 그리스도를 본받는 행동을 하라고 은근히 압박하는 것입니다. 그 후에 바울은 자신이 사도로서 자유/권리를 다 사용하지 않은 것을 예로 들고(고전 9장), 고린도 교회에 일어나는 일이 우상숭배의 위험을 가지고 있다는 것과 그것은 다른 사람의 배려 부족에서 비롯된 것이니 다른 사람의 양심을 위하여 자신의 권리를 절제해야 한다고 콕 집어 교훈합니다(고전 10장). 이러한 흐름에서 11:1의 말을 하는 것입니다. **"내가 그리스도를 본받는 자가 된 것 같이 너희는 나를 본받는 자가 되라."**

이것은 빌립보서를 쓰기 전 약 7년 전에 고린도교회에게 한 말입니다. 빌립보 교회에게는 **"내가 그리스도를 본받은 것처럼"**이라는 어구를 사용하지는 않았지만, 바울은 틀림없이 고린도 교회에게 교훈하듯이 빌립보 교회의 교인들에게도 바울이 그리스도를 본받는 것을 제시했기에(빌 2:5-11), 그들에게도 자신이 했듯이 행동하라고 권했습니다. 빌립보서에는 바울 이외에도 그리스도를 본받아 행동한 몇 사람이 더 언급되었습니다. 편지를 받는 빌립보 교인들은 그들이 누구인지 알았을 것입니다. 빌립보서 2장에서 바울은 이들을 언급하면서 빌립보 교회의 내부 문제를 해결했습니다.

바울은 먼저 자신을 그리스도를 본받는 예로 제시합니다. 빌립보서 2:17에 있는 내용이 그것입니다. **"그들은 나의 매임에 괴로움을 더하게 할 줄로 생각하여 순수하지 못하게 다툼으로 그리스도를 전파하느니라. 그러면 무엇이냐 겉치레로 하나 참으로 하나 무슨 방도로 하든지 전파되는 것은 그리스도니 이로써 나는 기뻐하고 또한 기뻐하리라."** 자기를 죽음에 이르게 하는 것 때문에 기뻐한다는 것이 말이 되는가요? 그런데 바울에게는 말이 됩니다. 바울은 자신의 마지막 피 한 방울까지 헌신했고, 그것으로 기뻐한다고 말했습니다. 이것이 기본적으로 그가 그리스도를 본받은 행위입니다.

두 번째 예는 디모데입니다(빌 2:19-24). 바울은 디모데의 행동을 요약하면서 빌립보 교회에게 디모데가 한 일을 눈여겨보라고 권합니다. 빌립보서 2:21-22에 언급된 내용인데, 여러 사람들이 자기의 일을 구하고 예수의 일은 구하지 않은 상황에서 디모데는 복음을 위하여 수고했다고 설명합니다. 이 본문을 강해할 때 언급했듯이, 본문에

**"수고했다"**라고 번역한 단어는 그리스어로 **"종노릇하다"**라는 뜻인 **"에둘 류센"**(εδυλευσεν)입니다. 디모데는 복음을 위해 기꺼이 낮아지고 섬기는 일을 했습니다. 스스로 낮아지신 그리스도를 본받은 행위입니다(참조. 빌 2:7-8).

세 번째 예는 에바브로디도입니다(빌 2:25-30). 에바브로디도는 로마의 감옥에 있는 바울의 결정적인 결핍을 채워주었습니다. 그는 바울이 복음을 전하는 일에 자원하여 그 일을 했습니다. 자기 목숨을 돌보지 않을 정도로 헌신했습니다. 바울은 이 세 사람을 언급하면서 빌립보 교회에게 그들을 주목하라고 권합니다. 그들이 그리스도인으로 행동한 것처럼 행동하라고 요구합니다.


## 십자가의 원수들


왜 바울이 이 말을 하는 것일까요? 18절 앞에 **"왜냐하면"**(가르, γαρ)이 라는 접속사를 넣어 읽어야합니다. 이 접속사는 그리스어 성경에는 기록되어 있지만 우리말 번역 성경에는 빠져있습니다. 바울이 이렇게 자기를 본받으라고 한데에는 18-19절에서 언급한 사람들 때문입니다. 왜냐하면 빌립보 교회 사람들에게 누누이 말해왔고, 이 시점에서도 눈물을 흘리며 호소하는 것은 사람들이 그리스도의 십자가의 원수로 행하고 있기 때문입니다. 문제는 이들이 교회 밖에 있는 사람들이 아니라는 점입니다. 유대인 출신이든지 이방인 출신이든지 교회 안에 있는 사람들입니다. 교회 안에 있으면서 노골적으로 십자가를 반대하는 사람들은 없겠지요. 그런데 바울은 빌립보 교회의 몇몇 사람들을 **"십자가의 원수"**라고 일컫습니다. 십자가의 원수라는 것은 우리 구원이신 그리스도께서 하신 일의 가치를 멸시하거나 그 일을 가볍게 여기고 반대하는 사람들을 의미합니다. 이들은 (예수 그리스도를 자랑하는 대신에) 육체를 신뢰하고 자랑하는 사람들입니다(빌 3:3). 이들은 예수 그리스도가 오시기 이전, 유대교에서 행하던 종교와 그곳에서 중요하게 여기던 할례를 의지하고 자랑하던 사람들입니다. 그래서 그들은 그리스도를 도외시하고 자기가 이전에 행하던 유대 율법에 따른 종교 생활에 집착했습니다.

당시에는 바울이 전해준 복음을 저버리고 이전의 종교적 전통을 고수하는 유대인들이 십자가의 원수였습니다. 하지만 오늘날에는 하나님의 말씀을 존중히 여기지 않는 사람들이나 기독교를 자신의 유익을 위해 이용하는 사람들 역시 무늬만 그리스도인이고 사실은 십자가의 원수들입니다. 그들은 마음이 십자가가 아니라 세상적인 것에 기울어 있습니다. 그러면서 겉으로는 사람들 사이에서 보편적으로 인정받는 몇 가지 종교 행위를 함으로써 자신이 경건하다는 것을 보이고 있습니다.

고린도전서 1:18에서 바울은 십자가가 두 부류의 사람들에게 두 가지 다른 결과를 낳는다고 설명합니다. 구원 얻는 자에게 십자가는 하나님의 지혜로 여겨지지만, 멸망하는 사람에게 십자가는 미련한 것으로 여겨집니다. 이와 비슷한 비교와 대조를 빌립보서 3:18에서도 하고 있습니다. 빌립보서 3:18에서 바울은 **"여러 사람들이 십자가의 원수로 행한다."**고 언급하는데, 그가 말하는 여러 사람들은 세상 사람들이 아니라 빌립보서를 쓰면서 곳곳에서 언급했고 겨냥했던 그 사람들입니다. 그들은 3:1-4에서 언급했던 유대인 출신의 그리스도인들이 틀림없습니다. 메시아가 가져오신 새 시대에 살면서 여전히 율법을 중시하고 그것에 의존하여 하나님 앞에서 의를 얻으려는 사람들을 가리키면서, 바울은 **"십자가의 원수들"**이라고 칭했다는 것을 알 수 있습니다. 그리스도의 복음을 받고 변화되었다면 과거에 인간적인 의를 추구하려고 했던 것과 종교생활을 다 버려야 하는데, 오히려 이들은 그리스도보다 옛 시대에 속한 전통을 더 중요시했습니다. 율법으로 말미암는 의는 그리스도 안에서 발견되는 하나님의 의와 공존할 수 없습니다.

그렇다면 한국의 그리스도인은 여기서 말하는 것과 상관은 없는 걸까요? 타산지석으로 삼을 것이 있습니다. 율법을 의지하고 할례를 중시하는 유대인 출신의 그리스도인들처럼, 이 시대에 율법에서 가르친 종교행위를 하면서 자신의 경건함을 표출하거나 그렇게 행하는 사람들을 본받고 싶어 안달해하는 한국교회의 모습은 바울이 여기서 말하는 십자가의 원수로 행하는 것에 해당하지 않을까요? 왜 제게는 한국교회에서 중요하게 여기는 경건함이 바울이 여기서 말하고 있는 **"십자가의 원수"**들로서 행하는 개인 경건으로 보이는지 모르겠습니다. 정말 그러할까 걱정이 되며, 복음에서 멀어지는 것을 경건이라고 붙들고 있는 한국교회의 전반적인 상황이 너무나도 안타깝습니다.

한국교회는 오랫동안 예수 메시아(그리스도)가 오시기 전에 행하던 옛 시대에 속한 것으로 보이는 종교생활을 경건함의 표준으로 삼아왔습니다. 그리스도와 상관이 없는 사람들이 종교행위로 하던 그 행위에 가치와 의미를 부여했다는 말입니다. 주일성수나 십일조가 그 대표적인 예일 것이고, 새벽기도와 산기도, 금식기도 등 성경에서 가르치지 않는 한갓 종교인들의 개인 역량을 과시하는 것들에 높은 가치를 매기고 있습니다. 그러면서 그리스도를 알려는 마음은 점점 줄어들고 있습니다. 기도 문제를 예로 들어 설명하겠습니다.

## 한국교회의 기도생활을 반성함

한국교회는 기도하는 시간대와 얼마나 오래 기도하는지에 관심이 많습니다. 예수님은 당대 유대인들의 중요한 경건의 표현인 기도를 보시면서 그들의 기도의 잘못된 것을 지적하시고 바른 기도가 어떤 것인지 가르쳐주셨습니다. 마태복음 6:5-7에 언급된 사람에게 보이려고 하는 사람들의 기도가 그 후 주님이 가르치신 기도(주기도. 마 6:9-13)의 직접적인 배경이 되는 상황입니다.

> 또 너는 기도할 때에 외식하는 자와 같이 하지 말라. 그들은 사람에게 보이려고 회당과 큰 거리 어귀에 서서 기도하기를 좋아하느니라. 내가 진실로 너희에게 이르노니 그들은 자기 상을 이미 받았느니라. 너는 기도할 때에 네 골방에 들어가 문을 닫고 은밀한 중에 계신 네 아버지께 기도하라. 은밀한 중에 보시는 네 아버지께서 갚으시리라. 또 기도할 때에 이방인과 같이 중언부언하지 말라. 그들은 말을 많이 하여야 들으실 줄 생각하느

니라(마 6:5-7).

　이슬람교도들은 기도할 시간이 되면, 그가 어디에 있든지 깔개를 펴서 메카를 향하여 기도합니다. 비(非)이슬람교도들은 이를 두고 지나치다고 비난할지 모르지만, 그들에게는 사뭇 진진한 행위이고 경건 의식입니다. 한국 사람들에게 이에 준하는 기도가 있다면, 그것은 새벽기도와 금요기도회일 것입니다. 시간을 정해 놓고 그 시간에 교회에 참여하여 기도하느냐 하지 않느냐가 경건의 척도가 되고 있습니다. 이에 더하여 사람들은 하루 중 몇 시간을 기도하는지에도 관심이 많습니다. "목사님은 하루 몇 시간 기도하세요?"라는 질문을 받아본 적이 있을 것입니다.

　하지만 마태복음 6:5-7에서 예수님이 당대 사람들의 기도를 평가하시면서, 구체적으로 이방인과 같이 중언부언하지 말라고 말씀하십니다. 이방인들이 중언부언 기도하는 것은 그들의 신관 때문입니다. 그들은 자신들의 신이 **"말을 많이 하여야 들으실 줄 생각"**했습니다. 그들의 경건함의 많고 적음이 기도에 응답하는 신들에게 영향을 준다고 믿었습니다. 이런 이방인의 기도 이해가 하나님의 백성인 유대인들에게도 영향을 주어 그들도 기도의 비중을 기도를 오래 하는 데 두었습니다. 그것이 기도를 오래 하는 것(중언부언)으로 나타난 것입니다. 사람들에게 인정을 받으려고 기도하는 풍습에 이어 이방인과 같이 기도를 말을 많이 하는 것, 즉 기도 시간을 길게 하는 것에 기도의 가치를 부여하는 것이 얼마나 잘못된 것인지 예수님은 지적하셨고, 이에 맞대응으로 가르치신 것이 주기도입니다.

예수님이 주기도를 가르쳐주시기 전에 했던 도입부를 주목하는 것이 좋습니다. "**그러므로 그들을 본받지 말라. 구하기 전에 너희에게 있어야 할 것을 하나님 너희 아버지께서 아시느니라. '그러므로 너희는 이렇게 기도하라'**"(마 6:8-9). "**그러므로 이렇게 기도하라**"는 말은 잘못된 기도와 바른 기도(주기도)를 연결하는 고리입니다. 이방 종교의 영향을 받아 경건함을 표현하는 것과 다르게 바른 신관에 근거하여 기도하라고 일러주신 것이 주기도입니다. 한 마디로 말해서 기도는 기도하는 사람이 믿는 하나님에 대한 이해를 반영합니다. 기도를 하는데, 그가 죽은 신에게 기도하는가? 그렇다면 기도를 오래할 것이고 말을 많이 할 것입니다. 그는 그의 신에 대해 낯선 사람입니다. 그가 살아 있는 하나님에게 기도하는가? 그렇다면 주기도의 정신으로 기도할 것입니다. 그는 하나님에 대하여 "**아버지**"라 부를 수 있는 자녀입니다.

주기도는 우리의 소원을 하나님께 아뢰고 얻어내기 전에 하나님은 다 알고 계시니 요점만 간단하게 말하라는 의도로 주신 것이며, 이 사실에 주기도의 기본적인 정신이 담겨있습니다. 기도를 길게 오래 자주 하는 것과 기도자의 경건은 관련이 없다는 뜻입니다. 오히려 이런 정신을 무시하는 것은 하나님을 신뢰하지 못하는 불신앙이고, 자신의 경건을 내세우는 행위입니다. 제가 시간을 재봤더니 주기도를 시작해서 마치는 데까지 걸리는 시간은 31초였습니다. 그 정도 기도하면 충분합니다.

이에 더하여 주기도에서 가르치는 중요한 사상은 하나님을 "**하늘에 계신 우리 아버지**"라는 인식의 터 위에서 기도하는 것입니다. 기도의 대상이 누구인지, 그가 어떤 분인지 알아야 한다는 말입니다. 내가 만들어낸 신이 아니라 성경에 계시된 하나님에게 기도한다는 사실을 인식해야 합니다. 그분은 거룩한 곳(하늘)에 계신 친근한 인격체(아버지)이신 하나님입니다. 또한 그분은 개인에게만 해당하는 하나님이 아니라 공동의 아버지, 즉 **"우리"** 아버지이십니다. 우리는 **"하늘에 계신 우리 아버지에게"** 기도합니다!

예수님이 주기도를 가르치는 상황에 비춰보면, 사람들이 보기에 귀감을 삼고 싶은 깊은 경지에 이른 경건행위 중에서도 그리스도의 은혜와 십자가로 말미암아 시대가 바뀐 상황에 적합하지 않은 것이 있을 수 있다는 점을 깊이 생각해야 합니다. 바울 당시 유대교 출신의 그리스도인이 행하던 종교 전통이나 한국교회의 정서에서 전통적으로 한국교회가 가지고 있는 유산과 비슷하기 때문입니다. 이 문제를 진지하게 생각해야 합니다. 자신이 행하는 경건생활도 복음에 맞게 하지 않는다면 얼마든지 십자가의 원수로 행하는 것이 될 수 있습니다.

바울이 빌립보 교회에게 편지를 쓸 당시, 교회 안에서 여전히 할례를 존중히 여기는 사람들이 있었습니다. 그냥 할례를 받는 것만이 아니라 그것을 자랑하고, 그것을 신뢰했고 다른 신자들(이방인 출신의 그리스도인)에게 강요했습니다. 바울은 그 행위를 예수님이 가져온 구원의 능력을 약화시킬 수 있다고 판단합니다. 그러니 그리스도가 모든 것이 되신다고 하는 것과 모든 상황이 바뀌었다는 사실을 안다면, 그리스도 이외에 다른 것에는 1%의 가치도 두면 안 됩니다. 그래야 예수님에게 100% 신뢰를 둘 수 있기 때문입니다. 철저하게 배타적이 된 복음, 이것이 바울이 당대에 전했던 복음입니다. 바울은 그것 때문에 지금 옥에 들어와 있으며, 그리스도인들은 박해를 받았습니다.

바울은 자신들의 종교행위에 근거한 행위를 십자가의 원수로 행한다고 말하고는 19절에서 십자가의 원수로 행하는 사람을 네 가지로 표현합니다.

## 십자가의 원수들의 마침은 멸망

첫째, 그들의 마침은 멸망입니다. 바울이 공격하는 대상은 지금 교회 안에서 신앙생활하고 있는 사람들입니다. 복음 이외의 것을 주장하고 그것을 신앙과 경건의 표준으로 삼는 사람들입니다. 바울은 그런 사람들을 십자가의 원수라고 명명합니다. 그들이 그리스도를 전적으로 의지하지 않고 옛 시대의 종교행위와 교회의 전통을 의지하며 신앙생활 하기 때문입니다. 바울은 그들이 멸망으로 끝날 것이라고 잘라 말합니다. 여기서 마침이라는 말은 목표(끝), 운명으로 번역할 수 있는 단어입니다. 바울이 이미 빌립보서 3:11에서 말했듯이, 그리스도인이 신앙생활하면서 도달하기를 바라는 결정적인 목표와 운명은 죽은 자 가운데서 부활에 이르는 것입니다. 이것이 그리스도인의 정상적인 신앙의 목표이며 운명입니다. 바울은 이 목표를 그가 시선을 고정하며 달려가는 푯대라고도 했고(빌 3:14), 예수 안에서 위에서 부르신 **"부름의 상"**이라고도 표현합니다. 그리스도를 의존하면 모든 그리스도인은 이 목표에 도달합니다. 과거에 표준으로 삼아 생활하던 종교적 열심을 중단하고, 과거에 보장받던 지위와 신분을 버리고 그리스도의 고난에 동참하며 부활의 능력을 알려고 힘쓰는 사람들을 기다리고 있는 운명과 목표는 몸의 부활입니다.

그런데 십자가의 원수인 사람들의 목표와 운명은 이것과 정반대인 멸망입니다. 교회 안에 들어와 있으면서도 옛 시대에나 통용되고, 이방인들 사이에서 우상을 섬기던 사람들이 시행하던 종교적 열심을 기독교의 경건과 동일시한 사람들이 맞이할 신앙생활의 결말은 멸망입니다. 그들은 예상했던 것과 달리 황당한 결말을 맞이할 것입니다. 그들이 신뢰하고 자랑하던 신앙생활이 십자가의 원수로 행하는 것임이 판명되기 때문입니다. 그리스도와 관련이 없으니 그들이 행하는 종교생활은 헛수고입니다. 경악할 정도로 예상 밖의 운명을 맞이하지만 결국 그들이 신앙 생활했다고 믿은 것은 그리스도와 관계가 없는 것이기에 멸망을 맞이할 수밖에 없는 것입니다. 나중에야 깨닫게 되겠지만, 이미 때는 늦습니다. 그들은 자신들에게 닥친 멸망이라는 운명을 받아들일 수밖에 없을 것입니다.

이런 말을 하는 바울은 마태복음 7:21-22에 기록된 예수님의 교훈을 마음에 품고 있었을 것입니다. **"나더러 주여 주여 하는 자마다 다 천국에 들어갈 것이 아니요, 다만 하늘에 계신 내 아버지의 뜻대로 행하는 자라야 들어가리라. 그날에 많은 사람이 나더러 이르되 주여 주여 우리가 주의 이름으로 선지자 노릇하며 주의 이름으로 귀신을 쫓아내며 주의 이름으로 많은 권능을 행하지 아니 하였나이까"**라고 말하는 장면 말입니다(마 7:21-22). 주님을 찾아온 그는 주의 이름을 이용하여 기적도 베풀고 아마도 종교생활도 해왔을 것입니다. 그 사람에게 주님께서 주시는 대답은 **"나는 너를 알지 못한다"**입니다. 그 사람은 주님과 아무런 관련이 없는 사람이라는 뜻입니다. 예수님은 **"나는 너를 도무지 알지 못하니 불법을 행하는 자들아 내게서 떠나가라."**고 딱 잘라 말씀하십니다. 천국에서 쫓겨난 그들은 어두운 곳에서 이를 갈 것입니다.

그 사람이 **"주여, 주여"**라면서 주님을 불렀다는 것은 그 사람이 교회 왔고 주님의 일을 했던 사람이라는 뜻입니다. 그는 진지하게 기도했을 것입니다. 어쩌면 기도하면서 간절함의 표시로 주여 삼창을 외쳤을지도 모릅니다. 그러나 그는 인간적인 열심과 자신의 종교적 표준을 주님을 섬기는 것과 동일시했고, 그리스도가 가져오신 구원의 효과와 새 시대에 속한 삶을 살지 않았음에도 주님께서 그를 받아주실 것이라고 착각했던 게 분명합니다. 이 사람은 예수님 당시라면 아브라함과 모세로부터 내려온 유대전통을 따라서 할례를 행하고 율법대로 살던 사람일 것입니다. 그는 율법을 행했고, 하루에 세 번 기도했으며, 십일조를 정확히 냈고, 심지어 일주일에 두 번 금식도 했을 것입니다(참조. 눅 18:12). 한국교회의 분위기에서는 여기에 주일성수를 엄격히 했고, 새벽기도를 열심히 한 것을 추가할 수 있을 것입니다. 이런 종교행위를 의존하고 신뢰한 사람이 주님으로부터 받은 답변은 **"나는 너를 모른다. 너는 나와 상관이 없는 사람이다"**입니다. 이 말을 바울은 빌립보서에서 십자가의 원수로 행하는 사람의 결말인 멸망이라고 표현한 것입니다.

## 그들이 섬기는 신은 배(腹)

둘째, 그들이 섬기는 하나님은 배(腹)입니다. 우리말 성경에 **"신"**이라고 번역했지만 **"하나님"**으로 번역해서 이해하는 것이 좋습니다. 그들은 배를 그들의 하나님으로 섬긴다는 말입니다. 이것은 유대인들의음식물 규정에 따라 음식을 구별해서 먹는 것을 두고 한 말이 틀림없습니다. 유대인들은 정결 음식에 민감했습니다. 음식을 가려 먹는 것이 하나님의 (거룩하고 구별된) 자녀가 되는 데 필요하다고 생각했기 때문입니다. 예를 들면, 돼지고기는 먹지 않고 양고기나 쇠고기만 먹는다든가, 비늘이 없는 장어는 먹지 않고 비늘이 있는 조기는 먹는 것 등입니다. 바울이 하고 싶은 말은 이것입니다. 음식물(정, 부정 음식)을 가려 먹음으로써 자기들의 종교생활을 영위하려는 것은 그리스도 안에있는 구원을 깨닫지 못하는 행동이라고 말입니다. 그리스도 안에서는만물이 깨끗하며, 부정한 음식이란 더 이상 존재하지 않기 때문입니다(롬 14:20, 23). 바울은 골로새서를 쓰면서 이 문제를 집요하게 다루었습니다. 그런 것은 옛 시대를 지배하던 음식물 규정입니다(골 2:18-22).이처럼 복음 외적인 것에 관심을 가지는 순간 감각적인 것에 관심을갖고 그것을 예배할 수밖에 없습니다. 배에 사로잡혀 사는 것은 예수님 안에서 이룩한 구원의 중요성을 알지 못하고 그것과 상관없이 사는 것입니다.

이것은 그리스도 이외의 것을 가치 있게 여기는 모든 것에 적용할수 있습니다. 오래 전에 한국에 복음과 그리스도 이외에 다른 것에 관심을 두는 것을 개탄하여 출판된 책이 여전히 널리 읽히고 있습니다.

옥성호 씨가 쓴 [심리학에 물든 부족한 기독교]나 [마케팅에 물든 부족한 기독교], [엔터테인먼트에 물든 부족한 기독교]가 그 대표적인 책들입니다. 교회가 복음보다 사람들의 위안, 마음의 터치, 장사 수단, 흥미와 즐기기를 강조하는 것을 지적하고 비평한 책들입니다. 문제는 이런 책이 나와서 그리스도 이외의 것이 얼마나 신자들을 복음에서 멀어지게 하는지 호소하고 있는데도 교회 안에 바뀐 것이 거의 없이 복음 외적인 것을 의존하고 있다는 점입니다. 어느 시대나 겉으로 나타나는 모습만 다를 뿐이지, 성공지상주의와 대형화와 자본주의를 중요시하는 것은 동일합니다. 육체적인 감각기능이 마치 하나님이 되어버린 것 같은 생각이 들 정도입니다. 바울이 그들이 섬기는 **"신"**은 배라고 평가한 것이 이를 두고 한 말입니다.

바울이 여기서 말하는 **"배"**라는 단어는 바울이 편지를 쓰면서 자주 말했던 싸릌스(σαρξ, 육체)와 같은 의미로 해석할 수 있습니다(비교. 빌 3:3). 싸릌스는 성령의 반대용어입니다. 예수님이 가지고 오신 것은 성령을 따르는 질서인데, 배를 신으로 삼는 사람은 육체의 질서를 따른다는 것입니다.

아무리 가르쳐도 규율을 좇아 행하는 것이 편하지, 복음을 좇아 행하는 것은 뭔가 만족스럽지 않은 듯이 보여 여전히 옛 질서에 속한 종교 행위를 강조하는 현 시대의 풍습에 따라 한국교회가 신앙생활을 하고 있습니다. 복음의 능력인 십자가를 전적으로 의존하지 않고 사람의 개인 경건을 의지한다는 것이 문제입니다.

## 그들의 영광은 부끄러움

셋째, 그들의 영광은 부끄러움입니다. 이것 역시 세상사람 이야기가 아니라 교회 안에 있으면서 세상의 표준을 가지고 사는 사람들 이야기입니다. 영광과 부끄러움(즉, 수치)은 서로 대조되는 두 실체입니다. 여기서 영광이란 자부심, 자랑으로 이해할 수 있습니다. 바울은 앞에서 할례를 행하고 율법대로 행하려고 하는 사람을 가리켜서 육체를 자랑하는 사람, 육체를 신뢰하는 사람이라고 가치매김 했습니다. 자신이 다른 사람이 이룰 수 없는 종교적인 경지에 오르게 된 것을 자랑하고 그것을 영광으로 삼고 있다고 말입니다. 율법의 모든 계명을 어기지 않고 다 지키는 것을 자랑삼는 사람도 있습니다. 이렇게 자랑삼을 만한 것이 영광입니다.

이에 대해 바울은 역설을 선언합니다. 그런 것이 그에게 영광을 가져다주는 것이 아니라 오히려 부끄러움을 가져다준다고 말입니다. 그리스도가 오시기 이전 시대에는 그런 것들을 영광으로 삼을 수 있었겠지만, 그리스도가 오신 이후 시대에서는 그리스도가 이 모든 것을 완성하시고 대체하셨기에, 옛 것들 안에 자랑삼을 만한 것이 하나도 없습니다. 그러니 사람들이 영광스럽다고 내세우는 것은 오히려 그들에게 수치가 될 것입니다. 수치스러운 외형적인 종교행위를 신앙의 표준으로 삼는 것은 어리석습니다.

여기서도 바울이 염두에 둔 사람은 자신들을 이방인들과 구별해주는 표식인 할례와 정결례법, 절기지킴과 음식물 규정을 금과옥조로 부둥켜안고 있는 유대인 출신의 그리스도인입니다. 옛 시대의 잔존

물들을 자신이 가진 영광스러운 것이라고 생각하는 사람들에게 그것이 부끄러운 것이라고 평가하는 것입니다. 바울이 이처럼 엄청난 파급 효과를 지닌 폭탄 발언을 한 근거는 이런 것이 그리스도만을 의지하는 데 방해가 되며, 옛 시대에 속하는 것이기 때문입니다. 그러므로 그것을 의지하는 사람은 영광이 아니라 부끄러움을 얻을 것입니다. 당시에는 명예와 수치가 사회를 지배하던 정서(ethos)였습니다. 신분고하를 막론하고 자신에게 맞는 행동을 하는 것은 명예로, 그렇지 못한 것은 수치로 여겼습니다. 바울은 이것을 종교 분야에 적용합니다. 하나님께서 자기 백성에게 요구하신 것을 참되게 하는 것은 명예이고, 옛 종교와 율법조문을 의지하는 것은 수치입니다.

그리스도 이외의 종교행위를 영적인 경험이라고 의지하고 자랑하는 사람이 부끄러움을 당하는 사람입니다. 이런 사람들이 십자가와 상관없는 종교행위를 자랑하고 있는 한, 그들의 마지막은 하나님 앞에서 부끄러움을 얻게 될 것입니다. 그리스도인들에게 명예와 영광은 그리스도가 원하시는 것을 행하는 것입니다. 영광스러운 것이 부끄럽게 되는 것은 하나님을 예배하지 않을 때 나타나는 전형적인 현상입니다. 로마서 1:23에서 바울은 우상숭배를 사람들이 **썩어지지 아니하는 하나님의 영광을 썩어질 사람과 새와 짐승과 기어 다니는 동물 모양의 우상으로 바꾸었**"다고 묘사했습니다.

## 그들은 땅의 일을 생각함

넷째, 그들은 땅의 일을 생각합니다. 앞에서 영광과 부끄러움이 대조되는 단어라면, 땅과 하늘 역시 대조되는 단어입니다. 땅은 바울이 예수 그리스도가 계신 하늘과 대조하려고 의도적으로 사용한 단어인 것이 분명합니다. 바울은 이 말로써 할례, 안식일(주일) 준수, 음식물 규정 준수 등을 세상 것을 생각하는 것이라고 평가합니다. 이런 규정을 지키는 사람들이 고상한 하늘의 것과 관계된 것을 행한다고 생각하던 것을 바울은 그것이 땅에 속한 것들이라고 가치 매김하고 있습니다. 여기서 **"생각하다"**는 온 인격전체가 온통 관심을 두는 행위를 나타내는 것으로서, 마음의 중심을 가리킵니다. 한 개인의 전 존재를 차지하는 관심사입니다. 그가 하늘의 백성이므로(참조. 빌 3:20) 하늘의 것에 관심을 가져야 하는데도 이 사람은 땅엣 것을 생각합니다.

땅에 대하여 바울은 고린도전서 15:40에서 잠시 있다가 없어지는 것이라고 특징짓습니다. 그렇다면 바울이 땅이라는 단어를 사용한 것은 그들이 행하는 것이 육체와 밀접한 관계가 있다는 것을 뜻합니다. 로마서 8:5-6에 있는 바울의 대조를 주의 깊이 생각해보세요. **"육신을 따르는 자는 육신의 일을, 영(성령)을 따르는 자는 영의 일을 생각하나니, 육신의 생각은 사망이요 영의 생각은 생명과 평안이니라."** 성령을 따르는 사람은 이 세상의 것을 생각하지 않습니다. 6절에 언급된 **"사망"**은 빌립보서에서 **"멸망"**이라고 표현한 것과 같은 의미입니다. 로마서 8:10-11에서 바울은 성령을 따르는 사람은 장차 몸의 부활을 입을 것이라고 말합니다. **"또 그리스도께서 너희 안에 계시면 몸은 죄로 말미암아 죽은**

것이나 영은 의로 말미암는 생명이니라. 예수를 죽은 자 가운데서 살리신 이의 영이 너희 안에 거하시면 그리스도 예수를 죽은 자 가운데서 살리신 이가 너희 안에 거하시는 그의 영으로 말미암아 너희 죽을 몸도 살리시리라." 땅을 생각하는 사람에게는 생명이 없습니다.

이 사실은 율법을 지키는 사람들만 아니라 요즘 십자가 이외의 것을 붙들고 자랑하는 사람들에게도 적용할 수 있습니다. 자신들이 만든 종교경험에 의존하여 스스로 이미 하늘의 것과 미래의 것을 소유하였다고 주장하는 사람들 말입니다. 오늘날 신비 경험을 했다고 주장하는 사람들 중에는 그 경험에 의존하여 자신의 종교적 우월성을 주장하는 사람들이 더러 있습니다. 그러나 바울은 이들이 주장하는 것과 다르게, 그들은 현재적인 실체와 땅에 있는 것들에 마음이 팔려 있다고 폭로합니다. 골로새서 3:5에서 바울은 땅의 일에 대해 이렇게 말합니다. **"땅에 있는 지체를 죽이라. 곧 음란과 부정과 사욕과 악한 정욕과 탐심이니, 탐심은 우상숭배니라."** 설령 경건함을 자처하는 사람들이 여기에 열거된 부도덕한 행동을 하지 않고 그런 일에 관심을 보이지 않는다고 하더라도, 그들이 위엣 것을 좇지도 않고 생각하지도 않는다면 그들이 아무리 고상한 어떤 것을 좇고 생각한다고 하더라도 그것은 땅에 속한 것이고, 더 나아가 우상숭배입니다.


## "너희는 나를 본받으라"

이런 사람들과 반대로, 바울이 그리스도를 본받은 것처럼 바울을 본받는 사람은 하늘에 시민권을 둔 사람입니다(빌 3:20). 비록 그가 땅에 살고 여느 사람들처럼 살아가는 데 필요한 먹고 자고 친구 만나고 말하는 행동을 한다고 하더라도. 그는 자기가 속한 나라가 땅의 어느 나라라고 생각하지도 않고 그곳의 원리에 지배를 받지 않습니다. 그는 하늘이 자기가 속한 나라라고 믿고 그 나라의 원리를 따라 살아갑니다. 모든 사람은 자기가 속한 시민권에 의해 어떻게 살아가는지가 결정되는데, 신자들은 하늘 시민권을 가진 사람으로 살아야 합니다. 그는 그리스도를 얻고 그리스도로 만족하는 사람입니다. 그렇다면 하늘의 시민권을 두고 있는 사람은 구체적으로 어떻게 살아야 할까요? 바울은 17절에서 자기를 본받는 것이 하늘 시민권을 가진 사람이 살아가는 구체적인 삶이라고 제시합니다. 바울은 친히 모든 신자들의 삶의 모범이라고 자부할 만한 하늘의 시민권을 가진 사람다운 삶을 살았기 때문입니다. 그 내용이 3:12-14에 천명되었습니다.

> 내가 이미 얻었다 함도 아니요 온전히 이루었다 함도 아니라 오직 내가 그리스도 예수께 잡힌 바 된 그것을 잡으려고 달려가노라. 형제들아 나는 아직 내가 잡은 줄로 여기지 아니하고 오직 한 일 즉 뒤에 있는 것은 잊어버리고 앞에 있는 것을 잡으려고 푯대를 향하여 그리스도 예수 안에서 하나님이 위에서 부르신 부름의 상을 위하여 달려가노라.

바울은 그리스도에게 잡힌 삶을 좇아 위에서 부르신 부름을 향해 매진했습니다. 빌립보서 3:10-11에 묘사된 이 내용은 제가 이 책에서 누누이 강조했던 것입니다. **"내가 그리스도와 그 부활의 권능과 그 고난에 참여함을 알고자 하여 그의 죽으심을 본받아 어떻게 해서든지 죽은 자 가운데서 부활에 이르려 하노니."** 바울은 그리스도의 십자가의 원수들이 꺼려 했던 그리스도의 고난에 참여하고 싶었고, 그 고난의 결과인 부활에 이르기를 바랐습니다. 그래서 원수들이 십자가를 배척한 것과 다르게, 그리고 세상에 살면서 고난당하는 것을 싫어하는 사람들과 다르게 바울은 그리스도의 고난과 죽음을 본받으려 했습니다. 그리스도의 죽음을 본받는다는 것은 세상적인 세계관과 단절하는 것을 의미합니다(갈 6:14). 빌립보서를 기록할 당시 바울은 그리스도의 죽음을 본받아 그 역시 날마다 죽는 삶을 살았습니다(비교. 고전 15:31). 그리고 바울은 부활을 미래의 소망으로 삼았습니다. 그는 그리스도처럼 자신도 몸이 부활할 것을 믿었습니다. 썩을 몸이 썩지 않을 몸으로, 약한 몸이 강한 몸으로, 욕된 몸이 영광스러운 몸으로, 땅에 속한 몸이 하늘에 속한 몸으로 다시 살 것을 믿고 소망했습니다. 바울의 삶에서 옛 시대에 사람들이 의존하던 것은 찾아 볼 수가 없습니다.

바울은 계속해서 21절에서 이러한 삶을 사는 사람의 결과를 제시합니다. 십자가의 원수들과 땅의 일을 생각하는 사람들이 멸망에 이르는 것과 다르게, 그리스도의 부활을 추구하는 사람들은 그리스도의 영광의 몸의 형체처럼 변화될 것이라고 말입니다. 영광의 몸으로 변화된다는 것은 그리스도처럼 되는 것을 뜻합니다. 이것은 세상에서 얻는 어떤 부귀영화보다도 영광스럽고 값진 결말입니다. 그리스도께서 우리를 틀림없이 그분과 같게 변화시키실 것이기 때문입니다. 우리가 그토록 이르고자 한 것이 그리스도의 부활이었다면, 그리고 부활이 우리가 마음을 기울이고 추구하려는 것이라면, 우리에게는 믿음과 확신이 있습니다. 그리스도께서는 자신이 이미 이르신 부활의 몸을 우리에게도 입혀주실 것이라고 약속하셨습니다.

변화될 그 몸은 연약한 것이 강하게 되며, 썩어질 것이 썩지 않게 변화되고, 세상적인 것인 영적이고 영광스럽게 될 것입니다(고전 15:38-49). 이 영광스러운 몸은 그리스도에게서 시선을 돌려 세상에 고착되고, 하늘에서 눈을 돌려 세상 것만을 생각하는 사람들로서는 절대로 얻을 수 없습니다. 그들은 부끄러움을 당하지만, 위엣 것을 생각하는 사람들은 영광을 얻을 것입니다.

이러한 변화에 이르려면, 고난에서 영광으로, 죽음에서 부활로 변화된 삶을 따라야 합니다. 바울은 교회에게 자신을 본받아 함께 그 길을 따르라고 권합니다. 바울은 그 길을 가는 발자취를 남겼습니다. 우리는 그 길을 잘 따라가기만 하면 됩니다. 비록 우리의 몸이 현재는 그리스도의 몸처럼 변화되지 않았지만, 우리가 주님의 자녀라는 확실한 사실에 근거하여 우리는 이렇게 될 것을 소망합니다. 그 소망을 품고 우리는 하늘에서 오실 우리의 구원자이신 예수 그리스도를 기다리며 사는 것입니다.

# 17강

# 우리의 시민권은
# 하늘에 있는지라

(빌립보서 3:17-21)

## 빌립보서 3:17-21

**17**형제들아 너희는 함께 나를 본받으라 그리고 너희가 우리를 본받은 것처럼 그와 같이 행하는

자들을 눈여겨 보라 **18**내가 여러 번 너희에게 말하였거니와 이제도 눈물을 흘리며 말하노니 여러

사람들이 그리스도의 십자가의 원수로 행하느니라 **19**그들의 마침은 멸망이요 그들의 신은 배요

그 영광은 그들의 부끄러움에 있고 땅의 일을 생각하는 자라 **20**그러나 우리의 시민권은 하늘에

있는지라 거기로부터 구원하는 자 곧 주 예수 그리스도를 기다리노니 **21**그는 만물을 자기에게

복종하게 하실 수 있는 자의 역사로 우리의 낮은 몸을 자기 영광의 몸의 형체와 같이 변하게

하시리라

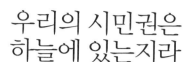

# 17강

# 우리의 시민권은
# 하늘에 있는지라

**(빌립보서 3:17–21)**

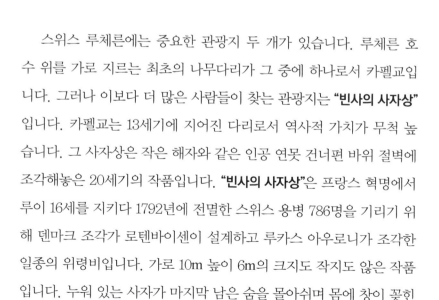

스위스 루체른에는 중요한 관광지 두 개가 있습니다. 루체른 호수 위를 가로 지르는 최초의 나무다리가 그 중에 하나로서 카펠교입니다. 그러나 이보다 더 많은 사람들이 찾는 관광지는 **"빈사의 사자상"** 입니다. 카펠교는 13세기에 지어진 다리로서 역사적 가치가 무척 높습니다. 그 사자상은 작은 해자와 같은 인공 연못 건너편 바위 절벽에 조각해놓은 20세기의 작품입니다. **"빈사의 사자상"**은 프랑스 혁명에서 루이 16세를 지키다 1792년에 전멸한 스위스 용병 786명을 기리기 위해 덴마크 조각가 로텐바이센이 설계하고 루카스 아우로니가 조각한 일종의 위령비입니다. 가로 10m 높이 6m의 크지도 작지도 않은 작품입니다. 누워 있는 사자가 마지막 남은 숨을 몰아쉬며 몸에 창이 꽂힌 채 앞발로 프랑스 왕실을 상징하는 백합 문양의 방패를 끌어안고 있는 형상입니다.

18세기 프랑스 혁명 당시 왕궁으로 돌진해오는 수만 명의 혁명군과 시민들의 기세에 눌려 왕의 친위대는 겁을 먹고 달아났지만 900여 명의 스위스 용병은 끝까지 물러서지 않았습니다. 대부분의 용병들(786명)은 그 자리에서 전사했습니다. 용병들이 시간을 벌어준 덕분에 왕과 왕비는 무사히 피할 수 있었습니다. 사실 스위스 용병들은 왕에 대한 충성심 때문에 도망치지 않은 것이 아닙니다. 격렬한 전투가 끝나고 어느 용병의 품에서 유서가 발견되었는데, 그 유서에는 "우리가 왕과 맺은 약속을 저버리고 도망친다면 우리의 후손들은 앞으로 아무도 용병으로 일하지 못할 것입니다."라는 글이 쓰여 있었습니다. 그 당시 스위스는 워낙 가난했고, 대부분 남성들은 용병으로 생계를 유지했습니다. 그들의 용기와 희생이 유럽 전역에 알려지면서 왕가들은 앞 다퉈 최고 대우로 스위스 용병들과 계약을 맺었습니다.

오늘날 교황청을 방문하면 관광객들은 삐에로 옷을 입은 근위병을 만나게 되는데 그들이 바로 스위스에서 파견한 교황 근위대입니다. 그들이 입은 옷은 미켈란젤로가 디자인한 옷이며, 현재 교황청에는 135명의 근위대가 근무하고 있습니다. 그들이 이렇게 교황청을 지키게 된 명예를 얻게 된 것은 스위스 용병이 지닌 오랜 역사의 불굴의 정신에 기인합니다. 스위스 용병은 자신의 목숨을 잃는다고 해도 용병으로서의 계약을 충실히 이행하는 것의 중요성을 모토로 삼았습니다.

이 예화를 소개한 것은 바울 사도가 빌립보서 3:20에서 **"그러나 우**

**리의 시민권은 하늘에 있는지라.**"라고 말한 것을 이해하기 위해서입니다. 빌립보서에는 그리스도인의 삶과 행위를 시민 노릇하는 것과 시민권과 연결한 본문이 두 개 있습니다. 빌립보서 3:20에는 명사 **"시민권"**이 등장하고, 빌립보서 1:27에는 동사 **"시민 노릇하다"**가 등장합니다. **"오직 너희는 그리스도의 복음에 합당하게 시민 노릇하라."** 이 본문은 이미 이 본문을 설명할 때 다뤘습니다. 이 두 본문에서 바울이 교훈하고 싶은 것은 신자들의 삶의 기준이 되는 것이 복음에 어울리는 생활입니다. 바울은 한 나라의 군인으로서 갖추어야 할 정신처럼, 신자로서 하늘의 시민답게 살고 행동해야한다고 가르칩니다. 이번 장에서는 특히 **"시민권"**이라는 명사가 사용된 빌립보서 3:20-21을 중심으로 이 문제를 생각해보려고 합니다.


## 종교적 외형주의를 경계함


앞 장에서 우리는 바울 사도가 자신을 본받으라고 말하면서(빌 3:17) 그렇게 말한 이유가 자기를 내세우려는 의도에서가 아니라 유대교에서 그리스도(메시아)의 시대로 넘어오는 상황에서 기독교 복음에 합당하게 살지 않는 유대인 출신의 그리스도인들을 가르치려는 의도에서 비롯되었다는 사실을 살펴보았습니다. 유대인들 중에는 기독교 복음을 받아들여 교회에 들어온 사람들이 더러 있었습니다. 그런데 교회에 가입한 유대인들 대부분은 복음에 어울리는 삶을 살지 않고 여전히 유대교 방식의 삶을 살고 그러한 삶을 고집했습니다. 메시아가 오셨다는 것을 믿어 교회에 들어왔지만, 그들의 종교 행위는 여전히 메시아가 오지 않은 구약시대의 방식을 표준으로 삼아 행하고 있었던 것입니다. 이에 더하여 유대인 출신의 그리스도인들은 바울이 전해준 복음에 의지하여 신앙생활을 영위하는 이방인들에 대해 자신들의 우월성을 내비치고 그들에게도 할례와 절기와 정결예법을 지키며 살도록 강요했습니다. 그들에게는 이것이 하나님을 경외하는 사람들의 모습이고, 세상과 구별하는 구체적인 표라고 주장했습니다.

바울은 이런 사람들을 여전히 구약시대에 사는 사람들이라고 규정했습니다. 바울은 이들을 복음이 주는 생명력으로 살기보다 여전히 율법이 주관하는 죄와 사망의 지배를 받는 사람이라는 뜻의 육에 속한 사람이라고 평가한 것입니다. 그들은 육체를 따라 사는 사람이며, 땅의 일을 생각하는 사람들입니다. 더 나아가 바울은 이런 사람들을 십자가의 원수로 행한다고 말합니다. 바울은 디모데에게 이런 사람들을 경건의 모양은 있지만 경건의 능력은 부인하는 자들이라고 단정합니다. 옛 시대의 생활에 의지하여 살면서 그것을 다른 사람들에게 강요하는 사람들에 대해서는 심지어 귀신의 가르침을 받는 사람들이라고 말하기도 합니다(참조. 딤전 4:1-5).

저는 이것을 설명하면서 이 문제는 1세기에 유대교의 영향 하에 있던 사람들에게만 해당하는 것이 아니라 21세기 한국교회에서도 일어나는 현상이라고 말씀드렸습니다. 한국교회도 복음이 가져온 내적인 영향력보다 유대인에게 훨씬 못 미치면서도 외형적인 경건의 모양에 치중하는 경향이 있다고 말입니다. 종교성이 강한 사람들일수록 바른 복음으로 인도하지 않고 외적인 것을 중요시하는 종교적 외형주의를 따르는 경향이 많이 있습니다. 참으로 안타까운 현실입니다. 십자가로 인한 변화가 단순히 구원 얻는 방법의 문제만이 아니라 삶의 전반적인 차원에서의 변화와 관련되었다는 사실을 알지 못한 것에서 비롯되었습니다.

바울은 교회 안에 있는 사람들 중에서도 십자가의 원수로 행하는 사람들이 많이 있다고 판단한 듯합니다. 그래서 그는 복음을 받은 사람에게 그 시민권이 땅에 있는 것이 아니라 하늘에 있다는 사실을 일깨우고 싶었습니다. 시민권이 하늘에 있는 사람은 하나님 나라의 시민으로 마땅히 행해야 하는 것대로 사는 사람입니다.

제가 출석하여 정기적으로 말씀을 전하는 교회에 탄자니아에서 한글을 배우러 온 학생이 출석하여 1년 조금 넘는 기간 함께 지냈습니다. 그의 탄자니아 이름은 이브라함 라리카였는데, 그를 한국으로 초청한 탄자니아 선교사는 그가 한국생활에 잘 적응하고 사람들이 그의 이름을 좀 더 쉽게 부르게 하려고 거룩한 백성이란 뜻의 성민이라는 한글 이름을 지어주었습니다. 한국에 온지 1년쯤 되었을 때 라리카는 한국어를 곧잘 알아듣고 말을 할 수 있게 되었습니다. 그가 한국에 살고 한국 이름도 가졌고 한국어로 어느 정도 의사 표현을 할 수 있었지만, 우리는 그를 한국 사람이라고 생각하지 않습니다. 라리카가 한국의 풍습과 정서를 배워 한국인답게 살려면 훨씬 더 많은 세월을 보내고 한국인과의 교감도 많이 해야 하기 때문입니다. 라리카는 탄자니아 사람으로 한국에 와 있었던 것입니다. 그는 뼛속 깊이 탄자니아인입니다.

이와 비슷한 또 다른 예 하나를 들겠습니다. 대부분의 한국 사람이라면 다들 알고 잘 아는 내용입니다. 가수 유승준 씨가 미국에서 한국에 입국하려고 여러 번 비자를 신청했고, 계속 거절당했습니다. 웬만한 외국인들이라면 그 흔한 관광비자로도 한국에 들어오고 여러 목적으로 비자를 받아 한국에 들어와 활동도 하는데, 유독 유승준 씨는 매번 비자 발급이 거절당했고, 정부에서도 공식적으로 그가 한국에 들어오는 것을 금지한다고 발표했습니다. 이유는 간단합니다. 과거에 유승준씨가 이중국적을 가지고 있다가 하나를 선택하는 나이가 되었을 때, 본인이 스스로 국내에서 가수 활동을 하기 위해 한국국적을 가지고 미국국적을 포기하겠다고 말했었는데, 정작 군대에 입영하게 되어 입영영장이 나오자, 한국국적을 버리고 미국국적을 택하여 돌연 미국으로 들어갔습니다. 그 일이 발단이 되어서 여론뿐만 아니라 국가차원에서도 유승준 씨에게 비자발급을 해주지 않고 있습니다. 당사자는 괘씸죄에 걸려들었다고 생각했을 것입니다. 하지만 대한민국 정부나 국민들은 정서 문제와 국민의 자존심 문제로 이 사건을 평가했습니다. 대한민국 남성이라면 군대에 가야 한다는 것이지요.

하나님의 나라는 하나님이 예수님을 통해 다스리시고 그 주권으로 통치하시는 나라입니다. 그 나라는 하나님이 다스리는 나라이며, 하늘에 있는 나라입니다. 예수님은 세상에 오셔서 하나님의 백성과 함께 하시면서 그 나라가 땅에 임했다고 선언하셨습니다. 그래서 우리는 예수님을 우리 주님으로 믿는 순간 우리를 지배하는 주권은 마귀와 죄에서 하나님과 예수님에게로 바뀌었습니다. 하나님과 예수 그리스도가 우리의 주님이 되셨습니다. 우리가 충성할 국적이 바뀌었습니다. 그 나라는 국민에게 그 나라에 맞는 삶을 살기를 요구합니다. 국민은 그 나라의 백성답데 시민 노릇함으로써 스스로 그 나라에 속했음을 삶으로 행동으로 보여야 합니다. 우리가 충성하고 또 우리가 지배를 받는 나라는 의와 평화와 기쁨이 지배하는 하늘의 하나님 나라입니다. 십자가로 인해 단순히 구원 얻는 문제에서만 아니라 삶의 차원에서도 변화가 일어납니다. 바울이 우리의 시민권이 하늘에 있다고 한 것은 바울의 복음을 제대로 듣지 않고 여전히 이전 시대의 종교 생활을 하면서 살던 유대인들과 대비하기 위해서입니다. 그들은 땅의 일을 생각하는 사람들입니다.

유대인들은 자신들의 경건을 일주일에 두 번 금식하고, 성금요일에 금식하는 것으로 하나님의 뜻대로 사는 것이라고 착각했습니다. 자신의 경건을 나타내는 종교행위를 하거나 구제를 하거나 할례를 의지했지, 메시아의 시대에 맞게 변화하지 않았습니다. 그 나라는 하늘에 있습니다. 바울은 땅의 일을 생각하는 사람들의 삶을 **"육신"**대로 사는 것이라고 평가합니다. 그는 하나님 나라의 시민들이 성령을 좇아 살기를 바랐습니다. 자신을 그런 대표적인 예로 제시하면서, 바울은 **"너희는 나를 본받는 자가 되라"**고 말했던 것입니다. 유대교에 충성했던 바울이 변화를 일으킨 것은 그리스도를 만났기 때문입니다. 바울은 빌립보서 3:1-16에서 복음을 받고 살았던 자신의 삶을 구체적으로 나열합니다. 그리스도를 알고 그리스도 안에서 발견되려 하며, 그리스도의 고난과 부활에 참여하려 하는 삶 말입니다. 바울의 삶은 처음부터 끝까지 그리스도와 연합한 삶입니다. 이것이 복음에 합당한 시민으로 사는 것이고 하늘의 시민권을 가진 사람의 삶입니다.

바울은 빌립보서 3:20-21에서 마지막으로 선언한 이 부분에 초점을 맞춥니다. 그리스도의 고난과 낮아짐과 복종하는 삶을 통해 그리스도인들에게 주시는 유일한 소망은 그리스도께서 우리의 몸을 다시 살리시는 것입니다. 이것을 바울은 푯대라고 또 하나님이 위에서 부르신 부름의 상이라고 표현했습니다. 이 상은 예수 그리스도가 재림할 때 주시는 상입니다. 그래서 우리가 마음속으로 간절히 바라는 것은 종교생활을 열심히 하거나 경건생활을 잘했다고 주님으로부터 받는 칭찬이 아니라, 예수 그리스도의 재림이며 그 후에 주님께서 우리 몸을 그분의 형상으로 변화시켜주시는 것입니다. 그것은 하나님의 나라에 어울리는 몸이며, 하나님의 나라의 시민으로 살기에 적합한 몸입니다.

## 구원하는 자 곧 주 예수 그리스도를 기다리노니

이런 소망을 가진 사람에게 바울은 이 세상을 살아 갈 때 보여야 할 삶의 모습을 제시합니다. 빌립보서 3:20의 내용이 그것입니다. **"그러나 우리의 시민권은 하늘에 있는지라. 거기로부터 구원하는 자 곧 주 예수 그리스도를 기다리노니."** 우리의 시민권이 하늘에 있으며, 우리는 거기서부터 오시는 구원자, 우리 주님을 간절히 기다립니다. 원래 그리스어에는 없지만 우리말 성경에 번역한 **"그러나"**는 17절이 바로 앞 절(16절)에 있는 사람들에 대한 평가와 대조하기에 좋은 접속사입니다. 자기의 배를 신으로 삼고 있는 사람들이 땅에 관심을 두는 것과 다르게,

우리는 **"하늘"**에 관심을 둔다는 뜻입니다. 하늘은 우리 주님이 계신 곳이고, 우리의 생명이 우리 주님과 함께 하나님 안에 감춰져 있는 곳입니다(골 3:1-2). 우리의 행동을 규정하는 것은 땅이 아니라 바로 이 하늘입니다. 그래서 **"우리의 시민권은 하늘에 있다"**는 명제가 성립합니다. 그러면서 이 땅에 살고 있는 우리로서는 땅에 관심을 두는 것이 아니라 하늘로부터 오시는 우리의 구원자, 우리의 주님을 기다리며 사는 데 관심을 두어야 하는 것입니다. 그리스도는 우리가 이 땅에 살면서 불안해하는 여러 일들과 마음고생, 그리고 세상으로부터 겪는 어려움으로부터 해방시켜주실 구원자이십니다.

그런 분을 어느 정도의 간절함을 가지고 기다려야 할까요? 기다림이 가져다주는 마음의 설렘과 관심, 그리고 기다리던 것이 이루어졌을 때 맞이하는 기쁨을 알려주는 좋은 동화가 있습니다. 생텍쥐페리의 [어린 왕자]인데, 그 책의 여우 이야기에 나오는 여우와 어린 왕자 사이의 대화는 기다림을 이해할 수 있는 좋은 대화입니다.

어린 왕자가 길을 가다가 여우를 만났습니다. 그는 여우에게 같이 놀자고 제안합니다. 그러자 여우는 왕자와 같이 놀 수 없다고 대답합니다. 자신은 어린 왕자를 처음 만났고 아직 길들여지지 않았기 때문이라고 그 이유를 설명합니다. 어린 왕자는 여우에게 길들여진다는 것이 무슨 뜻인지 묻습니다. 여우는 그것이 관계를 맺는다는 것이라고 말해줍니다. 그러자 이번에는 어린 왕자가 관계를 맺는다는 것이 무슨 뜻이냐고 묻습니다. 여우는 이렇게 말합니다. "너는 아직 내게 수많은 사내아이에 불과해. 나는 네가 필요하지 않아. 나 또한 네게 필요하지 않고. … 하지만 만약 네가 나를 길들이면 서로 서로 필요하게 된단다. 나는 네게 세상에서 유일한 존재가 되는 거야. 너도 나에게 세상에서 유일한 존재가 되는 것이고." 둘이 주고받는 이 이야기에서 관계를 맺는다는 것은 서로가 서로에 대해서 유일한 관계가 되는 것을 의미하고 그렇게 되어야 서로 놀 수 있고 사귈 수 있다는 점을 알려줍니다.

그러고 나서 여우는 어린 왕자에게 둘이 친해지는 과정, 상대방과 만남을 기다릴 때의 설렘을 이야기합니다. "네가 정말 친구를 원한다면 나를 길들이렴." 어린 왕자는 어떻게 하면 되는지 묻습니다. 여우는 그 과정을 소상히 설명합니다. "매우 참을성이 있어야해. 너는 우선 나로부터 조금 떨어져있어서 그렇게 풀밭에 있어야지. 나는 너를 곁눈으로 바라보고 아무 말하지 않는 거지. 말은 오해의 근원이니까. 하지만 너는 매일 조금씩 가까이 와서 앉을 수 있는 거지." 그 다음 날 어린 왕자는 여우를 찾아갑니다. 그러자 여우가 말합니다. "같은 시간에 왔으면 좋았을 텐데. … 만약 네가 예를 들어서 오후 4시에 온다면 나는 3시부터 행복해지겠지. 시간이 흐르면서 더욱 더 행복을 느낄 거야. 4시에 이미 불안에 하면서 걱정할 거야. 나는 기쁨의 값을 치르는 거지."

우리가 세상에서 경험할 수 있는 기다릴 때의 감정을 동화로 표현한 이 이야기는 그리스도인이 예수 그리스도의 재림을 기다릴 때의 마음에 적용할 수 있지 않을까요. 우리는 예수님이 누구인지 몰랐습니다. 그래서 그분과 우리의 관계는 친한 관계, 친구 관계가 아니었습니다. 하나님은 사람들이 만든 많은 신들 중에 한 분이며, 예수님은 여러 위인들 중에 한 분 정도로만 생각하고 있었을 뿐입니다. 그러나 그분이 사람들의 유일한 구주이시며, 우리의 유일한 주님이라는 사실을 알게 된 순간 우리는 온 힘을 다해서 그분을 사랑합니다. 그분과 교제를 나누고 싶어 합니다. 그분이 다시 오신다고 약속하셨으니, 그분이 하늘로부터 다시 오시기만을 기다립니다. 하늘에서 오신다고 하셨으니 우리의 시선을 하늘로 고정하고, 그분이 계시는 하늘을 생각하는 것입니다. 주님이 재림하실 때가 가깝다고 느끼는 요즘, 우리는 4시에 만나기로 하면 3시부터 설레는 마음으로 친구를 기다리는 것처럼 예수님을 기다리며 행복해하지 않을는지요.


## 예수 그리스도가 오시면

바울은 21절에서 예수 그리스도가 오신다면 우리도 예수님처럼 그가 입으신 부활의 몸을 입게 될 것이라고 말합니다. 이것은 우리가 더욱 설레는 마음으로 우리 주님을 기다리게 해주는 동인입니다. 바울은 하늘에서 오시는 우리 주님을 만물을 복종하게 하시는 분이라고 밝혀줍니다. 만물을 지배하는 통치자이시며 그렇게 하실 주권과 권위를 가지신 분이라는 뜻입니다. 그렇게 영광스럽고 높으시고 권위가 있으신 분이시라면 우리의 낮은 몸을 능히 자신의 영광스러운 몸의 형체와 같이 변하게 하실 수 있으실 것입니다. 바울은 추호의 의심도 없이, 매우 확신을 가지고 우리의 소망이 무엇인지 알려줍니다. 주님께서 우리를 그분의 영광스러운 몸의 형체로 바꿔주신다는 것은 우리도 예수 그리스도처럼 된다는 뜻입니다. 이것이 우리의 중요한 소망이 되어야하지 않겠습니까. 이처럼 영광스러운 모습과 성품을 갖게 될 사람이라면, 우리가 지금 세상에 사는 동안에도 그런 시민답게 살아야 하지 않겠습니까.

이것은 가상적인 이야기가 아니라 매우 구체적인 이야기입니다. 예수 그리스도는 세상에 오셔서 사람들 사이에서 사시는 동안 하나님의 맏아들이시면서도 자신을 낮추어 사람들처럼 사셨습니다. 죽기까지 복종하셨습니다. 그러자 하나님은 그분을 지극히 높여 **"주님"**이 되게 하셨습니다. 하나님은 그리스도에게 하신 것과 똑같이 하나님의 아들과 딸들을 그의 맏아들처럼 영화롭게 하실 것입니다.

히브리서 저자는 우리가 어떻게 그리스도처럼 영화롭게 되는지를 이렇게 설명합니다. **"하나님을 위하여 만물이 생겨났고, 하나님을 통하여 만물이 유지되고 있습니다. 그래서 하나님이 많은 아들딸들을 영광으로 이끌어 들이실 때 그들의 구원의 창시자를 고난을 통해 완전하게 하시는 것은 당연한 일입니다"**(히 2:10, 새한글성경). 예수님이 하나님의 맏아들이시고 신자들이 하나님의 자녀들이라는 사실에 근거하여 바울은 하나님께 그들을 **"그**(하나님의) **아들**(이신 예수 그리스도)**의 형상을 본받게 하"**신다고 일깨웁니다(롬 8:29). 요한은 우리가 하나님의 자녀라고 선언하고는 우리도 장차 그리스도와 같은 형상을 입을 것이라는 확신을 표현합니다(요일 3:2).

바울이 본문에서 우리의 **"낮은"** 몸을 그리스도의 영광의 몸의 형체와 같이 변화하게 하신다고 말할 때 사용한 **"낮은"**은 그리스도가 자신을 낮추셨다고 표현한 것(빌 2:8)과 같은 어근의 단어(ταπεινωσις, 타페이노시스)입니다. 빌립보서 2:8은 동사이고 빌립보서 3:21은 명사라는 것만 다릅니다. 우리는 이 낮은 몸을 가지고 누추하게 살고 있습니다. 하나님과 본체이신 우리 주님이 우리처럼 누추한 삶을 살았다고 생각한다면, 오히려 현재 이런 몸을 가지고 있는 것을 영광스럽게 생각해야 할 것이며, 이런 몸으로 어떻게 살아야 할지 생각해야 합니다. 그것은 우리 주님처럼 낮춤(겸손)이 몸에 밴 삶을 사는 것입니다.

세상 사람들은 이것을 가치 있게 보지 않기에 기독교인들을 멸시합니다만, 우리는 이것을 오히려 주님을 나타내고 증언할 기회로 삼을 수 있습니다. 주님과 하나가 된 것이니까요. 우리 주님은 다시 오셔서 우리의 낮은 몸을 우리 주님이 가지고 계신 영광의 몸으로 변화시키실 것입니다. 신자의 삶은 세상에서 성공하는 땅의 삶이 아닙니다. 우리 시민권은 하늘에 있으니 하늘에 속한 것에 영향을 받는 삶입니다. 하늘을 생각하고 하늘을 바라보아야 합니다. 하늘에 우리 주님이 하나님 우편에 앉아계시기 때문입니다. 이런 점에서 신자들의 삶이 예수 그리스께서 살아가신 모습을 본받는 삶은 겸손을 삶에서 실천하고 예수 그리스도의 부활에 이르는 것을 우리 삶의 푯대로 정하여 사는 삶입니다. 이것이 진정 복음에 합당한 시민노릇을 하는 그리스도인 됨의 표지입니다. 우리는 하나님 나라의 시민 된 표입니다.

# 18강

## 이와 같이
## 주 안에 굳게 서라

(빌립보서 4:1-3)

## 빌립보서 4:1-3

[1]그러므로 나의 사랑하고 사모하는 형제들, 나의 기쁨이요 면류관인 사랑하는 자들아 이와 같이 주 안에 서라 [2]내가 유오디아를 권하고 순두게를 권하노니 주 안에서 같은 마음을 품으라 [3]또 참으로 나와 멍에를 같이한 네게 구하노니 복음에 나와 함께 힘쓰던 저 여인들을 돕고 또한 글레멘드와 그 외에 나의 동역자들을 도우라 그 이름들이 생명책에 있느니라

# 18강

# 이와 같이
# 주 안에 굳게 서라

(빌립보서 4:1-3)

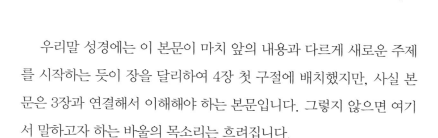

우리말 성경에는 이 본문이 마치 앞의 내용과 다르게 새로운 주제를 시작하는 듯이 장을 달리하여 4장 첫 구절에 배치했지만, 사실 본문은 3장과 연결해서 이해해야 하는 본문입니다. 그렇지 않으면 여기서 말하고자 하는 바울의 목소리는 흐려집니다.

**"그러므로"**(그리스어로 ωστε, 호스테)는 바울이 앞에서 빌립보 교회의 현실적인 상황을 충분히 이야기한 다음에, 거기서 추론하여 내리는 결론적 교훈을 시작하는 표시입니다. 성경의 서신들이 일반적인 잠언적 교훈을 하는 것이 아니라면, 이 말은 바울이 이전에 다뤘던 내용에 근거하여 이어서 무엇인가 지시하겠다는 신호입니다. 바울이 이전에 한 말은 3장 전체에 걸쳐 있는데, 아시다시피 3장은 어마어마하게 중요한 내용을 다루고 있습니다. 그리스도 오시기 이전 시대에 살던 하나님의 백성이 하나님을 섬기는 방법과 하나님과 관계를 유지하던 것과 다르게, 신약의 복음이 요구하는 것은 그리스도 안에 있는 사람이라면 옛 시대에 속한 것들을 배설물로 여기는 것이 그리스도가 가져오신 구원의 혜택을 진정으로 누리는 것이라는 사실입니다. 그리스도는 이전의 모든 삶에 엄청난 변화를 가져오셨습니다. 이전에 가치가 있다고 생각하던 것, 이전에 자랑하고 신뢰하던 것을 가치 없게 만들고, 버려야 하는 배설물로 만들었기 때문입니다.

바울은 이제 하나님의 백성이 되는 것은 할례가 아니라 그리스도 안에 있다는 사실 자체, 그리고 그리스도 안에서 발견되는 것, 그리스도께 사로잡히는 것이라고 말합니다. 이렇게 하나님의 백성이 되면 하나님과의 관계가 올바르게 되는, 즉 하나님으로부터 은혜로 주어지는 의를 얻게 된다는 사실을 일깨웁니다.


## 하나님의 백성으로 살아가기


하나님과 또 그리스도와의 관계를 새롭게 시작하는 것과 그리스도 안에서 하나님의 의를 발견하는 것은 그리스도인이 되는 것 전부를 뜻하지 않습니다. 이것은 시작에 불과합니다. 이제부터는 하나님의 백성으로 살아가는 것을 고려해야 합니다. 그리스도인의 삶 역시 그리스도와 관련이 있기 때문입니다. 그리스도 안에서 발견되는 것, 그리스도를 본받는 것, 하늘에 시민권이 있는 사람으로 사는 것이 이에 해당합니다. 그러한 삶의 구체적인 모습은 이전 시대 사람들이 강조하는 외형적인 종교행위, 아니 외형적이 아니라 아무리 마음으로 진지하게 생각하고 행한다고 하더라도, 이전 시대에 가치를 두고 전통으로 내려오던 방식을 되풀이 하는 것으로는 그리스도인의 삶을 살 수 없습니다. 옛 종교의 표준으로 행하는 종교행위들은 그리스도의 사람이라는 표시도 아니고 기독교적 경건도 아니라는 사실을 기억해야 합니다. 종교행위가 이러한데, 하물며 세상 사람들이 좋아하고 추구하는 세상의 성공이나 물리적인 힘 그리고 경제적인 힘이 어떻게 그리스도인 됨의 표지가 되겠습니까. 그리스도 안에서 하나님의 의를 발견한 사람은 그리스도와 동화되어 그리스도를 닮아가는 삶을 살아가는 삶으로 그의 모든 행동을 조율해야 합니다.

**"그리스도를 본받는다"**는 것은 그 말만으로도 참 멋있으며 경건해보이고 낭만적으로 들립니다. 하지만 실제 그리스도를 본받는 삶은 사람들에게 그다지 사랑받거나 환영받는 삶은 아닙니다. 여기서 많은 신자들이 넘어집니다. 다른 종교에서처럼 경건의 덕을 쌓고 싶은 생각이 들기 때문입니다. 그래서 남들과 다르게 더 많은 덕은 쌓은 것을 근거로 하나님으로부터 남들이 받는 것과 뭔가 다른 보상을 받고 싶은 유혹을 많이 받습니다. 예수님이 산에 가셔서 홀로 기도하셨으니 자신도 산에 가서 열정적으로 기도하고, 예수님이 40일 금식하며 기도하셨으니 40일 금식기도를 함으로써 일반인이 범접할 수 없는 최고 높은 경건의 표시로 삼고 싶어 하고, 예수님이 밤이 맞도록 기도하셨으니 철야기도 하는 것을 그리스도를 본받는 것이라고 생각하는 사람들이 너무도 많이 있습니다. 그러나 이런 것이 그리스도를 본받는 행위가 아닙니다.

이 이외에도 종교 분야에서 다른 사람들보다 자신의 우월함을 나타내기 위해 많은 사람들이 외형적인 경건을 개발하고, 그것을 많이 하는 것으로 자신의 경건을 자랑하고 자신의 업적을 쌓기 위해 더 많은 종교행위를 첨가하는데, 이런 것은 그리스도인 됨을 특징짓는 삶도 아니고 그리스도를 본받는 행위도 아닙니다. 이런 것들은 그리스도를 본받는 내면적인 것에서 벗어난 껍데기에 불과하고, 본질에서 벗어나 비본질적인 것을 강조하고 자랑하고 신뢰하는 것입니다. 이런 것들은 한 마디로 그리스도를 본받는 것과 거리가 먼 일반 종교 영역에 속하는 것이며, 옛 시대 사람들이 만든 사람의 전통에 속합니다. 예수님이 당대 사람들의 종교행위를 비난하면서 말씀하신 **"하나님의 계명"**을 버리고, 그 대신 지키려고 하는 **"사람의 전통"**에 불과합니다(막 7:8). 사람의 전통을 지키는 이상, 하나님의 말씀을 도외시하고 심지어 버리게 됩니다(막 7:9). 다시 말씀드리지만, 이것은 유대인들이 자랑하고 신뢰하던 것으로서, 그리스도 오시기 이전 시대에 다른 사람과 구별되는 행동을 강조하던 그리스도와 관련이 없는 삶입니다. 바울은 빌립보서 3장에서 이 행동들을 비난했습니다.

바울은 이것이 그리스도의 복음과 교회를 위협하는 매우 위험한 요소라고 판단합니다. 그래서 자신이 메시아를 만난 후 변화된 모습을 실제로 예로 들어, 신약시대의 하나님의 백성이 하나님과 관계를 맺는 법, 살아가는 법, 삶을 지향하는 법을 설명해야 했습니다. 우리의 의는 어떤 유든 그리스도 오시기 이전 시대에 속한 종교 행위로 얻을 수 없고 오직 그리스도 안에서 은혜로만 받습니다. 그 의는 그리스도 안에서만 발견되고, 그리스도에게 붙잡힐 때에만 얻을 수 있습니다.

그러한 까닭에 율법을 행함으로 이방인과 구별되었고, 그것으로써 하나님 앞에서 자신의 정체성을 확인 받으려던 유대인들은 그리스도 안에서 하나님으로부터 오는 의를 얻을 수 없습니다. 그 사람은 예수를 믿으면 구원을 얻는다는 말에 솔깃해서 구원의 보증수표를 받았다고 착각하지만, 그리스도가 변화시킨 것을 맛보지 못한 사람이니 그리스도와 관련이 없는 사람입니다. 아무리 다른 사람들, 특히 이방인과 구별하기 위하여 정결예법을 잘 행하고, 정결 음식과 부정한 음식을 가려 먹는다고 해도 이것으로 그리스도와 바른 관계를 누릴 수 없다는 말입니다.

바울은 빌립보 교회 안에 있는 유대교에 집착한 교인들에게 1세기에 유행하던 육신에 속한 이런 행위들을 당장 멈추라고 주장합니다. 하나님과의 바른 관계는 그리스도의 고난에 참여하고, 우리에게 주신 부활 생명과 그 생명이 나타나는 성령을 의지하는 삶으로 입증해야지, 다른 방법으로 입증할 수 있는 것이 아니기 때문입니다. 세상에서는 편히 살고, 남들보다 돈을 더 많이 벌려고 하고, 세상적으로 성공하려는 마음으로 가득 차 있으면서, 남들 다 자는 시간에 새벽 같이 일어나 거의 극기 훈련에 준하는 기도 생활하는 것으로 경건함이 입증되는 것이 아니라는 사실을 알아야 합니다.

그리스도처럼 자신을 낮추며 겸손이 몸에 배어 있고 남을 섬기는 일에 솔선수범하는 삶으로 그리스도 안에 있는 생명의 힘을 드러내야 합니다. 늘 자신의 권리를 주장하려고 하고, 남에게 하나도 손해를 보려 하지 않고 악착 같이 이익을 챙기는 이기주의적인 삶은 그리스도를 본받는 사람의 모습이 아닙니다. 자기를 비우는 생활, 다른 사람을 위해 복종하고 종이 되는 삶을 사는 것이 진정 그리스도 안에 있는 사람의 모습입니다. 바울이 전한 복음은 자기 낮춤의 복음, 즉 겸손을 늘 누구에게나 실천하는 것을 생활화하라고 요구하는 복음입니다. 자신을 낮추는 데에 실제로 복음의 능력이 나타나기 때문입니다. 이것이 그리스도를 본받는 것이고 그리스도를 본받는 것입니다.

마지막으로, 그런 사람이 지향하는 삶의 목표는 세상에서 성공하고, 많을 사람을 거느리고 통솔하는 높은 위치에 오르는 것이 아닙니다. 그리스도인은 우리의 몸이 부활하여 그리스도처럼 영광스러운 몸을 입는 것과 그리스도처럼 되는 것, 그리고 그리스도께서 지금 누리시는 영광에 들어가는 것을 하나님이 위에서 부르시는 상으로 알고 그것을 푯대로 삼아 그곳을 향하여 나아갑니다. 그렇게 하기 위해서는 바울이나 디모데, 그리고 에바브로디도처럼 복음을 위해, 그리고 남을 섬기고 다른 사람에게 유익을 주기 위해, 죽음의 문턱까지 가는 것도 불사하고 자기희생의 삶을 사는 것입니다. 그렇게 살면 어쩌면 모두가 억울하다는 생각이 들지도 모릅니다. 다른 사람을 위해 죽는 경우도 있을 것입니다.

이렇게 사는 것이 그리스도인 됨을 증명하는 것이고, 복음이 요구하는 삶이라면, 우리는 처음에 절망할 수 있을 것입니다. 너무 어렵다고, 어느 누구도 이렇게 살 수 없다고. 맞습니다. 누구나 할 수 있는 종교적인 덕 쌓기라면 누구나 할 수 있습니다. 그래서 의지만 있으면 누구나 할 수 있습니다. 그러나 복음이 요구하는 그리스도 안에 있는 사람이 행하는 이런 일은 사람 스스로의 힘으로는 절대로 할 수 없습니다. 성령님이 우리 안에서 그렇게 살도록 힘을 주셔야 할 수 있는 일입니다. 하나님의 은혜가 없으면 이룰 수 없는 삶이고 삶의 목표입니다. 우리가 이런 삶을 살아간다면 이것은 복음이 우리에게 가져다준 변화인 것이 틀림없습니다.

바울은 왜 교회에게 이런 삶을 살라고 권할까요? 교인들은 그들의 시민권이 하늘에 있는 사람들이기 때문입니다. 율법대로 사는 것은, 아니 좀 더 정확하게 말해서 1세기 유대인들처럼 그리고 한국의 대부분의 교회가 강조하는 율법적 경건생활을 실천하는 것은 십자가의 원수로 행하는 것이고, 땅의 일을 생각하는 것이기 때문입니다. 바울이 극렬히 반대한 삶입니다. 교회가 피해야 할 육신에 속한 삶입니다. 그러한 삶은 그리스도께서 가져오신 시대의 변화와 그로 인해 발생하는 하나님의 백성의 삶의 방식의 변화를 무시하고, 그의 삶에 전혀 반영하지 않은 불신앙의 삶입니다. 그런 삶은 그리스도 이전의 삶의 방식을 지배했던 육신을 따르는 삶이고, 예수 그리스도께서 가져오신 하나님의 나라의 주권대로 살지 않는 땅에 속한 것을 따르는 삶입니다.

하늘에 시민권이 있는 사람은 하나님 나라의 백성입니다. 그런 사람은 세상 원리가 아니라 하나님 나라의 원리가 지배하는 삶을 살아야 합니다. 복음은 육에 속한 것이 아니라 성령에 속한 삶을 살라고 요구합니다. 자신의 힘이 아니라 성령님이 힘주시는 것만을 부단히 의지해서 사는 삶 말입니다. 왜 제가 한국교회의 경건 생활을 비판하고, 그 이야기를 할 때마다 열을 올리는지 아시겠어요? 그것은 복음에 근거한 종교 생활이 아니기 때문입니다. 좋게 봐줘서 그리스도 오시기 이전의 옛 시대 사람들이 한시적으로 행하던 성경에도 기록된 종교행위이기는 하지만, 그리스도와 관련한 삶은 아닙니다. 나쁘게 말해서 그것은 사람들이 만든 인간 종교에 속한, 육신의 힘으로 하나님께 인정을 받으려는 행위입니다.

## 바울의 기쁨이요 면류관인 사람들에게

바울이 빌립보서 4:1에서 말하는 **"그러므로"**에는 이런 내용이 담겨 있습니다. 이것을 염두에 두고 4:1을 읽어야 한다는 말입니다. 바울은 **"그러므로"**라는 말로써 3장에서 말한 이런 기독교적 복음의 핵심 내용을 전제하면서 이제 교회에게 적극적으로 권하고자 하는 의지를 표명합니다.

본문에서 바울은 매우 다정하고 애정이 담긴 말로 빌립보 교회를 부릅니다. **"나의 사랑하고 사모하는 형제들. 그리고 나의 기쁨이요 면류관인 사랑하는 자들아"**라고 말입니다. 3장에서 유대인 출신의 그리스도인들에게는 매우 단호하고 강하며 공격적이고 냉소적인 말로 폭탄을 퍼붓듯이 말하던 바울이, 복음을 따라 살고 싶어 하는 빌립보 교인들에게는 이처럼 다정하게 부르는 것입니다. 제 마음이 다 따뜻해지고, 편안해지고, 행복해지는 것을 느낍니다. 어조가 달라진 것을 느끼시나요? **"형제들"**과 **"나의 사랑하는 자들"**은 바울이 복음을 붙들고 있는 남은 신자들에게 따뜻한 말로 훈계할 때 부르던 용어들입니다. 게다가 바울이 교회와 그 안에 있는 성도들을 자신의 **"기쁨과 면류관"**이라고 칭한 것은 미래에 받을 상을 생각하면서 부른 것임에 틀림없습니다. 바울은 여태까지 혼신의 힘을 다해 그들을 보호하고 교훈하고 꾸짖고 바르게 하려고 노력했습니다. 지금 그들 사이에 약간의 분열도 있고 외부적인 유혹으로 복음을 떠날 유혹도 받고 있지만, 바울의 수고로 말미암아 언젠가 그리스도께서 재림하실 때 그들은 온전하게 되어 수고의 열매를 맺을 것을 소망합니다. 그들이 받을 **"기쁨"**은 괴로움에 대한 보상이며, 그들이 받을 **"면류관"**은 경기를 다 뛴 선수에게 주는 상입니다.

이와 비슷한 표현이 데살로니가전서 2:19에도 있습니다. **"우리의 소망이나 기쁨이나 자랑의 면류관이 무엇이냐? 그가 강림하실 때 우리 주 예수 앞에서 너희가 아니냐?"** 바울이 데살로니가 교회의 미래와 바울의 미래를 오버랩 하면서 쓴, 어쩌면 그의 확신이며 신앙고백입니다. 바울은 예수님의 재림 때 기뻐할 것과 땅에서의 수고의 상으로 받을 것이 바로 교회가 성숙해지고 온전해지는 것이라고 말합니다. 그는 20절에서도 다른 용어를 사용하여 교회가 자신의 미래의 소망과 상이라고 언급합니다. **"너희는 우리의 영광이요 기쁨이니라"**(살전 2:20). 십자가의 원수로 행하는 사람들이 도처에 많이 둘러있는 상황에서 바울의 기쁨과 면류관이 된 사람들이 있습니다. 하늘의 시민권을 가진 사람답게 그리스도를 본받으며 살아가는 교회와 신자들이 그들입니다. 바울은 그런 사람들에게 연이어 세 가지를 권합니다.

## 주 안에 굳게 서라

첫째로, **"이와 같이 주 안에 (굳게) 서라."** 앞에서 제가 요약했듯이, **"이와 같이"**는 바울이 권한 내용들을 가리킵니다. 그리스도를 믿고 교회에 온 사람들은 그리스도가 가지고 온 변화를 인식하고 그분의 가치를 알고, 그 상황에 맞춰 신앙생활 하라는 뜻으로 **"이와 같이"**라고 말하는 것입니다. 이런 교훈과 이런 변화된 그리스도인의 삶에 굳게 서라고 말입니다. 여기서 눈여겨보아야 할 단어는 **"주 안에"**입니다. 말로만 **"주님, 주님"**이라고 부르는 어구가 아닙니다. 말로는 **"우리가 주 안에 있다"**고 고백하지만 실제로 그것이 의미하는 바에 대해서는 관심이 없는 공허한 외침이 아닙니다. 바울이 **"주 안에 서라"**고 말한 것은 일상생활에서 실제로 그분이 우리의 주님(주인님)이 되시고, 우리의 삶을 바꾸라고 지시할 수 있는 분이시라는 것을 인정하면서 그분이 명령하시고 의도하시는 대로 행동하라는 뜻에서 이렇게 말한 것입니다. 바울이 지금 명령하고 권하는 말씀들은 우리 주님 예수 그리스도께서 가져오신 은혜 안에서 이루어져야 한다는 의미로 하는 말입니다. 그래서 바울은 우리에게 남들이 많이들 행하고 있다고 해서 그것이 우리가 본받아야 하는 것은 아니라는 사실을 상기시킵니다. 사람들의 보편적인 행위가 그리스도를 주님으로 믿는 사람의 삶의 표준이 되어서는 안 됩니다. 주님과 하나가 되고, 우리의 삶의 영역과 공간을 주 예수 그리스도에 두고 있는 상황에서 그리스도인다운 행동을 해야 합니다.

**"굳게 서는 것"**은 군인들의 자세에서 빌려온 말입니다. 적을 저항할 때 갖는 태도처럼 말입니다. 한 치의 양보도 없이 반대 세력에 대항하고, 자신의 입지를 양보하지 않는 태도를 가리킵니다. 러시아와 우크라이나 전쟁이 발발한지 1년이 넘게 지났습니다. 러시아는 우크라이나가 유럽 공동체와 친하게 지내려는 것을 눈치 채고는 우크라이나를 혼내주려고 전 방위에서 우크라이나 영토에 포탄을 퍼부었습니다. 애초에 러시아는 3주만에 전쟁을 끝낼 자신감을 가지고 우크라이나를 공격했습니다. 처음에 일방적으로 공격을 당하면 우크라이나는 그대로 무너져 내리는 줄 알았을 것입니다. 적어도 러시아는 그렇게 생각했습니다. 하지만 자신의 땅을 한 치도 빼앗기지 않겠다고 다짐한 우크라이나 군인들의 항전 의지와 국민들의 애국심이 더해져서 지금은 우크라이나가 우위에 있으면서 전쟁을 진행하고 있습니다. 이 전쟁의 결과가 어떠할지는 더 지켜봐야겠지만, 적어도 러시아와 우크라이나 전쟁에서 우리는 굳게 선다는 것이 무엇인지를 배울 수 있습니다.

주 안에 굳게 선다는 것은 사도가 전해준 복음을 굳게 붙든다는 뜻입니다. 그 복음은 그리스도의 복음입니다. 우리는 이 복음이 가져온 변화를 잘 알고 그 복음이 요구하는 데 충성해야 합니다. 그것은 복음에 어긋나는 교훈이나 행위들에 저항하는 것으로 나타낼 수 있습니다. 사람이 만든 종교나 사람의 전통이 교회에 발을 붙이지 못하게 강한 의지를 가지고 반대해야 합니다.

## 주 안에서 같은 것을 생각하라

둘째로, 바울은 빌립보서의 두 여성 지도자들에게 **"주 안에서 같은**

**것을 생각하라**"고 권합니다. 교회 안에 있는 분열, 투쟁 그리고 갈등을 멈추고 하나가 되라는 권면입니다. 바울은 특히 빌립보 교회에게 같은 생각을 하라는 교훈을 많이 했습니다. 1장부터 바울은 빌립보 교회 안에 복음을 전하는 사람들 사이에서도 갈등이 있다는 것을 간파하여 교훈했으며, 또 2장에서는 서로 간에 뜻이 다르고 생각이 달라 허영이 난무하고 있음을 콕 집어 언급합니다. 그리고 나서 무슨 일에서든지 다툼이나 허영으로 하지 말고 마음을 같이하고, 하나의 영혼을 가지고 생각을 같이 하라고 권합니다(빌 2:1-3). 교회가 공동체로 서 나가려면 같은 생각을 하는 것이 무엇보다 중요하기 때문입니다.

바울이 **"같은 생각을 하라"**고 말하는 것은 누구나 천편일률적으로 일반적인 생각을 하라는 의미가 아닙니다. 바울이 말하고자 하는 것은 그가 전한 복음에 대한 같은 이해를 같이 하라는 뜻인 것이 분명합니다. 사람들에게는 저마다 자기가 원하는 기쁜 소식이 있었겠지만, 성경이 말하는 것과 사도가 전해주는 복음이 무엇인지를 알려고 노력해야 합니다. 유대인 출신의 그리스도인이 교회에서 기대하는 것과 이방인 출신의 그리스도인이 기대하는 것이 다를 수 있습니다. 어쩌면 빌립보 교회 안에서 벌어지는 갈등, 그리고 두 여성 지도자들 사이에서 벌어지는 갈등이 이런 것이었을지도 모릅니다. 종교적인 성향이 다르고 추구하던 방향이 달랐을 테니까 말이지요.

교회 안에 있는 다양한 사람들은 서로 자기가 표준이 되어 다른 사람들을 자신이 살아가는 방식에 맞추기를 바라는 경우가 많이 있습니다. 음식 먹는 문제로 서로 판단하고 업신여겼던 로마 교회(롬 14장)와 고린도 교회(고전 8장)를 생각해 보세요. 자신이 평생 살아왔던 것을 표준으로 남을 판단하면 교회 안에 있는 사람들은 저마다 자기는 옳고 다른 사람들은 틀렸다고 판단하면서 비난하게 됩니다. 이런 곳에는 당연히 분열이 발생하고, 자칫 그 분열은 극심하게 발전할 수 있습니다. 그럴 때 바울의 권면을 생각해야 합니다. **"너희는 다 같은 생각을 해라."** 바울이 염두에 둔 것이 무엇이겠습니까? 그리스도가 가져오신 복음, 우리가 주 안에 있다는 신약교회의 정체성 아니겠습니까. 생각을 같이 하려면 교회는 복음을 잘 가르쳐야 하고 정확한 복음이 무엇인지 알려야 합니다. 교인들은 교회에서 다른 유익한 생활 정보나 세상에서 성공하는 비결을 배우려고 기대해서는 안 되고, 성경을 읽는 법, 복음이 무엇인지, 복음이 가져온 변화가 무엇인지 배우는 데 힘써야 합니다. 그래야 교회는 하나 됨을 지킬 수 있습니다.

바울은 빌립보 교회에 이런 권면을 하면서 특히 두 여자를 지목합니다. 사실, 바울의 권면은 이 두 여자를 겨냥했고, 특히 그 두 여자가 들으라고 하는 겁니다. 유오디아와 순두게라는 여자가 그 주인공들입니다. 이들에 대한 정보는 이곳에 이름이 언급된 것 말고는 다른 곳에 이름조차 언급되지 않았고, 빌립보에서도 이것 이외의 다른 정보를 얻을 수 없기에, 이들이 서로 어떤 관계인지, 무슨 문제로 바울이 이런 권면을 하고 있는지 우리로서는 전혀 깜깜하며, 아무 것도 모릅니다.

다만 3절에서 바울은 그와 멍에를 같이한 사람에게 권한다고 한 것을 보니, 이 여자들은 바울이 졌던 짐을 어느 정도 지고 있던 몇몇 사람들 중에 두 사람인 것 같습니다. 또 이들은 바울과 함께 교회를 위해 노력하고 힘쓰던 사람인 것과 바울의 동역자들 중에 포함된 사람들이었을 것이라고 조심스럽게 추측해봅니다. 몇몇 주석가들(특히 피터 오브라이엔)은 유오디아와 순두게가 교회의 탁월한 지도자들이었을 것이라고 제안합니다. 확인할 길은 없지만, 개연성은 있습니다. 바울이 특히 두 여자들에게 동일한 것을 생각하라고 권한 것은 교회에 영향을 덜 미치는 사람들보다는 그들의 행동이 교회의 존립에 지대한 영향을 주었기에 그들을 지목한 것이 분명합니다. 그렇지만 바울은 빌립보 교회 교인들이 다 들으라고 **"너는"**이라고 지칭하면서 이런 말을 합니다. 유오디아와 순두게 사이에, 또 지도자 급 되는 이 두 여자들과 빌립보 교회 사이에 존재하는 불화를 치유하기 위해서는 교인들 모두 하나가 되기 위해 노력하라고 말입니다. 만약에 이 두 사람이 바울 사역에 힘쓰던 사람이고 동역자들에 해당한다면, 바울은 교회의 다양한 구성원들에게 모두가 하나 같이 복음 사역에 충성된 협력자가 되라고 권하고 있다고 볼 수 있습니다.

유오디아와 순두게의 갈등을 절대로 사적인 불화로 취급해서는 안 됩니다. 3절에 동역자들의 이름이 **"생명책"**에 기록되었다는 바울의 언급에서, 이 문제는 교회에 속한 많은 사람들이 그리스도의 재림 때 생명을 얻는 문제와 최종적으로 구원을 얻는 문제와 관련이 있다는 것이 분명하기 때문입니다. 말하자면, 교회 안의 갈등은 지도자 간의 갈등이 되었든지, 지도자와 교인 간의 갈등이 되었든지, 어느 인간 사회에서나 볼 수 있는 그런 개인적인 감정 다툼이 아니라는 것을 알아야 합니다. 지도자 간의 갈등은 교회의 존폐, 생명책에 기록됨의 여부에 영향을 주는 문제입니다.

이것을 치유할 수 있는 방법은 하나밖에 없습니다. 주 안에서 서로 협력하는 일입니다. 바울은 다른 편지에서 교회 내부에서 벌어지는 갈등을 몸에 비유하여 몸의 신체 각각이 서로에 대한 갈등으로 소개했습니다(롬 12:4-5; 고전 12:12-27; 엡 4:15-16; 골 2:18-19). 바울이 다른 편지들에서 강조했듯이, 우리는 같은 몸에 붙은 지체로서, 다양한 지체들이 있지만 몸은 하나라는 사실을 기억해야 합니다. 그것은 지체 서로 간에 갈등 없이 골고루 성장하기 위해 필요합니다. 받아들임, 아량, 협력하는 일에 교인들 모두가 힘을 써야 합니다.


## 복음을 위해 일하는 자들을 도우라


셋째로, 바울은 교회에 복음 사역에 동역자들을 돕는 것이 무척 중요하다고 교훈합니다. 구체적으로 글레멘트라는 사람을 거명했으며, 그밖에도 우리는 모르지만 빌립보 교회는 알아들었을 다른 몇몇 동역자들을 지원하라고 권합니다. 여기서 **"돕는다"**는 것은 지지한다, 지원한다, 조력한다는 뜻입니다. 돕는 일에는 정신적인 것과 물리적인 도움이 병행되어야 합니다.

정신적으로 돕는 것은 복음 전도자들이 바른 복음을 전할 수 있도록 그들이 배우고 익히는 일에 노력하고 열심을 내는 것을 생각할 수 있습니다. 또한 바울 복음을 충실하게 전하는 사람들을 격려하는 일입니다. 사람은 심성이 약해서 작더라도 칭찬받는 것을 좋아하고, 쓴소리를 들으면 낙담하기가 쉽습니다. 균형을 맞추기가 쉽지는 않지만, 다수가 잘못된 길을 가고 소수가 바울을 따르고 있는 상황에서, 그 소수는 늘 구석이나 막다른 골목에 몰린 기분이 들 것이고, 사회적 낙오자라는 생각에 절망과 낙심, 그리고 자존감 하락 등에 직면하기 쉽습니다. 이들의 생각에 공감하는 것은 이들에게 큰 용기를 줄 것입니다.

물리적으로 돕는 것은 재정적인 지원을 들 수 있습니다. 당시 복음을 전하는 사람은 가난했습니다. 주님의 뜻을 따르고 주님께 헌신하려는 마음에 세상 사람들이 비중을 두고 생각하는 세상에서 돈 벌이하는 것을 고려하지 않고 무작정 사명 수행에 뛰어들기 때문입니다. 돈 벌이를 하는 교인들과 재정이 상대적으로 넉넉한 교회는 복음을 전하는 일에 수고하는 사람들이 살아갈 수 있도록 물질적으로 지원해야 합니다. 이것이 사역자는 그의 사명을, 교인들은 교인됨의 도리를 다하는 일입니다.

2022년 12월 14일자 국민일보에, 교회의 부교역자들 중에 조용한 사직을 택하는 사람이 증가하고 있다는 기사가 실렸습니다. **"조용한 사직"**이라는 말은 **"실제 퇴사하진 않지만 자신이 맡은 최소한의 업무만 수행하는 업무관"**을 가리키는 말입니다. 그 기사에 따르면, 통계적으로 부교역자들 가운데 47%가 업무량이 너무 많다는 이유로, 46%가 사례비가 적다는 이유로 조용한 사직을 수행한다고 합니다. 예전에는 **"열정 페이"**라는 이름으로 젊은 사람들의 의도와 포부, 그리고 열정을 강요했고, 젊은 사람들은 으레 세상을 배우기 위해서는 그 정도쯤 감수할 수 있어서 이런 제도를 받아들였는데, 요즘은 그렇지 않은 것이 한국교회의 현실입니다. 대학원을 졸업한 사람이 알바생의 수입보다 적은 사례로 일주일에 5일 내지 7일, 하루 9.7시간 넘게 헌신이라는 이름으로 교회 봉사를 강요받고(그래서 "헌신 페이"라는 말이 생겨났습니다), 거기에 담임목사의 눈치까지 봐야 하는 상황이 젊은 사역자들로 하여금 **"조용한 사직"**을 하게 만드는 요인이 되고 있습니다. 심지어 교회를 떠나는 사역자들도 많이 있다고 합니다. 물질적 지원과 정신적 지원이 다 필요한 실정입니다.

1세기는 이보다 더했을 테니, 이런 상황에서 복음 전하는 일에 바울과 함께 하는 동역자들을 재정적으로 돕는 일은 결국 복음 사역을 돕는 일이고, 그들을 격려하고 힘을 북돋아주는 일입니다.

이 문제 역시 바울이 1절을 시작하면서 **"그러므로"**라고 한 말에 걸리는 내용입니다. 교회가 진정 주 안에 있고 바른 복음을 받았다면, 일선에서 복음을 전하는 사역자들만 사역에 봉사하도록 남겨둘 것이 아니라, 교회가 협력하여 그 일 하는 사람들을 도와서 온전하고 바른 복음이 전파되도록 하는 데 가담해야 할 것입니다. 이것이 복음에 근거하여 사는 그리스도인의 삶의 진정한 특징입니다. 이러한 삶은 일반 종교는 물론이고 세상 사람들로부터 교회를 구별케 하는 진정한 표지입니다.

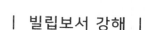

# 19강

# 기뻐하라, 관용을 알게 하라,
# 하나님께 아뢰라

### (빌립보서 4:4-7)

**빌립보서 4:4-7**

⁴주 안에서 항상 기뻐하라 내가 다시 말하노니 기뻐하라 ⁵너희 관용을 모든 사람에게 알게 하라

주께서 가까우시니라 ⁶아무 것도 염려하지 말고 다만 모든 일에 기도와 간구로, 너희 구할 것을

감사함으로 하나님께 아뢰라 ⁷그리하면 모든 지각에 뛰어난 하나님의 평강이 그리스도 예수 안에서

너희 마음과 생각을 지키시리라

# 19강
# 기뻐하라, 관용을 알게 하라, 하나님께 아뢰라

(빌립보서 4:4-7)

바울은 빌립보 교회 내부의 중요한 문제를 해결하고 나서 간략한 권면으로 편지를 마무리합니다. 격언처럼 보이는 그의 짧은 권면은 일반적인 교훈으로 받아들이기 전에 빌립보 교회 내부 문제나 앞에서 이미 다루었던 바울의 권면을 생각하면서 이해하는 것이 좋습니다.

바울은 빌립보 교회에게 마지막으로 세 가지를 권합니다. 기뻐하라. 관용을 알게 하라. 하나님께 아뢰라. 이 세 가지는 슬쩍 보면 서로 연결이 없는 권면들일뿐더러 어쩌면 모순처럼 보이기까지 합니다. 지금 빌립보 교회의 대부분의 교인들은 세 번째 명령에 암시되어 있듯이 염려에 휩싸여 있었습니다. 그런 사람들에게 기뻐하라고, 또 그들의 관용을 모든 사람에게 나타내라고 권하는 것은 앞뒤가 맞지 않는 이야기처럼 들릴 것입니다. 더군다나 교회 안에서 마주하는 반대자들에게서 받는 위협(빌 1:28; 3:2, 18)과 옥에 갇혀 있는 바울에 대한 걱정(1:18, 19; 4:10), 교회 안에 있는 사람들 간의 질투와 경쟁심으로 빚어진 분열 등을 생각한다면, 그들에게는 기쁨도 없고, 관용을 베풀만한 마음의 여유도 없는 것이 분명합니다.

그렇지만 사도는 빌립보 교회의 현재 상황에 가장 적합한 교훈이라고 생각하면서 신중하게 이렇게 명령했을 테니, 우리 역시 빌립보서 내부에서 이 교훈을 받을 만한 단서는 없는지 생각하면서 바울의 마음을 읽어내야 합니다.


## 주 안에서 "항상" 기뻐하라

첫째, 바울은 **"주 안에서 항상 기뻐하라"**고 권합니다. 막연히 기뻐하라는 것이 아닙니다. **"주 안에서 기뻐하라"**입니다. 여기서 강조되는 기뻐함을 이해하는 열쇠는 **"주 안에서"**에 있다는 것을 다시 떠올리는 것이 좋습니다. 그리고 나서 바울이 **"항상"** 기뻐하라는 말을 첨가합니다. 바울이 교훈하려는 내용은 무엇일까요?

빌립보 교회에게 기뻐하라는 바울의 권면은 빌립보서의 트레이드 마크(Trade Mark)입니다. 저는 이미 **"주 안에서 기뻐하라"**는 말이 무슨 뜻인지를 3장을 설교하면서 설명했습니다(빌 3:1). 바울은 유대교의 입장을 강조하는 사람들이 그들의 우월함과 그들 방식의 신앙생활을 강요하는 것에 대하여, 낮아지시고 십자가에 죽으신 그리스도를 자랑하고 신뢰한다는 의미에서 **"주를 기뻐하라"**는 의미라고 말씀드렸습니다. 그리스도를 제쳐두고 자신이 신앙의 높은 위치에 올라 있다고 자랑하고, 십자가에 못 박히신 그리스도 한 분만 붙들고 바라보는 사람들을 얕보는 사람들을 겨냥한 말씀입니다. 그런 상황에서 누구라도 주눅들기 쉽지만, 주님이 가져오신 은혜와 변화시킨 엄청나게 큰 사건들을 생각하면 주를 기뻐하는 것은 어쩌면 신자의 의무이고, 신자 됨의 표입니다. 우리의 기쁨은 **"주 안에"** 있어야지, 돈 조금 생겼다고, 승진했다고, 40일 특별새벽기도 개근했다고 기뻐할 것이 아닙니다.

바울은 주 안에서 기뻐하라는 내용을 한 번 더 언급합니다. 그래야 할 필요가 있었습니다. 사람들이 자꾸 잊어버리기 때문입니다. 또한 주님의 위대하심을 망각하기 쉽기에 바울이 강조하려는 것이 무엇인지를 다시 상기시키기 위해서입니다. 우리의 연약함 때문에 바울은 **"다시 말하노니 기뻐하라"**고 거듭 일깨웁니다. 그래서 우리는 바울이 빌립보 교회에게 그리스도로 만족하고 그분을 신뢰하고 자랑하면서, 그리스도가 가져오신 모든 변화를 기뻐하라고 권하고 있다는 것을 알아차릴 수 있습니다.

그런데 바울의 이 권면에 다른 점이 있다면 **"항상"**이라는 단어가 첨가되었다는 점입니다. **"항상"**은 **"늘"**이라는 뜻이기도 하지만, **"어떠한 상황에서도"**라는 의미가 있습니다. 여기서 무게 중심은 **"어떤 상황에서든지"** 주 안에서 기뻐하라는 데 있습니다. 빌립보서 1:18에서 표명한 바울의 고백("이로써 나는 기뻐하고 또한 기뻐하리라")에 나타나 있듯이 힘든 상황을 마주한 바울이나 두려운 위험에 직면한 빌립보 교회의 경우처럼, 이런 상황에 있는 사람들에게 바울이 기뻐하라고 권면하는 것으로 이 말을 이해해야 합니다. 다시 말씀드리지만 주를 기뻐하는 것은 그리스도인의 믿음의 표지입니다. 이것은 어떤 상황에서도 표출되어야 합니다. 베드로 사도는 그리스도를 믿는다고 박해를 당하는 성도들을 위로하려고 편지를 쓰는 중에 놀라운 소식을 들었습니다. 고난을 당하고, 욕을 먹고, 재산도 빼앗겨 가난하게 된 그들이 환난 속에서 기뻐하고 있다는 소식입니다. 베드로는 곰곰이 생각해보았습니다. '저들은 정말로 항상 기뻐하고 있구나. 그것은 그들에게 믿음이 있다는 표시다'라고 말입니다. 그래서 이런 글을 쓴 것입니다.

너희는 말세에 나타내기로 예비하신 구원을 얻기 위하여 믿음으로 말미암아 하나님의 능력으로 보호하심을 받았느니라. 그러므로 너희가 이제 여러 가지 시험으로 말미암아 잠깐 근심하게 되지 않을 수 없으나 오히려 크게 기뻐하는도다. 너희 믿음의 확실함은 불로 연단하여도 없어질 금보다 더 귀하여 예수 그리스도께서 나타나실 때에 칭찬과 영광과 존귀를 얻게 할 것이니라. 예수를 너희가 보지 못하였으나 사랑하는도다. 이제도 보지 못하나 믿고 말할 수 없는 영광스러운 즐거움으로 기뻐하니, 믿음의 결국 곧 영혼의 구원을 받음이라(벧전 1:5-9).

그들이 기뻐한 것은 그리스도를 사랑하기 때문이고, 그리스도의 재림을 기다리기 때문입니다. 이것은 그들에게 그리스도를 믿는 믿음이 있다는 표입니다. 믿음은 보이지 않는 것을 믿는 것입니다.

그리스도를 사랑하고 미래를 소망하는 것에서 나오는 기쁨은 육신에 속한 사람은 할 수 없는 행위이며, 오직 성령의 열매를 받은 사람이 할 수 있는 행위입니다. 성령의 열매는 사랑과 기쁨과 (미래를 기다리며 바라는) 오래 참음이기 때문입니다(참조. 갈 5:22-23). 주 예수 그리스도를 기뻐하는 것은 주를 자랑하느라 옛 종교에 연연하지 않고 사람들이 따르는 풍습에 마음이 흔들리지 않는 믿음의 굳건하다는 표지입니다. 그리스도인은 변하는 옛 시대와 사람들의 강요에 흔들리지 않고 변하지 않는 그리스도에게 믿음의 심지를 굳게 두는 사람들입니다. 그러므로 우리는 **"늘"** 그리고 **"어떤 상황에서도"** 주를 기뻐할 수 있습니다.


## 너희 관용을 모든 사람에게 알게 하라


둘째, 바울은 **"너희 관용을 모든 사람에게 알게 하라"**고 권합니다. 관용은 너그러움을 뜻하는 단어입니다. 여기에 사용된 단어는 물질과 관련해서는 넉넉하게라는 뜻으로 사용되었습니다. 이러한 의미의 관용은 왕이나 통치자들처럼 그것을 베풀 수 있는 위치에 있는 사람들이 하는 것으로 생각하기 쉽습니다. 대역죄를 범하여 당장 사형집행에 처해야 할 사람을 용서하고 다시 재기할 수 있는 길을 열어주는 통치자는 자비로운 사람이고, 그가 한 행동을 관용을 베풀었다고 말합니다. 그렇다면 물질도 부족하고, 마음에 대해서도 늘 쪼들려 있는 사람의 경우는 어떠하겠습니까? 여기서 문제가 되는 것은 이런 상황입니다.

그런데 성경 시대에 이 단어는 가난한 자 또는 경건한 자의 행동을 언급하는 데 사용되기도 했다는 점을 기억하시기 바랍니다. 지혜서 2장에는 어느 사람이 의인인지 아닌지를 시험하는 방법이 소개되었습니다. "의인이 정녕 하나님의 아들이라면 하나님께서 그를 도우시어 적대자들의 손에서 그를 구해주실 것이다. 그러니 그를 모욕과 고통으로 시험해보자. 그러면 그가 정말 온유한지 알 수 있을 것이고, 그의 인내력을 시험해 볼 수 있을 것이다"(지혜서 2:18-19). 여기에 사용한 **"온유함"**은 빌립보서 4:5에 **"관용"**이라고 번역한 단어와 같은 **"에피에이케이아"**(επεικεια)입니다. 구약성경의 사용례와 마찬가지로, 여기서 의인(ο δικαιος, 디카이오스)은 가난한 사람을 가리키는 말입니다.

그러므로 위의 예에서처럼 관용은 자기가 있는 것을 남에게 나눠주는 아량을 베푸는 문제가 아니라, 어떤 상황을 대처하는 태도를 가리키는 것으로 이해해야 합니다. 지혜서 2장의 예에서 보듯이, 힘이 있고 불경건하며 하나님의 백성을 무시하는 사람들이 온갖 물리적인 힘을 발휘하여 하나님의 백성이 넘어지는 것을 보려고 공격하거나 시험할 때, 그들에게 악을 악으로 대하지 않고, 불의에 대해 불의로 대하지 않고 오히려 선으로 되갚고 의를 행하는 것이 관용입니다. 온유한 태도이며 온유한 마음입니다. 어떻게 이런 반응과 태도를 보일 수 있겠습니까? 그들은 하나님이 미래에 그들의 원수를 갚아주시고 보상해주신다는 것을 믿기 때문입니다. 그들은 어떠한 상황에서라도 남을 미워하거나 다른 사람에게 악을 행하지 않고 하나님을 신뢰하는 태도를 보여줍니다.

고린도후서 10:1에는 바울을 비난하는 고린도 교회의 몇몇 사람들에게 그들의 악의에 찬 태도에도 아랑곳하지 않고 그들을 대응하는 바울의 모습이 나옵니다. 바울은 **"그리스도의 온유와 관용으로 친히 너희를 권"**한다고 말합니다. 그래서 바울은 그들을 맞대응하지 않고 오히려 너그러움을 보였습니다. 일례로 10:3-4에서 바울은 **"우리가 육신으로 행하나 육신에 따라 싸우지 아니하노니, 우리의 싸우는 무기는 육신에 속한 것이 아니요. … 오직 하나님의 능력이라"**고 말합니다. 여기서 온유와 관용은 같은 뜻을 가진 단어들입니다. 그러므로 관용을 보이라는 것은 자신을 공격하고 비난하는 사람들을 대하는 그리스도인의 온유한 태도를 말합니다. 바울이 고린도 교회에 온유와 관용으로 대응했을 때, 이러한 태도는 바울이 누군가의 행위를 본받은 것임이 분명합니다. 바울은 누구를 본받아 자기를 비난하는 사람들을 온유와 관용으로 대했을까요?

사실 **"온유"**와 **"관용"**은 어디서 많이 들어본 단어 같지 않으신가요? 그렇습니다. 우리 주 예수님의 마음입니다. 예수님은 자신을 **"마음이 온유하고 겸손하"**다고 소개하셨습니다(마 11:29). 그래서 그분은 사람들의 어깨에 무거운 짐을 지어주는 것이 아니라 짐을 가볍게 해주셨습니다. 그분은 죄 없는 그를 조롱하며 학대하고 마침내 십자가에 매달은 사람들을 대신 욕하지 아니 하시고 그들의 죄를 용서해달라고 하나님께 기도하셨습니다. 베드로는 이를 이렇게 표현했습니다. **"욕을 당하시되 맞대어 욕하지 아니하시고, 고난을 당하시되 위협하지 아니하시고 … 친히 나무에 달려 그 몸으로 우리 죄를 담당하셨"**다고 말입니다(벧전 2:23-24a). 관용을 베푸신 것입니다.

바울이 빌립보 교회에게 관용을 보이라고 한 것은 그가 사도로서 친히 관용을 베풀었기 때문이며, 이 둘의 행동은 그들의 주님이신 예수 그리스도의 온유와 관용을 본받는 행위입니다. 그러므로 4절의 **"주 안에서 기뻐하라"**는 말에서 **"주 안에서"**는 기뻐할 때만 적용되는 상황이 아니라 관용을 베풀 때에도 적용되는 어구라는 것을 알 수 있습니다. 기뻐하는 것과 마찬가지로 **"주 안에서"** 관용을 보이는 것입니다. 주님을 믿는 사람은 그분을 본받는 사람이기에 누구에게나 관용을 보이는 것입니다.

이처럼, 너그러움과 넉넉함과 아량은 겉으로 볼 때 그 양이 많아 주체할 수 없을 때 드러나는 것이기보다는 어려운 상황에서 그의 됨됨이가 드러나는 상황에서 행해지는 행동들입니다.

빌립보 교회 안에서 벌어졌던 경쟁심과 시기심은 남을 배려하는 마음이 조금도 없는 이기주의와 자신의 권리를 주장하려는 태도에서 나온 것이 분명합니다. 바울은 2장에서 같은 생각을 하고 영혼을 하나로 할 것을 권하면서 그리스도의 모범을 이것을 입증할 좋은 예로 제시합니다. 그리스도가 자신을 낮추고 하나님께 복종했듯이, 그리스도의 사람들도 서로에게 자신을 낮추고 남을 섬기는 사람이 되어야 합니다. 이렇게 하기 위해서 우리는 우리의 모든 것을 포기해야 합니다. 이것은 말처럼 쉬운 일은 아닙니다만 그리스도의 사람이라면 그리스도가 하신 것처럼 행해야 할 자세이며 태도입니다.

바울은 여기서 관용을 보여줄 대상을 **"모든 사람"**이라고 밝힙니다. 가까운 형제나 친척, 마음이 통하는 친구, 교회 안에 있는 사람들에게만 아니라 교회 밖에서 우리가 마주하고 부대끼는 모든 사람들에게도 관용의 태도를 보여야 한다는 말입니다. 하나님께서 그 해를 선인과 악인에게 내려주시고 믿는 사람이나 불신자에게 가리지 않고 비를 주시듯이, 하나님을 아버지라고 부르는 사람이라면 대상을 가리지 않고 관용을 베풀어야 합니다. **"그러므로 하늘에 계신 너희 아버지의 온전하심 같이 너희도 온전하라"**(마 5:48). 이렇게 함으로써 우리가 하나님의 자녀라는 것이 입증됩니다. **"너희 빛이 사람 앞에 비치게 하여 그들로 너희 착한 행실을 보고 하늘에 계신 너희 아버지께 영광을 돌리게 하라"**(5:16).

실천하기 싫고, 행동으로 옮기기가 쉽지 않지요? 그럼에도 바울이 관용을 보여주라고 권면한 이유가 있습니다. **"주께서 가까우시기 때문"**입니다. 여기서 **"가깝다"**라고 번역하는 단어는 시간적으로 코앞에 닥쳤을 정도로 임박했다는 의미입니다. 공간적으로는 근처에 또는 함께라는 뜻입니다. 이 말은 그리스도가 늘 우리와 함께 계시다는 의미일 것입니다. 두 의미 모두 우리가 고려해야 하겠지만, **"주께서 가까우시다"**는 말을 특히 시간적으로 긴박성을 나타내는 것으로 이해하는 것이 좋을 것입니다. 예수님이 해주신 비유에 나와 있듯이 말입니다. 예수님은 누가복음 12장의 한 비유에서 청지기의 특징을 이렇게 설명하셨습니다. 청지기는 주인이 없는 동안 다른 종들을 맡아 때를 따라 양식을 나누어 주며, 주인이 어느 시각에 오든지 문을 열어주어야 그가 충성된 청지기, 즉 신실한 청지기로 인정을 받는다고 가르칩니다. 그 비유의 절정은 12:46에 있습니다. 주인이 늦는다고 다른 종들을 때리며 학대하면서 게으름을 피우게 된다면 그 청지기는 징계를 받는다는 내용입니다. **"생각하지 않은 날 알지 못하는 시각에 그 종의 주인이 이르러 엄히 때리고 신실하지 아니한 자의 받는 벌에 처하리니."** 종은 주인이 오시는 날을 생각하며 주어진 시간을 보내야 합니다. 주인의 뜻을 행하면서 말입니다(눅 12:47-48). 예수님의 재림은 땅에 사는 우리의 삶의 원동력이고 지향점입니다.


### 염려하지 말고 하나님께 아뢰라

셋째, 바울은 **"염려하지 말고, 모든 것을 하나님께 아뢰라"**고 권합니다. 여기서 바울은 기도, 간구, 하나님께 아룀 등 하나님께 아뢰는 것에 해당하는 다양한 표현을 사용합니다. 여기서 강조는 기도라는 데 있는 것이 아니라, 염려를 초래할 정도의 문제 앞에서 그 문제를 두려움으로 염려하고 걱정하면서도 그 문제에 사로잡히지 말고 **"하나님께 아뢰라는 데"** 있습니다. **"아뢴다"**는 것은 일러준다, 알게 한다, 맡긴다는 뜻입니다. 이것은 하나님의 위대하심과 문제 해결 능력을 가지신 그분의 전능하심에 대한 믿음과 신뢰를 일깨우는 말씀입니다. 염려의 상황, 걱정거리가 있는 상황에서 그것을 어떻게 대처할지의 문제입니다.

우리가 염려하는 것은 우리의 생존에 해를 초래할 만한 것이 닥칠지 모른다는 두려움 때문입니다. 그 중에는 먹고 사는 문제가 제일 클 것이고, 생명을 앗아가는 전쟁과 전염병과 질병도 여기에 해당할 것입니다. 이밖에도 집을 사고파는 문제, 사업처를 운영하는 문제, 취직하는 문제, 애들 학교 보내고 결혼시키는 문제 등 개인별로 긴급하다고 여길 만한 문제들이 많이 있을 것입니다. 그러나 이런 것만이 아닙니다. 바울이 빌립보서 4:11-12에서 말하게 되듯이, 우리의 염려는 만족함과 자족함이 없는데서, 남이 가지고 있는 것에 대한 부러움과 그보다 더 좋은 것을 가지려는 것(시기심과 경쟁심)에서 오며, 하나님에게 간구하지 않는 데서도 올 수 있습니다.

약한 마음을 가진 사람들은 이런 총체적 위기 앞에서 걱정이 앞설 것입니다. 그 문제를 자신이 해결할 수 있다면 그 문제를 두고는 염려하지 않습니다. 염려는 자신의 능력을 벗어나는 문제, 많은 희생과 손실을 초래하는 문제를 자신의 힘으로 해결하려고 할 때 오는 압박감과 좌절감에서 오는 반응입니다. 육체에 속한 사람은 그에게 닥친 문제를 자신의 문제라고 생각하여 본인이 직접 해결하려고 하거나, 그와 비슷하게 행동합니다.

빌립보 교회도 이 문제에서 이미 염려를 하고 있었던 듯합니다. **"아무 것도 염려하지 말고"**라는 말 속에(행동 중지를 요구하는 현재 명령형이 대개 그런 상황을 표현해주는데) 그들이 지금 그 염려에 사로잡혀 있음을 전제합니다. 우리의 마음과 정신을 좀 먹고 있는 상황에서 우리가 이 문제를 해결하는 최고의 방법은 그 문제의 해결자이신 하나님께 아뢰는 것입니다. 하나님께 아뢰는 것은 이러한 염려에서 벗어날 수 있는 최상의 방법입니다. 하나님이 어떤 분이시기에 바울은 우리의 염려를 하나님께 아뢰라고 하는 건가요?

마태복음 6:25-34에서 예수님은 우리가 염려한다고 생명을 한 시간도 연장하지 못하고, 키를 한 자도 더 키울 수 없는 절대 무능력자들인 것을 폭로하셨습니다. 그뿐만 아닙니다. 염려하는 사람은 그가 하나님의 자녀라고 입으로는 떠들어대면서도 실제는 이방인들로 사는 것임을 일깨우셨습니다. 염려하여 안절부절 못 하는 것은 능력이 없는데도 자신이 그 문제를 해결하려는 심리 때문입니다. 이것은 하나님을 알지 못하는 세상 사람들이 세상을 살아가는 방법입니다. 예수님은 이를 이방인의 특징으로 꼽았습니다. **"이는 다 이방인들이 구하는 것이라"**고 평가합니다(마 6:32).

사실, 하나님은 우리에게 의식주를 비롯하여 모든 것이 있어야 할 줄을 아는 분이십니다. 우리의 아버지이시기 때문입니다. 하나님은 우리의 염려거리를 다 아십니다. 바울이 염려를 하나님께 아뢰라고 말한 것은 하나님에게 이 문제를 해결해줄 능력이 있으니 문제 해결을 위해 아뢰라고 말한 것만은 아닙니다. 하나님이 우리 아버지이시기 때문에 아뢰라고 권하신 것입니다(마 6:26, 32). **"내가 네 염려를 짊어질 테니 너는 마음의 안정을 찾고 평안히 가라"**는 의미에서 그러시는 것입니다. 하늘에 계신 아버지 하나님은 우리의 부족함을 아시고 우리가 구하는 것이 우리에게 있어야 할 것도 아십니다. 그래서 때를 따라 주시고 도우시고 은혜를 베푸시는 것입니다. 그러니 염려를 본인이 해결하겠다고 끌어안지 마십시오. 염려거리가 있을 때 마음을 써야 할 것이 있다면 100% 하나님의 나라와 하나님의 의를 구하는 것에 마음을 써야 합니다(6:33). 그리고 염려거리는 하나님 아버지께 맡기는 겁니다. 이것이 **"너희 구할 것을 하나님께 아뢰라"**는 뜻입니다.

예수님이 가르치시는 교훈의 핵심이 여기 있습니다. 염려할 만한 것이 있을 때 우리의 기도는 하나님의 의를 구하는 데 집중해야 합니다. 다른 사람과 올바른 관계를 유지하고 다른 사람을 나보다 낮게 여기는 태도를 가지게 해달라고 말입니다. 그럴 때 기도는 자신의 욕구를 해결 받는 데 모아지는 것이 아니라 다른 사람을 위해 자신을 희생하고, 자신이 다른 사람을 섬기는 행동을 하는 것으로 나아갈 것입니다. 그러할 때 비로소 기도의 본래적 목적이 이루어집니다. 바로 하나님과 실제로 교제하는 것 말입니다. 기도하는 시간은 많은데, 그 대부분의 시간을 울며 통곡하고 "주세요, 주세요"라고 간청하는 데에 사용한다면, 그 기도는 마태복음 6:25-34에서 가르치신 예수님의 교훈과 어긋나는 기도입니다.

제가 대학생이었을 때, 우리 학교 앞에 등굣길마다 모습을 드러내는 여자 한 분이 있었습니다. 40대 중반으로 보이는 여성으로서 남루한 옷을 입고 한쪽 다리를 저는 분이었습니다. 학생들은 그 아주머니를 "막달라 마리아"라고 불렀습니다. 그 아주머니는 교문에 들어서는 학생이 보이기만 하면, 절룩거리며 달려가 한 손은 내밀며 "전도사님, 100원만"이라고 요구했습니다. ("주세요"라고 애원하는) 간청이 아니라 "줘"라는 의미로 "100원만"이라고 아주 짧게, 그렇지만 자기 의사를 분명하게 밝혔습니다. 돈을 달라는 것이지요. 그래서 보기만 하면 마구 돈을 달라는 의미로 학생들은 그 아주머니를 성경에서 이것과 발음이 비슷한 "막달라 마리아"를 그에게 붙여준 것입니다. 저 아주머니는 "100원을 마구 달라(막달라)"고 하면서 손을 내민단 "말이야(마리아)"라는 말의 약자였습니다. 우리의 기도도 문제 해결식의 기도가 되면 하나님께 "막달라 마리아" 식으로 기도할 수밖에 없습니다. 교회는 이런 식으로라도 기도 시간을 많이 가지고 자주 기도하는 사람을 경건하다고 하고 있으니, 이것이 얼마나 유치한 경건인지 생각을 좀 해보시기 바랍니다.

잠언에는 **"족한 줄을 알지 못하여 족하다 하지 아니하는 것 서넛"**이 소개되었습니다. **"곧 스올**(저승)**과 아이 배지 못하는 태와 물로 채울 수 없는 땅과 족하다 하지 아니하는 불"**이 그것입니다(잠 30:16). 수긍할 수 있는 예들이지요. 끊임없이 달라고 하고, 주고 또 주어도 만족하지 않는 것들입니다. 잠언은 이처럼 하나님께 달라고만 기도하는 사람들을 이런 부류에 속하는 사람으로 규정합니다. 거머리가 흡혈할 만한 물체를 발견하면 착 달라붙듯이 자기의 요구를 충족시키려고 상대방에서 원하는 것만큼 빨아먹습니다. 이런 것을 콕 집에 잠언 30:15에서 이런 사람을 거머리에 비유합니다. **"거머리에게는 두 딸이 있어 다오, 다오**(Give me, 주세요, 주세요) **하느니라."** 기동할 대마다 **"주시고… 해주시기를 원합니다"**라고 기도하는 모습이 떠오르지 않습니까? 거머리의 새끼를 아들이 아니라 딸이라고 언급했습니다. 옛 말에 딸은 친정의 기둥을 뽑아간다는 한국 속담이 연상되는 본문입니다.

기도를 이 정도로 이해하는 것은 문제가 있습니다. 아무튼지 빌립보서 4장의 이 말씀을 단지 기도를 독려하는 말씀으로 이해해서는 안 된다는 말을 하려고 장황하게 설명했습니다. 바울이 이 말로써 권하는 것은 이것입니다. 염려는 우리가 해결하는 것이 아니라는 것과 우리에게는 그럴 능력이 없다는 것, 그래서 하나님을 신뢰하고 하나님께 아뢰어 염려로부터 해방되라는 점을 일깨운다는 것입니다.

### 모든 지각에 뛰어나신 하나님

자신의 문제를 하나님께 맡기는 까닭은 무엇일까요? 바울은 7절에서 우리가 염려를 맡길 그 하나님이 모든 지각에 뛰어나신 하나님이라는 점을 일깨웁니다. 하나님은 우리의 염려를 알아서 처리할 수 있으시며, 그러하기에 문제를 가지고 있었던 당사자는 진정한 마음의 평강을 누릴 수 있습니다. **"하나님의 평강이 너희 마음과 생각을 지키시리라"**는 바울의 마지막 말은 이러한 교훈에서 자동적으로 추론할 수 있는 결론입니다. 하나님은 구원하신 사람들을 끝까지 지키십니다. 우리가 구하든지 구하지 않든지, 하나님의 뜻에 맞든지 맞지 않든지 그 사람을 지키시는 것은 분명한 사실입니다. 그런 하나님만이 우리가 기도하면서 구하는 우리의 바람을 충족시키실 수 있으십니다. 하지만 지금 바울이 다루는 문제는 **"염려,"** 즉 걱정입니다. 그 염려가 일상생활의 염려(무엇을 먹고 마시고 입을지)이든지, 또는 교회 내부의 문제(빌립보 교회의 문제처럼)가 되었든지 간에, 우리의 마음을 지배하고 있는 염려는 기도하여 하나님께 아뢸 때 해결되고, 우리는 진정 평강을 누릴 수 있습니다.

바울은 하나님 혼자서도 얼마든지 할 수 있는 일을 그 하나님께서 **"그리스도 예수 안에서"** 우리의 마음과 생각을 지키시므로 더욱 확실하게 우리는 마음의 평안을 얻을 수 있음을 일깨웁니다. **"그리스도 예수 안에서"**라는 말은 하나님이 우리를 보호하시는 영역이며, 우리와 그리스도의 관계를 알려주는 어구입니다. 하나님께서는 우리 주님 예수 그리스도와 관련해서 우리에게 평강을 주시고 마음과 생각을 지키십니다. 그리스도가 하신 사역으로 인해 이와 같은 하나님의 평강을 이루시는 놀라운 일의 절정이 나타났습니다. 그래서 바울은 에베소서 2:14에서 우리 주님을 **"그는 우리의 화평"**이시라고 선언합니다. 그리고 나서 그분이 하신 일을 소개하는데, 바로 "(유대인과 이방인으로) 둘로 나뉜 것을 하나를 만드셨으며, 원수 된 것을 자기 육체로 허무셨다"고 구체적으로 설명합니다. 이런 그리스도의 평강이 나타나는 곳은 교회이고, 교회 안에 있는 신자는 모든 염려 속에서 하나님께 기도로 구할 것을 아뢰어 염려로부터 해방을 얻고 총체적인 면에서 평강을 얻을 수 있습니다. 그러할 때 신자들은 때마다 일마다 평강을 누릴 수 있습니다(참조. 살후 3:16).

우리가 **"그리스도 예수 안에"** 있다면 하나님의 평강은 틀림없이 그리스도의 재림 때까지 우리를 지킬 것입니다. 마음과 생각은 우리의 감정, 생각, 의지 등 우리의 전인격을 지칭하는 용어입니다. 우리의 전체를 마치 적군에게서 보호하듯이, 우리 주변에 배리케이트를 쳐놓듯이 우리를 안전하게 지키실 것입니다. 그리스도와 연합한 사람은 마귀의 유혹에서 지킴을 받을뿐더러 모든 염려에서도 지킴을 받습니다.

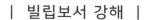

# 20강

# 내게 배우고 받고 듣고
# 본 바를 행하라

(빌립보서 4:8-9)

## 빌립보서 4:8-9

**8**끝으로 형제들아 무엇에든지 참되며 무엇에든지 경건하며 무엇에든지 옳으며 무엇에든지

정결하며 무엇에든지 사랑 받을 만하며 무엇에든지 칭찬 받을 만하며 무슨 덕이 있든지 무슨

기림이 있든지 이것들을 생각하라 **9**너희는 내게 배우고 받고 듣고 본 바를 행하라 그리하면 평강의

하나님이 너희와 함께 계시리라

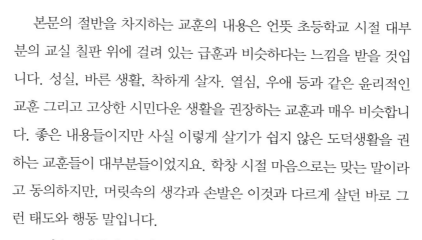

# 20강

# 내게 배우고 받고 듣고
# 본 바를 행하라

### (빌립보서 4:8-9)

　　본문의 절반을 차지하는 교훈의 내용은 언뜻 초등학교 시절 대부분의 교실 칠판 위에 걸려 있는 급훈과 비슷하다는 느낌을 받을 것입니다. 성실, 바른 생활, 착하게 살자. 열심, 우애 등과 같은 윤리적인 교훈 그리고 고상한 시민다운 생활을 권장하는 교훈과 매우 비슷합니다. 좋은 내용들이지만 사실 이렇게 살기가 쉽지 않은 도덕생활을 권하는 교훈들이 대부분들이었지요. 학창 시절 마음으로는 맞는 말이라고 동의하지만, 머릿속의 생각과 손발은 이것과 다르게 살던 바로 그런 태도와 행동 말입니다.

　　그리스도인들이 이 땅에서 살아가는 동안 시민법도 지키고, 다른 사람과의 관계에서 눈살 찌푸리게 하는 행동을 하지 않고, 누가 보더라도 품위 있는 행동을 하는 것은 필요합니다. 그러니 **"무엇에든지 참되게 살며, 옳고 정결하고 사랑 받을 만하며 칭찬 받을 만하"**게 생활하는 것과 덕에서나 기림에서나 이런 것들을 늘 생각하면서 사는 것은 여러 사람들이 함께 사는 사회에서 꼭 필요한 삶의 지침들인 것은 사실입니다. 8절에 언급된 이 내용은 많은 학자들 말로는, 당대 로마 사회에서 요구되던 품성, 우리 식으로 말하면 바른생활 지침에 해당합니다. 누구라도 사람 사는 사회에서 중요하게 여기는 가치들과 품성이라는 것을 단번에 알아볼 수 있습니다. 세상 역시 무엇이 고상한 것인지, 무엇이 천박한 행동인지 잘 알고 있습니다. 무엇이 품위가 있고 가치가 있는 성품인지도 다 압니다. 그러니 이 내용은 교회 공동체 밖에서 생활할 때 다른 사람과 관계에서 내놓아야 할 성품과 행동들입니다.

정말 바울 사도도 이런 식으로 사회에서 도덕적인 생활을 하라고 권하는 것일까요? 빌립보서 1:27에서 바울은 빌립보 교인들에게 **"그리스도의 복음에 합당한 생활을 하라"**고, 즉 **"시민 노릇을 하라"**고 권했습니다. 바울의 교훈을 이런 시민 생활에 국한할 수만은 없습니다. 바울이 빌립보 교회에게 편지 쓰는 일을 마치면서, 앞에서 우리가 살펴본 1:3부터 4:7에서 말한 것 이외에 덧붙이는 말로써 4:8-9의 내용으로 마무리하는 것을 보면 이것은 일반 시민으로서 바른 생활을 규정하는 것이라기보다는 앞에서 말했던 것의 연장선상에서 복음과 관련하여, 그리스도인다운 생활과 관련하여 뭔가 더 말하고 싶어 하는 것으로 이해해야 합니다.

바로 앞(빌 4:4-7)에서 바울은 염려로 가득한 사람의 마음과 생각을 평강으로 채우는 방법을 소개했습니다. 어떤 문제든 자신이 끌어안고 있지 말고 하나님께 아뢰어야 한다는 것이지요. 그럴 때 비로소 평강, 그것도 하나님의 평강이 우리의 생각과 마음을 지킬 것입니다. **"지킨다는 것"**은 배리케이트를 치고 장벽을 쌓아서 외부의 적이 내부로 들어오지 못하게 막는 것을 가리킵니다. 적이 성 안으로 들어오면 성 안은 혼란으로 가득하게 되듯이, 염려가 우리 생각에 들어오면 걱정거리가 온통 우리 마음과 생각을 지배하게 됩니다. 적을 막아 성 내부를 지키는 방법은 방어벽을 쌓는 것입니다. 염려로부터 우리 마음과 생각을 지키는 방법은 그것을 하나님께 아뢰는 것입니다. 그 방법이 기도와 간구 등 하나님과 교제하는 여러 수단들입니다.

본문(빌 4:8-9)은 하나님께 아뢰는 것 이외에 우리의 생각이 평강으로 가득하게 하는 방법 두 가지를 더 알려줍니다. 바울은 **"생각하라"**와 **"행하라"**는 두 동사를 사용하여 평강의 하나님이 우리와 언제나 함께 하신다고 일깨웁니다.

바울은 **"끝으로"**라는 말로 이 단락을 시작하는데, 이 단어는 3:1에서도 사용되었습니다. 여기서는 **"한 마디 더 하겠다"**는 뜻으로 사용되었습니다. 특히 이 단어가 사용될 때는 교장 선생님이 훈화하시면서 **"끝으로," "마지막으로," "중요한 한 마디만 더 하고"** 마치겠다고 말하는 것과 비슷합니다. 말하는 사람 입장에서 매우 중요한 말을 하겠다는 표시입니다. 그러므로 이 단어는 일반적인 바른생활을 나열하는 것으로 이해할 것이 아니라, 복음의 특성과 관련하여 바울이 중요한 말을 덧붙이려고 운을 떼는 말로 받아들여야 합니다. 바울은 교회에게 세상에서 그리스도인임을 나타내고, 세상과 구별된 공동체로서 교회의 삶의 특징을 제시하려고 합니다. 생각하라, 즉 무엇에 대해 마음을 쓰고 지속적으로 떠올리라, 그리고 행하라고 말입니다. 그렇다면 무엇을 생각하고, 무엇을 행하라는 말일까요?

## 생각해야 할 것들

8절은 우리 생각을 배회하고 마음을 쓰는 것들을 나열하는데, 1년 365일, 하루 24시간 무엇에든지, 어떤 일에든지, 무엇을 하든지 이런 저런 품성을 생각하라는 것입니다.

먼저 참됨을 생각해야 합니다. 진리라고도 이해할 수 있는 이 단어(αληθη, 알레떼)는 생각이나 행동에 있어서 진실함과 참됨을 의미합니다. 속여 먹으려고 거짓으로 남을 홀리지 말고, 자기에게 불리하더라도 참되고 진실한 것을 말한다는 뜻입니다. 이 단어는 신학적으로 하나님에 대한 진리, 그리스도에 관한 복음의 진리를 표시할 때 사용되는 단어입니다(롬 1:18, 25; 갈 2:5, 14). 이런 의미로서 무엇에든지 참되기를 요구하는 것은 참된 것과 거짓된 것을 구별하는 분별력이 요구됩니다(빌 1:18).

두 번째는 경건입니다. **"경건하다"**고 번역한 단어는 고상하다, 진지하다는 뜻으로 이해하는 것이 그 의미에 더 정확히 접근할 수 있는 방법입니다. 우리 식으로 말하면 매사에 가볍게 또는 농담으로 사람을 대하지 않고 신중하고 진지하게 대한다는 뜻입니다. 고상하고, 진지하고, 품위가 있으며, 존경할 만하다는 내용입니다.

세 번째는 옳음(바름)입니다. 이 단어는 사람과의 관계에서 바름을 표현하는데, 그것만 아니라 하나님의 표준에 일치한다는, 하나님이나 다른 사람들에 대한 의무를 완수하는 것을 가리킵니다. 약속을 잘 지키는 것도 그 하나의 실례가 됩니다.

네 번째는 정결입니다. **"정결"**은 순수함과 거룩함이라는 뜻입니다. 이 단어가 약혼한 두 남녀가 결혼하기 전까지 서로에 대한 자신의 정결함을 잘 보존할 때 사용된 것(고후 11:2)을 보면, 도덕적으로 비난 받을 만한 것이 없음을 의미한다는 것을 알 수 있습니다.

다섯 번째는 사랑 받을 만함입니다. 이것은 존재 자체만으로도 호감을 유발하는 품성과 행동을 일컫는 용어입니다. 에스더가 왕에게 사랑받을 만한 모습을 지녔던 것처럼. 하나님과 사람에게 사랑스러움을 받는 것을 가리키는 말이 분명합니다(더 5:1b).

여섯 번째는 칭찬 받을 만함입니다. 어느 사람에 대한 평판과 소문이 좋은 것을 의미합니다(고후 6:8).

이해하기에 그리 어렵지 않은 용어들입니다. 이런 품성들로써 바울이 강조하려는 것은 우리의 생각이 이런 것들로 가득 차 있어야 한다는 것입니다. 어떤 덕스러운 것이나 뭐든지 간에 이렇게 높이 살만한 도덕들에 생각을 집중해야 합니다. 생각은 행동으로 나오기 마련입니다. 그 행동은 자주하다 보면 습관이 되고, 그 습관이 모이면 한 사람의 인격이 됩니다. 우리가 어느 사람을 평가할 때, 그는 "이런 저런 사람이야"라고 한 마디로 규명하는 경우가 많습니다. 그런데 그 사람을 특징짓는 것은 평상시 그가 지니고 있는 가치관과 생각에서 출발합니다. 그러니 바울은 그리스도인들에게, 특별히 내부적, 외부적 문제를 안고 있는 빌립보 교회에게 그리스도인의 일상생활의 사고를 지배하는 것들을 이런 것에 두라고 마지막으로 권하는 것입니다.

이런 것들을 생각하고 이렇게 생각하라고 권할 만하고 우리 삶에 늘 있어야 한다는 것은 누구나 다 압니다. 그런데 여기서 각각의 내용만큼 중요한 것은 이러한 생각을 해야 하는 대상과 상황인 **"무엇에든지"**에 강조가 있다는 점입니다. 교회 안에서만 아니라, 교인들에게, 친구들에게만 아니라 모든 사람에게 하라는 것이며, 종교생활에서만 아니라 일상생활, 직장생활, 학교생활에서 늘 그리고 지속적으로 이런 것들을 생각하라는 말입니다. 그리스도인의 덕을 실행하는 영역은 삶의 전 영역입니다. 이것이 그리스도인 됨을 특징짓는 것들이기 때문입니다.

바울은 여기에 덧붙여, 우리가 생각하는 덕과 존경할 만한 것을 생각한다면, 이런 것들을 생각하라고 말합니다.

## 행해야 할 것들

9절은 행하는 것을 강조합니다. **"너희는 내게 배우고 받고, 듣고 본 바를 행하라."** 이것은 바울이 빌립보 교회에게 **"너희는 함께 나를 본받으라"**(빌 3:17)고 권한 것과 비슷한 내용입니다. 그러니 이번 교훈은 새삼 새로운 교훈은 아닙니다. 본받으라는 말을 사용하지 않았지만, 바울이 빌립보 교회에게 이와 비슷한 문제를 제시한 빌립보서 2:5에도 여기서 말하는 것과 똑같은 내용이 담겨 있습니다. **"너희는 이것을 생각하**

라. 너희가 그리스도 안에서 생각하는 그것을 너희들끼리도 생각하라"고 권한 2:5 말입니다. 2:6-11에서 바울은 교회가 받은 복음 전승을 언급하고, 교회가 그 전승에 묘사된 그리스도의 행동을 본받아 서로 낮추고 복종하는 일을 하라고 권합니다. 바울은 그것을 친히 실천한 사람이며, 그럼으로써 그리스도를 본받은 사람입니다. 그래서 자기가 로마 옥에 있으면서 빌립보 교회 일부 교인들에게 반응하면서 행동한 것은 빌립보 교회가 본받아 행할 모범입니다.

바울은 빌립보서 3:17에서 그가 그리스도를 얻고 나서 자신을 본받으라고 한 것을 좀 더 실천적이고 구체적으로 제시했습니다. 그리스도의 고난에 참여하고, 하나님의 의를 얻기 위해 유대인들의 비난에도 아랑곳하지 않고 유대교와 사람의 전통에 속하는 것을 버린 것 말입니다. 자신은 그리스도만을 붙들고 그리스도가 이루신 부활의 능력을 아는 데 전심전력하고 있다고 바울은 말합니다. 바울이 그랬듯이, 교회가 바울의 교훈을 받아 바울의 뒤를 따라가려면 주위 사람들에게 고난 받는 것도 감수해야 합니다. 그 고난은 그리스도의 고난에 참여하는 것이므로 기쁘게 받아들여야 할 고난입니다. 한 번 그 길에 들어서면 더욱 그러한 고난에 참여하려고 전심전력하게 됩니다. 바울이 권한 대로 교회가 바울의 복음을 받아들일 뿐만 아니라 그것을 전해주는 사람을 본받는 것은 참으로 중요한 일입니다.

빌립보서 4:9에서 바울은 배우고 받은 것을 하나로 묶고, 듣고 본 바를 또 하나로 묶어 설명합니다. 그러고 나서 교회에게 그런 것들을 실천하라고 요구합니다. 하나하나 중요하고 음미할 가치가 있는 내용들입니다. 우선 바울은 교회에게 배우기만 하고 듣기만 하는 것이 아니라 실천하는 공동체가 되라고 요구합니다. 교회가 행동으로 옮겨야 할 것을 하나씩 살펴보겠습니다.

## 바울에게서 배우고 받은 것들

첫째로 바울에게서 배우고 받은 것들입니다. 이것은 교훈을 받아 지식이나 기술을 습득하는 것을 의미합니다. 바울은 복음을 전할 때마다 교회를 가르쳤고, 교회는 바울에게서 배웠습니다. 교회는 특히 예수님이 하나님의 아들이며, 그리스도이시며, 주님이시라는 것을 배웠습니다. 21세기의 교회들은 바울이 쓴 편지들에서 그의 교훈을 배웁니다.

바울은 어느 상황에서나 처신하는 것을 배웠습니다. 풍부함과 비천함은 서로 반대되는 상황이지만 바울은 누구에게서 또는 자주 경험하는 삶으로 외부적인 요소에 지배를 받지 않을 정도의 평정심과 꾸준함을 가졌습니다. 그래서 자신은 풍부에도 처할 줄을 알고 비천에도 처할 줄 아는 일체의 비결을 배웠다고 고백합니다(빌 4:11).

1세기 교회는 바울에게 직접 배웠습니다. 교회가 사도에게서 배운 내용은 지금 우리가 알고 있는 것보다 훨씬 많았을 것입니다. 교회가 바울에게서 배울 수 있는 교훈은 그의 편지를 통해서였습니다. 바울은 교회에게 교훈하려고 우리가 알고 있는 그의 서신들 이외에도 몇 권의 편지를 더 썼습니다(참조. 골 4:16). 우리는 고작 바울의 13권의 편지만 가지고 있을 뿐입니다. 적은 분량이라고 생각할지도 모르지만 그 내용이 만만치 않으니, 교회가 다른 행동으로 교회의 모습을 보이려고 애쓰지 말고, 바울이 무슨 말을 했는지 관심을 가지고 그가 쓴 글을 읽고 또 읽어 바울의 마음을 헤아리는 데 집중해야 합니다.

그 다음은 교회가 바울에게서 전해 받은 것입니다. **"받은 것"**은 전승을 받는 것을 가리키는 전문용어입니다(고전 11:23; 15:3). 당대에는 장인의 기술을 그의 자식에게, 또는 수제자에게 가르치고 전해주는 것으로 전통을 계승했습니다. 그러한 전승을 받은 사람은 선조들이 물려준 전승을 습득하여 자신의 시대에도 이어갔습니다. 우리가 받은 전승은 유대교부터 시작하는 전승도 아니고 한국교회만이 가지고 있는 특화된 교훈과 신앙의 방법도 아닙니다. 바울이 여기서 말하는 것은 사도들이 물려준 것들로서 신약성경의 내용을 가리킨다고 이해하는 것이 안전합니다. **"예수가 주시다"**는 것을 전승으로 받았다는 표현이 그것입니다(골 2:6). 교회가 바울에게서 받은 것은 교회 전승이라고도 하고 복음 전승이라고도 하는 가르침입니다. 일례로, 빌립보 교회는 예수님의 낮아지심과 높아짐의 관계를 전승으로 받았습니다(빌 2:6-11).

신약성경에 언급된 몇 가지 사도적 전승이 있습니다. 복음 전승인 셈입니다. 고린도전서 15:1-5에는 그리스도의 죽음과 부활이 성경대로였다는 것. 11:23-26에는 성만찬이 그리스도께서 죽으시기 전날 밤에 그의 죽음과 그의 몸과 피를 주시면서 말씀하신 것을 기념하는 것이라고 언급한 것이 대표적인 예입니다. 바울은 고린도전서 11:2-16에서 여자들이 교회에서 어떻게 처신하는 지를 말하려고 하면서 전통을 언급합니다. 그는 이 문제를 설명하기에 앞서 이렇게 말합니다.

"너희가 모든 일에 나를 기억하고 또 내가 너희에게 전하여 준 대로 그 전통을 너희가 지키므로 너희를 칭찬하노라"(고전 11:2).


## 바울에게서 듣고 본 것

둘째로 21세기 교회로서는 경험하지 못한 것이지만, 바울을 직접 만난 교회는 바울이 그들 가운데 있으면서 어떻게 행동했는지, 주민들을 어떻게 대했는지, 복음을 전하다가 마주친 반대를 어떤 방식으로 대처했는지 직접 목격했을 것입니다. 바울은 이 점을 염두에 두면서 **"너희는 내게서 듣고 본 바를 행하라"**고 말한 것입니다. 교회가 바울에게서 들은 것은 앞에 언급한 **"배우고 받은 것"**들입니다. 당시 교회는 바울에게서 가르침을 받았을 뿐더러 그가 그리스도에게 사로잡힌 자로서 복음에 합당하게 행한 것들도 직접 보았습니다. 몇몇 본문에 바울이 복음을 전하면서 대처한 행동이 기록되어 있습니다. 이 본문들을 중심으로 바울이 **"너희는 내게서 듣고 본 바를 행하라"**는 내용이 무엇인지 추론해봅시다.

빌립보서 1:30과 3:10에는 빌립보 교회가 경험한 바울의 말과 행위가 언급되었습니다. 빌립보 교회가 그리스도를 위해 은혜를 받아 그를 믿은 것과 그리스도를 위해 고난을 받았다는 것을 언급하고 나서, 그런 갈등은 바울에게서도 본 것이라고 말합니다(빌 1:30). 바울도 교회와 마찬가지로 그리스도를 믿는 은혜를 받았고, 그리스도를 위해 고난을 받았으며 지금도 받고 있다는 것을 교회가 직접 목격했다는 뜻입니다. 이것은 교회가 그리스도와 복음을 위해 고난을 받을 때 인내하는 원동력이 되었을 것입니다. 교회가 바울에게서 본 또 다른 내용은 바울이 그리스도를 만난 후 그리스도의 고난에 참여하고, 부활의 능력을 알려고 노력했다는 사실입니다(3:10). 이것은 교회가 추구해야 할 삶과 신앙의 방향을 정하는 데 매우 중요한 것들입니다. 세상에서 살아가는 동안 그리스도의 고난과 그의 부활의 능력에 참여하려고 노력해야 합니다.

바울이 데살로니가 교회를 방문했을 때 데살로니가 교회는 바울이 어떻게 그곳에 갔고 박해에 직면했을 때 어떻게 처신했는지 알았습니다. 데살로니가전서 1:6-10에 언급된 간략한 언급은 바울과 데살로니가의 신자들이 우상이 난무하던 상황에서 어떻게 처신했는지 요약되어 있습니다. 바울은 그 교회가 바울을 본받은 것을 칭찬합니다. 그러면서 바울이 데살로니가 도시에 갔을 때, 그들 가운데 어떻게 들어갔는지, 그리고 그들이 어떻게 우상을 버리고 하나님께 돌아와 하나님을 섬겼는지 회상합니다.

바울이 교회에 말씀을 전하면서 친히 삶의 모범을 보인 또 하나의 중요한 예는 고린도 교회에서 행한 행위입니다. 고린도전서 9장에서 바울은 자신이 당연히 주장할 수 있는 권리를 교회를 위해 다 사용하지 않았다고 주장합니다. 나중에 교회에게 그 사실을 주지시키면서, 그가 그곳에 있을 때 행한 그 내용은 교회도 잘 알고 있는 것이라는 점을 상기시킵니다. 바울은 교회에서 한 사람이라도 더 구원하기 위해 자신의 권한을 주장하지 않은 것입니다(고전 9:20-22). 바울은 그렇게 행동한 것이 복음에 참여하는 것이라고 판단했습니다(9:23). 바울이 복음과 그리스도를 위하여 행동할 때마다 교회는 바울이 처신한 것을 보았으며 틀림없이 교훈을 얻었을 것입니다.

후대 교회가 하나님의 백성으로서 이 세상을 살아가면서 다른 어떤 것을 삶의 기준으로 삼는 것이 아니라, 바울에게서 배운 것과 그가 행한 것을 기준으로 삼는 것이 중요합니다. 바울은 그의 마지막 편지에서 디모데에게 이렇게 말합니다. **"악한 사람들과 속이는 자들은 더욱 악하여져서 속이기도 하고 속기도 하나니, 그러나 너는 배우고 확신한 일에 거하라. 너는 네가 누구에게서 배운 것을 알며 또 어려서부터 성경을 알았나니, 성경은 능히 너로 하여금 그리스도 예수 안에 있는 믿음으로 말미암아 구원에 이르는 지혜가 있게 하느니라"**(딤후 3:12-15). 결국, 후대 교회의 삶의 표준은 그들에게 복음을 전해준 바울과 성경이라는 말입니다. 교회 안에 세상의 교훈이 난무하고, 성경을 읽지만 그 뜻을 모른 채 아무 이야기나 하는 것을 설교라고 듣고, 삶의 표준으로 삼는 것은 그 교회가 하나님의 말씀 위에 굳게 서 있는 교회가 아니라는 뜻입니다.

여기에 더하여 교회 안에 이론만 난무하고 행함이 없으면 교회는 무너지기 쉽다는 점을 말씀드리고 싶습니다. 예수님은 이렇게 말씀하셨습니다. **"누구든지 이 말을 듣고 행하는 자는 그 집을 반석 위에 지은 지혜로운 사람 같으리니."** 그러나 **"나의 이 말을 듣고 행하지 아니하는 자는 그 집을 모래 위에 지은 어리석은 사람 같으리니."** 두 사람의 삶은 평상시에 구별되지 않았을지도 모릅니다. 하지만 위기가 닥쳐 그의 믿음을 시험하는 것이 나타날 때 누가 든든히 서 있을지 누가 무너질지 드러나고 말 것입니다. **"비가 내리고 창수가 나고 바람이 불어 그 집에 부딪치매"** 하나는 무너지지 않는 반면에, 다른 하나는 그 무너짐이 심할 것입니다 (마 7:24-27).


## 평강의 하나님이 너희와 함께

사도들의 가르침을 배우고 받고 행할 때 교회는 평강의 하나님의 지키심을 받습니다. 세상이 어지럽고 안정감이 없는 상황에서도 하나님은 그런 교회에게 궁극적인 평화를 주실 것입니다. 하나님만 평강의 근원이시며, 진정한 평강을 줄 수 있는 분이시기 때문입니다. 진정한 평강은 그저 개인의 마음이 기분 좋은 것을 가리키지 않습니다. 평강은 전 포괄적인 안정과 평화입니다. 사망과 죄의 권세에서 구원을 받고, 세상의 염려와 걱정거리에서 놓임을 얻으며, 하나님과 사람, 사람과 사람 사이에 좋은 관계를 유지하는 것에서 오는 기쁨과 행복입니다.

인간에게 불행을 가져오게 했고, 지금도 계속 유혹하여 죄에 넘어지게 하는 사탄을 하나님께서는 잠시 후에 발아래에 짓밟으실 것입니다(롬 16:20). 그 때가 되면 교회는 궁극적인 평강을 얻습니다. 더욱이 하나님은 그가 구원한 백성들을 위기에서 도우실 것이며, 그와 함께 하여 악한 것에서 보호하겠다고 약속하셨습니다. 언약적 약속이라고 할 수 있는 하나님의 이 약속은 주변의 강한 나라에 둘러싸여 입지가 불안해하던 아브라함에게, 기근으로 두려워하던 이삭에게 함께 하시겠다고 하셨던 약속입니다.

창세기 21:22에는 아브라함과 함께 하시는 하나님을 주변 나라의 통치자가 목격하고 증언한 내용이 있습니다. 아비멜렉과 그 군대 장관 비골은 아브라함이 무슨 일을 하든지 하나님이 그와 **"함께"** 계시는 것을 알았습니다. 창세기 26:3에는 기근이 온 땅에 들어 하나님이 아브라함과 그의 후손에게 약속하신 것이 이루어지지 못할 것 같은 상황에서 하나님은 이삭에게 함께 하신다고 약속한 이야기가 있습니다. **"이 땅에 거류하면 내가 너**(이삭)**와 함께 있어 네게 복을 주고 내가 이 모든 땅을 너와 네 자손에게 주리라."** 하나님은 그 약속대로 이삭을 지키셨습니다.

출애굽기 3:12은 모세가 위로와 확신을 얻은 하나님의 함께 하심을 알려주는 본문입니다. 모세는 이스라엘의 구원자로 택함을 받았다는 것을 알았지만 애굽에서 아주 멀리 떨어진 미디안 땅에서 두려움에 싸여 40년을 보내고 있었습니다. 그 때, 하나님께서 그에게 **"내가 반드시 너와 함께 있으리라 네가 그 백성을 애굽에서 인도하여 낸 후에 너희가 이 산에서 하나님을 섬기리"**라고 약속하셨습니다. 여호수아 1:5은 하나님이 함께 하심으로 출애굽이라는 대 과업을 완성할 수 있는 여호수아에게 주시는 약속입니다. 모세 없이 이스라엘 무리를 가나안 땅으로 인도해야 하는 책임을 맡은 여호수아는 두려움과 걱정이 태산 같았습니다. 그에게 가나안 땅에 반드시 들어가리라고 약속하신 분은 하나님이십니다. 하나님은 이렇게 약속하셨습니다. **"네 평생에 너를 능히 대적할 자가 없으리니, 내가 모세와 함께 있었던 것 같이 너와 함께 있을 것임이니라. 내가 너를 떠나지 아니하며 버리지 아니하리라."** 하나님이 함께 하시면 능히 가나안 땅을 정복할 수 있습니다. 그리고 실제로 그리했습니다.

다윗은 사망의 음침한 골짜기를 걸어가는 중에서도 해로운 것을 당할까 걱정하지 않고 마음의 평안을 얻었습니다. 주께서 그와 함께 하시며, 주의 지팡이와 막대기가 그를 안위하시기 때문이었습니다(시 23:4). 성경 곳곳에 있는 **"내가 너와 함께 하겠다"**는 약속은 불안하고, 마음에 두려움이 가득한 하나님의 백성에게 큰 위로와 용기와 평안을 줍니다. 평강의 하나님이 함께 하시기 때문입니다. 그러한 까닭에 바울이 교회에게 편지를 쓰고, 그를 괴롭힌 교회에게 일일이 답장을 쓰고 나서 평강의 하나님이 그들과 함께 하시기를 비는 것으로 편지를 마무리한 것은 눈여겨볼 가치가 있습니다(고후 13:11).

성경에서 평화는 메시아가 주시는 구원이었다는 사실도 오늘 본문에서 바울이 평강의 하나님이 너희와 함께 할 것이라고 말했을 때 염두에 둔 내용인 것이 분명합니다. 특히 이사야 52:7의 말씀은 우리에게 기쁨을 주는 말씀입니다. **"좋은 소식을 전하며 평화를 공포하며, 복된 좋은 소식을 가져오며 구원을 공포하며 시온을 향하여 이르기를, '네 하나님의 통치하신다.' 하는 자의 산을 넘는 발이 어찌 그리 아름다운가."** 평화, 즉 샬롬은 하나님과의 관계가 올바르게 되었을 때 따라오는 총체적인 안녕입니다. 평화는 하나님께서 메시아를 통하여 행하시는 통치가 이루어졌을 때 따라오는 것입니다.

이런 복은 교회가 사도들이 전한 복음을 잘 받고 거기에 충실할 때에 받을 수 있는 복입니다. 교회가 아무리 종교의 이름으로 거창한 일을 많이 하고, 그곳에 많은 사람이 모이며, 하나님을 예배하는 모임의 규모가 크다고 자랑하더라도, 사도들이 가르친 가르침과 성경에 근거하여 받은 전승을 무시하고 떠나 있다면, 하나님의 평강도 평강의 하나님의 함께 하심도 받을 수 없습니다.

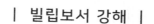

| 빌립보서 강해 |

# 21강

## 어느 상황에나
## 처할 수 있는 비결

(빌립보서 4:10-13)

## 빌립보서 4:10-13

¹⁰내가 주 안에서 크게 기뻐함은 너희가 나를 생각하던 것이 이제 다시 싹이 남이니 너희가 또한 이를 위하여 생각은 하였으나 기회가 없었느니라 ¹¹내가 궁핍하므로 말하는 것이 아니니라 어떠한 형편에든지 나는 자족하기를 배웠노니 ¹²나는 비천에 처할 줄도 알고 풍부에 처할 줄도 알아 모든 일 곧 배부름과 배고픔과 풍부와 궁핍에도 처할 줄 아는 일체의 비결을 배웠노라 ¹³내게 능력 주시는 자 안에서 내가 모든 것을 할 수 있느니라

# 21강

# 어느 상황에나
# 처할 수 있는 비결

(빌립보서 4:10-13)

본문 내용은 쉬워 보이지만, 바울이 이 말을 하면서 표출하는 그의 마음의 심정을 헤아리려면 마냥 쉽다고만 할 수 없다는 것을 알게 될 것입니다. 기껏 공감하는 부분은 13절에 한정하곤 합니다. 바울은 **"주 안에서 크게 기뻐한다"**는 말로 시작하지만, 여기서 그에게 인간적인 측면에서 빌립보 교회에 대한 서운한 마음이 한 동안 있었음을 넌지시 내비칩니다. 그 까닭이 바로 이어집니다. 왜냐하면, **"너희가 나를 생각하던 것이 이제야 비로소 싹이 났기 때문"**이라는 것입니다. 바울은 왜 이런 말을 할까요? 빌립보 교회가 바울을 생각했던 것은 무엇일까요? 지금 바울은 왜 크게 기뻐한다고 했을까요? 그 해답은 지금 바울에게 온 에바브로디도에게서 찾을 수 있습니다.

2장에서 바울이 언급했지만(빌 2:25-30), 거의 대부분의 독자는 지금쯤 잊고 있을지도 모르는 그 사람입니다. 맞습니다. 에바브로디도 입니다. 그는 빌립보 교회가 바울을 도우려고 보낸 돈을 가지고 죽을 고생하면서 바울에게 온 사람입니다. 틀림없이 바울은 에바브로디도가 가져온 돈 때문에 지금 **"크게 기뻐한다"**고 쓴 것입니다. 말하자면, 바울이 기뻐했던 것은 빌립보 교회가 보내온 선물을 받았기 때문이고, 그가 서운한 마음이 있었을뿐더러 약간은 원망스러운 마음까지 가지고 있었던 것은 그 교회가 바울을 지원하기 위해 보낸 선물이 **"이제야"** 비로소 발동하여 그에게 전달되었기 때문입니다.

그런데 바울의 이 말에 이어 한 **"너희가 이를 위해**(즉, 내게 돈을 보내는 것을 위해) **전에도 생각은 했지만, 기회가 없었다"**는 말은 돈이 이제야 도착한 것으로 인해 과거에 서운했던 마음을 드러내는 마음의 표현입니다. 실제로 바울에게 그 돈이 필요했던 오랜 기간에 바울은 궁핍함을 경험했고, 생활 형편이 말이 아니었기 때문입니다. **"그 문제를 다 해결하고 나니까 이제야 보냈느냐"**라고 원망의 말이 목구멍까지 올라왔지만 참으면서 이 글을 쓰고 있다고 이해해야 합니다. 그 돈이 늦게 바울에게 전달된 것에 대해 빌립보 교회는 아무 말도 하지 않았습니다. 하지만 오히려 바울 편에서 그들이 부끄러워하거나 미안해하지 않도록, 그들에게 피치 못할 상황이 있었기에 변명할 만한 것을 바울 스스로 만들어냈습니다. **"너희는 나를 돕기 위해 여러 차례 시도했었지? 그런데 기회가 없었던 거지? 내가 다 이해해. 그 전에 사실 나는 너무 힘든 세월을 보냈고, 이 돈은 그 때 더 필요했어. 지금은 그때만큼 절실하지는 않지만, 너희가 전에도 나를 생각하고 있다는 것으로 내 마음이 다 풀어졌어. 오히려 지금 이**

돈을 받은 것 자체로 나는 기뻐. 아니 몹시 기뻐하고 있단다."라며 그들을 다 독이고 감사를 표현하는 것입니다. 본문이 이런 말로 시작한다는 것을 알면 그 다음에 바울이 하고 싶은 말이 무엇인지 훨씬 더 잘 드러날 것입니다. 이제 본문의 내용을 찬찬히 들여다봅시다.

## 빌립보 교회에 대한 서운한 마음

처음에 옥에 있으면서 기뻐한다고 말했던(빌 1:4, 18) 바울은 이 시점에서 빌립보 교회에게 서운한 마음을 내비치고 있습니다. 바울은 1:4에서 빌립보 교회를 생각하기만 하면 감사하고 기뻐한다고 했습니다. 편지를 이런 말로 시작한 것은 그들이 복음을 들은 첫날부터 복음을 위하는 일에 참여했기 때문입니다. 바울은 교회에게 그들의 행동이 복음 전파에 미친 영향을 일깨우면서 그들에게 감사를 표현합니다. 그러고 나서 빌립보 교회의 심각한 문제 두 가지를 언급합니다. 내적으로 교인들 서로간의 갈등이 있다는 것과 바울의 복음을 들은 사람들을 복음에서 이탈시키려 한 유대교 출신의 몇몇 그리스도인들이 활동하고 있는 현실이 그것입니다. 바울은 유대교의 우월성을 강조하는 사람들을 공격하면서 빌립보 교인들을 보호하는 글을 썼습니다(2-3장). 지금 4:10에서 바울은 빌립보 교회가 바울을 생각하던 것이 다시 싹이 났다고 말하면서 바울 개인과 빌립보 교회 간의 사적인 문제를 거론합니다.

바울은 빌립보 교회가 처음에 그에게 재정적인 후원을 해주는 덕택에 큰 어려움이 없이 복음을 전했고, 그의 사역을 잘 진행할 수 있었다는 사실을 상기시키며 감사합니다. 바울은 사역 초기에 교회의 후원에 의지하여 생활했던 것으로 보입니다. 그러나 우리가 생계를 유지하려면 매일, 또는 한 달 단위로 고정적인 수입이 있어야 살아갈 수 있듯이, 바울도 그러했다는 것을 기억할 필요가 있습니다. 빌립보서 1장에 언급되었듯이, 역사적으로 빌립보 교회가 바울의 복음 전하는 일에 재정 후원으로 참여한 이후 지금 바울이 로마 옥에서 4:10의 내용을 쓰는 사이에 대략 10년 정도의 시간이 흘렀습니다. 바울이 드로아에서 환상을 보고 마케도니아로 떠나 빌립보 지역에서 사역하기 시작한 때는 주후 51년이었습니다. 지금 바울은 로마 옥에 있습니다. 주후 60년입니다. 9~10년의 세월이 흘렀습니다. 그가 고린도에 있을 때 장막을 만들어 손수 생계를 유지한 것을 제외하고는 바울이 스스로 생계를 마련했다는 언급이 없습니다. 대부분의 세월을 지내는 동안 바울은 많은 경우 교회의 후원에 의지했는데, 그 중심에 빌립보 교회가 있었습니다. 빌립보 교회는 처음 몇 번 후원하고는 중단했던 것 같습니다.

바울이 생계의 어려움을 겪었다는 것은 불 보듯 뻔한 사실입니다. 그는 단벌옷을 입었을 것이고, 그의 형색은 남루했을 것이며, 온 몸은 먼지를 뒤집어 쓴 채 살고, 그것도 모자라 밥 굶기를 밥 먹듯이 하며 지낸 것이 일상이었을 것입니다. 그가 12절에서 **"비천에 처할 줄도 알고"**라고 말한 것은 실제로 그런 삶을 살았던 기간이 있었음을 뜻합니다. 거의 대부분의 기간 그러한 삶을 살았을 것입니다. 교회와 신자들의 재정 후원과 원조에 의존해 살았던 바울로서는 오랫동안 생활비가 끊겼으니 바울의 마음은 타들어 갔을 것이고, 절박한 처지에 놓일 수밖에 없었습니다. 어쩌면 바울은 가끔씩 '빌립보 교회에서 또 후원이 들어오지 않을지' 빌립보 교회가 있는 쪽을 바라보았을지도 모릅니다. 그러나 끝내 원조는 오지 않았습니다. **"복음을 전하는 자들이 복음으로 말미암아 살리라"**라고 명했다고 바울이 말할 때(고전 9:14), 이것은 사역자들은 돈 주고 먹을 것을 사먹지 않아도 되고, 복음을 전하기만 해도 배부르다는 소리가 아닙니다. 그들도 사람이라서 일반인들이 먹고 사는 대로 먹고 살아야 합니다. 돈이 필요하다는 말입니다.

바울이 빌립보서 4:10에서 **"너희가 나를 생각하던 것이 이제 다시 싹이 남이니, 이를 위하여 생각은 하였으나 기회가 없었느니라"**라고 말한 것은 빌립보 교회가 에바브로디도를 옥에 있는 바울에게 보내어 생활비를 원조해준 것을 두고 한 말입니다. 그 사이 바울은 지쳐 있었고, 이제 포기한 상태에 있었으며, 설상가상으로 옥에 갇혀 지냈습니다. 다시 말해서 삶의 끝자락에 있다고 생각하고 있을 때 바울의 삶에 구원자가 나타났습니다. 그래서 바울은 **"내가 주 안에서 크게 기뻐한다"**고 말한 것입니다. 너무나 기뻤다는 말입니다. 이 짧은 문장에서 그간 바울의 심정이 어떠했을지, 그리고 지금 바울의 심정이 어떠한지 헤아려 보아야 합니다.

형편이 이처럼 절박했고 교회에 대해 서운한 마음을 가지고 있던 바울이 빌립보서를 쓰는 첫 장에서 이 말을 하지 않은 까닭은 무엇일까요? 왜 앞에서 감사하다는 말만 하고 그들에 대한 서운한 내색을 하지 않았을까요? 바울이 그렇게 하지 않은 까닭을 찾는 것은 그리

어렵지 않습니다. 바울은 자신보다 늘 교회를 우선으로 생각했으며, 교회를 배려했기 때문입니다. 바울은 에바브로디도에게서 빌립보 교회의 현실 문제를 듣자, 우선 빌립보 교회의 내부 문제부터 해결해야겠다고 생각하여 빌립보서 1:3부터 4:9까지의 내용을 쓴 것입니다. 그곳의 문제를 다 해결하고 교훈하고 난 후에, 비로소 자신의 문제와 개인의 감정을 토로한 것입니다.

서운했던 마음이 갑자기 생각이 나고, 그들이 지금 자신에게 행한 고마운 행동에 그의 마음은 반가움과 서러움에 북받쳐 갑자기 울컥한 것입니다. 힘들었던 시절을 보내고 그것을 알아주는 사람이 있을 때 참았던 눈물이 확 쏟아져 나오듯이, 바울의 심정이 지금 그러합니다. "내가 힘들 때 나 모른 척하다가 이제 그 돈이 없어도 살 만할 때에 이제야 보내주느냐."고 말입니다. 그렇지만 바울은 이 상황에서도 교회를 원망하지 않고 그간 원조를 보내주지 않은 교회를 이해하면서 이렇게 말합니다. "너희가 사실은 정기적으로 나의 어려움을 생각하고, 내게 관심을 꾸준히 보여 왔지? 그래서 재정지원을 하려고 시도했었지? 그런데 상황이 여의치 못하고, 외부적 환경이 어려워서 번번이 실패했기에 적시에 내게 도움을 주지 못한 것이지? 지금 에바브로디도를 보내어 힘든 내게 위로와 재정적인 도움을 준 것을 보니, 내가 맞는 말을 하고 있는 것이지?"

교회의 원조를 받지 않는 얼마간의 기간에 바울이 겪었을 경제적인 어려움은 우리의 상상을 초월합니다. 외롭고, 춥고 배고픔을 경험했습니다. 경제적 궁핍함은 사회적 무시, 창피함으로 연결됩니다. 사람들에게 좋은 인상을 주지 않고 기피하는 인물로 낙인찍히지요. 대부분의 사람은 이로 인해 대인기피증을 경험할 만한 일입니다. 그는 이 모든 것을 혼자서, 아니면 곁에 있는 비슷한 처지에 있는 소수의 동역자들과 함께 겪으며 지내왔을 것입니다. 이런 상황이 얼마나 어렵고 힘든 상황인지 아시나요? 그냥 한 단어로 **"궁핍하다"**라든가 **"비천하다"**라고 말한 것을 듣고 지나쳐버릴 만한 상황은 아닙니다.

## 궁핍함과 비천함

바울에게 비할 것은 아니지만 바울이 여기서 말하는 내용을 조금은 이해할 수 있는 처지를 저 역시 과거에 겪은 적이 있습니다. 저는 삶이 어려울 때 주로 저렴한 옷을 구입해 입었습니다. 저는 옷을 안 사 입어도 된다고 말했지만, 아내는 제가 명색이 교수로서 다른 사람 앞에 서야 하는 처지에 깨끗한 옷을 입어야 한다고 선동하는(?) 바람에 할 수 없이 옷을 사야 했습니다. 사실 저는 남이 입다가 물려준 옷을 물려 입는 것을 더 좋아했습니다. 돈을 절약하는 것은 물론이고 옷을 고르는 수고를 하지 않아도 되었기 때문입니다. 그런 기회가 생기면 얼굴에 화색이 돌 정도였습니다. 한 동안 둘째 동서의 옷을 물려 입었어요. 백화점에서는 옷을 산 적이 거의 없습니다. 일반적으로 매장에 가서 옷을 사야 할 경우라면 매대에 눕혀 있는 것에만 눈을 주고 거기서 적당한 것을 골라 사서 입었습니다. 그것이 몸에 배었습니다. 나도 사람이니 자전거 탄 사람이 있는 상표, 말타고 폴로 치는 상표가 있는 옷을 입고 싶고, 왕관을 쓴 개 상표가 있는 옷을 왜 안 입고 싶겠습니까. 동그라미 두 개가 겹쳐 있는 가방도 들고 싶습니다. 그런데 그러질 못했습니다. 그러다가 2018~2019년부터 조금씩 상표 있는 옷을 입기 시작했습니다.

제 생활은 1999년 웨스트민스터신학대학원대학교 교수직을 사임하면서 어려워졌고, 대한신학대학원대학교에 재직하던 시절 중 2011년부터 2020년에 최악의 상황에 직면했습니다. 은행통장 잔고가 50만 원을 밑돌 때도 있었는데, 좀 더 많은 액수가 은행에 있었어도 월급이 다음 달에, 내년에 제대로 들어올지 확신할 수가 없어서 이런 쪼들린 삶을 살았던 것입니다. 남들 식탁에 오르는 맛있는 음식을 아내가 요리하지 못하는 날이 허다했습니다. 그러니 명품 옷을 사 입는 것은 언감생심이었습니다.

제 가까이 있으면서 제 생활을 지켜본 제자들이 여러 명이 있었는데, 제 형편을 물으면 학교에 월급을 안 주거나 적게 주거나 서너 달 넘겨 월급을 준다는 말을 해주었습니다. 그 소리를 들은 지인들은 무슨 생각을 했을까요? 틀림없이 제가 엄살을 떤다고 생각했을 것입니다. 그래도 명색이 교수인데. 1년 전에 비로소 제자 중 한 명에게 이전 학교에서 월급 주는 이야기를 하다가, 그 제자의 이름을 부르면서, "내 연봉이 얼마였을 것 같아?"라고 물었습니다. 말수가 적은 그 제자는 그저 눈만 껌뻑거렸습니다. 제가 "연봉이 2000만 원이었어"라고 하자. 몹시 놀란 듯, "정말이에요?"라고 비로소 입을 열었습니다. 실제로 몇 년간 그랬습니다. "그런데 그것도 제때 입금이 되지 않아 한두 주 지나서 내가 학교에 전화하여 월급이 안 들어왔는데 어찌된 거냐고 물어야 한 주 뒤에 월급을 넣어주는 경우가 있었다"고 말해주자 그 제자는 경악했습니다.

제 제자들이 살아가는 형편이나 제가 재직하고 있던 기관들(교회나 사적 모임)은 다들 경제적으로 넉넉하지 못한 처지에 있었느니, 설령 제 생활과 수입이 그러하다는 것을 알았다고 하더라도 생활에 직접적인 도움을 줄 수 있는 것은 아니었기에 남들에게 제 형편을 별로 말하지 않았던 것이지요. 그들도 살림살이하기가 빠듯다는 것을 알았으니까요. 결국 저는 공식적인 은퇴를 3년이나 앞둔 나이에 사퇴서를 제출하고 학교를 자진 퇴직했습니다. 그간 밀린 월급은 2년치를 훌쩍 넘겼습니다. 연봉 2,000만원도 못 주는 학교에 교수라고 하면서 재직했던 것입니다. 자존심도 많이 망가졌습니다.

저는 이런 삶을 살면서 쪼들린 형편에 처하는 법을 터득했고, 사치스럽고 유명 상표가 있는 물건이 아니라도 만족하는 법을 배웠습니다. 그렇지 않았다면 낭비가 몸에 밴 옛 사람의 품성을 가진 저 역시 세상 사람들이 살아가는 것과 다를 바 없이 살았겠지요. 저와 관련해서 한 가지만 더 언급하겠습니다. 그런 삶을 살아가면서 사람들이 제가 생활에 쪼들리는 삶을 산다는 것을 전혀 눈치 채지 못한 비결은 어디에 있을까요? 저는 이 지면을 빌어 당당하게 말할 수 있는 것이 있습니다. 저의 행복과 삶의 만족은 경제적인 형편의 나음에 있지 않고 내적인 것에 두었기 때문입니다. 저는 (이 바닥에 있는 사람들 사이에서는 비교적) 저렴하다고(또는 가성비가 좋다고) 알려진 오디오를 일찍이 구해놓고 취미로 음악을 많이 들었습니다. 돈이 들지 않는 산책과 교수로서 당연히 해야 하는 책 읽기와 연구에서 삶의 기쁨을 찾았습니다. 실제로 기쁘고 행복하기도 하고요. 제가 마음에 품고 있는 모토는 이것입니다.

"나에게는 유형재산은 없어도 무형재산은 무궁무진하다."

요즘 헤아려보니, 제 이름으로 번역한 책이 여러 권(약 40권)이 있습니다. 최근에 정기적으로 만나는 성경신학대학원대학교에 재직하고 있는 대학 후배 장OO 교수는 몇 달 전에 제게 이렇게 말합디다. "형님 참 유명하신 분이시지요." 저는 "내가 뭘?"하고 반문했습니다. 그러자 장 교수는 제 앞에서 핸드폰으로 제 이름으로 출판된 책을 검색했습니다. 목록이 여러 페이지 이어지니, 핸드폰을 내 얼굴 앞으로 내밀면서, "아니 이렇게 저술도 많이 했고, 유명하고 진지한 신학서적들을 이렇게 많이 번역 출판했는데 도요?"라고 말했습니다. 저는 "장 교수가 그 상황을 몰라서 그래"라고 말하며 그냥 웃어넘겼습니다. 제 이름으로 출판된 번역 책이 많은 것을 볼 때마다 저는 한편 뿌듯하기도 하지만, 사실 마음이 아려옵니다. 교수라면 당연히 자기 이름의 연구서와 저서를 많이 출판해야 하는데, 제가 영어서적을 많이 번역 출판하게 된 것은 앞에서 언급한 학교에서 받지 못한 생활비를 마련하기 위해서였습니다. 제 이름으로 출판된 그 많은 번역서들은 저와 저의 가정을 궁핍에서 구해주었습니다.

이런 생활을 하는 동안 궁지에 몰릴 때가 종종 있었습니다. 식단의 음식이 부실할 때도 있고, 급히 뭔가를 하고 지출해야 하는 상황에서 제때 하지 못하는 경우도 있었습니다. 무엇보다도 이 기간에 저는 학회에 나가질 않았습니다. 동문회 모임에 참석하지도 않았고요. 마음이 스스로 폐쇄되었기 때문입니다. 궁핍한 사람은 생활에 쪼들림을 경험할 뿐만 아니라 사회적으로도 폐쇄되는 경향이 있다는 것을 저는 그 시절에 알았습니다.

제가 아는 선교사 중 한 분은 제게 "교수님 제가 있는 선교지에 오셔서 이 학교의 교장 하세요. 우리 학교는 월급은 밀리지 않고 줘요."라고 말하기도 했습니다. 교장 월급이 한 달에 3,40만원 주는 곳에 말입니다. "하하하." 말이라도 고마웠습니다. 그 어려운 시절에 빚지지 않고 살아남은 것은 하나님의 도우심이라고밖에 말할 수 없습니다. 출판사에서 원고 부탁이 많이 들어왔습니다. 평상시 거래하지 않던 출판사에서 제게 원서 번역을 부탁해왔습니다. 몇 달에서 1년 이상을 번역해야 할 만한 두꺼운 책을 의뢰해 오는 바람에 그 기간 생활비를 충당했습니다. 이것이 하나님의 은혜와 삶의 돌보심(참조. 마 6:25-34)이라고 말할 수 있는 것은 그 기간에 제가 출판사를 찾아다니며 일거리를 달라고 요청하거나 아쉬운 소리를 한 적이 한 번도 없었기 때문입니다. 생계문제로 걱정하고 있을 때 예상치도 않게 출판사로부터 전화가 와서 제게 번역해달라고 부탁한 것입니다. "이 책은 교수님이 번역하기에 적합하다고 우리 출판사에서 판단했습니다." 그래서 미래를 예측할 수 없는 깜깜한 긴 터널을 아무 어려움 없이 무려 10년 세월을 통과해 올 수 있었습니다. (궁금하시면 제가 번역한 책의 연대를 조사해 보시면 알 것입니다. 두꺼운 책들과 최근에 번역한 책들은 대부분 2011년에서 2022년 사이에 번역한 것들입니다.) 이 간증은 목사와 신학교 교수라고 으레 하는 입발림 말이 아니라 생활에서 체험한 것에서 나온 것입니다.

저는 이런 과정을 겪으면서 두 가지 유익을 얻었습니다. 여전히 검소하게 사는 방법을 배웠습니다. 또 하나는 빚지지 않고 생계를 꾸려 간 것이 하나님의 은혜라는 것을 실감했습니다. 은퇴하고 나서 저는 저보다 연봉을 4~5배나 받던 사람들 가정에 은행 대출이 있고, 지금도 생활에 수지가 맞지 않아 생활에 허덕이는 사람들이 더러 있다는 소식을 들었습니다. 저는 처음에 그 말을 이해하지 못했습니다. 하지만 대한민국에서 살아가면서 남에게 빚 지지 않고 산다는 것이 얼마나 어려운 것인지, 거의 기적에 가깝다는 것을 60세가 넘어서야 비로소 알게 된 것입니다. 그런 사람을 만나 보기가 쉽지 않은데, 그 중에 한 사람이 저입니다. 절약하는 것이 몸에 배었고, 주어진 것으로 만족하며 살고 수입의 범위 안에서 쓰는 것이 몸에 배었기 때문입니다.

그런데 요즘 저는 몇 년 간 일 년에 한두 번씩 해외여행을 나갑니다. 그것도 제 돈으로 말입니다. 어렵던 시절에 번역해야 하루하루 그리고 한 달을 먹고 살던 시절에는 꿈도 꾸지 못했던 일을 지금 하고 있습니다. 이 이야기는 나중에 어떤 일로 그렇게 호강하게(?) 되었는지 말할 상황이 되면 말씀드리겠습니다.

아무튼지 과거 20년 가까이 빈핍한 생활을 하고 있을 때, 제 사정을 알지 못하는 선교사님들 몇몇이 제게 선교지에 와서 말씀을 전해달라고 부탁해왔습니다. 저는 공식적으로 2001년부터 방학을 이용하여 1년에 한두 번 정도 선교지에 다니기 시작했습니다. 중학교 3학년 때 잠시 선교사가 되겠다고 헌신한 적이 있는데 제가 그 일을 할 만한 자격이 안 된다고 생각해서 철회한 적도 있었고, 제가 학교에서 학생들에게 말씀 전해달라는 요청이 있으면 이익을 생각하지 말고 복음을 전하라고 누누이 가르쳐왔으니, 선교의 요청에 제가 응답해야 하는 상황을 맞이한 것입니다. 복음 전파와 성장을 위해 성경을 깊이 공부하고 싶어 하는 곳에서 성경을 가르쳐달라고 요청하는 곳은 어디든지 가라고 제자들에게 말한 제 말에 제 발등이 찍힌 셈입니다.

첫 한두 번은 어려운 형편에도 자비로 비행기 표를 마련해서 선교지에 갔습니다. 그러고 나니, 제가 선교지에 간다고 하니 비행기 표를 지원하는 제자와 교회가 생기기 시작했습니다. 그래서 교통비는 제가 충당하지 않아도 되었습니다. 그런데 선교지에 가 있는 동안에는 번역을 하지 못한다는 점을 후원하는 제자나 교회로서는 알 턱이 없었지요. 앞에서 말씀드렸듯이, 부족한 학교 월급이나 고정 수입에 생활비를 마련하려고 비정기 수입인 번역료에 의지해 생활하는 사람으로서 선교지에 오가고 여독을 회복하는 기간을 포함한 두 주간은 아무 것도 할 수 없는 처지에 놓인 것입니다. 대부분의 번역자들은 자신의 처지를 일용직 노동자라고 칭합니다. 자조적인 표현인 것이지요. 저 역시 일부 그런 처지였습니다. 부족한 생활비를 메우려고 번역하는데, 선교지에 나가 있는 동안 거의 두 주간은 말하자면 수입 없이 손 놓고 지내는 거나 마찬가지였습니다. 생활비 수입이 줄어든 것입니다. 솔직히 말해서, 먹고 사는 데 지장은 없었지만, 가정에 필요한 것을 마련하거나 책과 음반을 구입하는 등의 생활을 위해서는 지출할 돈이 부족했던 것입니다. 상표 있는 옷을 사 입을 처지도 되지 못 했습니다.

앞에서 말씀드렸듯이, 이런 삶이 계속되면 사람은 위축되기 마련입니다. 생활고를 견디지 못해 자살하는 사람들이 있다는 말을 들으면 저는 십분 이해할 수 있습니다. 이런 상황에서 비천에 처하는 법을 배우는 것은 쉽지 않습니다. 제가 저의 삶을 낱낱이 공개한 것은 바울의 처지를 조금이라도 공감하려는 것 때문입니다. 저는 수년간 경제적인 불편을 겪으면서 큰 교훈을 얻었습니다. 그러지 않았다면 배울 수 없는 궁핍에 처하는 법을 조금이나마 배울 수 있었다는 점입니다.

요즘 저는 생활을 기본적으로 할 수 있는 고정 수입이 생기면서 과거보다는 좀 더 안정된 생활을 하고 있습니다. 100만원 조금 넘는 연금에 제 연구와 학생들을 가르치는 것을 후원하는 작은 단체(성경주해아카데미)의 정성스러운 후원이 모아져서 늦은 나이에 안정적으로 월급을 받는 호사를 누리고 있습니다. 제가 (신학교에서 신약성경을 가르쳤으니) 어떤 면에서 복음을 위해 일했다고 말할 수 있습니다. 이전에 경제적인 도움을 얻지 못했을 때 섭섭했던 마음, 월급을 제대로 주지 않은 학교당국에 대한 분노와 원망에서 마음의 자유를 조금은 얻었습니다. 최근에 해외여행을 다니는 것은 과거에 하지 못했던 아쉬움을 달래려는 것과 보상심리가 약간은 작용한 것이라고 말할 수 있을 것입니다. 사실, 저는 은퇴 후 미술공부를 시작했는데, 책에서 설명하고 있는 미술사적으로 유명한 미술작품들을 눈으로 확인하려고 그 작품들을 소장하고 있는 미술관과 박물관을 방문할 목적으로 해외에 나가는 것입니다.

20년간 마음 고생하면서 지나왔던 이런 저의 삶이 바울이 지금 빌립보서 4:10-13에서 표현하는 것에 비할 바가 되지 못하지만, 독자들이 바울의 상황을 조금이라도 이해하고 공감하게 하려고 창피함을 무릅쓰고 제 속살을 보여준 것입니다. 바울은 아마도 제가 겪었던 삶의 열배, 아니 백배는 더 궁핍하고 비천하게 살았을 것입니다. 바울이 이런 처지를 지내면서 **"내가 어떤 형편에 처할지를 터득했다"**고 말했듯이, 저 역시 저의 과거 어려운 상황을 거치면서 배운 것이 있습니다. 그것이 단지 그 기간을 거치면 자연적으로 터득할 수 있는 것이 아니라는 점을 바울은 다음 절에서 밝힙니다.

## 자족하는 법을 배운 바울

바울은 빌립보서 4:11에서 자신의 속내를 솔직하게 드러내면서도 빌립보 교회가 오해하지 않도록 말합니다. 자신이 지금까지 궁핍하게 살아왔기 때문에 지금 빌립보 교회로부터 원조를 받았다고 속없는 사람처럼 배시시 웃으면서 크게 기뻐한다고 말하는 것은 아니라는 사실을 분명히 합니다. 바울은 자신이 궁핍한 중에 빌립보 교회로부터 돈을 받았다고 이 말을 하는 것이 아니라는 것을 밝히는 것입니다. 사실 제가 장황하게 이야기했듯이, 바울은 지금까지 궁핍하게 살았습니다. 그러나 바울의 진정한 기쁨은 다른 데 있었습니다. 그런 비천하고 궁핍한 상황을 겪으면서, 아니 그런 상황이 아니었다면 결코 배울 수 없는 것이 있음을 교회에 알리면서 그의 진정한 기쁨을 알리고 싶은 것입니다.

바울은 사도로 세움을 받아 선교지로 떠난 후 복음을 위해 일하는 사람으로 살아가면서 **"자족하는 법"**을 배웠다고 말합니다. 자족하는 것은 어떤 형편에서든지 만족하며 더 이상의 욕심을 부리지 않는 마음의 태도를 가리킵니다. 당시 스토아 철학자들이 이상으로 내세웠던 사람의 행복의 조건입니다. 말은 쉽지만 실천하기는 힘든 살아가는 방법입니다. 바울은 두 가지를 제시합니다. 첫째, 비천에 처하는 법을 배웠다는 것과 둘째, 풍부에 처하는 법을 배웠다는 것입니다. 이 대조되는 처지를 바울은 12절에서 배부름과 배고픔, 풍부와 궁핍 등 다른 말로 바꿔 동일하게 표현합니다. 바울이 나열하는 이 대조되는 용어들은 경제적인 용어들이고, 생계와 밀접한 관련이 있는 용어들입니다. 사람을 매우 비참하게 만드는 용어들이 포함되었습니다.

배고픔과 궁핍과 비천은 사람을 누추하게 만들고 열등감을 갖게 만드는 처지입니다. 사람을 삶의 저 밑바닥으로 몰아넣는 처지이며, 자기가 가진 것을 박탈당하는 상황입니다. 사회적으로 자신을 구석으로 내몰아 외톨이로 전락하게 만드는 삶의 환경입니다. 이런 상황에서 어느 누가 행복해할 수 있으며, 사람들 앞에 당당히 설 수 있겠습니까? 이런 처지에 들어가면 이전에 친하던 사람들도 만나기 싫어지고, 즐겨가던 모임에 가려는 마음도 생기지 않습니다. 물질적인 박탈은 사회적인 박탈로 이어지고, 그것은 심리적으로 자신에게까지 자존감이 낮아지는 상황으로 몰아가는 것입니다. 누구나 이런 마음의 과정을 거치게 되어 있습니다. 하지만 바울은 그 처지에 만족했고, 행복해했다고 고백합니다.

반대로 풍부와 배부름은 남들 앞에 으스대기 쉬운 처지입니다. 궁핍에 처하게 되면 누구나 사회적인 모음에 나오지 않고 스스로 은둔 생활에 접어들게 된다고 한다면, 풍부한 상황에 처하면 누구나 가능하면 남들에게 자랑하고 과시하고 싶어 사람들에게 자신을 드러내게 됩니다. 그런데 바울이 풍부에 처할 줄도 알고 그것을 만족하며, 즉 자족하며 지냈다는 것은 언뜻 의외로 들릴 수 있습니다. 하지만 조금만 달리 생각해보면 풍부에 처한 것에서 만족한다는 것이 쉽지 않은 것이라는 사실을 알 수 있습니다.

전도서 5:12에 이런 내용이 있습니다. **"노동자는 먹는 것이 많든지 적든지 잠을 달게 자거니와 부자는 그 부요함 때문에 자지 못하느니라."** 부자인

데 잠을 제대로 자지 못하여 불행한 사람이 있다는 것은 언뜻 이해가 가지 않겠지만, 이 진리를 이해하는 데 도움이 되는 동화가 있습니다. 안데르센의 그 유명한 **"부자와 구두장이"**입니다. 줄거리를 이야기하겠습니다.

한 마을에 구두장이와 부자가 살고 있었습니다. 구두장이는 가난했지만 늘 행복했습니다. 해진 구두를 바느질하면서 항상 즐겁게 콧노래를 불렀습니다. 동네 아이들도 구두장이 노랫소리에 즐거워 늘 구두장이 주위로 몰려들었습니다. 이와 다르게 구두장이의 이웃인 큰 부자는 구두장이와 다른 삶을 살면서 하루하루를 보냈습니다. 그는 매일 밤새 금화를 세다 아침에야 잠이 드는데 구두장이의 콧노래가 시끄러워 당최 잠을 잘 수가 없었습니다. 부자는 궁리 끝에 구두장이를 불러 금화 한 보따리를 줬습니다. 구두 수선하는 일을 그만하고 집에서 편히 쉬며 살라고 말이지요. 그래야 작업실에서 노래하지 않을 것이고 동네 아이들도 그 작업장에 몰려들지 않아 조용할 것이라고 생각한 것입니다.

한 보따리 금화를 받아서 집으로 온 구두장이는 금화를 세느라 하루를 보냈습니다. 부자의 바람대로 그는 구두장이일도 그만두게 되었습니다. 생전 처음 많은 금화가 생긴 구두장이는 금화를 세다 안고 자기도 하고, 밤이 되면 금화를 숨길 곳을 생각하느라 고민에 빠졌습니다. 도둑이 들어 금화를 훔쳐가지 못하게 하려고 말입니다. 구두장이는 금화 보따리를 다락에 숨겼다가 굴뚝으로 옮겨보고, 닭장에 숨겨보기도 하고, 땅에 돌을 덮고 묻어보기도 하며 온통 '누군가가 금화를 훔쳐가지 않을까' 하는 걱정에 잠도 잘 이루지 못하고 콧노래는 당연히 부를 수가 없었습니다. 무엇보다 아이들이 더 이상 찾아오지 않는다는 것이 더욱 괴로웠습니다. 아이들은 창문 밖으로 구두장이가 금화를 세다 끙끙대는 모습을 바라보았습니다. 결국 구두장이는 세상에서 처음 가져본 한 보따리 금화를 부자에게 되돌려주기로 결심합니다. 다음날 받은 금화를 부자에게 다시 돌려주고 나자 구두장이는 비로소 다시 구두 수선을 하며 콧노래를 부르게 되고 행복을 찾게 되었다는 이야기입니다.

부자가 되면 그 부에 마음을 빼앗겨 잠을 자지 못합니다. 불안해하기 때문입니다. 그에게 만족함에서 오는 행복은 없는 것입니다. 부자는 자기가 가진 재물보다 더 많은 것을 가지려고 하는 마음에 만족하지 못합니다. 신약성경에도 이 사실을 일러주면서 부자가 되기를 갈망하는 사람에게 경고하는 말씀이 있습니다. 디모데전서 6:10이 그 말씀입니다. **"돈을 사랑함이 일만 악의 뿌리가 되나니, 이것을 탐내는 자들은 미혹을 받아 믿음에서 떠나 많은 근심으로써 자기를 찔렀도다"**(딤전 6:10). 사람들 중에서 생계만 아니라 사회적인 관계망을 원만하게 유지하기 위해 돈이 필요하다는 것을 모르는 사람은 없습니다. 세상에서는 돈이 최고입니다. 돈에는 막강한 힘이 있다는 것은 삼척동자라도 압니다. 그런데 그 돈은 더 많이 소유하려는 탐욕의 대상이 되기 쉽습니다. 그래서 일만 악의 근원의 역할을 하는 것입니다.

그러한 까닭에 바울은 디모데에게 부자들에게 이렇게 가르치라고 당부합니다. **"네가 이 세대에서 부한 자들을 명하여 마음을 높이지 말고 정함이 없는 재물에 소망을 두지 말고 오직 우리에게 모든 것을 후히 주사 누리게 하시는 하나님께 두며, 선을 행하고 선한 사업을 많이 하고 나누어 주기를**

**좋아하며 너그러운 자가 되게 하라**"고 말입니다(딤전 6:17-18).


## 자족하는 비법

일반적인 사람들이 살아가는 이런 상황에서 바울이 어느 상황을 맞닥뜨리든지, 그러한 상황이 주는 빗나간 삶과는 반대 상황에 처하는 일체의 비결을 배웠다고 선언합니다. **"나는 어떠한 저지에서든지 모든 상황에 처할 줄 아는 일체의 비결을 배웠노라."** 사람으로서는 가능하지 않은, 도인만이 할 수 있는 경지입니다. 바울은 이것을 어떻게 터득했을까요? 이렇게 질문하면 우리는 바울에게서 특별한 비법이 있는지 찾으려 할 것입니다. 그러나 바울이 찾은 비법은 아주 쉽지만 대부분의 사람들이 실천하기를 거부하는 비법입니다. 바울이 터득한 비법은 사람의 힘으로 터득하는 비법이 아닙니다. 사도로서 자신만이 터득한 비밀스러운 또 자기 스스로의 힘으로 터득한 비법도 아닙니다. 바울이 생의 굴곡이 심한 상황에서 배운 것이 있습니다. 그것을 이미 빌립보 교회에게 알렸는데, 바로 그리스도의 모범을 따르는 것입니다. 바울이 배운 비결은 본문 10절과 13절에서 발견할 수 있습니다.

바울은 10절에서 **"내가 크게 기뻐한다"**고 선언하는데, 빌립보에서 자주 사용한 어구를 빠뜨리지 않고 여기서도 사용하여 그의 기뻐함이 어디서 연유하는지를 밝힙니다. **"주 안에서"**입니다. 본문에서 강조하는 바는 **"주 안에서"** 크게 기뻐한다는 것입니다. 그리고 13절에서 그가 일체의 비결을 배운 것은 그에게서 나온 것이 아니라, 그에게 **"능력,"**

즉 **"힘을 주시는 자 안에서"**입니다. **"능력 주시는 자"**가 우리 주님 예수 그리스도를 가리킨다는 것은 분명합니다. **"주 안에서"** 바울은 모든 것, 즉 궁핍에 처하는 것도 풍부에 처하는 것도 배울 수 있었습니다. 바울은 이 말로써 그의 삶이 그리스도에게 있으며 그리스도가 살게 해주시는 힘으로 산다고 선언합니다.

바울은 빌립보서 1:21에서 **"내게 사는 것이 그리스도니 죽는 것도 유익함이라"**고 말했습니다. 그에게 생사는 문제가 되지 않습니다. 그래서 죽는 것도 두려워하지 않았습니다. 자신이 생을 사는 것이 아니라 주님이 그 안에서 사시기 때문입니다. 빌립보서 2:24에서 바울은 빌립보 교회의 필요와 바람으로 바울이나 하다못해 그 일행이 빌립보에 와서 도움을 주기를 바란다는 것을 알았을 때, 그가 갇혀 있어 갈 수 없으니 우선 디모데를 보내지만 **"나도 속히 가게 될 것을 주 안에서 확신"** 한다고, 그의 소망과 확신을 주 안에서 간직하고 있음을 표현합니다. 소망과 확신은 아직 경험하지 못한 미래에 속한 것입니다. 그것을 어떻게 소망하고 확신할 수 있었을까요? 그것은 **"주 안에서"** 이루어지는 것이기 때문입니다. 바울이 이 세상에서 살아가면서 이성적인 판단에 의해 행동한다고 해도, 그의 행동과 삶을 주관하는 원동력은 주님이시라고 고백하는 것입니다. 빌립보서 3:9에서 바울은 다메섹 도상에서 그리스도를 발견하자 그가 이전에 추구해왔던 유대교 시절의 종교적 열심을 단번에 배설물로 여기고, 자신의 존재를 그리스도 안에서 발견하고 싶어 합니다. 다른 어떤 것보다 그리스도의 가치를 중요하게 여긴다고 주장하는 것입니다. 그래서 그는 그리스도의 죽으심을 본받으려 했고(빌 3:10), 그리스도 예수께 잡힌바 된 그것을 잡으려는 데 온 힘을 쏟았습니다(3:12).

삶에 대한 이러한 바울의 입장을 고려한다면, 그가 본문 처음에 **"내가 주 안에서 크게 기뻐한다"**는 말로써 그의 복잡했던 감정을 요약했던 것은 그의 힘의 원천이 그리스도에게, 주님에게 있다고 고백하는 것입니다. 어떠한 상황에서도 만족하고, 평안하고 안전하고 자족하면서 처신하게 된 것은 그리스도를 알고 그리스도와 친밀하게 교제한 것에서 나옵니다. 바울이 고난에 처했듯이 빌립보 교회도 그런 고난에 처하면서 그것을 어떻게 이해하고 헤어 나올지 내적인 싸움이 있었습니다(빌 1:30). 바울은 그들에게 자신이 그리스도의 고난을 본받고 그 고난에 참여한 것을 모델적인 삶으로 제시했습니다(3:10). 자신은 목숨을 전제물처럼 쏟아 부었다고 말합니다(2:17). 바울은 자아가 없이 사는 인물이었습니다. 그리스도가 하나님의 본체를 비우고 사람과 같이 되셨고 죽기까지 복종하셨듯이, 바울도 자아를 비우고 그 안에 그리스도로 채운 것입니다. 자신을 낮추신 우리 주님으로 말입니다. 이 주님이 바울 안에 사시면서 힘을 주셨기에, 사람의 힘과 스스로의 노력으로는 도달하지 못하는 궁핍과 풍부에 직면한 한 사람이 외적 형편에 좌지우지 되지 않고, 자족하는 것을 실현할 수 있었습니다.

바울이 터득한 비법은 그리스도를 본받는 삶에서 나왔습니다. 그리스도 안에서 생활하는 것에서 터득한 것입니다. 자기에게 있는 것을 다른 사람을 위해 쏟아 부으신 그리스도를 잡으려고 좇아가는 삶에서 나온 것입니다. 이 비법은 사실 모든 그리스도인이 터득하고 살아가면서 실천해야 하는 비법입니다. **"그리스도인"**은 글자 그대로 그리스도의 사람, 그리스도를 본받기로 결심한 사람들을 가리키는 말입니다. 그리스도인이 되어 교회 안에 들어와 있지만 많은 사람들이 실천하지 못하는 것을 바울은 실천함으로써 그리스도인이 어떻게 살아야 하는지를 몸소 보여주었습니다. 궁핍과 비천이라는 낮아짐을 경험함으로써 말입니다.

기독교의 힘은 이런 것에서 나오는 것이지 세상 사람들이 추구하는 물리적인 힘과 외형적인 힘을 많이 보유하는 것에서 오는 것이 아니라는 것을 알아야 합니다.

이런 점에서 빌립보서 4:10-13은 빌립보서 전체 내용과 바울이 빌립보 교회에게 해준 교훈들을 이해하는 열쇠가 되는 본문일 것입니다. 왜 그가 1장, 2장, 3장에서 당대의 사회적 가치와 다른 삶을 살라고 했을까요? 왜 바울은 교회에게 남을 위해 자기 한 몸을 희생하며 살라고 권했을까요? 왜 그는 수백 년간 내려온 율법 중심의 종교생활을 그만두고 당대에 거의 충격에 가까운 삶의 방식대로 자신을 낮추고, 그리스도의 낮아짐과 고난에 참여하고, 언제 이루어질지 모르는 부활의 몸을 얻는 것에 소망을 두면서 살라고 권했을까요? 바울이 고백했듯이 **"내게 능력 주시는 자 안에서(만)"** 우리는 모든 것을 할 수 있기 때문입니다. 그리스도를 떠나서 교회는 아무 힘도 발휘하지 못합니다. 그리스도 없이는 교회에 힘이라고는 존재하지 않습니다. 그러나 그리스도 안에 있으면 신자 한 사람의 힘이라도 세상을 바꿉니다. 바울이 그런 삶을 살았습니다.

| 빌립보서 강해 |

# 22강

# 바울의 괴로움에
# 참여한 교회

(빌립보서 4:14-18)

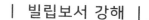

**빌립보서 4:14-18**

¹⁰내가 주 안에서 크게 기뻐함은 너희가 나를 생각하던 것이 이제 다시 싹이 남이니 너희가 또한 이를 위하여 생각은 하였으나 기회가 없었느니라 ¹¹내가 궁핍하므로 말하는 것이 아니니라 어떠한 형편에든지 나는 자족하기를 배웠노니 ¹²나는 비천에 처할 줄도 알고 풍부에 처할 줄도 알아 모든 일 곧 배부름과 배고픔과 풍부와 궁핍에도 처할 줄 아는 일체의 비결을 배웠노라 ¹³내게 능력 주시는 자 안에서 내가 모든 것을 할 수 있느니라

# 22강

# 바울의 괴로움에
# 참여한 교회

## (빌립보서 4:14-18)

바울은 빌립보 교회가 그를 위해 재정을 지원했다는 사실을 언급하며 그의 기쁨을 표현했습니다. 그 교회는 바울이 빌립보에 있을 때 루디아가 숙식을 제공한 이후, 바울이 빌립보서를 떠날 때도 무전 순회전도자처럼 복음을 전하는 바울의 사역을 돕느라 지금 또 재정적으로 후원했습니다. 우리가 헌금이라고 부르는 재정적인 지원을 한 것입니다. 바울이 빌립보 교회의 재정 지원에 대해 왜 이처럼 장황하게 말하는지 바울이 교회의 헌금을 받는 문제, 특히 빌립보 교회가 연루된 문제와 관련해서 생각해보는 것이 좋을 것입니다.

바울이 각 지역을 다니면서 사역한 원칙을 말하자면, 그는 복음을 전하는 사도로서 의당 그가 전한 것에 대한 대가로 재정적인 지원을 요구할 수도 있었고 교회로부터 지원을 받을 권리가 있었다고 주장합니다(고전 9:1-16). 그러나 놀랍게도 그는 그 권리를 다 활용지 않았습니다. 이 문제를 제기한 고린도 교회에 답변한 것에 비춰본다면, 바울은 틀림없이 다른 교회에서도 이 원칙을 적용했을 것입니다. 요즘 목사는 교회에서 사역하고 당연히 사례금을 받는 줄 압니다. 또 교회는 목회자를 청빙할 때 그에게 매달 얼마큼의 사례를 할지 작성해서 초빙합니다. 회사가 직원 채용할 때 하듯이 말입니다.

그런데, 바울은 복음을 거저 전하는 거라고 믿었고, 스스로 생활비를 벌어 복음을 전했습니다. 정말 그가 그 시대에 해야 할 사명과 하나님의 부름에만 충실한 것이고, 다른 사람들이 보기에 이득을 얻기 위해 그런 일을 한다는 인상을 주지 않으려고 애썼습니다.

이런 원칙을 가지고 있는 바울이 빌립보 교회에 대해서만은 그쪽에서 바울을 후원하는 데 너무도 헌신하고 자원하는 마음을 가지고 있었기에 바울은 예외적으로 빌립보 교회의 재정 지원을 받기로 용인한 것입니다. 바울이 여러 번 언급했듯이, 빌립보 교회는 복음을 전함받은 시초부터 그를 후원하려 했고, 바울이 빌립보서를 떠난 이후에도 꾸준히 지원했습니다. 요즘 교회가 자기 교회에서 사역하는 목사들의 사례는 잘 챙겨주면서 사임하고 다른 곳으로 가면 나 몰라라 하는 것과 극명하게 대조되는 경우입니다. (헌법을 근거로 적법하게 또 당연히 지불해야 하는 원로목사는 예외겠지요.)

바울이 다른 교회에서 고수했던 사례금 받지 않기 원칙을 깨고 빌립보 교회의 지원을 받은 것을 이해하기 위한 약간의 힌트는 있습니다. 누가는 바울이 전한 복음을 받아들인 루디아가 바울에게 **"만일 나**

를 주 믿는 자로 알거든 내 집에 들어와 유하라 하고 강권하여 머물게" 했다고 전합니다(행 16:15). 여기서 **"강권하여"**라는 말은 **"거듭 요청하고, 설득하다"**는 의미입니다. 바울은 루디아가 처음에 제안했을 때 그것을 거절했음을 암시합니다. 무임 사역자로서, 또 순회 전도자와 같은 특성을 지닌 사람으로서 그는 남에게 신세지지 않겠다고 알렸다는 것을 이 표현에서 읽을 수 있습니다. 이에 대해 루디아는 여러 차례 부탁하고 설명하여 바울을 설득했다는 것이 **"강권하다"**라는 뜻입니다. 바울은 글자 그대로 마지못해, 그러면서도 안심하고 기쁘게 루디아의 제안을 받아들였을 것입니다. 이제 그는 복음을 전하는 일에만 온전히 집중할 수 있었습니다.

바울이 왜 교회에게 재정적인 후원을 받으려 하지 않았을까요? 그 이유가 여러 가지 있을 수 있겠지만, 지금 이 시점에서 우리가 고려해야 하는 것은 당대 사람들의 살림살이가 빠듯했고, 그래서 그가 복음을 전한 도시의 신도들의 형편을 고려해볼 때 그들에게서 재정적인 후원을 받는 것은 자칫 바울이 그들의 재산을 탈취하려는 것으로 비칠 우려가 있었기 때문입니다. 고린도 교회가 이런 문제를 제기한 대표적인 교회였습니다. 바울이 고린도를 떠난 후, 2,3년 두 고린도전서와 고린도후서를 쓰고 있을 때, 바울이 이야기 전개상 전에 그들에게서 재정적인 후원을 받지 않은 것을 언급하고, 그 교회에 예루살렘 교회를 지원하기 위해 헌금할 것을 종용하는 상황에서, 바울이 과거에 고린도에 있을 때의 상황 문제를 다시 꺼내자 고린도 교인들 중에서는 바울이 자신들의 돈을 탈취하려는 목적으로 그렇게 하는 것이라고 오해하면서 바울의 저의를 의심하는 사람들이 있었습니다.

고린도후서 7:2에서 바울은 이렇게 말합니다. **"우리는 아무에게도 불의를 행하지 않고 아무에게도 해롭게 하지 않고 아무에게서도 속여 빼앗은 일이 없노라."** 바울이 자신의 입장이 오해되고 있던 것을 설명하면서 한 말입니다. 당시 복음을 전하는 것으로 재정적인 지원을 받는 행위가 고린도 교회로부터 **"남을 해롭게 하고, 속여 빼앗는 행위"**로 비쳤음을 알 수 있습니다. 물론 오해였지만, 바울은 실제로 그가 복음을 전한 교회로부터 노골적으로 그런 비난을 받았습니다. 이에 대해 바울은 자신은 절대로 그렇게 한 적이 없다고 주장합니다. **"내 손으로 내가 생계를 유지한 것"**을 그들도 알지 않느냐고 따집니다.

그리고 나서 바울은 자신의 손으로 일하여 생활비를 마련한 과거의 일을 상기시킵니다. 그리고 이 문제와 관련해서 그가 복음을 전하는 도시에 와서 그들에게 생계의 지원을 받지 않고 스스로의 힘으로, 또 가끔 다른 교회의 원조를 받은 것에 대해서는 이렇게 말합니다. 마땅히 그 도시의 교회가 바울이 복음을 전하는 동안 먹고 사는 문제를 책임져야 할 것을 다른 지역에 있는 교회가 바울이 생활하는 데 부족한 부분을 충당했으니, 오히려 그 지역 교회가 다른 지역에 있는 교회의 재산을 탈취한 것이라고 말입니다. 너희, 즉 고린도 교회는 빌립보 교회의 재산을 탈취했다고 말하고 있는 것입니다. 이 내용은 고린도후서 11:8-9에 기록되어 있습니다. 바울은 고린도 교회에게 따집니다. **"내가 너희를 섬기기 위하여 다른 여러 교회에서 비용을 받은 것은 탈취한 것이라. 또 내가 너희와 함께 있을 때 비용이 부족하였으되 아무에게도 누를 끼치지 아니하였음은 마케도니아에서 온 형제들이 나의 부족한 것을 보충하였음이라. 내가 모든 일에 너희에게 폐를 끼치지 않기 위하여 스스로 조심**

**하였고 또 조심하리라.**" 빌립보 교회가 재정 후원을 해줘서 바울이 고린도에 있을 때 부족한 생활비를 보충하게 해준 것을 두고 이런 말을 한 것이 분명합니다.

## 바울의 괴로움에 참여함

이것이 빌립보서 4:10-20에서 바울이 말하는 내용을 이해하기 위한 중요한 배경입니다. 다른 교회로부터 오해를 받을 만한 헌금 주고받기가 벌어진 상황에서, 바울은 빌립보 교회에게서 마지막으로 재정적인 지원을 받았을 때, (본서 21강에서 살펴보았듯이) 그것이 자신과 관련해서 가지는 의미와 중요성을 빌립보서 4:10-13에서 말했다면, 이제 그 행위가 빌립보 교회와 관련해서 가지는 의미와 중요성을 4:14-18에서 말합니다.

첫째로, 빌립보 교회가 바울을 위해 헌금한 것은 그들이 바울의 **"괴로움에 참여"**한 행위입니다. 여기서 말하는 괴로움은 **"환난"**을 뜻하는 말로서, 눈으로 보이는 형편으로는 바울이 복음을 전하면서 당하는 핍박과 고난과 지금 옥에 갇혀 있는 것을 지칭하는 말입니다. 그러나 그것뿐만 아니라, 여기서 말하는 괴로움은 빌립보서 4:11-12에서 언급한 **"궁핍"**과 **"비천"**과 **"배고픔"**이라고 표현한, 일상생활의 모습과도 직접 관련이 있습니다. 바울은 고린도 교회에 두 번째 편지를 쓰면서 그가 당한 피부에 와 닿는 환난들을 나열하는 중에 **"수고하며 애쓰고 여러 번 자지 못하고 주리며 목마르고 여러 번 굶고 춥고 헐벗었"**음을 언급합니다(고후 11:27). 바울은 삶의 가장 기본적인 생활도 누릴 수 없을 정도로 비천했습니다. 그는 그에게 잠잘 공간을 선뜻 내주는 사람이 없어서 잠을 자지 못했습니다(지금이라면 여인숙에서라도 잘 텐데. 돈이 없으니 그런 공간에서 잘 수도 없었습니다). 바울은 속옷만 입었든지 다 헤어진 옷을 입어 추위로부터 자신의 몸을 보호할 최소한의 것도 없었습니다. 이것이 헐벗었다는 의미입니다. 일상적인 식사도 제때 하지 못했습니다.

2022년 여름 저와 제 아내는 체코 프라하를 방문했습니다. 프라하 구광장에서 길거리 음식을 사서 대충 점심을 해결하고 있는데, 60세 중반쯤 되어 보이는 거지 두 사람이 쓰레기통을 뒤져 사람들이 먹다 버린 음식을 찾아서 그 옆에 있는 벤치에 앉아 허겁지겁 나눠 먹는 것을 보았습니다. 바울도 배가 고파서 남의 집 쓰레기통을 뒤졌을지도 모릅니다. 배가 몹시 고프면 인간의 존엄성도 뒷전에 두는 법이니까요. 바울이라고 안 그랬겠습니까?

상대적으로 바울보다 삶의 형편이 나은 빌립보 교회가 그들의 생활비 중에 일부를 떼어 바울에게 전달한 것은 바울의 이러한 **"괴로움,"** 즉 비천함과 환난에 참여한 것이라고 바울은 평가합니다. 사실 바울이 헌금 문제를 다루면서 고린도 교회에게 말했듯이, 빌립보 교회는 그들의 약간의 여윳돈으로 바울의 부족한 것을 보충한 것입니다. 그렇게 함으로써, 그들도 삶에서 어느 정도 부족해졌을 것은 충분히 짐작할 수 있습니다. 가난해진 것입니다(참조. 고후 11:14). 이런 면에서 그들은 바울처럼 약간은 비천해졌을 수 있으니 바울의 비천함에 참여한 것입니다.

바울은 빌립보에서 **"참여"**라는 뜻의 **"코이노니아"**라는 단어를 몇 번 사용했습니다. 친교, 동참, 삶의 공유라는 뜻입니다. 남의 형편을 알기 위해 그 형편으로 들어가 그의 처지를 몸소 경험하는 것을 의미합니다. 빌립보에 언급된 **"참여"**에는 복음을 위한 일에 참여하는 것(빌 1:5, 7; 4:15)도 있고, 성령의 교제(2:1)를 나누는 것도 있으며, 바울이 한 평생 추구하던 그리스도의 고난에 참여하는 것(3:10)이 있습니다. 지금 바울은 빌립보 교회가 그들의 재정을 바울을 위해 사용함으로써 헐벗고 굶주리고 자지 못하는 그의 고난에 참여했다고 말하는 것입니다 (4:14). 결국 빌립보 교회가 참여한 **"나의 괴로움"**은 복음을 전하는 바울의 고난의 삶을 공유한 것이고, 그의 사역에 동참한 것입니다. 기독교의 코이노니아를 경험한 것입니다.

빌립보 교회가 바울의 괴로움에 참여한 것을 두고, 바울은 **"잘하였도다."**라고 칭찬하며, 그들의 노고를 인정해줍니다. **"잘하였도다."**라는 말은 예수님의 달란트 비유에서 주인이 달란트를 맡아 이익을 낸 노예에게 그의 수고를 인정하면서 칭찬해준 말과 똑같습니다. 이러한 칭찬은 윗사람(보호자)이 아랫사람(피보호자)에게 해주는 칭찬과 행한 일의 가치를 인정해주는 말입니다. 바울은 빌립보 교회가 처음에 빌립보서를 떠날 때에만 아니라 데살로니가에 있을 때에도 한 번 이상 도움을 베풀었음을 구체적으로 언급하면서(빌 4:15-16) 빌립보 교회의 수고의 가치를 인정했습니다. 그들은 힘든 일을 감수하고 재정 손실을 감수하면서도 복음을 전하는 바울을 도우려 했습니다. 그의 상황을 빤히 알고 있었기 때문입니다. 바울은 이것이야말로 복음을 위한 일에 참여하는 것이고, 사도의 일에 참여하는 것이라고 칭찬합니다.

이러한 참여는 복음 사역을 바울 혼자서 하게 내버려 두는 것이 아니라 교회가 그 일을 자신의 일로 알고 그 일에 적극 가담한다는 뜻입니다. 이 점에 있어서 빌립보 교회는 바울의 생애 가운데 거쳐 간 여러 교회 중에서 아마도 유일하게 바울의 복음 사역의 가치를 알고 그 사역에 재정이 필요하다는 것과 그 일에 참여하기 위해서는 자신이 재정적으로 희생해야 한다는 것을 잘 알았고 실천한 교회라고 말할 수 있습니다.

이를테면 바울은 빌립보 교회의 헌금을 복음 전하는 그의 파트너십에 해당한다고 가치매김 합니다. 교회의 입장에서는 그들이 복음을 받은 것에 대해 바울에게 빚을 지고 있다고 느껴서 재정 후원으로라도 그 일을 지원하려 한 것입니다. 바울 입장에서는 그가 교회의 재정 후원을 받았으니 그 교회에 빚을 지고 있다고 느끼는 것입니다. 교회는 영적인 빚을 졌고, 바울은 물질적인 빚을 졌습니다. 그래서 두 당사자는 서로 빚을 갚기 위해 노력했습니다. 이들이 서로에 대해 느끼는 빚 의식은 합쳐질 때 능력을 발휘한 것입니다. 놀라운 결과가 발생합니다. 그것은 복음의 진전이라는 효과를 내었습니다.

15절에서 바울은 그가 마케도니아를 떠날 때 **"주고받은 일"**에 그 교회가 참여했다고 말합니다. 이것은 바울과 빌립보 교회 간에 주고받은 복음과 재정, 즉 복음의 영적인 차원과 헌금의 재정적인 차원의 상호교환을 염두에 두고 한 말입니다. 바울은 상업적인 용어로 이 말을 합니다. 물물교환이 주를 이루던 시대에 어떤 물건을 받았으면, 그 가치에 상응하는 다른 물건을 주는 것처럼, 빌립보 교회와 바울은 물질과 복음을 주고받았습니다.

서로의 가치를 인정할 때 자신은 상대에게 빚졌다는 의식과 신세를 졌다는 의식을 갖는 반면에, 상대방의 입장에서는 복음의 진전이 상대방의 수고의 결과라는 것을 알고 감사하게 됩니다. 바울은 빌립보 교회 덕택에 복음을 잘 전할 수 있었고, 교회는 바울 덕택에 복음을 알게 되고 복음이 널리 확장되는 일에 동참하게 되었습니다. 빌립보 교회가 바울의 괴로움에 참여했다는 것을 이런 의미에서 말한 것이 분명합니다.

### 그들에게 유익하기 위한 열매

둘째로, 빌립보 교회가 바울을 위해 헌금한 것은 그들에게 유익하기 위한 풍성한 열매였습니다. 바울은 17절에서 이렇게 말하기 전에 **"내가 선물을 구함이 아니"**라는 말을 먼저 합니다. 이것은 언뜻 바울이 14-16절에서 칭찬한 말이 빌립보 교회가 그에게 재정을 후원해주었기 때문에 더 많은 재정, 즉 선물을 바라고 그런 말을 한다는 인상을 주지 않게 하려는 것으로 보입니다. **"내가 당신들에게 내 후원금을 더 올려달라고 이렇게 말하는 것이 절대로 아니라"**는 것을 알게 해야 했다는 말입니다. 빌립보 교회도 잘 알다시피 바울은 물질에 탐내는 사람이 아니었습니다. 그것이 아니라면, 도대체 바울이 돌연 이 문제를 꺼낸 이유는 무엇일까요?

바울의 관심은 자신의 개인적인 유익에 있지 않고, 빌립보 교회의 유익에 있었으며, 그들의 유익이 더 커지도록 하려는 데 있습니다. 바울은 그들에게 유익하도록 **"풍성한 열매를 구"**한다는 말로써 이 사실을 밝힙니다(빌 4:17b). 그러면 바울이 그들에게서 풍성해지기를 바라는 열매는 무엇일까요? 이런 경우, 우리는 그 해답을 다른 곳에서 찾아서는 안 되고 일차적으로 빌립보서 내에서, 아니면 바울과 빌립보 교회의 문제를 다룬 본문에서 찾아야 합니다.

바울은 빌립보서를 쓰는 앞부분에서 이미 이 문제를 언급한 적이 있습니다. **"너희로 지극히 선한 것을 분별하며 또 진실하여 허물없이 그리스도의 날까지 이르고, 예수 그리스도로 말미암아 의의 열매가 가득하여 하나님의 영광과 찬송이 되기를 원하노라"**(빌 1:10-11). 한 마디로 말해서, 바울은 빌립보 교회가 그리스도의 재림 때까지 계속해서 가장 선한 것이 무엇인지를 분별하는 것과 도덕적으로 허물이 없이 서 있고, 마침내 의의 열매가 가득해지는 것을 바랐습니다. 바울이 빌립보 교회에게 기대했던 열매는 그리스도의 재림 때 내놓을 의의 열매였습니다. 공평함과 바른 관계를 계속 유지하는 것입니다. 바울은 교회가 자신을 위해 재정을 후원한 것에서 이미 그러한 열매가 나타나기 시작했다는 것을 알았습니다. 바울은 빌립보서를 마무리하면서 그 교회 안에서 이런 열매가 **"더욱 커져가기"**를 바랍니다.

바울이 바란 것은 의의 열매 이외에 또 다른 열매가 있습니다. 그리스도께서 나타나실 때, 그들은 낮은 몸을 우리의 구원자이신 예수 그리스도의 몸의 형체와 같이 변하게 하시는 것도 그들이 내놓게 되는 열매 중 하나입니다(빌 3:20-21). 바울이 빌립보 교회에 교훈하는 바에 따르면, 성도가 영화롭게 될 때 맺는 열매는 신자들의 삶에 행동으로 실천하는 것이 이어질 때 가능하다는 것을 알 수 있습니다. 이러할 때 바울이 빌립보서 2:16에서 자신감을 가지고 말하듯이, 그리스도의 날에 그가 빌립보 교회를 세우고 성장시킨 것을 두고 빌립보 교회를 주님 앞에 자랑할 수 있을 것입니다. 복음을 가르치는 사람, 복음을 전파하는 사람을 위해 물질적으로 후원한 것은 헌금을 드린 당사자에게 영광스러운 영적인 열매를 맺게 해줄 것입니다.

바울은 이러한 열매가 풍성해지기를, 즉 점점 증가해지기를 간구합니다. 희생적인 선물, 자신을 드리다시피 하는 헌금은 그 헌금을 받는 사람은 물론이고, 헌금을 드리는 사람들 안에서 영적인 성장을 이룬다는 것이 바울의 확신입니다.


## 하나님께 향기로운 제물이며 기쁘시게 하는 것임

셋째로, 빌립보 교회의 헌금은 하나님께서 받으실 만한 향기로운 제물이며 하나님을 기쁘시게 한 것이었습니다. 물질적인 헌금은 몸을 입고 이 세상을 살아가는 사람들에게만 의미가 있고 유익을 주는 것만이 아닙니다. 바울은 자신이 풍족한 상황에서 빌립보 교회가 드린 헌금을 받아 더욱 풍족하게 되었다고 말하면서 그 헌금이 하나님에게 어떤 의미를 지니는지를 알리는 것입니다. 그것은 마치 하나님이 기뻐 받으시는 제사처럼 향기로운 제물이며, 하나님이 그의 백성에게 구하시는 행동처럼 하나님을 기쁘시게 하는 행동입니다. 한편 재정적인 후원은 바울이 빌립보 교회의 재정 지원을 받아 더 풍부하게 된 행위입니다(빌 4:18a). 그 헌금은 바울이 비천해졌을 때만 아니라 심지어 풍부해졌을 때에도 그를 풍부하게 해주었습니다.

그런데 헌금 드림은 모든 것을 소유하여 부족한 것이 하나도 없으실 뿐만 아니라 이미 그리스도 예수 안에서 영광 가운데 풍성하신 하나님에게 향기로운 제물이 되었습니다. 하나님은 그분이 기뻐하는 제사를 받으셨을 때 기뻐하신 것처럼, 교회가 헌신적으로 드린 헌금은 하나님을 흡족하게 하고 또 하나님을 기쁘시게(행복하게) 한 것입니다.

바울은 여기서 헌금의 두 가지 측면을 말합니다. 인간적으로 말해서 빌립보 교회가 바울에게 재정 지원을 한 것은 그들 사이에 친근하고 경애하는 우정이 있다는 표현입니다. 신학적으로 말해서 빌립보 교회의 헌금은 참된 제사로 하나님께 드림으로써 하나님에 대한 그들의 믿음의 표명입니다. 그것은 하나님이 기쁘시게 받으시는 제사이며 향기로운 제물입니다. 향기로운 제사와 관련하여 성경에서 몇 군데 언급한 것이 있는데, 바울이 빌립보 교회에 대해 이렇게 말한 뜻이 무엇인지 이해하는 데 도움이 될 것입니다.

창세기 8:20-21에서 노아는 홍수 후 여호와께 제단을 쌓고 모든 정결한 짐승과 모든 정결한 새 중에서 제물을 취하여 번제로 제단에 드립니다. 여호와께서 **"그 향기를"** 받으셨다고 합니다. 레위기 1:9, 13, 17에서는 제사와 관련한 언급이 있습니다. 제사장은 제물로 바치는 짐승의 내장과 정강이를 물로 씻어 그 전부를 제단 위에서 불살라 번제를 드려야 했습니다. 이것을 가리켜 **"여호와께 향기로운 냄새"**라고 평가합니다. 하나님께 드리는 향기로운 제물은 사람들이 손을 댈 수 없었습니다. 그것은 온전히 태워 하나님께 올려드려야 했습니다. 그러므로 향기로운 제물은 하나님께 드리는 최고의 가치를 가진 제사에 사용되던 용어입니다. 앞에서 말했듯이, 빌립보 교회가 재정을 희생하면서 헌금한 것은 그들이 하나님께 자신을 올려 드린 헌신의 행위, 즉 헌상입니다. 이것을 고려한다면 우리가 하나님께 헌상으로 바친 돈과 재물은 내 것이 아닙니다. 하나님의 것입니다. 하나님의 일을 위해 사용해야 합니다. 헌금한 것에 대해 마치 주식의 권리를 주장하듯이 헌금한 사람의 주권(株券)을 행사할 수 있는 것이 아니라는 뜻입니다. 그래서 교회에서 연보를 많이 한 사람이 어깨에 힘주고 목소리를 크게 내는 것은 헌상의 의미를 알지 못하기 때문에 하는 행동이라고 밖에 말할 수 없습니다.

빌립보 교회가 드린 헌금은 하나님이 **"받으실 만한 제사"**였습니다. 모든 제사를 하나님이 받으시는 것은 아닙니다. 다윗은 하나님이 받으시는 제사는 **"상한 심령"**이라고 했습니다. 깨뜨린 마음입니다. 바울은 앞에서 빌립보 교회의 헌신을 이야기하면서, **"만일 너희 믿음의 제물과 섬김 위에 내가 나를 전제로 드릴지라도 나는 기뻐하리라"**고 말했고(빌 2:17), 다시 4:18에서 **"이는 받으실 만한 향기로운 제물이요"**라고 표현한 것은 그 헌금이 자신의 목숨을 드리는 제물이라고 가치 부여한 것입니다. 사람들이 돈 때문에 살고죽고, 돈을 버느라고 애쓰는 것은 그 돈이 자기의 생명을 연장해준다고 믿기 때문입니다. 옛 유머에, 강도를 만난 구두쇠가 강도에게, "제발 제 목숨은 가져가도 좋으니 돈만은 가져가지 마세요."라고 했다고 하는데, 돈에 대한 사람의 관심사를 유머를 통해 꼬집어 표현한 것입니다. 아무튼지 사람들 사이에서는 그렇게 중요하고 긴요한 돈을 남을 위해 쓴다는 것은 자신의 목숨을 다른 사람을 위해 주는 행위와 다를 바 없는 행위입니다. 타락하고 부패한 인간 마음에서 스스로의 힘으로는 내놓을 수 없는 행동입니다. 하나님에게 헌신하는 마음이 있어야 가능합니다. 이런 의미에서 빌립보 교회는 바울을 지원하기 위해 선물을 보냄으로써 **"하나님이 기뻐하시는 상한 심령"**을 드렸다고 할 수 있습니다. 하나님이 받으시는 제사를 드린 것입니다. **"받으실 만한"**이란 제사 용어입니다. 바울이 로마서 12:1에서 **"너희 몸을 하나님이 기뻐하시는 산제사로 드리라."**고 말한 것처럼 말입니다.

실제로 돈이나 제물로 제사를 드리지 않더라도 우리의 삶으로 얼마든지 하나님께 제사 드릴 수 있습니다. 히브리서 저자는 신약시대에 드리는 제사는 구약의 제물 제사와 다른 것임을 일깨웁니다. 히브리서 13:15-16에서 저자는 이렇게 말합니다. **"우리는 예수로 말미암아 항상 찬송의 제사를 하나님께 드리자. 이는 그 이름을 증언하는 입술의 열매니라. 오직 선을 행함과 서로 나누어 주기를 잊지 말라. 하나님은 이 같은 제사를 기뻐하시느니라."**

그러므로 본문에서 빌립보 교회에게 바울이 그들이 행한 재정 후원을 **"받으실 만한 향기로운 제물이요 하나님을 기쁘시게 한 것이라"**고 말하는 것은 그에게 헌금한 빌립보 교회에게 그들의 선물이 복음을 전하는 바울 자신을 보고 헌금한 것이 아니라 그 선물로 말미암아 하나님을 섬기는 행위라고 칭찬하는 것입니다.

# 23강

# 나의 하나님이
# 모든 쓸 것을 채우시리라

(빌립보서 4:19-23)

## 빌립보서 4:19-23

¹⁰내가 주 안에서 크게 기뻐함은 너희가 나를 생각하던 것이 이제 다시 싹이 남이니 너희가 또한

이를 위하여 생각은 하였으나 기회가 없었느니라 ¹¹내가 궁핍하므로 말하는 것이 아니니라 어떠한

형편에든지 나는 자족하기를 배웠노니 ¹²나는 비천에 처할 줄도 알고 풍부에 처할 줄도 알아 모든 일

곧 배부름과 배고픔과 풍부와 궁핍에도 처할 줄 아는 일체의 비결을 배웠노라 ¹³내게 능력 주시는 자

안에서 내가 모든 것을 할 수 있느니라

# 나의 하나님이
# 모든 쓸 것을 채우시리라

(빌립보서 4:19-23)

친구라면, 아니 어느 정도 교류를 하며 지내는 사람들이라면, 한 사람이 다른 사람에게 선물하면 그 응대로 감사의 표시를 하는 법입니다. 주고받는 일은 물물교환 하는 사람들 사이에서만 아니라 신세를 입었거나 은혜를 입은 사람들 사이에서도 볼 수 있는 현상입니다. 결초보은(結草報恩)이라는 거창한 말을 사용하지 않더라도, 받은 것에 대한 답례로 감사의 표시를 현물로 하는 것은 사람 사이에서 흔히 있는 일이기 때문입니다.

바울은 빌립보 교회를 자신의 복음의 파트너로 생각했습니다. 처음에 복음을 전해준 사도와 복음을 받은 교회의 관계로 시작했지만 시간이 갈수록 친구 관계와 파트너십 관계로 발전한 것입니다.

이런 바울에게 빌립보 교회가 선물을 보내왔습니다. 바울에게 큰 도움이 될 만한 것이었습니다. 바울은 이에 대해 감사하고 그 교회를 칭찬했습니다(빌 4:10-18). 하지만 바울은 여기서 그치지 않고 그 교회로부터 선물을 받았으니 되갚아야 한다는 것을 느꼈습니다. 빌립보서 4:14-18을 설명하면서 언급했듯이, 바울과 빌립보 교회는 서로 빚진 자라는 의식을 가지고 있었습니다. 빌립보 교회는 바울에게서 복음을 받았으니 영적으로 빚진 자라고 생각했고, 그래서 그들은 물질로 그 빚을 갚고 싶었고 실제로 그랬습니다.

바울은 복음을 전했고 감사하는 것으로써 교회에 진 빚을 청산했지만 그렇다고 둘 사이에 빚이 없다고 판단하지는 않았습니다. 바울은 그가 받은 물질에 다시 빚졌다고 생각했습니다. 무엇이든 주어 그 빚을 갚고 싶은데, 지금은 아무것도 할 수 없는 처지에 놓였습니다. 영적인 것으로도 갚을 수 없는 처지에 놓였습니다. 그가 옥에 갇혀 있기에 빌립보에 가서 복음을 가르칠 수 없기 때문입니다. 그렇다면 물질로 갚으면 되지 않을까요? 받은 선물을 되돌려주는 것이 아니라면 그렇게 할 수도 없을 정도로 바울에게는 물질이 없었고, 받은 것을 그대로 돌려주는 것은 사람 사이에 할 도리가 아닙니다. 그렇다면 어떻게 할까요? 바울이 생각한 것은 자신의 처지로서 할 수 없는 것을 하나님께 갚아주시기를 구하는 것입니다. 빌립보서 4:19에서 말하는 것이 바로 이것입니다. 본문을 자세히 그리고 주의 깊게 읽으면 몇 가지를 발견하게 되는데, 여기서 우리는 매우 중요한 교훈을 얻을 수 있습니다.

## "나의" 하나님이 너희 쓸 것을 채우시리라

첫째, 바울은 **"나의"** 하나님이 그들의 모든 쓸 것을 채우실 것이라고 말한다는 점입니다. 그냥 하나님이라고 쓰지 않고 **"나의 하나님"**이라고 쓴 이유는 무엇일까요? 두 가지 이유에서 그랬습니다. 그 중 하나는 바울이 갚지 못하는 것을 하나님이 갚아주신다는 의미로, 나중에 하나님의 공급하심이 바울이 해야 할 일을 대신 하신다는 의미에서 그렇게 말했습니다. 바울이 갚을 빚을 하나님이 대신 갚아주심으로써 바울이 빌립보 교회에게 받은 선물에 대한 되갚음과 감사의 표시를 할 수 있다는 의미입니다.

이 본문은 헌금을 많이 하면 온 세상의 주인이신 하나님으로부터 몇 배나 되는 되갚음을 받게 된다는 부자 되는 비결을 가르치는 본문이 아닙니다. 고대 사회에 있는 **"주고받기"** 원리와 호혜를 받으면 그에 대한 되갚음을 해야 배은망덕하지 않는다는 원리에 기초한 말이라는 것을 기억해야 합니다. 이 사실을 기억하면서 일단 빌립보서 4:19을 헌금하면 하나님의 채움을 받는다고 보장해주는 본문으로 이해하지 말기 바랍니다. 당시 사람들의 정서를 이용하여 바울의 당시의 처지를 표현한 말입니다.

제 제자 중에 부천의 어느 교회의 장로를 남편으로 둔 사람이 있습니다. 하루는 자기 딸이 결혼하게 되었는데 제게 주례를 부탁하러 찾아왔습니다. 이런저런 이야기를 나누다가 그의 남편 이야기를 제게 전해주었습니다. 담임 목사님이 부천의 가난하기로 유명한 한 동네에서 큰 예배당을 지으려는 소명을 받았다고 예배당을 지어야겠다고 교인들에게 말했다고 합니다. 제자 남편은 그 교회의 장로였기에 목사님이 장로들에게 할당해준 헌금을 내어야 하는 부담을 갖게 되었습니다. 헌금할 돈이 없던 제자 남편이 내린 결론은 그들이 살고 있는 연립주택을 팔고 전세살이로 전환하는 것이었습니다. 그 후속 영향으로 그 가정은 생활에 쪼들려 부천에서 살지 못하고 향남 지역으로 이사했습니다. 지금 결혼하려는 딸은 그 사건 이후 교회를 나가지 않게 되었는데, 다행히 향남에 내려가서 출석하게 된 교회의 목사 아들과 눈이 맞아 결혼하게 되었다는 것입니다. 사위 될 그 딸의 남편감이 또 제 제자였습니다. 저는 기막힌 가정사를 들으며 별의별 생각을 다했습니다.

교회가 재정이 많이 드는 몇 가지 사업을 할 때 목사가 제일 많이 써 먹는 어구가 바로 이 본문입니다. 만물의 주인이신 하나님이 교회에 헌금한 것의 몇 배나 되는 돈으로 갚아주신다는 것입니다. 그런 일이 과연 얼마나 일어날까요? 요즘 세간에 화제가 되는 만민중앙교회의 이재록 목사는 가난한 동네에 살고 있는 교인들에게 헌금을 강요하여 목사는 호의호식하는 반면에 교인들은 더 핍절해지는 삶을 살게 되었다는 것이 다큐멘터리로까지 제작되어 세간에 알려진 상황입니다. 제 물건을 남에게 주면 없어지는 법입니다. 적어도 1세기에는 자신의 것을 **"탈취하는 것"**이라고 이해했습니다. 바울은 이것을 **"부족하게 되고 곤고하게 되는 것"**이라고 표현했습니다(고후 8:12-13).

이런 의식을 가지고 있는 바울로서 자신을 위해 생활의 곤고함을 무릅쓰고 헌금한 빌립보 교회에게 무엇이라도 해주고 싶은 생각이 들지 않겠습니까. 복음 전하는 자로서 헌금한 교회에게 갖는 정당한 마음입니다. 그런데 바울은 가진 것도 없고 자유로운 몸도 아니니 어떻게 할 것인지 무척 고민했던 것 같습니다. 그가 안절부절 못하는 것이 눈에 선합니다. 이때 생각한 것이 **"나의 하나님"**입니다. 그래서 그의 하나님께 그의 처지를 이야기하고 대신 갚아주시기를 부탁했을 것이고, 편지를 쓰는 순간은 확신에 차서 **"나의 하나님이 그 풍성한 대로 너희 쓸 것을 채우시리라"**고 말한 것입니다.


## "그 풍성한 대로" 쓸 것을 채우리시라

둘째, 바울은 그 풍성한 대로 그들의 쓸 것을 채우실 것이라고 말합니다. 그가 이렇게 말한 것은 바울이 사역하는 동안 하나님으로부터 쓸 것을 공급받은 경험이 있기 때문입니다. 그래서 바울은 확신에 차서 이렇게 말하는 것입니다. 그들의 **"쓸 것"**이란 그들에게 필요한 것, 긴요하게 있어야 할 것입니다. 우리는 살아가는 데 먹고 자고 입는 생필품과 관련된 것이 필요합니다. 하나님의 자녀로 살아가니 하나님의 말씀의 공급도 필요합니다. 영적인 양식 말입니다. 바울은 이 모든 것을 하나님이 충족시켜주신다는 뜻으로 이렇게 말했습니다. 바울이 핍절한 생활을 할 때 하나님으로부터 채움을 받은 경험을 했기 때문입니다. 이것이 바울이 앞에서 **"나의 하나님이 채우리라"**고 말한 두 번째 이유입니다.

제가 빌립보서 4:10-13 내용을 설명하면서 바울과 저의 삶을 오버랩 하면서 과거 일정한 기간 저의 삶에서 경제적으로 쪼들렸던 상

황을 말씀드렸습니다. 그 때 이야기하지 못한 내용을 조금 더 부연하
겠습니다. 그 기간에 한해는 제가 어느 학교도 출강하지 못하고 집에
서 지내야 했습니다. 그리고 나서 10년간은 박사과정을 공부하면서
최저 생계비에도 미치지 못하는 수입으로 먹고 살고 아이 학교 보내
고 등록금과 책값을 지출해야 했습니다. 이 기간이 지나 직장을 얻었
지만, 재직하던 13년 기간마저 정규 직장을 가졌고 명색이 전임 교수
로 재직하고 있었으면서도 알바생들이 시간당 수당으로 받는 것보다
못한 임금으로 생활해야 했습니다. 이러다가는 아이 대학도 마치게
하지 못할 것 같다는 불안감이 들어 그레고리 빌(G. K. Beale)의 [요한계
시록](새물결플러스 역간)을 번역한 것입니다.

　아무튼지 이 열악하고 불안정하며, 다음 달에는 상황이 어떻게 될
지 모르며 살아가는 20년이 넘는 기간에 하나님께서는 우리 가정에
쓸 것을 공급해주셨습니다. 제 아내의 말을 빌려 표현하자면, 결코 넘
치게도 주지 않으셨지만 부족하게 주지도 않으셨습니다. 한 번도 거
래해본 적이 없는 출판사에서 그리스어 성경을 한국어로 번역하는 일
에 참가해달라는 요청을 받았고, 그 일이 끝나자 큐티집 만든다면서
몇몇 성경의 집필권을 제게 맡겼습니다. (큰 도움이 되지는 않았지만) 교회,
단체 등으로부터 강의 요청이 왔습니다. 또 다른 출판사에서 주석 시
리즈 (칼빈주석) 번역의 일부분을 제게 맡겨주었습니다. 지방에 있는 신
학교에서 강의 요청도 받았습니다. 심지어 제가 젊어서부터 그렇게
소망했던 목회사역의 기회도 이때 주어져서 4년을 교회에서 협동목
사로 봉사할 수 있었습니다.

　아내와 저는 한편 이 혹독한 기간을 겪으면서 일용할 양식을 주

시는 하나님을 머리가 아니라 몸으로 체험했습니다. 제 아내는 미래에 대한 걱정이 많은 사람인데, 이 기간에 하나님의 보살핌을 여러 번 체험하면서 하나님을 더욱 의지하게 되었습니다. **"심지도 않고 거두지도 않고 창고에 모아들이지도 아니하는"** 새들도 **"너희 하늘 아버지께서 기르시나니 너희는 이들보다 귀하지 아니하냐?"**(마 6:26). **"오늘 있다가 내일 아궁이에 던져지는 들풀도 하나님이 이렇게 입히시거든 하물며 너희일까 보냐?"**(6:30). 다윗은 오랜 세월 관찰한 것을 이렇게 표현했습니다. **"내가 어려서부터 늙기까지 의인이 버림을 당하거나 그의 자손이 걸식함을 보지 못하였도다"**(시 37:25). 그래서 잠언 기자는 하나님께 이렇게 기도합니다. **"나를 가난하게도 마옵시고 부하게도 마옵시고 오직 필요한 양식으로 나를 먹이시옵소서"**(잠 30:8). 평생 하나님의 공급하심이 무엇인지 체험한 사람에게서 나온 고백입니다.

저보다 훨씬 더 하나님의 일상적인 공급을 경험한 바울은 그러한 하나님의 공급하심에 의존해 지금까지 살아왔기에, 확신을 가지고 말합니다. **"나의 하나님이 … 그 풍성한 대로 너희 모든 쓸 것을 채우시리라."** 바울은 이렇게 말하는 셈입니다. "비록 나는 당신들에게서 받은 선물에 보답을 하지 못하(고, 마음은 있지만 그럴 능력이 없)지만, 내가 알고 있고 그간 공급하심을 경험한 그 하나님께서 너희에게 살아가는 데 필요한 모든 것을 공급해주실 것이라"고 말입니다. 빌립보 교회는 그들의 생활비의 상당한 액수를 복음을 전하는 자를 위해 드림으로 부족해진 생활비를 하나님으로 말미암아 풍성하게 채움을 받았을 것입니다. 풍성하신 하나님께서 채우시기 때문입니다. 여러분들도 되돌아 생각해 보세요. **"나의"** 하나님이 여러분들을 채워주신 일이 분명히 있을 것입니다. **"나의 하나님이 그 풍성한 대로 모든 쓸 것을 채우시리라"**는 말은 바울의 삶의 경험에서 나온 고백입니다.

이 세상에 하나님으로부터 공급을 받아야 살아갈 수 있는 사람이 한둘이 아닌데, 그 하나님이 어떻게 이들을 다 돌보시고 공급하실까요? 이런 걱정을 하거나 궁금해하는 분들이 분명 있을 겁니다. 별 걱정을 다하시네요. 걱정하지 마십시오. 바울은 하나님을 **"영광 가운데 그 풍성한 대로"** 채우실 것이라고 확신하면서 그의 믿음과 하나님에 대한 무한 신뢰를 표현합니다. **"영광"**은 하나님이 어떠하심을 표현하는 말입니다. 하나님은 초월하시고, 사람과 구별되시고, 능력과 권세가 많으시고, 지혜와 지식이 한량없으시고, 자비와 긍휼이 많으시며, 사람들이 감히 쳐다볼 수 없을 정도로 거룩하고 높으신 분이시며, 광대하시고 만물을 자신의 소유로 삼으신 분이십니다. 하나님의 이 모든 성품을 한 마디로 표현한 것이 바로 **"영광"**입니다. 무한한 자원을 가지고 계신 하나님께서는 바로 그분의 **"영광 가운데"**에서 그 백성이 살아가는 데 필요한 것들을 채워주실 것입니다. 배급 나눠주듯이 조금씩 감질나게 주시는 것이 아니라. 풍성히 주십니다. 그의 자녀에게 꼭 필요한 것을 얼마든지 줄 자원이 하나님에게는 풍부하게 있습니다.

### **"그리스도 예수 안에서"** 채우시리라

셋째, 하나님의 채워주심은 **"그리스도 예수 안에서"** 벌어집니다. 그리스도 예수님은 우리를 위해 자신을 내어주신 분이십니다. 그리스도 예수님 자체가 하나님의 은혜로운 선물입니다. 그 선물은 마르지 않는 샘처럼 끊이지 않습니다. **"영광의"** 하나님에게서 나온 선물이기 때문입니다. 바울은 로마 교회에 이 사실을 상기시키며 다음과 같이 말합니다. **"자기 아들을 아끼지 아니하시고 우리 모든 사람을 위하여 내주신 이가 어찌 그 아들과 함께 모든 것을 우리에게 주시지 아니하겠느냐"**(롬 8:32). 미래 우리가 받을 선물이 확실하다는 것을 알려주기 위해 과거에 하나님께서 주신 선물에 교회의 주의를 환기시키는 것입니다. 이미 우리는 자기 아들을 세상에 주신 하나님의 통 큰 선물을 받았습니다. 그 하나님은 그 아들을 받은 사람들에게 **"모든 것"**을 주실 것입니다.

그래서 바울은 매 교회에 편지를 보내면서 마지막에는 늘 **"주 예수 그리스도의 은혜가 너희에게 있기를 원한다"**고 기도한 것입니다. 빌립보 교회에게도 예외 없이 이런 내용으로 기도하는 것으로 마무리하는데, 이 교회에 대해서는 다른 교회와 다르게 **"너희 심령에"**라는 말을 첨가합니다. **"주 예수 그리스도의 은혜가 너희 심령에 있기를 빕니다"**(빌 4:23). 인격적으로 훨씬 교감이 가는 내용으로 말입니다.

바울은 모든 쓸 것을 채우시는 하나님께 무한한 영광을 돌립니다. 일반적으로 송영이라고 부르는 내용으로 하나님을 칭송하며 높입니다. **"하나님 곧 우리 아버지께 세세 무궁하도록 영광을 돌릴지어다"**(빌 4:20). 여기서 하나님을 **"우리 아버지"**라고 부른 것에 주목할 필요가 있습니다. 집안에서 채워주시고 공급하시는 분은 집안의 가장, 즉 아버지입니다. 아버지가 자녀에게 하듯이, 하나님은 우리를 그의 자녀로 삼으셨으니, 아버지의 사랑으로 자녀를 돌보시고 필요한 것을 채워주실 것입니다. 이러한 까닭에 예수님은 제자들에게 기도를 가르치시면서, 하나님이 **"하늘에 계신 우리 아버지"**라는 사실을 일깨우셨습니다. 부성애로서 하나님의 관대함과 자비와 자녀 사랑을 표현하는 것입니다. 하나님이 우리 아버지이신 한, 자녀로서는 살아가는 데 염려할 것은 하나도 없습니다.